博学而笃志，切问而近思。

（《论语·子张》）

博晓古今，可立一家之说；

学贯中西，或成经国之才。

主编简介

唐贤兴，1968年3月生，浙江嵊州人。1989年获中山大学历史学学士学位。1993年和1997年获得复旦大学硕士和博士学位。现为复旦大学国际关系与公共事务学院教授、博士生导师。从事国际关系理论、俄罗斯问题与中俄关系、近现代国际关系史、近现代中国对外关系史、国际法等领域的教学与研究。主编《寻求秩序、安全与民主：俄罗斯转型问题研究》一书(2002年出版)，在《政治学研究》《文史哲》《欧洲》《俄罗斯研究》等学术刊物发表论文50多篇。

博学 国际政治与国际关系系列

近现代国际关系史

唐贤兴　主编

复旦大学出版社

内容提要

本书比较系统地阐述了1648—1945年以来近现代国际关系形成和发展的历史，以国际关系体系的演变为线索，把近现代国际关系史的演变划分为威斯特伐里亚体系、维也纳体系、俾斯麦体系、一战前的两极体系和战后的凡尔赛—华盛顿体系、二战后的雅尔塔体系等几个阶段。史论结合，对每个体系的基本内容、本质特征、主要矛盾、大国关系的变化以及国际关系基本力量的分化组合等进行了剖析。本书的叙述和分析详略得当，结构合理，层次分明，逻辑连贯，在已有的国际关系史研究成果基础上，对国际关系史中的一些理论和现实问题进行了独到的分析和评价。

本书适宜于作为高等院校国际政治、政治学、外交学及其他相关专业的国际关系史教材。

目　录

序

唐贤兴博士等编写的《近现代国际关系史》一书，从马克思主义基本原理出发，比较系统地阐述了从三十年战争到第二次世界大战结束300多年时间国际关系的形成和发展脉络。古代中世纪当然也有国际关系，但从全球角度看，那时主要是地区性的交往，各大洲之间的联系是松散的，称不上真正的国际关系。全球性国际关系的形成是从资本主义时代开始的。马克思、恩格斯在《共产党宣言》中写道："资产阶级，由于开拓了世界市场，使一切国家的生产和消费都成为世界性的了。"由于相互依赖的程度不断加深，国际关系随着全球化脚步由欧洲向全世界扩张，终于形成了一个囊括全球的国际关系体系。真正的国际关系体系是从近代开始的。三十年战争正处于封建时代与资本主义时代交替的阶段。这次战争的背景较为复杂，战争的影响也相当深远。因此，从三十年战争作为近代国际关系的起点是适当的。

本书以国际关系体系的演变为基本线索，对近现代的国际关系进行描述分析。近现代国际关系史前后经历300多年，时间跨度大，涉及面很广，千头万绪，如果不围绕一根主线，就会显得杂乱无章。该书扣紧国际体系的发展变化，从三十年战争后的威斯特伐里亚体系→拿破仑战争后的维也纳体系→德意志帝国兴起后的俾斯麦结盟体系→第一次世界大战之前的两大军事集团形成的两极体系→第一次世界大战后的凡尔赛-华盛顿体系→第二次世界大战后雅尔塔体系，对每个体系的基本内容、本质特征、主要矛盾、大国关系的变化以及国际关系基本力量的分化组合等进行剖析。这是本书的一个明显特点。

能够借鉴和运用有关政治学和国际关系理论的研究成果来对国际关系进行分析，做到史论结合而不是纯粹的历史叙述，这是该书的又一个特点。

除了运用国际体系理论对近现代国际关系的体系演变进行较为细致的分析外，作者们还把均势理论的分析和运用贯穿于近现代国际关系史的描述中，尤其是在分析战争与和平、大国争霸与斗争、军备竞赛与国家安全等方面的内容时，对均势政策与理论模型作了作者自己的评价。国际关系理论中的一些基本假设和命题，作者也在具体的分析中作了评述。近现代国际关系史是大国争霸、霸权更替的历史，在分析这一历史演变时，作者运用相关的大国政治发展理论，对各大国的兴衰和霸权更替的内外条件进行了剖析，并总结相应的经验教训。这对今天我们反对霸权主义，倡导建立公正、合理的国际政治新秩序有一定的启迪作用。

该书还注意研究经济因素在国际关系中的影响。在分析两次世界大战爆发的原因时，特别是法西斯产生的根源时，都强调经济在其中扮演了重要的角色，并从外交、对外政策、国际斗争的角度分析国际经济关系对国际关系的影响。虽然，在近现代，经济因素在国际关系中的地位同政治、军事和外交因素相比还处于次要的地位，与今天经济、科技成为综合国力竞争的核心不可同日而语。但经济因素仍然是近现代国际关系变化的一个不可忽视的问题。

该书作者查阅了大量中外文资料，吸收了许多国内外学者的研究成果，并在此基础上有所提高，有一些自己独特的见解。当然，该书也存在一些缺点与不足，其中一个明显不足是第一手原始资料用得不多，同时，有些部分分析还略嫌不够深入。相信在再版时会有所改进。从总体上说，作为一本教科书，这是一本详略得当、层次分明、史论结合、逻辑连贯的好书。了解昨天是为了更好地认识今天。今天国际关系发生的重大事件大都能从过去找到它的根源。学习近现代国际关系史，可以从中吸取经验教训，把今天的问题处理得更好。相信《近现代国际关系史》的出版对开拓学生的视野，促进创新思维能起到积极作用。

复旦大学国际关系与公共事务学院教授、博士生导师
颜声毅
2002 年 5 月于复旦大学

前　　言

国际关系史在中国是一门很年轻但很有活力的学科。说其年轻，是因为形成较为健全的学科体系和学科队伍的时间不长，从 1980 年 12 月成立中国国际关系史研究会以来，也只有 20 年多一点的时间。说其有活力，则是因为在这么短的时间里，学科建设和研究成果都取得了重大进展，越来越多的专著、教材、史纲、学术论文得以问世，尤其是随着中国综合国力的提高和对外关系的迅速开展，中国在国际关系中的地位不断上升，国际关系史的教学与研究在推动中国特色的国际关系理论体系的形成方面正起着基础性作用。

近现代国际关系史是国际政治、国际关系和外交学专业的基础性课程，我们编写这本书的目的，就是想为这一基础性课程提供一本合适的教材。我们要说明的是，本书名为《近现代国际关系史》，在内容上主要包含两个时间段的国际关系：近代和现代。国内国际关系史学界对近代和现代国际关系史的断代，一般沿袭这样的标准：近代国际关系史是以 1648 年结束"三十年战争"的《威斯特伐利亚和约》为开端的，其下限是 1918 年第一次世界大战结束；而现代国际关系史则是以 1919 年结束第一次世界大战的巴黎和会为起点，下限则是 1945 年第二次世界大战结束。严格地讲，这样的断代主要是为了叙述上的方便，并没有什么特别的史学根据和史学意义。实际上，西方史学界和国际关系史学界并没有所谓的"近代"和"现代"的划分，一般统称为"Modern"。这样，他们的"Modern History of International Relations"就涵盖了我们习惯上称作的"近代"和"现代"国际关系史。当然，在不同的教科书和著述中，其上限和下限又是不同的，有的上限还要推到"三十年战争"之前甚至更远的时期，有的下限则沿袭到叙述者当时正在叙述的年代（相当于我们习惯上所讲的"当代"）。本书纯粹为了叙述上的方便，还是采用传统的断代方法，把我们习惯上划分出来的"近代"和"现代"合并在一起，冠之以"近现代"字样，在具体时间上还是指从1648年到1945年这段时间的国际关系。

此外，我们将对国际关系史的研究范围和对象作些说明。国际关系史涉及的研究领域极为广阔、复杂。尤其是在最近300多年时间里，欧洲的、欧洲之外的、整个世界的国际关系发生着很大的甚至根本性的变化。国际关系史到底研究什么，是有争论的。在较早时期，由于民族国家是国际关系中最重要的甚至是唯一的行为主体，因此就有把国际关系史界定为"研究国与国之间相互关系的发展过程和规律的一门科学"①。但是，随着国际关系的发展变化，除各个民族国家外，国际关系中又出现了很多新的行为主体，比如像国际联盟这样世界性的国际组织、联合国这样的全球性的国际组织，以及地区性的经济、政治、军事、社会、宗教等国际组织和集团，比如北约、七十七国集团、东盟，等等。它们在国际关系中各自成为单独活动的行为主体。国际关系史的研究范围不断被拓宽，这样，一些定义开始强调国家集团和国际组织的作用，认为国际关系史是"研究世界范围内的国家与国家之间、国家集团与国家集团之间政治、外交、经济、军事、文化等相互关系综合发展历史的一门科学"②。代表中国国际关系史研究整体水平的十卷本《国际关系史》，在理解国际关系史的定义和研究范围、研究对象时，跟早期的理解有了很大不同，它认为"国际关系史是以国家与国家(包括国际组织)间的政治关系的发生、发展、变化的历史进程及其规律为主要研究对象，同时注意国际经济关系、军事关系以及文化关系、宗教关系，并使之与国际政治关系紧密结合，而且也不应忽视重要历史人物在国际关系演变中所起的作用"③。然而，在今天看来，这些定义也是不全面的，因为在被称之为"全球化"时代的今天，国际组织除了"政府间组织"这个重要的组成部分外，还出现了大量的"非政府组织"(NGO)，它们越来越成为国际关系中的不可忽视的行为主体，同时，像跨国公司和公民个人这样的行为主体也日益介入到国际关系的互动过程之中，因此，国际关系(史)的研究范围还应该大大被拓宽。

---

① 颜声毅、李幼芬、俞正梁、朱明权编著：《现代国际关系史》，前言，世界知识出版社1983年版。

② 杨闯编著：《近代国际关系史纲》，导言，中国人民大学出版社1995年版。

③ 王绳祖主编：《国际关系史》十卷本总序，第3页，世界知识出版社1995年版。

尽管如此，在我们这本教科书中，叙述和分析的主体内容仍然是民族国家。这是因为，与这些非民族国家行为主体相比，民族国家行为主体在国际关系中仍然处于主要的和主导的地位。尤其是在我们所叙述的这段历史里，非民族国家行为主体还处于萌芽和初期发展阶段，它们所依靠的力量也仍然是各个民族国家。因此，国家间、国家集团间的关系，将是近现代国际关系史的主体内容，当然我们也考虑到了国际联盟、联合国这样重要的国际组织的作用和意义。

我们还想对本书的有关结构和内容安排、写作特点等问题作些说明。从第一到第六章的内容，就是我们习惯上所讲的“近代国际关系史”。在这部分内容中，我们突出了这样几个方面的特点：第一，抓住国际关系以欧洲为中心的特征。言“以欧洲为中心”，不是“欧洲中心主义”，即不是要以欧洲的眼光来看整个世界，也不是要以欧洲的眼光看欧洲之外的世界，而是强调欧洲在这段国际关系史中的特殊地位。在这段时期的早期阶段，国际关系表现为区域性的国家间关系，欧洲国家间的关系虽然确立了现代国际关系的基本原则和准则，但依然是欧洲的国际关系，是一种区域性的国际关系。与之同时，世界上还存在着很多其他区域性的国际关系体系，比如以中国为中心的华夷秩序体系。由于交通和交往等原因，所谓的国际关系主要是在这些区域性体系内部展开的，还没有或者很少在不同体系之间、或不同体系的国家之间展开。我们之所以突出欧洲国家尤其是西欧国家的特殊地位，是因为我们今天所说的“现代性”的东西，大都首先出现于欧洲，欧洲创造了政治、军事、经济、技术以及科学等的联合体系，它们又对世界其他地区产生着影响，遂形成欧洲的优势。随着西欧国家的殖民扩张和基督教文明的扩展，威斯特伐利亚和约所确立起来的现代国际关系的原则和思想，逐渐被强加于非欧洲国家，也就是说，作为一种区域性国际关系的欧洲国家间关系逐渐凌驾于其他区域性国家间关系之上，而成为“国际性”的国际关系原则和思想。

第二，紧紧扣住国家体系的变化。“近代”国际关系史经历了四个阶段的演变。首先是威斯特伐利亚国家体系。《威斯特伐利亚和约》的实质是“承认神圣罗马帝国内部的宗教和政治均势，从而确认帝国的权力是有限制的”①。“三十年战争”打破了帝国体系，促进了有独立主权的近代民族国家

① 保罗·肯尼迪：《大国的兴衰》，世界知识出版社 1990 年版，第 57 页。

的产生，由此产生了一个与帝国体系不同的国家体系。这是一个分散性的国家关系体系。各个国家在欧洲大陆、海上、海外非欧洲国家（即那些殖民地）展开了激烈的争夺，由此出现了有规律的霸权更替。第二个体系是拿破仑战争结束后的维也纳体系。这时，经过一个半世纪的战争、冲突和矛盾斗争，原先分散的民族国家体系发生了重大变化，欧洲国家体系逐渐演变成以英、俄、奥、普、法五大国为核心的大国协调体系。维也纳会议是一次重要的国际会议，也是第一次全欧国家都参加的会议。它的成果反映了拿破仑战争以后欧洲的国际新格局，即由法国一强主宰欧陆又恢复到以英俄两个侧翼国家占优势的多强争霸欧洲的局面，它还确认了英国海上霸主的地位。这也反映了世界格局的新变化。维也纳体系是一个典型的均势体系，它维持了半个多世纪的时间，德意志帝国的建立标志着它的崩溃，标志着支配欧洲政治的大国的移位和新的格局的出现。第三个体系是俾斯麦体系。这一体系一般叫做“俾斯麦结盟体系”。1878 年柏林会议使三皇同盟分崩离析，俾斯麦领导的德意志帝国走上了正式结盟的道路，从而揭开了 19 世纪后半叶欧洲国家于和平时期缔结秘密同盟条约的历史过程。这是一个保守的、集权型的国家体系，在这个体系之外的其他国家，则依然处于分散状态。俾斯麦体系瓦解后的第四个体系则是第一次世界大战爆发前的“两极体系”。同盟国和协约国两大军事集团的对峙所形成的均势，并没有带来稳定与和平，相反却是引起第一次世界大战的重要原因。随着第二次工业革命的完成和新技术革命的推进，欧美和日本等主要资本主义国家在 20 世纪初都已完成了向帝国主义阶段的过渡，亚非拉和大洋洲都被纳入到资本主义世界经济的网络之中；加上美国和日本这两个欧洲外的国家很快崛起为世界大国，使得国际关系体系真正成为全球性体系。我们从这四个阶段的演变中，可以把握到国际关系体系的发展逻辑。

第三，写出国际关系全球化的进程。我们说过，国际关系发展到 19 世纪末 20 世纪初，一个真正全球性的国际关系体系到来了。推动国际关系全球化进程的重要因素，除了工业革命和技术革命这些物质力量之外，美日两个非欧洲国家崛起为世界性大国是一个很重要的因素。作为后起的帝国主义国家，它们的崛起引起了对殖民地和势力范围的新的争夺。第二个重要因素是亚非拉国家的反殖民主义斗争以及在此过程中它们与其他地区相互交融，共同促进着国际关系体系全球化的形成。如果只注意帝国主义列强建立殖民体系、而忽视殖民地国家和人民如何致力于打破殖民体系，那么就不可能有对全球性国际关系体系的真实认识。

从第七章到第十二章，就是我们习惯上讲的“现代国际关系史”的内容。这段国际关系史虽然时间上很短，前后不过三十年时间，但国际关系中的斗争、矛盾、冲突和战争极为复杂。不过，总体上我们不妨认为，探讨这段时间的国际关系史，实际上只有一个问题，即探讨第二次世界大战终究是如何起源的，两次大战之间的国际关系究竟与二战的爆发是什么关系。围绕这一主题，在有限的篇幅里，我们重点分析了以下几个方面的内容：第一，国际社会对和平的追求和努力。在国际关系的现实主义理论看来，国际关系是一种“无政府状态”，在这一状态下，强权政治是国际政治的本质性特征，任何关于国际和平的理想设计，包括建立世界性的国际组织（“世界政府”的设想）、设立国际法庭、裁军运动，等等，都不能缔造与维护和平。然而，尽管在两次大战之间的时期里，国际联盟及其裁军运动等努力都以失败而告终，但这仅仅是和平试验的失败，并不意味着人类对和平的追求是一种“乌托邦”。实际上，国际社会对和平的追求一直贯穿于两次大战之间的国际关系中。因此，我们在描述凡尔赛—华盛顿体系所建构的“和平大厦”时，在反思国际联盟的作用与失败的教训时，在叙述社会主义苏维埃国家的建立以及民族独立运动的发展时，在评价国际反法西斯统一战线的作用时，在分析建立联合国这个全球性国际组织的意义时，都贯穿了国际社会追求和平这一主题。即使是极为棘手的德国问题，虽然最终没能得以解决，也是基于战胜国对和平的某种想法。这些方面自然成为我们“现代”国际关系史部分的重点内容。

第二，国际关系的经济方面。法西斯主义的产生、法西斯国家的对外扩张和第二次世界大战的爆发，都是有深刻的经济根源的。1929 年开始的资本主义世界经济大危机，严重地破坏了国际经济。其后果是灾难性的，对国际关系产生了深远影响。经济危机加深了一些国家国内政治上的两极分化，把法西斯极右势力推向了政治前台。为转嫁危机，德国、日本等法西斯国家实行对外侵略扩张的政策，着手战争准备，即使仅仅从战争经济学的角度看，这种政策也对国内的经济产生了重大影响。西方各国为了尽量减小危机所造成的损失，纷纷采取了经济民族主义政策，构筑经济和贸易壁垒，这不仅仅阻碍了国际经济的发展，更重要的是，它从反面助长了法西斯主义的扩张。当然，国际经济关系还包括战争债务赔偿等问题。不过，本书的描述和分析侧重于国际经济关系的国际关系层面，从外交、对外政策、国际斗争的角度来分析这些国际经济关系及其影响。因此,其中的一些内容不是独立成章的,而是分散于一些章节中。

第三,外交政策的演变。在两次大战之间的时期里,以及第二次世界大战过程中,外交一直是那些传统的大国(主要是英国、法国、俄国和德国)和后起的大国(主要是美国、日本和意大利)展开国际关系的重点舞台。这些国家的外交政策颇值得玩味,它们既是对近代以来的外交政策的继承和发展,也是国际政治斗争现实的具体反映。两次大战和大战之间的经济衰退使英国大伤元气,它的对外政策尤其是对欧洲政策是异常混乱的,对国际局势的变化反应很迟钝。法国人是带着强烈的恐慌心理(对自身衰落的担心和对德国的担心)展开外交、追求军事安全的,它左右为难的处境制约着其外交政策的质量。没有哪个现代国家的外交政策比德国摇摆得更为剧烈,也没有哪个欧洲大国的政治体制和领土版图有像德国这样变化如此多端,但是,在两次大战期间里,德国的外交就其使德国东山再起而言,它是成功的。这段时间里的苏俄和苏联的对外政策,其长远的主导价值是建立以它自己为主导的国际秩序,因此,它对外部世界总是带着既排斥又介入的态度,然而,战争威胁和残酷的战争使得苏俄和苏联的外交政策被迫以生存为当下的首要目标。另外,外交在美日这两个非欧洲国家的崛起过程中的作用,也是我们要考察的重点,比如我们要考察美国的外交政策是如何打破近代以来的孤立主义传统的。正因为外交在"现代"国际关系中有着重要的地位,因此,我们在撰写第二次世界大战这个对人类文明产生深重影响的事件时,也是侧重于外交,而不是战争进程本身。

唐贤兴
2001 年 12 月

第一章　威斯特伐利亚体系与欧洲国际关系

中世纪后期，地理大发现和殖民地掠夺推动了世界贸易的发展和扩大，促进了资本主义生产关系的形成和发展，对欧洲各国的政治关系产生了深刻的影响。17世纪初，神圣罗马帝国已开始走向衰落，各诸侯与皇帝之间，传统天主教派与宗教改革后产生的新教派之间斗争十分激烈，并最终导致了“三十年战争”。

“三十年战争”及之后签订的《威斯特伐利亚和约》标志着近代国际关系史的开端，欧洲因此进入威斯特伐利亚体系时代。和约划定了欧洲大陆各国的国界，承认了德意志各诸侯国享有独立主权，承认了瑞士、荷兰为独立国。缔约以后，各国普遍建立了常驻外交使节，进行专门的外事活动，正式国际关系逐步建立。和约破除了罗马教皇神权统治体制的世界主权论，明确了国家主权、国家领土和国家独立等国际关系中的基本原则，促进了近代民族主权国家的形成。

《威斯特伐利亚和约》是各交战国相互妥协的产物，它勉强调和了错综复杂的利害关系，在欧洲建立了一个相对均势的国家体系，但也为以后欧洲列强发起新的战争埋下了隐患。在17世纪后半期和整个18世纪，欧洲战争连绵不断。战争中，宗教利益、王朝利益和道德原则不再是决定国家对外政策的主要依据，国家利益和理性原则逐渐指导着国家的主要行动。这一时期，欧洲列强用战争来解决矛盾，用和约和妥协来结束战争。战后的和约主要对所争夺的利益进行了再分配，不公正之处又引起新的战争。其中的一些条款丰富了近代国际法的内容。战争中，以国家主义为特征的近代专制国家体系逐步形成。

“三十年战争”前的五大强国法奥英荷瑞，经过数次的大战，地位各有升降。到法国大革命之前,欧洲国际体系的主要参与者基本上确定为英、法、俄、普、奥五国。在欧洲的国际事务中,英国的主要角色是制衡者,其他四国是欧洲大陆的霸权争夺者。

第一节　威斯特伐利亚体系的形成

一、17 世纪初的欧洲各国

17 世纪初,由于宗教改革和神圣罗马帝国的衰落,君主专制国家成为这时期国家形态的主流。其中,英国、丹麦、瑞典等国家和德意志的一些诸侯国是资本主义生产方式发展较快且新教势力比较强大的国家,西班牙、波兰、奥地利大公国和其他德意志诸侯国是资本主义生产方式发展缓慢的天主教国家。荷兰以及一些城邦国家成为最早的资本主义共和国。此时,资本主义生产方式的冲击,已在社会的各个层面上反映出来。各国为了领土和商业利益,不仅加紧开拓、掠夺殖民地,而且相互间虎视眈眈,随时准备用武力来征服对方,扩大自己的实力。

英国继西班牙和葡萄牙之后也进行了海外扩张,工商业较为繁荣,对外贸易已扩大到世界许多重要地区。1588 年,英国打败了西班牙的"无敌舰队",初步取得了大西洋航线的控制权。1600 年,英国成立了东印度公司,垄断了对东方各国的贸易权。政治上,新贵族和资产阶级的力量较为强大,他们利用王权,逐渐取得了政治的支配权。都铎王朝的亨利八世时,英国便确立了新教的国教地位。同时,英国把均势政策作为其介入欧洲大陆事务的基本战略。17 世纪上半期,斯图亚特王朝的詹姆斯一世在位期间,国王与议会的冲突开始加剧,最终激化为英国资产阶级革命。因此,英国在 17 世纪上半期无暇太多顾及欧洲大陆事务,对"三十年战争"的进程影响甚小。而且,为了维持欧洲的均势和自己在大陆的权益,英国在与欧洲大陆国家进行交往时,始终保持着独立的姿态。

宗教改革对法国的影响较大。接受了新教的南方贵族集团与坚信天主教的北方贵族集团间的矛盾,由教派冲突最终酿成战争。战争从 1562 年持续到 1594 年,给国内的政治和经济造成了极大的混乱。亨利四世(1589—

1610 年在位)登上王位后,采取了一系列措施平息了战争,宣布天主教为国教,颁布南特敕令,承认新教的合法地位。在国内政治局势稳定、经济得以恢复的基础上,亨利四世积极发展对外贸易,重新获得了地中海东岸、西亚和比利牛斯半岛的商业地位。1604 年,成立了东印度公司和诺曼底商人公司,并在北美的魁北克建立了殖民据点。在对外关系上,亨利四世针对长期被哈布斯堡家族三面包围的状态,“在实践上追求两个目的:削弱哈布斯堡家族的实力,并维持欧洲列强之间业已形成的有利于法国的均势”①。

1610 年,亨利四世遇刺身亡。继任的国王路易十三(1610—1643 年在位)的宰相、红衣主教阿尔芒·让·黎塞留(1624—1642 年在任)沿袭了亨利四世的外交政策,致力于打击哈布斯堡王朝。在“三十年战争”时期,黎塞留先是支持瑞典、荷兰等新教国家与哈布斯堡家族统治的神圣罗马帝国作战,后又使法国直接参与战争。黎塞留信奉“国家利益至上”的原则,把国王和国家视为一体。他把加强绝对君主专制和把法国建设成欧洲最强国视为两项基本国策,用高压手段治理国家。在他的治理下,法国恢复了在欧洲的重要地位。

新航路开辟后,德意志因远离西欧新兴经济中心,经济渐趋衰退,政局动荡。到 17 世纪初,德意志仍处于分崩离析的状态。诸侯与诸侯之间,诸侯与皇帝之间,矛盾重重,斗争激烈。宗教改革后,各诸侯分为新教和天主教两大阵营。在教产问题上,两派矛盾激化。奥地利哈布斯堡王朝的世袭领地在德意志各邦中版图最大,其统治者也总是兼任神圣罗马帝国皇帝,因而成为天主教阵营的核心。皇帝希望能联合天主教势力,限制新教势力,恢复和加强中央集权,但天主教诸侯虽然在对付新教诸侯上与皇帝一致,却不愿意中央权力加强,重新受制于皇帝。

西班牙是哈布斯堡家族的另一支,国内天主教势力强大,与奥地利总是相互支持。西班牙原是欧洲大陆和海上的一个强国,在海内外占有广大的殖民地。但由于长期与英、法竞争,征战连年不断,经济每况愈下。其属地尼德兰发生资产阶级革命后,荷兰摆脱了西班牙的统治成立了独立的共和国。这给了西班牙沉重的打击。到 17 世纪初,西班牙已结束了它的鼎盛期。

北欧地区的两个主要国家丹麦和瑞典,为了争夺波罗的海霸权,时有战

① 弗·彼·波将金主编:《外交史》第一卷(上),三联书店 1979 年版,第 342 页。

争发生。瑞典原来附属于丹麦，1523年宣布独立。从16世纪中期以来，瑞典开始向海外扩张，控制了波罗的海的航海权。到17世纪初时，瑞典已成为北欧的最强国，由于波罗的海的航海权关系，与德意志北部的诸侯国矛盾较大。瑞典在宗教改革后，宣布为新教国家。1588年，丹麦国王克里斯蒂安四世（1588—1648年在位）即位。他采取了一系列措施促进本国工商业的发展，并取得成效。丹麦企图重新控制瑞典，夺取波罗的海沿岸的要港，但屡遭失败。克里斯蒂安四世还企图夺取北德意志的若干教区，并因此卷入了"三十年战争"。

在东欧地区，俄国与波兰、立陶宛以及瑞典为争夺波罗的海东岸地区和商道而进行着不间断的武装较量。沙皇俄国是一个农奴制的君主专制国家，生产力水平远远落后于欧洲各国。夺取波罗的海的出海口是几代沙皇的梦想，但直到17世纪初，俄国仍是一个内陆国家，在欧洲政治中处于边缘地位。波兰在16世纪呈上升趋势，是波罗的海地区的一大强国。1569年波兰与立陶宛大公国合并，成为欧洲除俄国之外最大的国家。波兰与俄国、瑞典为争夺波罗的海的霸权不断进行征战，领土互有取舍。南部的奥斯曼土耳其也是波兰的一个长期敌人。波兰的农奴制严重阻碍了经济的发展，自17世纪中期起，当它的邻国逐渐强大起来时，波兰却迅速衰落，成为被瓜分的对象。

总之，到17世纪初，欧洲各主要国家的实力已经有了明显的高下区分。在新的生产方式的刺激下，各国都在千方百计地扩疆拓土，弱小国自然成为被欺凌的对象。战争的爆发需要时机，局势的动荡孕育着新的纷争，各国都在蓄势以待。

二、"三十年战争"

1618年到1648年的三十年战争，可以说是在神权受到削弱的条件下，欧洲世俗专制政权之间争夺权力与财富的集中体现。虽然它的爆发是由宗教问题引起的，但宗教因素在战争中很快就不是主要因素了。这场战争彻底打破了罗马神权下的世界主权，建立了欧洲世俗专制王权国家间的国际秩序①。

① 李滨：《国际体系研究：历史与现状》，南京大学出版社2000年版，第56页。

1. 战争起因

16世纪的宗教改革运动波及了几乎整个欧洲大陆，对各国社会都产生了深刻的影响。德意志是宗教改革的发源地和中心，再加上各诸侯分立，情况格外复杂。1555年9月，德意志新教诸侯与神圣罗马帝国皇帝查理五世缔结了《奥格斯堡宗教和约》。和约以帝国法律的形式确定了路德教和天主教的平等地位，新教诸侯所占天主教会的财产不再退还。天主教诸侯对此十分不满，矛盾在不断累积。同时，德意志各诸侯还由此扩大了政治和宗教权势，诸侯分立体制进一步得到巩固。到17世纪前半期，除个别地区外，德意志北部、中部和东北部为新教区，西北部、西部和东南部以及哈布斯堡家族的领地为天主教区。以皇帝为首的旧教诸侯与新教诸侯之间，中央集权势力与诸侯割据势力之间的斗争在德意志的政治生活中占主导地位。

欧洲列强也插手德意志内部的斗争。1608年"新教同盟"成立，选举巴拉丁选侯为领袖，得到英国、法国和荷兰的支持。天主教诸侯在第二年也成立了"天主教联盟"，以巴伐利亚公爵为领袖。支持"天主教联盟"的是皇帝、罗马教皇和西班牙。欧洲列强的介入，使得德意志问题更加复杂，由内部矛盾扩大为国际间的冲突，由宗教矛盾演变为各国君主争权夺利、扩疆拓土的斗争。

"三十年战争"爆发的直接原因，是由于神圣罗马帝国皇帝马提亚(1612—1619年在位)对波希米亚(捷克)新教徒实行镇压政策引起的。波希米亚自并入神圣罗马帝国，国王就由哈布斯堡家族成员担任。因为其重要的政治经济地位，历任皇帝一直试图保持天主教势力在波希米亚占统治地位。但波希米亚仍保有较大的自治权，议会和新教教会继续存在。1618年波希米亚王位空缺，马提亚公然违背"大诏书"①，任命他的亲戚、狂热的天主教徒斐迪南公爵担任国王，还对新教教徒进行了严酷迫害。马提亚的行为引起了新教教徒的激烈反对，矛盾不断激化。5月23日，愤怒的新教教徒冲入王宫，按照波希米亚惩罚叛徒的古老习俗，把皇帝的两个使者从窗口掷了出去，史称"掷出窗外事件"。这一事件震惊了欧洲宫廷，成为"三十年战争"的导火索。

① 1609年7月，鲁道尔夫二世(1576—1612年在位)签署了"大诏书"，给波希米亚所有非天主教徒以信仰自由以及选举自己信仰保护人的权力。马提亚曾一度承认"大诏书"。

2. 战争进程

“三十年战争”的进程大致可以分为四个阶段：波希米亚阶段(1618—1625 年)，丹麦阶段(1625—1629 年)，瑞典阶段(1630—1635 年)，法国—瑞典阶段(1635—1648 年)。

“掷出窗外事件”后，起义者废除了斐迪南的王位，同时，为了获得新教联盟和英国的支援，推举巴拉丁选侯、新教联盟的首领腓特烈五世为波希米亚国王。同年，斐迪南也登基成为神圣罗马帝国皇帝，被称为斐迪南二世。他外倚西班牙，内靠天主教同盟，开始镇压起义者。腓特烈原来希望能得到他岳父、英国国王詹姆士一世和新教联盟的援助，但一些新教联盟的成员因为嫉妒巴拉丁选侯的强大，采取了中立态度；许多波希米亚贵族又自行其是、寻求妥协；英王也没有采取任何行动，腓特烈的希望逐一落空。结果，在兵临维也纳城下的有利形势下，腓特烈因势单力薄，被迫停战求和。皇帝和天主教同盟的军队在约翰·特泽尔克勒斯·蒂利的指挥下不断出击，起义军从奥地利败退到波希米亚的土地上。1620 年 11 月，天主教同盟的军队在布拉格近郊的白山战役中击败波希米亚军队，占领了布拉格，“在那里实行了血腥的政治复辟和宗教复辟”①。斐迪南二世兼任波希米亚国王，再次强制推行天主教，许多新教贵族的土地被没收。与此同时，西班牙军队不断进攻巴拉丁，于 1622 年打败了荷兰、丹麦和英格兰资助的德意志新教联盟军队，占领了巴拉丁。腓特烈被迫出逃荷兰，其领地巴拉丁和选侯爵位都转归巴伐利亚公爵。

哈布斯堡王室借战争的胜利趁机扩大自己的影响，于 1621 年解散了新教联盟。这不仅使各新教诸侯心生畏惧，而且引起了英国、荷兰、丹麦和瑞典等国的反对和忧虑。由于西欧国家各有困扰，于是北部邻近的丹麦和瑞典成为德意志新教诸侯求援的主要对象。其时，瑞典正在与波兰进行争夺波罗的海沿岸的战争，丹麦便先一步介入了“三十年战争”。

丹麦的参战不只是为了拯救新教事业，更重要的是国王克里斯蒂安四世作为神圣罗马帝国北部的一个邦——霍伦斯坦的公爵，急欲在北德扩张势力，以便同瑞典进行有利的角逐，建立波罗的海霸权。1625 年，在英国、荷兰的财政支持下，克里斯蒂安四世率领丹麦军队进入德意志。北德新教诸侯相继依附，德意志内部的战争转变为国际战争。法国除了支持丹麦参

① 弗兰茨·海林：《中世纪末期以来的德国史》，三联书店 1980 年版，第 48 页。

战外，还力促瑞典出兵，但没有成功。斐迪南二世利用波希米亚贵族瓦伦斯坦组织的雇佣军同丹麦对抗。瓦伦斯坦是一名杰出的将领，在他的指挥下，雇佣军接连取胜。1626 年他的军队和由蒂利统帅的天主教同盟的军队，打败了丹麦和新教诸侯的联军。丹麦国王被迫于 1629 年同瓦伦斯坦议和，签订了《吕贝克和约》。丹麦退出战争，保证不再干涉德意志事务；瓦伦斯坦也放弃对丹麦的赔款要求。但瓦伦斯坦的出色战绩引起了其他将领和诸侯的嫉恨，皇帝被迫解除了他的职务。

帝国的再度胜利，使得反宗教改革的浪潮泛滥于德意志。1629 年斐迪南二世颁布了“归还敕令”，规定新教诸侯应将 1552 年以后所侵占的领地和教会财产全部归还天主教诸侯。恐怖再次席卷了新教诸侯。奥地利和西班牙的哈布斯堡王朝还企图建立欧洲的政治霸权，扬言要先征服斯堪的纳维亚，夺取波罗的海贸易控制权。地处斯堪的纳维亚半岛的瑞典，以崇信新教和波罗的海的制海权为立国之本。国王古斯塔夫・阿道夫对哈布斯堡王室的霸权计划深感不安，1629 年与波兰—立陶宛匆匆缔结了停战协定后，翌年，在法国的大力资助下，率领训练有素的瑞典军队进入了北德意志。

瑞典军队旗开得胜，得到了萨克森、勃兰登堡等选侯的支持。1631 年瑞典军队在莱比锡附近打败了天主教同盟军队，蒂利战死。瑞典军队乘胜进攻，直捣巴伐利亚，继而向奥地利进军。皇帝在危急之际，重新起用瓦伦斯坦。1632 年 11 月在吕岑会战中，瑞典军队取得了胜利，但国王古斯塔夫阵亡。瓦伦斯坦为了保存自己的实力，同瑞典进行谈判，引起了天主教诸侯的不满，职务再次被撤消。不久瓦伦斯坦被暗杀。此次战役后，瑞典败多胜少，节节后退，1634 年 9 月被奥地利和西班牙联军击败，无力再战。1635 年 5 月萨克森等新教诸侯与皇帝妥协，缔结《布拉格和约》。规定所有同盟一律解散，相互归还战争期间占领的领土，“归还敕令”的期限改为 1627 年。和约得到大部分诸侯的承认，内战似乎已接近尾声。

法国起先一直假借它国之手削弱哈布斯堡家族的势力，丹麦、瑞典战败后，法国不得不采取了公开干涉的政策。在黎塞留的主持下，法国先后与荷兰、瑞典结盟，然后于 1635 年 5 月向西班牙(奥地利)正式宣战。“在德国大地上互相争逐的各派势力，谁都决定不了战争的结局，于是战争的支配权就落入了法国之手”①。战场主要在德意志境内，战争同时也在法国、西班牙、

① 弗兰茨・海林：《中世纪末期以来的德国史》，三联书店 1980 年版，第 53 页。

荷兰和意大利国内进行。

战争初期，各有胜负，双方恶劣地互相蹂躏所占领地区。1636—1637年，西班牙军队曾先后自北方和南方攻入法国。到40年代战争优势转到法国和瑞典方面。1640年，在法国的支持下，西班牙的属国葡萄牙发生动乱和起义，恢复了国家独立。在海上的战争中，西班牙的舰队被荷兰击溃。1642年，黎塞留去世，枢机主教茹尔·马扎然继任，继续黎塞留的对外政策。1643年法军在罗克鲁瓦会战中打败西班牙军队。与此同时，瑞典军队在莱比锡附近击败帝国军队后，继续南下，法军自西东进，两军于1645年春会师巴伐利亚。此时，支持皇帝的诸侯在失去西班牙的援助后，已无力再战。而另一方，法国对英国资产阶级革命的发展深感不安；瑞典军队传染病流行；荷兰打败了西班牙军队后，认识到法国将成为下一个强大的敌人，不再支持法国。1648年法军在隆斯附近歼灭西奥联军，瑞典军队攻克布拉格，战火在回到30年前爆发的地点戛然而止。

三、《威斯特伐利亚和约》的签订

交战双方自1644年起就开始谈判，由于法国和瑞典争论不一，谈判分别在威斯特伐利亚的奥斯那布鲁克和闵斯特两个城镇进行。参加奥斯那布鲁克谈判的是罗马帝国皇帝、瑞典、德意志新教诸侯和自由市代表；参加闵斯特谈判的是皇帝、西班牙、法国和德意志天主教诸侯的代表。和谈各方以前均无国际会议经验，又都想在谈判中获得更多利益，在会议程序、礼仪、代表资格等问题上也争吵不休，而且谈判期间双方的军事行动并没有停止，各方面的要求和和谈条款随军事形势的变化而不断变化，和谈直到1648年10月才达成协议，缔结了两个和约，合称《威斯特伐利亚和约》。

和约的主要内容包括：法国取得阿尔萨斯（斯特拉斯堡除外），并确认早年法国占领的麦茨、土尔和凡尔登三个主教区归它所有。瑞典获得不来梅和费尔登两个主教区以及波美拉尼亚的西半部和什切青城。德意志内部，几个强大的诸侯都扩大了领土。勃兰登堡得到波美拉尼亚东部、马德堡大主教区以及哈勃斯达、卡明、明登等主教区；萨克森合并了鲁沙提亚；巴伐利亚得到上巴拉丁，仍保有选帝侯的地位。和约确定了荷兰和瑞士的独立地位，不再对帝国承担法律义务。和约承认帝国诸侯有独立的外交权力，皇帝不得干涉诸侯内政；帝国的重要事务如立法、课税、征兵、宣战和缔约等，必须由帝国议会决定。和约还规定加尔文教可享受与路德教同样的权利；在帝国法庭中，天主教和新教的法官人数相等。

威斯特伐利亚和约是在新教势力占优势的情况下缔结的，其内容也反映了这种实力的对比。和约沉重地打击了哈布斯堡王朝。帝国被迫承认各诸侯国有独立的外交权，虽然有“不损害神圣罗马帝国的利益”的附带规定，但从政治上把帝国分裂了，帝国更处于一种分崩离析的境地。皇帝建立统一帝国和恢复天主教在欧洲统治地位的企图彻底破灭了。西班牙的实力被极大削弱，其优势地位不复存在。和约保证胜利者获得了大片领土。法国“天然疆界”的要求得到了部分实现。瑞典得到波罗的海和北海沿岸的最重要的港口以及易北河和威悉河的入海口，大大增强了实力，一跃而成为北欧强国。

和约一方面调和了原有的矛盾，另一方面也造成了新的不均和矛盾。法国、瑞典扩大了自己的实力，成为战后的新强。在西欧，法国引起了英国、荷兰的嫉恨，为英法交恶、法荷相仇埋下种子。在北欧，瑞典引起了丹麦和北德意志各邦的敌视，战争接连不断。神圣罗马帝国虽然名存实亡了，但在和约中完整保存下来的奥地利仍然在欧洲政治中占有重要地位，并逐渐发展成为一个民族国家。在奥法分割下的意大利各邦，在和会之后也不断掀起了建立民族国家、实现统一的革命浪潮。后起的俄国和东欧诸国，随国力的不断增强，也逐渐参与到欧洲的政治斗争中。威斯特伐利亚和会之后的欧洲并没有出现“一种神圣的稳定局面，各国的兴衰更替在以一种令人目眩的速度进行着”①。而更替便是通过战争进行的。

威斯特伐利亚和会与和约对近代国际法的建立和发展起了重要的促进作用。首先，和会本身创立了以国际会议解决国际争端和结束战争的先例，为近代以后的国际会议提供了初步经验。其次，和约划定了欧洲大陆各国的国界，承认了国家的独立和主权，表明国家主权、国家领土和国家独立等原则已确立为国际关系中应遵守的准则。这些原则也成为近代国际法的主要内容。和约还初次规定了缔约国不得破坏和约条款，对违约国可以实行集体制裁。和约承认新教和旧教享有同等的权力，打破了罗马教皇神权统治下的世界主权论。和约签订后，在欧洲开始确立常驻外交代表机构的制度，各国普遍建立了驻外使节，进行外事活动。国际法是在国际关系中产生

① 泰勒：《争夺欧洲霸权的斗争(1848—1918年)》，商务印书馆1987年版，第5页。

与发展的。威斯特伐利亚和会是国际关系史上的一个划时代的事件，威斯特伐利亚和约成为近代国际法产生的起点。

第二节　英国资产阶级革命与争夺海上霸权的斗争

一、欧洲国家对英国资产阶级革命的态度

17世纪中叶，代表封建专制政权的英国国王与代表新贵族和资产阶级的议会之间的矛盾因财政问题不断激化，终于于1640年爆发了资产阶级革命。它是继尼德兰革命之后，资产阶级第二次取得胜利的革命。由于革命前和革命中，英国政治生活中形成了国王和议会两个权力中心，它们分别建立自己的外交关系，所以英国这期间与其他国家的关系具有双重性质。在"三十年战争"中，英国对战争双方的政策是摇摆不定的，对战争的进程影响很小。这表明资产阶级革命前，英国在欧洲的政治生活中只处于一个二流国家的地位。在对外殖民扩张方面，不仅荷兰、法国超过了英国，而且西班牙、葡萄牙也保持了对英国的优势。而且当时对欧洲大陆领土的争夺是各国的主要目标，对海上力量的发展并不十分重视。

英国资产阶级革命期间，正值"三十年战争"的末期阶段，欧洲主要大国忙于大大小小的战事，无暇顾及英国，客观上为英国资产阶级革命提供了一个有利的国际环境，保证了革命得以在没有大规模武装干涉的情况下顺利完成。但英国资产阶级革命的爆发，仍引起了欧洲各国的关注。革命初期表现为内战的形式，欧洲大陆的各君主国并不认为议会军队能打败国王。在支持国王还是议会的问题上，不同国家从本国商业利益、政治利益和王朝利益出发，采取了不同的政策。

一水之隔的法国在英国革命初期没有明显表现出支持英国国王的态度。随英国内战的进行，法国开始担心英国革命会对法国人民产生不良影响，从而影响到法国王权的稳定。1646年马扎然在给法国新任驻英国大使贝利耶夫尔的指令中明确指出，"如果大不列颠国王恢复了过去的政权，即使相信它将会成为我们的敌人，也要比英格兰和苏格兰变成共和国(不管这

个共和国将是我王的朋友或敌人)好一些”①。由于“三十年战争”牵制了法国的大部分精力,法国无法公开进行干涉,而是通过与英国国王的后方基地苏格兰结盟,对战争进行调停,挑拨议会分裂等方式支持英王。1649 年法国结束战争,马扎然决定用武装干涉对英国议会施加压力,阻止议会处死查理一世,但还没有来得及行动就传来查理一世被处决的消息。此时,法国国内投石党的军队包围了巴黎,政局危急,法国的计划落了空。

17 世纪前垄断海外贸易的西班牙是英国贸易上的主要敌人。查理一世(1625—1649 年在位)继位后,与荷兰结为同盟,参加了对西班牙的战争。1635 年,西班牙夺取了海地岛附近托尔图加岛上的英国殖民区,两国矛盾进一步深化。革命爆发后,西班牙趁机加紧削弱英国,大力支持爱尔兰起义。但法西之间的战争出现了不利于西班牙的局面,迫使西班牙同英国接近。西班牙在外交上表示支持英国议会,但同时又在荷兰进行反对英国议会的活动,渲染英国海上势力对荷兰的威胁。总之,“削弱、分治”是西班牙对革命英国的主要政策。

荷兰一度曾是英国的盟国,在英国资产阶级革命时因争夺海上霸权和商业利益与英国已有了很深的矛盾。荷兰对英国革命无论支持还是反对,支持议会还是国王,都是从自己的商业利益出发的,希望从英国的革命中捞取更多实惠。联省共和国(荷兰)议会支持英国国王,而联省共和国的最主要省份荷兰却支持英国议会。1643 年 9 月,联省共和国决定派使团前往英国进行战争调解,荷兰省坚决反对。因为荷兰不愿看到英国的强大。荷兰的商人认为英国的内战会使更多的英国居民出逃荷兰,给荷兰带来财富。经过争论,使团终于被派出,但没有取得任何效果。

沙皇俄国对英国的专制政权抱同情态度。但由于两国相距遥远,难以作出及时反应。教皇支持英国国王,而他的目的是利用英王的困难处境试图在英国恢复天主教的地位。丹麦支持英国国王,并为之输送了大批装备。1643 年底丹麦与瑞典之间爆发了战争,丹麦的支援活动被迫停止。瑞典因为丹麦支持英国国王的缘故,对英国议会表示支持。

综上所述,英国资产阶级革命并没有引起欧洲大陆国家的充分重视。它们忙于相互间的矛盾和冲突,对英国革命基本采取了静观其变的态度,根

① 叶·阿·科明斯基·亚列维茨基主编:《17 世纪英国资产阶级革命》(下),商务印书馆 1990 年版,第 94 页。

本没有预料到这场革命将会在欧洲大陆引起更广泛的革命，更没有想到，革命释放了巨大的生产力，英国因此国力日盛，很快成为欧洲乃至全世界首位的国家。

二、共和国与护国主期间英国的对外关系(1649—1658)

内战时期英国议会就宣布拥有最高权力，并开始自己的对外政策。议会的对外政策目标是保持与欧洲国家的良好关系，阻止大陆国家对国王的支持，避免它们对英国内部事务的干涉，同时也避免卷入欧洲大陆的战争。革命后，英国资产阶级掌握了政权，对外政策的重点是海外扩张，争取更多的殖民地。这样它的主要对手就定为西班牙和当时的海上强国、号称“海上马车夫”的荷兰。为此，英国从 1649 年起加紧建设海军。到 1660 年英国共建造了 98 艘军舰，加上夺取的军舰，总数达到 207 艘。远征船队都配备了较强的火力。这为英国夺取海上霸权奠定了物质基础。

1. 英国与荷兰的战争

荷兰于 17 世纪上半期取代西班牙成为头等贸易和殖民地强国。荷兰商人拥有庞大的商船队，总吨位相当于英、法、葡、西四国总和。他们几乎垄断了全世界的贸易，波罗的海的全部贸易、对印度的贸易、对美洲的贸易都掌握在荷兰人手里。英国的东印度公司根本无力与荷兰商人竞争；荷兰商人甚至在英国西印度群岛的殖民地上也压倒了英国商人，仅与巴巴多斯做买卖的荷兰商船就是英国商船的两倍。荷兰商人在英国领海上捕鱼，又在英国市场上倾销。荷兰在航海、贸易、殖民方面的优势不仅严重损害了英国的经济利益，而且对英国的殖民主义目标也是一个直接的威胁。英、荷矛盾急剧尖锐化，到 17 世纪中叶，两国为争夺海洋霸权和海上贸易垄断权的斗争很快就转为大规模的军事斗争。

面对荷兰的优势，英国先是与荷兰进行谈判，提出联合的建议，想通过联合达到兼并荷兰的目的，但遭到荷兰的拒绝。外交手段失败后，英国又于 1651 年通过了《航海条例》，规定凡是进出口英国本土和殖民地的货物，必须用英国船只或货主国船只运送。这项条例对主要从事转口贸易的荷兰是一个沉重的打击，荷兰断然拒绝接受这个条例。1652 年第一次英荷战争在两国海域、地中海、松德海峡和印度洋同时进行。战争开始时，荷兰占据了优势，但由于荷兰船只大部分为商船，而英国蓄谋已久，准备充足，战争优势很快就转到了英国方面。1654 年双方缔结了《威斯敏斯特和约》。荷兰被迫承认了《航海条例》，赔偿英国东印度公司的损失。荷兰的海上势力开始衰落，英国也走上了争夺海洋霸权的道路。同一年，英国还与瑞典、丹麦分别签订了和平同盟条约和商约，葡萄牙也被迫臣服于英国。1654 年成为克伦威尔对外扩张成果丰硕的一年。但是，荷兰仍保有强大的实力，英国与荷兰的争霸还远远没有结束。

2. 英国参与法西战争

英国与西班牙的关系在革命胜利后仍处于紧张状态。克伦威尔把西班牙看作是英国“最大的敌人，是天然的敌人”①。英国与西班牙的矛盾主要体现在殖民地和宗教问题上。西班牙控制了西半球的大量殖民地，不许英国商人到西属殖民地进行贸易，而这些殖民地也是英国的扩张目标。西班牙是一个传统的天主教国家，其宗教裁判所残酷迫害新教教徒，甚至包括英国的清教徒在内。因此，准备对西班牙的战争就成为克伦威尔的下一个目标。

法国和西班牙在威斯特伐利亚和会之后，仍处于战争状态。西班牙支持法国的反对派投石党运动，一度几乎攻占巴黎。英国与法国在共和国之初互相交恶，双方由贸易战上升为外交战，几乎爆发武装冲突。但随着法西战争的进行，法国希望同英国结盟，共同与西班牙作战；而克伦威尔则认为，法国是大陆的强国，同法国斗争会有意外的危险，而西班牙处于日益没落的地位，容易取得胜利，而且有殖民地作为丰厚的战利品。因此，英法关系由紧张转向缓和，并最终于 1655 年 11 月签订了和约，英法共同对西班牙作战。

1654 年 12 月，英国派一支舰队开赴西印度群岛，在没有对西班牙正式宣战的情况下就占领了牙买加岛。西班牙作出强烈反映，1655 年 10 月两国正式断交宣战。英西战争的战场同时在陆上和海上进行。在海上，英国海军封锁了西班牙海岸，阻止西班牙同西印度群岛的一切商业往来。1657 年 4 月，英国海军舰队在特内里斯岛击毁了 16 艘西班牙战舰，俘获了 5 艘货船，取得了海上战争的胜利。陆战主要由法军进行，后来英军加入，支援法军。英法军队在陆上占据了优势，但进攻不断出现波折，因为英、法、西三方相互间都有秘密交往。英法互相猜疑，只得靠不断缔结条约维持同盟。

① 弗·彼·波将金主编：《外交史》第一卷(上)，三联书店 1979 年版，第 367 页。

终于,1658 年 6 月,双方进行决战。西班牙军队和法国投石党孔德亲王的军队大败,敦刻尔克由英军占领并转归英国管辖。

对西班牙战争的胜利,不仅使英国占领了牙买加,而且在欧洲大陆取得战略据点敦刻尔克,英国的力量进一步增强。法国虽然战胜了西班牙,却又为英国在欧洲大陆立下脚跟感到不安。克伦威尔死后,法国首先撕毁英法协定,于 1659 年 11 月同西班牙签订了《比利牛斯条约》,结束了战争。英国斯图亚特王朝复辟,英西关系也随之改善,化敌为友了。

3. 英国对松德海峡的争夺

松德海峡是贯通北海和波罗的海的战略要地,对发展海上霸权的英国来说尤为重要。英国与丹麦、瑞典、波兰、德意志和波罗的海沿岸各国港口有密切的商业往来。因此,英国一直谋求自由通过松德海峡的权利以保证英国的商业利益。1655 年爆发的瑞典波兰战争和 1657 年爆发的丹麦瑞典战争为英国实现目标提供了机会。

1655 年爆发的波兰瑞典战争是对波罗的海霸权的争夺,同时也触动了新教国家与天主教国家的矛盾。克伦威尔打着宗教的旗帜对瑞典表示支持,实际是为了英国的商业利益。1656 年,英国与瑞典签订了同盟条约,初步达到了目的。英国与瑞典的结盟引起了北欧和东北欧国家的不安。荷兰明确表示反对,并派出外交代表到勃兰登堡、丹麦进行活动。丹麦对由于反对瑞典的霸权,对荷兰的外交活动作出了积极的反应。1657 年丹麦同瑞典的战争爆发,英国束缚于与两国的和约,扮演了调停者的角色。1658 年 2 月,瑞典同丹麦签订了《罗斯基勒条约》。1660 年 6 月,又签订了《哥本哈根和约》。通过条约,瑞典巩固了在波罗的海的统治。而英国由于与瑞典的同盟条约,获得了自由通过松德海峡的权利。为了使自由通过海峡的权利得到主要大国的承认,英国又拉上法国、荷兰签订条约,保证三个国家的船只可以自由通过松德海峡和贝尔特海峡。英国谋求自由通过海峡的权利得到了国际保障。

三、斯图亚特王朝复辟与光荣革命时期英国的对外关系(1660—1688)

克伦威尔死后,护国主制度也很快结束。1660 年 5 月,在议会的拥护下,查理一世的儿子查理回到英国,登上王位,称查理二世,开始了复辟时期。复辟后的斯图亚特王朝虽然在国内实行了反动倒退的专制政策，但在对外扩张的基本目标上没有变化，重商主义仍是查理二世的经济政策基础。1651 年的《航海条例》严格得到执行，英国甚至完全取代了荷兰在美洲的转口贸易。斯图亚特王朝复辟后对外政策的最大变化是对法国和西班牙的政策。查理二世把英国革命归咎于宗教改革，因此寄希望于用天主教巩固封建政权，与欧洲大陆上的天主教国家法国和西班牙保持了亲密的关系。英国在欧洲大陆上的据点敦刻尔克被以 20 万英镑的代价卖给了法国；法国对英国也提供了大量的无须偿还的贷款。

1660 年，查理二世在议会的压力下颁布了新的航海条例，内容比 1651 年的更为苛刻。英国与荷兰在海上和殖民地的争夺更加激烈。1664 年英国占领了荷兰在大西洋的戈雷岛、北美的新阿姆斯特丹、西印度的多巴哥和圣特斯塔奇。第二年，荷兰收回了戈雷岛，第二次英荷战争开始。战争在殖民地和欧洲同时进行。英国议会虽然十分支持这场战争，但由于军事上准备不足，英军连连失败，远没有了第一次英荷战争时的威风。1667 年，荷兰海军歼灭部分英国舰只，封锁了泰晤士河口，直接威胁到英国首都伦敦的安全。而英国只是在北美夺取了一些荷属殖民地，把在北美的北方殖民地和南方殖民地连在了一起。英国被迫接受和平，双方于 1667 年 7 月签订了《布雷达和约》。荷兰为了在对法战争中争取英国，在和约中对英国做出了让步。英国放宽了《航海条例》的一些限制，把印度尼西亚的一些殖民地让给荷兰；荷兰则把包括新阿姆斯特丹的北美殖民地让给英国。

《布雷达和约》后，英国、荷兰对法王路易十四的霸权政策感到不安，于是和瑞典结成了反法同盟。但是，英、荷的矛盾并没有因为这一结盟而缓和。在法国分裂三国同盟的外交攻势下，1670 年英国同法国订立了多佛尔秘密协定，查理二世承诺与法国一起对荷兰发动战争，法国则承诺付给财政补助。1672 年 3 月，法国向荷兰宣战，英国根据秘密协定，也同时向荷兰宣战。第三次英荷战争爆发。这场战争实际是荷法战争的一部分。荷兰一方面在陆上应付法国的强大攻势，一方面与英国在海上进行着较量。在海战中，荷兰海军重创英法联军，使英军无法登陆。在陆战中，奥伦治亲王威廉三世领导军民，采用掘海堤放水的办法阻止了法军的进攻。此时，奥地利、西班牙、勃兰登堡和其他德意志国家出于对法国扩张的担心，支持荷兰作战；英国议会也对查理二世施加压力，要求他对法国开战。威廉三世开展外交活动，通过与英国联姻瓦解了英法同盟。1674 年 2 月，英国同荷兰签订了《多佛尔和约》，退出了战争。多佛尔和约承认布雷达条约继续有效。

综观三次英荷战争，双方各有胜负，但实际上英国是胜利者。经过战争，荷兰基本上接受了航海条例，一步一步地丧失了海上强国的地位，而英国在战争中逐步扩大了殖民地和势力范围。由于航海条例的推行，英国的海外贸易迅速发展，海上实力不断加强。到17世纪末，英国的经济实力与荷兰相比已占压倒优势，荷兰不再是英国的有力竞争者。英荷战争还动摇了荷兰国际政治地位。1688年英国光荣革命时，荷兰的亲王威廉三世登上英国的王位，使荷兰在经济和政治上更加从属于英国了。

继查理二世上台的是詹姆斯二世。詹姆斯二世是一个狂热的天主教徒，他试图恢复天主教在英国的国教地位，并加强了政治上的专制主义。这引起几乎所有社会阶层的恐惧和反对。1688年11月，在英国议员的邀请下，荷兰亲王、詹姆斯二世的女婿威廉三世对他取而代之，登上了英国的王位。这次政变由于没有发生流血冲突在英国史上被称为"光荣革命"。光荣革命后，英国建立起了立宪君主政体，成为正式的资产阶级国家。

英国在光荣革命后，对外关系出现了三种变化：一是英法同盟结束，英国开始了与大陆强国法国争霸的历史，英法矛盾成为近代国际关系中的主要矛盾；二是由于威廉亲王既是荷兰执政，又是英国国王，英荷建立了特殊关系。从1689年起，英荷在共同反法的基础上结成了同盟，但起主导作用的是英国；三是在争夺海外殖民地和海上战略据点的对外扩张活动中，英国更多地采取了主动态势。英国参加了18世纪开始的西班牙王位继承战争。1704年，英国从西班牙手中夺取了直布罗陀海峡，控制了通往地中海的咽喉要道。18世纪中叶，英国又在北美和印度夺取了法国的大片殖民地。

第三节　法国争夺大陆霸权与欧洲国家的反法斗争

一、《比利牛斯条约》

"三十年战争"结束后，西班牙不肯在《威斯特伐利亚和约》上签字，而是利用法国正在兴起的投石党运动和英王被处死后出现的法英紧张关系，继续对法国进行战争。为此,西班牙不顾自己的天主教封建政体,在欧洲抢先承认了英国的清教资产阶级共和国,以求得英国的支持。西班牙的军队与法国的投石党军队里应外合,从三面对法国形成了合围之势,军队一度距巴黎只有几十公里。

法国是"三十年战争"的最大受益者,自然不会容忍西班牙对自己权势的挑战。先是投石党运动在混战中失去了人民的支持,于1652年被王军平息。法国同时还开展积极的联英反西外交,对英国作出了一系列的让步:容忍英国的共和国制度;恢复英法之间的自由贸易;接受因法方海上抢掠行为而遭到损失的英国船主的正当要求。英国原本就不想与强大的法国为敌,反而对西班牙的欧洲市场和美洲殖民地垂涎三尺。在法国的主动活动下,1655年英国背离西班牙,与法国建立了反西同盟。

法英联盟的建立,对西班牙是一个沉重的打击,西班牙很快就在对法战争中面临不利形势。1658年6月,英法联军在沙丘战役中大败西班牙军队,西王腓力四世无力再战。第二年,法西两国签订了《比利牛斯条约》。《比利牛斯条约》主要包括了三个方面的内容:(1) 法国波旁王室与西班牙哈布斯堡王室联姻;(2) 西班牙向法国割让领土;(3) 法国赦免投石党领袖孔代亲王。法西联姻是宰相马扎然处心积虑设计的一步棋,目的是为了有机会插手西班牙的王位继承问题,使波旁王室取代哈布斯堡王室在西班牙的统治,从而彻底打破哈布斯堡家族对法国的包围。条约中,西王同意把女儿嫁给法王路易十四,为以后的西班牙王位继承问题埋下了法国的隐患。为了实现联姻计划,马扎然对西班牙也作出了一些让步:放弃加泰罗尼亚,把意大利的一些领土和南尼德兰的大片土地退还给西班牙,同意西班牙的请求,赦免孔代亲王。但是,法国仍然按照《威斯特伐利亚和约》的规定,割去了西班牙的大片领土。法国的领土在南、北、东三个方向都有了扩大,位置重要的阿尔萨斯领地也归属法国。

《比利牛斯条约》是法西两国继《威斯特伐利亚和约》之后继续较量的结果。法国维护了在威约中获得的权益,扩展了疆界,并进一步加强了在西欧的地位,为下一步的称霸欧洲准备了条件;西班牙的失败则使其大国地位一去不返,不仅失去了大片的领土和殖民地,而且哈布斯堡家族称霸欧洲的计划彻底破灭。《比利牛斯条约》的一些条款对法西两国以后的对外政策产生了深刻的影响,甚至影响到整个欧洲的国际关系。因此,该条约在国际关系史上具有重要的地位。

二、路易十四对“天然疆界”的追求

1661年，马扎然去世，路易十四(1643—1715年在位)亲政。他把马扎然在遗嘱中传授的黎塞留的教诲——国王要大权独揽付诸实践，在法国建立了绝对君权。路易十四用豪华奢侈的生活驯服各地的贵族，在全国建立了中央集权体制，牢牢掌握了全国大权。他自己本人则亲临朝政，每日按时办公，听取汇报，批发公文，像办公室职员那样恪尽职守。路易十四还建立了一支强大的军队，部队的编制、装备和指挥系统都有了很大改进。军队成为专制统治和对外扩张的有力支柱。统治之初，路易十四就重用柯尔伯管理财政。柯尔伯是一个重商主义者，非常善于理财。在他的治理下，法国濒临破产的财政很快有了起色。国内统一市场形成，工商业尤其是对外贸易增长显著。一大批海外殖民地也建立起来，为母国提供原料和商品市场。法国的预算达到收支平衡，经济一片繁荣景象。此时的路易十四威高权重，志得意满，被尊称为“太阳王”。

路易十四是一个怀有霸权野心的帝王，对外沿袭黎塞留、马扎然一直推行的对外扩张政策，梦想能实现法国所谓的“天然疆界”的宏大计划。他扬言要“夺取神圣罗马帝国皇帝的皇冠，成为全欧洲的主宰”。为实现这些雄心勃勃的目标，路易十四凭借前期积累的雄厚国力，开始了一系列征战。

1. “遗产战争”

法国霸权政策的重点是夺取哈布斯堡家族的领地，削弱哈布斯堡王朝的势力。西班牙与法国比邻，自然成为法国的首选目标，法国也有更多理由和借口挑起战争。早在《比利牛斯条约》签订时，法西联姻就使路易十四有了继承西王遗产的权利。为了杜绝这一威胁，当时西班牙政府许诺以50万埃古的嫁妆费，换取法方放弃对西班牙王位的继承权。马扎然明知西班牙拿不出这笔钱，但仍表示同意。1665年机会终于被等到。西王腓力四世去世，王位由次子查理二世继承。路易十四以王后为腓力四世长女，有优先继承权为理由，向西班牙索取遗产。西班牙政府自然予以拒绝。路易十四便转而要求割让南尼德兰，在再次遭到拒绝后于1667年向西班牙发动了战争。这次战争被称为“遗产战争”。

战争开始，由于法国蓄谋已久，而西班牙对南尼德兰又没有设防，法军进展神速，很快占领了南尼德兰的里尔和弗朗什孔泰。法国的侵略扩张引起了国际社会的不安。先是受到战争威胁的荷兰加入西班牙对法作战，接着刚结束第二次英荷战争的英国看到法国扩张的威胁，与荷兰于 1668 年 1 月结成反法同盟，瑞典也同时加入。面对这种不利形势，法国被迫接受了三国同盟的调解，与西班牙签订《亚琛和约》，停止了战争。根据和约，法国不得不把占领的弗朗什孔泰退还给西班牙，但仍取得了南尼德兰的部分领土。

“遗产战争”是在荷兰、英国和瑞典的干涉下结束的，说明势力过分强大的法国已对现有国际秩序构成了威胁，其扩张政策已经引起了欧洲各国的警惕。而法国的让步也反映了当时法国的实力还不足以与多国为敌，路易十四因此更加重视外交的联合分化作用。荷兰在反法联盟中充当了主角，引起法国嫉恨，因而成为法国对外战争的下一个目标。

2. 法荷战争

除了荷兰在“遗产战争”中与法国为敌外，荷兰的强盛是法国发动对荷战争的主要原因。路易十四认为只要打败荷兰，西班牙就会不攻自破。

为了避免再出现联合反法的局面，战前路易十四开展了一系列外交攻势。对英国来说，海外扩张，建立海洋霸权是主要目的，对大陆霸权鹿死谁手并不十分热心。英荷之间对海洋的争夺，随英国国内工商业的发展，变得更加激烈。与此同时，复辟的斯图亚特王朝的查理二世谋划在英国恢复天主教的封建专制统治，正迫切需要法国的援助。这些都给法国的联英反荷政策提供了机会。1670 年法国同查理二世秘密签订了《多佛尔和约》，法国用金钱和支持英国恢复天主教换取了英法共同对荷兰作战。瑞典虽然加入了荷英反法联盟，但因为三方在波罗的海上的利害冲突，联盟并不稳固。瑞典由于争夺波罗的海霸权到处树敌，基本上处于孤立状态。法国利用瑞典的处境展开了积极的外交活动，顺利地用金钱收买到瑞典站在法国一方。与此同时，路易十四还成功地使神圣罗马皇帝保持了中立。尽管德意志各诸侯国都对法国持有戒心，但只有勃兰登堡与荷兰订立了防御同盟。

在外交上成功地孤立了荷兰之后，法军于 1672 年再次侵入南尼德兰，并直逼荷兰。荷兰军队根本抵挡不住法军的进攻，首都阿姆斯特丹危在旦夕。在极其危急的情况下，荷兰奥伦治亲王威廉率领军民，利用荷兰的低地条件，掘堤放水挡住了法军的进攻。在海上，英法组成了联合舰队，双方各有胜负，但封锁荷兰海岸的主要目的没有达到。战争形成胶着状态。荷兰趁机也展开了外交活动。荷兰首先利用哈布斯堡王朝与法国的宿仇，和奥地利、西班牙结成了军事同盟；接着又成功地使英国议会反对查理二世与法国的结盟，查理二世被迫于1674年与荷兰单独缔结了和约。随后，荷兰又鼓动勃兰登堡反对瑞典，勃兰登堡境内的瑞法联军被打败。这样，法国的盟友一个个被瓦解，法国又陷入孤军奋战的境地。面对形势的逐渐不利，法国在仍然占据军事优势的情况下，同意与荷兰和谈，希望能在谈判中掌握更多的筹码。

1678年法荷签订了《奈梅根和约》。法国虽然没有实现原计划，但在全欧洲范围内谋得了更大的利益。它割占了奥地利和西班牙的部分领土，使勃兰登堡陷入外交孤立，拉拢了德意志的一些小邦。此外，法国还打破国际惯例，第一次用法文代替拉丁文书写国际条约，提高了法国的国际威信。

路易十四使法国的霸权地位得到空前提高，也更进一步膨胀了他的扩张野心。他极力宣扬"自然疆界"论，即按河流、山脉、海洋等划分疆界。按此理论，法国南部的疆界应该是比利牛斯山脉，东部应是莱茵河和阿尔卑斯山。为此目的，路易十四除了进行战争兼并，还特设了一个"归并会议所"。他网络了许多法学家，为其制造兼并领土的根据，宣布与法国接壤的德意志领土归法国所有。1681年，法国占领了斯特拉斯堡，1684年又兼并了卢森堡和德意志的一些城市。此时，经过近一个世纪的争夺，哈布斯堡王朝已甘拜下风，所有邻国"非死即伤"，法国终于建立起了霸权地位。

3. 奥格斯堡同盟战争

路易十四并不满足已取得的战绩，他要实现亨利四世(1589—1610年在位)制定的"宏伟计划"，即建立"欧洲大帝国"。前一阶段的胜利和各国对法国的让步让路易十四变得更加狂妄，认为法国所向无敌，所以更无所顾忌地推行扩张兼并政策。他没有看到，在全欧洲，一场反法运动正在悄悄酝酿。法荷之间争夺大陆市场和吞并南尼德兰的矛盾并没有随战争结束而结束；奥地利和西班牙的哈布斯堡王朝在与法国多次交火之后已成为宿仇；瑞典在法瑞同盟结束时被法国踢到了一边，而且瑞典还是一个狂热的新教国家；勃兰登堡等德意志邦国对法国的扩张不仅非常痛恨，而且也一直严加防范。

1685年法国取消了南特敕令①，残酷迫害新教徒，引起了新教国家的强

① 1598年，亨利四世为平息国内胡格诺教派(新教)和天主教派之间的战争，颁布了南特敕令。宣布天主教为国教，胡格诺教合法。胡格诺教徒享受宗教自由，并有权担任国家官职。

烈愤怒,并很快在欧洲出现了一个反法浪潮。荷兰 、瑞典、勃兰登堡首先联合起来,表示反对法国的政策。奥地利尽管是天主教国家,并且正在进行与土耳其的战争,但也很快成为反法联盟的倡导者。欧洲新教势力纷纷向他们靠拢,被法国掠夺和仇视法国的天主教国家也与他们站在了一起。1686年在德意志南部的奥格斯堡,所有反对法国霸权的国家举行集会,组织了反法的"奥格斯堡同盟",甚至连教皇也参加了同盟。英国1688年政变后,荷兰的威廉亲王成为英国国王,英国也随着成了奥格斯堡同盟成员,并在实际上起了首领的作用。

奥格斯堡同盟的出现,使法国完全孤立起来。从当时双方的实力对比来看,尽管同盟国家众多,在战略上占据优势,但可用于实战的力量并不如表面上那么强大,只有英国的海上力量和奥地利的陆上力量可以与法国相抗衡。而法国经过连年的扩军备战,已形成了一支庞大的、训练有素的陆军;海军力量也得到了发展,当时已"拥有80艘战舰,比荷兰的50艘多了30艘"①。但是,法国经过连年战争消耗,国内财政已经空虚,而且将面临多边作战的局面,在战略上处于不利地位。所以,奥格斯堡同盟组成之初,双方审时度势,没有立即爆发战争,而是出现了将近三年的政治对抗状态。

1688年,形势发生了变化。首先奥地利对土耳其的军事进攻进展顺利,奥军主力有可能从东线调往西线。其次威廉入主英国,形成英荷合力,对法国构成了极大威胁。在此情况下,路易十四决定采取先发制人的策略,趁奥地利仍忙于对土作战,先打垮奥军,消灭德意志反法国家,然后集中兵力对付英荷西三国。计划制定,法国首先侵入了德意志的巴拉丁,挑起了战争。奥地利马上应战,其他同盟国家也纷纷参战,很快形成一场几乎波及整个欧洲的大战。

战争开始后,欧洲大陆出现了三个战场,即南尼德兰、莱茵区和意大利战场。因与法国作战的主要是奥军,莱茵区便成了主战场。海上战斗主要是在法国和英荷联军之间展开的,主战场是英吉利海峡。法军在陆战方面取得了一连串的胜利,但最终出现相持局面。海上的对抗,法国明显处于劣势,只是靠劫掠、骚扰对方贸易的战略,才勉强形成了对峙局面。战争拖了9年,双方力量被极度消耗,谁也无法取得决定性的胜利。各国人民的反战

① H·帕姆塞尔:《世界海战史》,海洋出版社1986年版,第90页。

情绪普遍高涨，"到 1696 年，托利党的乡绅们和阿姆斯特丹的市民都对苛捐杂税怨声载道，而法国则爆发了严重的饥荒"①。各国为结束战争，都在进行外交接触，其中英法间的和谈颇有成效，从而促成了 1697 年里斯维克和会。经过彼此的妥协退让，双方达成了《里斯维克和约》。根据和约，法国归还自《奈梅根和约》后从西班牙夺取的大部分土地，西属尼德兰的要塞由荷兰军队驻守。英国获得承认其舰队深入地中海的权利。法国承认了 1688 年政变后的英国政权。

《里斯维克和约》从内容上使欧洲恢复了战前的状态，对欧洲各国以及后来的国际关系都产生了深刻的影响。就法国来说，和约大大削弱了法国的霸权地位。如果说《奈梅根和约》是法国霸权鼎盛的标志，那么，《里斯维克和约》则是法国霸权衰落的开始。法国的政治地位在战后逐步下降，再也无法恢复以前的盛况。和约使英国在国防和国际政治中的地位都得到了增强，英国开始以欧洲大国的身份参与大陆事务。奥地利通过和约，一定程度上挽回了已被削弱的哈布斯堡王朝的国际政治地位，能够继续以大国地位参与欧洲列强间的竞争。

17 世纪后半期，路易十四发动的三次大规模的军事战争既是确立和巩固欧洲霸权的过程，也是它霸权衰落的开始。当时正值三十年战争结束，西班牙和德意志都被大大削弱，为法国开疆拓土、争霸欧洲造成了有利的国际环境。法国政局的稳定、经济的复苏，也使得路易十四有可能频频发动战争。但是，连续不断的战争极大地损伤了法国的元气。特别是英国、荷兰等国资本主义经济不断发展的同时，法国仍保留着封建专制，经济落后。这就使得法国在竞争中慢慢丧失了优势地位，在与英国的抗衡中最终处于下风。从这几次战争也可以看到，保持国际势力的均衡是各国处理国际关系的基本准则，追求霸权只能导致衰落。

三、奥土战争

17 世纪后半期，在欧洲有三个矛盾斗争的焦点地区：西欧法、西、荷、英、奥之间的抗衡；东南欧奥、土、俄、波之间争夺；东北欧俄、土、波、瑞之间的对峙。这些战争互相牵制，互为影响，使欧洲陷入长期的战乱中。就在

① 保罗·肯尼迪：《大国的兴衰》，求实出版社 1989 年版，第 123 页。

法国对抗欧洲大部分国家的同时，奥地利与土耳其也一直在进行着马拉松式的战争。

奥地利和土耳其的战争主要是为争夺匈牙利而引起的。匈牙利的国力衰微，于 1526 年被它的两个强大的邻国奥地利和土耳其所瓜分。土耳其占领了中部大部分地区；奥地利占领了西部地区；余下的东部和东南部地区，由土耳其藩属特兰西瓦尼亚管辖。到 17 世纪，两个封建大帝国日趋衰落，都打起了匈牙利的算盘，希望靠占领全匈牙利以增强自己的实力。为此，两国间的争夺战争一直在时断时续地进行着。

"三十年战争"后，双方又把注意力转移到匈牙利。土耳其先发制人，战争主要在特兰西瓦尼亚进行。由于奥地利准备不足，土耳其在战争初期占据了优势，进展顺利。但此时法国为了提高它在帝国内的威信，控制德意志，一反它传统的援土反奥政策，转而派军队支援奥地利。法军参战后，战争形势急剧变化，土耳其不断败退，被迫接受和谈。经过谈判，缔结了《沃什堡和约》。奥地利虽然是战胜者，但由于对驻扎在帝国境内的法军十分担忧，在和谈中对土耳其作出了极大的让步，在领土问题上几乎没有获得什么实质性利益。

1681 年，土耳其与俄国缔结停战协定，结束了 1678—1681 年的俄土战争。停战期限规定为 20 年，土耳其因此能全力对付匈牙利问题。在法国的大力支持下，土耳其插手奥占匈牙利的反奥起义，并乘机挑起了对奥战争。战争从 1683 年开始，到 1698 年结束，主要分三个阶段进行，共持续了 16 年。

1683 年到 1684 年为战争第一阶段。战争伊始，土耳其以 10 万大军之势，直扑匈牙利奥占区。奥地利一面迎战，一面展开积极的外交活动争取支援。3 月奥地利与波兰结成反土联盟，接着教皇、萨伏依、热那亚、西班牙和葡萄牙也给奥地利以巨款支援。巴伐利亚和萨克森也决定派军队帮奥军作战。在此形势下，奥地利很快由被动转为主动。但在各盟军到位之前，7 月时奥地利的首都维也纳一度被土耳其军队包围，危在旦夕。被围困的军民坚决抵抗，一直坚持到 9 月份各路盟军的到达。在波兰国王的指挥下，维也纳解围战正式开始。土军稍加抵抗便溃不成军，狼狈退却，丢下了所有的大炮和辎重。

从 1684 年起，战争进入第二阶段。维也纳解围后，为了加强力量，使取胜更有把握，奥地利又把与土耳其争夺摩里亚的威尼斯拉入了奥波同盟，组成三国“神圣同盟”。同时，奥地利又对法国在西部的领土兼并作出让步，换得了法国的中立。这样，不仅奥地利没有了后顾之忧，而且使土耳其失去了强大的盟国，陷入了孤立的困境。有利的国际形势使奥军及盟军不断取得胜利。1686年俄国加入“神圣同盟”，土耳其在败势下，更加陷入了腹背受敌的困境。无力与多国作战的土耳其，已作好了讲和的准备。但形势又出人意料地发展着，波兰因在战争中获利不多，转而与法国结盟；奥地利因参加反法的“奥格斯堡同盟”，法奥再次进入战争状态；奥地利在占领区实施的暴政引起了居民的反抗，人民纷纷起义。奥军和盟军的进攻势头不得不减缓下来。土耳其经过休整，便抓住机会进行了反攻，1690年战争进入第三阶段。

土耳其的反攻在初期比较顺利，重新获得了贝尔格莱德和所有萨瓦河以南的地区。第二年，奥军在卡门战役中大败土军，之后，战争出现了相持的局面。1695—1696年俄军进攻亚速夫，土耳其不得不两线作战，奥军和盟军趁机彻底打败了土耳其军队。此时，西班牙王位继承问题已经几乎达到白热化阶段，因为关系到哈布斯堡家族能否继续统治西班牙，奥地利更是急于结束对土战争，以便能全力投入到王位的争夺中。

经过谈判，于1699年1月土耳其与交战各方分别签订了条约，总称《卡洛维茨和约》。通过和约，奥地利获得匈牙利，波兰获得乌克兰的一部分领土和波多利亚、卡明涅茨要塞，威尼斯获得了摩里亚半岛，只有俄国，因在谈判时就被孤立起来，未能从土耳其手中夺得更多的东西，只是获得了保留亚速夫的两年停战协定。

《卡洛维茨和约》结束了“神圣同盟”国家与土耳其的战争，具有多边和约的性质，对奥土两国和欧洲国际政治格局都有重要的影响。对土耳其来说，占领匈牙利的梦想彻底破灭了，它不但无力再对外扩张，反而成了被欧洲列强宰割的对象。对奥地利来说，获取匈牙利以补充实力的计划得到了实现，“这时奥地利王室拥有的领土已经变得完整而且连成一片，多瑙河是它的轴心，它占据了整个东阿尔卑斯、苏台德和喀尔巴阡地区”①。奥地利在东南欧的势力得到了加强，同时也保持了大国的地位，能够继续与法国等欧洲列强进行竞争。

---

① 埃里奇·策尔纳：《奥地利史》，商务印书馆1981年版，第327页。

四、西班牙王位继承战争与《乌得勒支和约》

1. 西班牙王位继承问题

《里斯维克和约》签订后，战争的尘埃还未落定，因为西班牙王位的继承问题，战争空气又紧张起来。西班牙国王查理二世久病命危，又没有男性子嗣继承王位，因此，由谁来继承王位就成了各国关注和进行勾心斗角的问题。因为这不单单是由谁来坐王位，而是意味着可以获得巨大的利益。尽管西班牙到17世纪末时已衰退为一个二流国家，但仍保有封建殖民大国时期掠夺的庞大领土，除西班牙本土外，它还拥有意大利的一大半，以及南尼德兰、南美、中美和北美广大殖民地，非洲西海岸有其重要据点，各大洋中还占据了许多岛屿，如菲律宾、加罗林、加纳利群岛等。这笔庞大的遗产，一直吸引着法国、英国、奥地利等国家，他们都希望能借此王位继承问题捞到好处。

按照西班牙哈布斯堡王朝的王位继承法。国王死后如无男嗣继位，与王朝有婚姻关系的人享有继承王位的权利。按此规定，有权利继承王位的主要有法国王太子，他是查理二世的外甥；奥地利国王的儿子，他们也是查理二世的外甥；巴伐利亚选帝侯的儿子约瑟夫·斐迪南，他是查理二世的侄孙。争夺主要在法国和奥地利之间展开，其他国家也起了推波助澜的作用。早在17世纪90年代，围绕西班牙王位已出现了尖锐的外交争吵。法国最为积极，它先拉拢英荷进行谈判，以防止出现反法联盟，接着又说服奥地利同意瓜分西班牙的遗产。1698年英法秘密制定了一个协定，计划把王位和西班牙本土及其殖民地、西属尼德兰交给巴伐利亚选侯太子约瑟夫·斐迪南；把西班牙在意大利的大部分领地和比利牛斯边境地段分给法国王太子；把米兰地区和卢森堡分给奥王的小儿子查理大公。英国和荷兰相应获得商业和殖民地方面的巨大利益。不久，查理二世得知此协定，极其愤怒，随即决定让巴伐利亚选侯太子作为其全部遗产的单独继承人。可是不久，年仅7岁的选侯太子出人意料地死去，争吵重又被燃起。与此同时，法奥各勾结西班牙内部一派势力，在宫廷内也展开了激烈的明争暗斗。西班牙王后是奥王的妻妹，她进行着有利于奥地利的活动；首相和枢机主教被法国所拉拢，力图为法国宫廷效劳。角逐结果，法国势力占了上风。1700年10月2日，病危的查理二世正式签署遗嘱，将西班牙连同其在新旧大陆的一切领地，全部传给路易十四的孙子腓力浦·安茹公爵，条件是他不得继承法国王位，西法两国永远不得合并。

2. 法西对欧洲大同盟的战争

1701年腓力浦抵达西班牙，被宣布为西班牙国王腓力浦五世。从此波旁家族取代哈布斯堡家族在西班牙的统治，法国在遗产战争时设下的阴谋终于得到实现。路易十四认为终于大功告成，随即不顾已故西王的遗嘱，宣布腓力浦五世拥有法国王位的继承权。他还派军队占领了西属尼德兰要塞，宣布废除法西两国间的贸易税，扬言“比利牛斯山已经不复存在了”，俨然法西已经合并。法国对接受西班牙遗产的独断专行，激怒了与法国曾有过盟约的国家，而法国与西班牙合并的企图，又使欧洲大部分国家对法国势力的扩大感到恐惧和不安。尤其是奥地利，眼看快要到手的王位和遗产成为泡影，对法国更是痛恨不已。一场反法大同盟又在悄悄酝酿中。

1701年9月，欧洲反法大同盟正式组成。大同盟以英、荷、奥为主体，除西班牙、巴伐利亚、摩登纳、萨伏依和葡萄牙外，法国的邻国差不多都参加了。战争开始后，法方又只剩了西班牙一个坚决的盟友和三心二意的巴伐利亚。东北欧的俄国、瑞典、和波兰虽然还和法国维持旧交，但北方战争已使他们自顾不暇，无力再过问法国，法国再次面临孤军作战。

战争实际从1701年春天就在法奥之间展开了。1702年英、荷、奥正式对法宣战。奥地利的查理大公被英国送到葡萄牙，自称西班牙国王查理三世，并向腓力浦五世宣战。西班牙出现了两王争位的局面。至此，战争主要在意大利、西属尼德兰、莱茵河流域的德意志和西班牙四个战场展开。英荷与法西还进行了争夺制海权和殖民地的战争。

战争初期，法国在陆战中占据了优势，西班牙海军与英国海军也基本战成了平手。但毕竟法国是在对几乎整个欧洲大陆作战，众手难敌，而法国的财政已被连年的战争耗尽，各地起义不断。内外交困，法国军队连遭失败。在海上，经数次交锋，1704年，英国海军击败了法西舰队，牢牢控制了大西洋和地中海的战略要地直布罗陀海峡。法军败局已定，路易十四提出和谈，但盟军要求以腓力浦放弃西班牙王位为和谈的先决条件。路易十四认为这实际是在要求法国投降。他愤怒地表示：“倘若必须战斗，我将同敌人一决雌雄，而决不会同我的子孙自相残杀。”和谈失败。战争拖了下去。

反法同盟国虽然在战场上占有优势，但各国意见分歧，各有自己的小算盘。荷兰参加反法联盟的目的只在于解除来自法国的威胁和订立商约，它反而担心英国的海上势力进一步扩大，不愿意把战争进行下去；其他盟国则担心奥地利一旦占有西班牙，又要恢复哈布斯堡在欧洲的霸权，所以也想结束战争。联盟的主要倡导国英国此时也有了变化：首先国内托利党掌握了政权，反对辉格党参与欧陆战争的政策，开始执行对法妥协的政策。其次俄国和瑞典之间于1700年爆发的北方大战，形势向有利于俄国的方向发展，引起英国的不安，担心俄国取得波罗的海霸权会威胁英国在东北欧和波罗的海沿岸的贸易特权。因此，英国不想彻底击败法国，以便利用法国对抗俄国。再次，战争期间，奥地利的两个国王相继去世，要求西班牙王位的查理大公继位，称查理六世。英国担心如果奥地利获胜，就会出现奥地利与西班牙合并，建立哈布斯堡欧洲大帝国的局面，而那将会破坏英国欧陆均势政策和利益。同时，战争中英国已捞足了好处，部分地满足了野心，无意再继续战争。因此，英国首先与法国进行了秘密接触。

3.《乌得勒支和约》

1712年英法公开进行和谈，除了奥地利，其他国家都陆续参与。1713年4月，以法国、西班牙为一方，以英、荷、普、萨、葡为另一方，签订了《乌得勒支和约》。奥地利对此和约不满，单独的军事行动没有取得成效后，于1714年3月与法签订了《拉什塔特和约》。两个和约统称《乌得勒支和约》。

根据和约，腓力浦五世保留了西班牙王位，但必须放弃对法国王位的继承权，法西两国永远不得合并。西班牙把西属尼德兰的格尔德兰让给普鲁士；萨伏依收回了西西里；英国取得了直布罗陀和米卡诺岛上的要塞，还得到了向西班牙美洲殖民地贩卖黑奴的专利权；法国被迫将北美和西印度群岛的一些殖民地割让给英国，法国还必须拆除敦刻尔克的防务，交出已占领得到莱茵河左岸诸城市；荷兰获得了在法比边界的一些要塞驻军的权力和一些贸易特惠权；奥地利获得了西属尼德兰和意大利的米兰、曼图亚、那布勒斯等地区。

《乌得勒支和约》重新分配了欧洲国家的力量，建立了新的大陆均势，第一次将“势力均衡”(balance of power)这一概念正式写进了条约。英国是最大的受益者，它占领了不少战略要地，并开始了夺取法国美洲殖民地的进程。英国保住了它的海上优势，它的国际地位在逐步上升。法国的霸权地位不复存在，尽管它基本保住了大陆强国的地位，但它的海上势力却被大大地削弱了。奥地利哈布斯堡王朝的力量得到进一步恢复和加强，继续保持大国地位，在近代国际事务中仍发挥着重要的作用。和约肯定了普鲁士的存在，使原来的勃兰登堡选侯得以扩张领土，为日后普奥争夺德意志领导权奠定了基础。

第四节　18 世纪列强争夺欧洲及殖民地霸权的斗争

一、俄国的扩张与北方大战

1. 俄国的扩张

俄国由古罗斯的莫斯科公国发展而来，经过数代统治者坚持不懈地扩张，到 17 世纪末，俄国的领土面积已达 1 400 万平方公里，成为一个地跨欧亚的封建大帝国。从伊凡四世(1533—1584 年)起，俄国就为了争夺出海口而不断征战。在北方，波罗的海沿岸的瑞典和波兰是俄国扩张掠夺的主要对象，瑞典和波兰之间也有很深的矛盾，三国间的领土纠纷和大规模的战争接连不断。但由于俄国在 17 世纪中期以前实力远比不上这两个国家，几次战争中虽然获得一些土地，但夺取波罗的海出海口的目的仍没有达到。北方失利，俄国又把矛头指向了南方的黑海，与土耳其进行了长久的战争，但最终也没有成功。到彼得一世(1682—1725 年在位)上台执政时，俄国仍是一个远离海洋的内陆国家。北方的瑞典控制着波罗的海东部沿岸地区和港口，南方的黑海是奥斯曼土耳其的内湖。

彼得一世是近代几个杰出的帝王之一。他在位期间，对内实行改革，对外侵略扩张，把俄国从一个内陆国家扩张为濒临海洋的大帝国。他以欧洲为战略重点，由陆上的地域性蚕食扩张转为争夺海洋，想要争夺欧洲乃至世界霸权。彼得一世为俄国制定的计划是：北上打败瑞典，夺取波罗的海的出海口；南下进攻土耳其，夺取黑海出海口；西进兼并波兰，占领德意志诸侯领地，控制普鲁士和奥地利。因此，彼得一世被马克思称为是“近代俄罗斯政策的发明者”。

当时的国际形势是，北方的瑞典仍是一个强国，西欧的英国对波罗的海也是严加防范；而南方的土耳其正忙于与奥地利争夺匈牙利，经过长期的战争，土耳其已经极度衰弱。于是，彼得一世决定首先向土耳其发难，夺取黑海沿岸地区和黑海出海口。1695 年和 1696 年俄国两次对土耳其开战，攻打亚速夫。第一次远征由于俄国没有海军，土耳其可以从海上自由增援亚速夫，并且被克里木军队包袭了后方，俄军大败而还。彼得吸取教训，很快建立了一支由30艘战舰和很多运输船、小快艇组成的舰队，第二次攻打亚速夫。在俄军海陆的强大攻势下，亚速夫守军很快支持不住。俄国占领了亚速夫，从而取得了向黑海扩张的基地。

夺取亚速夫要塞后，彼得一世认为要想彻底打败土耳其，俄国必须寻求盟国，用欧洲最先进的技术装备军队，学习西方的先进生产方式，增强俄国的国力。在他的努力下，1697年2月，俄国与奥地利、威尼斯结成了反土耳其同盟。3月，彼得一世率领高级使团出访欧洲各国，一方面是为了加强与扩大反土同盟，另一方面是考察学习西方国家的先进工业技术。此次西方之行，对彼得产生了两个影响：一是西方国家的强大军事实力和发达的工农业技术，坚定了他实行改革，改变俄国落后面貌的决心；二是彼得对俄国外交作出了重大的调整，由反土联盟转向了反瑞联盟。

考察期间，彼得一世在同英、荷、奥地利谈判后发现，欧洲各国的注意力已经放到了西班牙王位的继承问题上，反土同盟已经名存实亡。奥地利为了争夺西班牙王位，急于从对土战争中脱身，已经在背着俄国同土耳其和谈；英荷想利用奥地利的陆军力量对付法国，秘密充当了奥土和谈的牵线人。同时，彼得也看到，波兰、萨克森、丹麦、普鲁士等波罗的海沿岸国家同瑞典的领土纠纷非常严重，而英国、荷兰、法国等忙于准备西班牙王位继承战，无暇干涉波罗的海的事务。根据这种形势，彼得果断地决定改变原先的计划，把夺取出海口的主攻方向转移到波罗的海，建立反对瑞典的同盟。在回国途中，彼得与萨克森选侯兼波兰国王奥古斯都二世举行了重要会谈，取得了奥古斯都参加反瑞同盟的保证。

在确定了对瑞典作战的方针后，彼得一世便利用瑞典与周边国家的紧张关系组织反瑞同盟。波兰尽管与瑞典因领土纠纷积怨很深，但与俄国也同样有此问题，因此波兰议会不同意与俄国结盟，只表示保持中立。奥古斯都二世只得以萨克森选侯的身份，于1699年11月在莫斯科同俄国缔结了反瑞同盟条约。丹麦与瑞典为争夺波罗的海的制海权有着尖锐的矛盾，主动同俄国提出了结盟要求。11月26日，两国正式订立条约，规定一方受到瑞典侵犯时，另一方必须援助。这样，1699年，俄国、萨克森、丹麦三国反瑞典的“北方同盟”正式成立。“北方同盟”成立后，彼得为了集中力量对付瑞典，加速了同土耳其的谈判。1700年7月，两国缔结了和平条约，俄国根据条约保留了亚速夫。

2. 北方大战

战争首先在丹麦瑞典之间展开。3月，丹麦占领了瑞典荷尔斯泰因的一些要塞。5月，在英荷舰队的支持下，瑞典军队包围了丹麦首都哥本哈根，丹麦被迫投降，退出了战争。8月，俄国对瑞典宣战。11月，两国在纳尔瓦交锋，俄军一败涂地，俄国由战略进攻转入了战略防御。萨克森的军事行动也失利。北方大战以同盟的失败开局了。

纳尔瓦战役的胜利，使瑞典的国王卡尔十二对形势作出了错误的估计，认为俄国武装力量已被彻底击败，不再构成威胁，因此，他调兵南下，进攻波兰，想要战胜波兰后再集中力量打击俄国。彼得通过纳尔瓦战役的失败，清楚地看到了俄国的落后和军队战斗力的低下。他借瑞典集中于波兰、萨克森作战之机，在国内开始了军事、政治、经济等各方面的改革，并创建起一支新式军队，为后来击败瑞典打下了基础。为了让波兰战场拖住瑞典，给自己创造更多的休整时间，彼得慷慨地提供给奥古斯都二世大量的金钱和军队，并竭力拉波兰参战。

由于瑞典把主要兵力投入到了波兰战场，俄国从1702年起赢得了军事上的主动权。在1703年至1705年间，俄军从瑞典手中夺取了波罗的海沿岸三分之二的领土，并开始在涅瓦河三角洲建立圣彼得堡。萨克森军队尽管英勇善战，但在瑞典军队的强大攻势下，还是接连失败。战争的失利削弱了奥古斯都二世在波兰的地位，在卡尔十二的压力下，波兰议会废黜了奥古斯都二世，另立亲瑞的斯塔尼斯拉夫·列申斯基为波兰国王。彼得一世支持奥古斯都不放弃王位，答应每年给波兰20万卢布的津贴，以波兰战后获得立窝尼亚为条件换取波兰加入战争。1704年8月俄波缔结了反瑞同盟条约。

1706年，陷在波兰的卡尔十二为了尽快与俄军决战，率军侵入萨克森，迫使奥古斯都二世投降。奥古斯都被迫答应放弃波兰王位，只保留萨克森选侯称号，退出战争。随后，瑞典集结力量，补充武器，准备与俄国进行一场大决战。此时，俄国面临与瑞典孤军作战的严峻形势，彼得一世只得寻求外交解决的途径。他希望英荷出面调停，以便在俄国保留波罗的海出海口和圣彼得堡的条件下，同瑞典缔结和约。但欧洲各国对调停工作态度冷淡。无奈，俄军事会议通过了继续同瑞典作战的总计划。俄国在采取军事准备的同时，还成功继续利用波兰牵制瑞典，并在亚速海举行声势浩大的军事演习,迫使土耳其保证不干涉俄瑞战争。1708年,俄瑞终于正面交锋。瑞典军队深入俄国本土后,处境困难,在第二年的波尔塔瓦战役中被击败,瑞典国王逃往土耳其,16 000多士兵全部投降。

俄军在波尔塔瓦战役的胜利,扭转了欧洲的政治局势,改变了俄国在外交上孤立的处境。波尔塔瓦战役不仅使"北方同盟"得以恢复,奥古斯都重新登上王位,而且普鲁士、汉诺威也出于自己利益的考虑加入了同盟。"北方同盟"的恢复与扩大,使瑞典在外交上处于孤立境地,为俄国在战争后期的军事胜利奠定了基础。

俄国的接连胜利还引起了西欧强国尤其是英国的不安。在逃亡的瑞典国王、英国、法国的挑动下,土耳其在1710年11月对俄宣战。结果俄军失利,双方订立了《普鲁特和约》,俄国将亚速夫和1700年取得的其他地区退还给土耳其,并保证瑞典国王安全返回国内。俄国则得到了宝贵的南方和平。

俄瑞间的战争仍继续进行着,但1714年后,国际形势发生了变化。西班牙王位继承战争结束,西方列强可能干涉俄瑞之争;英国不愿意看到俄国强大,不允许俄国彻底打败瑞典。在英俄关系紧张的情况下,俄国寻求与法国结盟。1717年,彼得一世和法国、普鲁士缔结了阿姆斯特丹条约,三国结成防御同盟。条约还规定由法国出面调停,使俄瑞取得和解。阿姆斯特丹条约为后来的谈判打下了基础。

3.《尼什塔特和约》

战争的极度消耗使双方坐在了谈判桌前。1718年,俄瑞召开了阿兰群岛和会,并拟定了一个和约草案。这次和谈由于瑞典不肯对波罗的海南岸的领土作出让步而中断。在俄军的军事压力下,和谈重新恢复并向有利于俄国的方向发展。但就在此时,卡尔十二的去世和英国的干涉使和谈再一次中断,两国再次兵戎相见。

在英国的活动下,"北方同盟"被瓦解,反俄的同盟建立起来。英国还亲自出马,三次派舰队驶入波罗的海,企图伺机歼灭俄国舰队。彼得极力避免与英国发生军事冲突,英国的目的落空,对瑞典未能形成有效的援助。俄国为了迫使瑞典媾和,加强了政治攻势和军事压力,瑞典终于屈服,接受了俄国的议和条件。1721年8月3日,俄瑞在芬兰的尼什塔特签订了和约,结束了旷日持久的北方战争。

根据和约,瑞典把立窝尼亚、爱沙尼亚、英格里亚和部分卡累利阿割让给俄国；俄国将芬兰归还瑞典。至此，俄国在波罗的海站稳了脚跟，以法律形式确认了它在波罗的海沿岸的土地。和约使俄国由一个内陆国家成为一个濒临海洋的欧洲强国，为俄国在国际舞台上争得了前所未有的地位。俄国"像一只新下水的船只，在斧子的敲击和大炮的轰隆中，驶向欧洲列强的大家庭"①。而瑞典，这个"三十年战争"后的北方强国被大大地削弱了，从此衰落下去。

二、普鲁士的崛起与奥地利王位继承战争

1. 普鲁士王国的崛起

普鲁士主要是在腓特烈·威廉选帝侯(1640—1688年在位)、腓特烈·威廉一世国王(1713—1740年在位)和腓特烈大帝(1740—1786年在位)三位统治者时崛起的。勃兰登堡选帝侯腓特烈·威廉参加"三十年战争"后，根据《威斯特伐利亚和约》得到位于波罗的海沿岸的东波美拉尼亚的一部分和若干主教领地。1680年时，领地又得到扩展。但腓特烈·威廉最重要的成就是在外交上。他在与欧洲各国打交道时，经常不惜出卖盟友，见风使舵，以国家利益为最高准则。他的外交手腕不仅为普鲁士扩大了领土，而且加强了其在欧洲的政治地位。

继位的腓特烈三世(1688—1713年在位)利用神圣罗马帝国的困难处境，以获得承认其普鲁士国王称号为先决条件，参加了1701年的西班牙王位继承战争。结束战争的《乌得勒支条约》正式承认了普鲁士国王的称号。普鲁士王国得到承认后，其后继国王腓特烈·威廉一世在外交上继续推行其前辈的政策，对内则注重加强军事力量。他统治时期，国家财政收入的四分之三都用在军事上，建立了一支人数位居欧洲第四位的军队。强大的军事力量为普鲁士在国际政治中发挥更大的作用奠定了基础。

腓特烈·威廉一世死后，继承者腓特烈二世更加热心于德意志霸业。他野心勃勃，热衷于军国主义。他曾经说过，国家不论大小，"政府的基本法则都是扩张领土"。他在位期间，军队从8万增加到20万，军费占国库开支的五分之四。他用这支军队不断进行扩张战争，开疆拓土，普鲁士终于发展成欧洲的强国。他本人也获得了"腓特烈大帝"的称号。

---

① 莫尔恰诺夫：《彼得一世的外交》，莫斯科1986年版，第21页。

2. 奥地利王位继承战争

神圣罗马帝国皇帝兼奥地利国王查理六世因没有男性继承人，为了避免出现像西班牙王位问题那样的局面，他于1713年就发布了“国本诏书”。诏书规定，如果他死后哈布斯堡王室无男嗣继承人，除神圣罗马帝国皇帝称号外，奥地利王位由其长女玛丽亚·特蕾西亚继承。诏书颁布后，得到了各诸侯国和其他欧洲国家的承认并签字。但是，1740年查理六世去世后，事情起了意想不到的变化。先是普鲁士国王腓特烈二世不顾他父亲承认的诺言，提出割让西里西亚作为承认玛丽亚·特蕾西亚王位的条件，否则就反对她的继承权。与此同时，与哈布斯堡家族有血缘关系的巴伐利亚、萨克森选侯也对玛丽亚的权利提出异议，要求继承王位。面对这些发难，玛丽亚·特蕾西亚毅然宣布决不让步。她说：“虽然我是一个可怜的女王，但有一颗男人的心。”

当时的国际形势是不利于玛丽亚的。德意志帝国内的与继承王位无关的诸侯国对事态的发展多持冷淡态度；法国奉行传统的反哈布斯堡家族的政策，玛丽亚的困境正好提供了分裂和削弱对手的机会；西班牙、巴伐利亚、萨克森和撒丁王国都支持普鲁士的无理要求。俄国的安娜沙皇与奥地利交好，却不幸正在此关键时刻去世。为了同法国和西班牙争夺殖民地和商业霸权，英国和荷兰站到了奥地利一边。但他们在战争中给奥地利的实际援助很少。战争中，英法的敌对使其他一切冲突都相形见绌。因此，这场战争实际上也是英法两国争夺欧洲和殖民地霸权的斗争。

1740年12月，普鲁士派兵占领了西里西亚。接着，巴伐利亚、萨克森和西班牙也向奥地利发动了进攻。玛丽亚·特蕾西亚针对敌人的汹汹进攻，采取了积极的内外政策，对内实行改革安抚少数民族，赢得了匈牙利贵族和已被占领的波希米亚的支持，对外则主动联合英国，得到英国的财政帮助和俄国的道义支援。奥军在战场上由被动变为主动，摆脱了初期的危险局面。这时反奥联盟中反而出现了矛盾，由于萨克森对西里西亚部分领土的要求，促使普鲁士与奥地利达成密约：奥地利放弃下西里西亚，普鲁士同意停战。但不久，密约墨迹未干，普鲁士又背信弃义，于1741年11月重新发起了进攻。因奥军在停战期间得到休整，普鲁士的这次进攻没有收获，反而一些原先占领的地盘又被奥军收复。不久，不甘心失败的普鲁士卷土重来，而且提出要奥地利割让波希米亚的要求。女王拒绝了他的勒索。此次普军进展顺利，奥军接连失败。在英国出面调停下，普奥双方举行了谈判，签订《柏林和约》。奥地利放弃西里西亚和一些公爵领地。随后，萨克森也同奥地利缔结了和约。第一次西里西亚战争结束。

玛丽亚·特蕾西亚虽然暂时接受了《柏林和约》的条款，但她不甘心失去西里西亚。1743年，英国政府更迭，新上台的卡特雷特勋爵改变了前任沃波尔政府援奥不利的政策，他展开强大的外交攻势，使撒丁王国和萨克森站到了奥地利一边。在意大利战场，奥军也战胜了西班牙军队。形势变得对奥地利十分有利。6月27日，英荷奥联军在莱茵河畔战胜了法军，不仅阻止了法国的进攻，而且还突入了阿尔萨斯地区。普鲁士为保住已取得的西里西亚，派兵侵入波希米亚。由于萨克森参战，普军两面受敌，被迫后退。

在普法矛盾、奥盟逐渐强大的不利形势下，腓特烈二世充分发挥了他的军事才能和指挥艺术，于1745年两次击退奥军的进攻，萨克森军队也被打得一败涂地。面对再次危急的局势，奥地利不得不与普鲁士重开谈判，于12月签订了《德雷斯登和约》，结束了第二次西里西亚战争。但战争远没有结束，唱主角的英法的对峙还在进行。由于英国希望奥地利集中力量反对法国，所以，第二次西里西亚战争的结束是非常符合英国的意图的。

3.《亚琛和约》

奥地利王位继承战争一开始就是以英法两国的角逐为背景的。英法为欧洲优势和商业、殖民地利益，一直进行着竞争。法国支持普鲁士，瓜分奥地利，企图建立大陆霸权；英国则极力避免这种前景的出现，希望大陆能继续保持均势。战争初期，英法只是站在各自支持的一方，给予各种援助，双方并未宣战。随战争的发展，两国矛盾不断尖锐，到1744年两国的间接对抗就变为正式战争了。奥普之间的战争发展为以英法为核心的两个集团的战争。

战争在陆地和海洋同时展开。法国的陆战连连告捷，但不能取得决定性胜利，双方进入相持阶段。英国的力量主要放在海上一切与法国有商业和殖民冲突的地方，在北美和印度都发生了战争。1747年重创法国舰队，1748年击败西班牙舰队，英国在海战中取得了完全的胜利。此时，玛丽亚·特蕾西亚争取俄国援助的工作有了结果，俄国于1747年宣布参加英奥方面作战，不仅有力增强了英奥集团，而且使奥地利的地位也大大提高。普鲁士见势不妙，急忙退出了战争，给法国造成很大打击。英国、荷兰与法国先达成协议，于1748年1月18日缔结了《亚琛和约》。西班牙、奥地利、撒丁随后先后加入。先前普奥间的《德雷斯登和约》仍然有效。和约确认了玛丽亚·特蕾西亚的王位继承权，普鲁士得到了西里西亚，西班牙和撒丁王国取得了奥地利在意大利的部分属地，法国归还它在尼德兰占领的地区，在印度占领的马德拉斯和美洲的一些地区归还英国。此外，法国还必须拆毁敦刻尔克的防御工事，英国获得将贩卖黑奴的条约再延长四年的权利。

《亚琛和约》加强了英国和普鲁士的实力，削弱了法国和奥地利。法国在与英国争夺霸权的斗争中再次败于英国，两国矛盾加深，不久爆发七年战争。普鲁士得到加强后，成了与奥地利争夺德意志领导权的竞争对手。奥地利失去经济发达的西里西亚，时刻想着复仇和收复失地。法国认为在战争中受到普鲁士的欺骗，对普鲁士产生憎恨。法奥面临共同的敌人普鲁士，长期的敌对关系开始松弛，在反普目标上走向联合。和约实际上没有解决矛盾，反而产生了新矛盾，加深了某些矛盾，各国在和约签订后，都积极地准备着新的欧洲战争。

三、七年战争

1. 欧洲外交革命

18 世纪 50 年代，英法普奥间为各自的霸权利益展开了激烈的外交斗争，对欧洲国际力量的分配和国家关系的变化产生了重大的影响。旧日的普法同盟瓦解，法国与世仇修好；英国则背弃了奥地利，与其对头普鲁士结盟。欧洲出现了以英普为主和以法奥俄为主的两大对立集团。这次国际关系的大分化、大改组在欧洲外交史上被称为“外交革命”。

外交分化最初出现在奥地利宰相、经验丰富的老外交家考尼茨的设想中。奥地利王位继承战争结束后，考尼茨清醒地认识到西里西亚的丢失已使普鲁士成为奥地利的头号敌人，普鲁士实力的壮大将会严重影响到奥地利在德意志的地位。他认为不应再遵循旧的外交方针与法国为敌而使奥地利受法国土耳其两面夹攻的危险，奥地利必须捐弃前嫌，联法对抗现在的主要敌人普鲁士。这一主张受到玛丽亚·特蕾西亚的赏识，考尼茨因而被派到法国担任驻巴黎大使，为建立新的外交关系进行努力。他在任期间多次暗示法国更新两国关系的必要性和可能性，但由于受法奥传统敌对观念的阻挠，法国没有作出及时的响应。法国坚守旧念，英奥关系和英普关系却发生了急剧的变化，并最终促使法奥握手言和。

从 17 世纪后期以来，英奥一直是同盟者。在西班牙王位继承战争和奥地利王位继承战争的奥法对抗中,英国都大力支持奥地利;而奥地利也是英国反法最忠实的盟友。另外,英国支持奥地利还是为了让它保护英王领地汉诺威免遭法国攻击和保卫尼德兰的中立。但自18世纪中期以来,英奥关系逐渐变得疏远了。首先英国在西里西亚问题上并未坚决支持奥地利,而且还逼迫它签订和约,奥地利对此大为不满。英国希望奥地利保护汉诺威,奥地利却利用此事向英国索取高额补助金,引起了英国的反感,并担心如果普奥发生战争,汉诺威会受到普法的双重进攻。奥地利在王位继承战中力量受到削弱,英国对其能否保护汉诺威也感到怀疑。英奥分歧不断扩大。与此同时,普鲁士羽翼日渐丰满,已以一个强国的姿态出现在欧洲舞台上,英国便想用普鲁士取代奥地利担负起保护汉诺威的重任,而且普鲁士还可以从大陆上拖住法国,让自己能集中力量在海外夺取法国的殖民地。英国开始寻求接近普鲁士。

战后的普鲁士正好也想接近英国,对付法国。在奥地利王位继承战中,普鲁士两次背着法国单独与奥地利媾和,而且还反过来进攻法国,给法国造成很大的被动,两国的盟友关系早已名存实亡。《亚琛和约》签订后,普鲁士为了保住西里西亚,阻止奥、俄的报复和进攻,急需寻找新的盟友。英国可以帮助普鲁士争霸德意志,还可以借英俄的矛盾防止俄国的进攻。英普一拍即合,于1756年1月签订了《威斯敏斯特条约》,相许互不进攻对方领土,武力反对"任何破坏德意志领土完整的国家"。协定出台后,全欧洲为之震动,其他国家之间的关系很快也随之进行了调整改组。

《威斯敏斯特条约》使英奥联盟彻底瓦解,奥地利加紧了与法国和俄国结盟的步伐。1756年3月,俄奥订立攻守同盟,相约俄国提供8万军队援奥攻打普鲁士,胜利后,奥地利夺回西里西亚,俄国得到东普鲁士作为回报。英普结盟使一直在犹豫的法国最终下定了决心,于5月与奥地利订立互助条约,约定相互提供24 000人的军队,援助另一方反对任何侵略。此次条约也被称为第一次凡尔赛条约。《威斯敏斯特条约》、俄奥攻守同盟条约和第一次凡尔赛条约使欧洲形成两个集团对垒的局面,一方是英普集团,另一方是以法国为核心,包括奥、俄、西、萨克森和瑞典的集团。两大集团形成后,战争很快爆发。

2. 七年战争

法国与奥地利订立互助条约后,马上向英国挑战,夺取了英国在地中海的战略要塞米诺卡,英国对法宣战,"七年战争"爆发。

陆上战争由普鲁士揭开序幕。腓特烈二世先发制人，于 8 月 29 日派兵侵入萨克森。在普军的强大攻势下，萨克森很快败降。普鲁士的举动促进了法奥关系的加强，也改善了法俄关系。经双方妥协，俄国于 1756 年 12 月正式加入第一个凡尔赛条约，第二年 2 月，俄奥又重申了攻守同盟的条款，并加大了互相帮助的力度。5 月，法奥缔结第二次凡尔赛条约，规定奥地利许给法国在尼德兰 6 个城市的完全自主权，法国提供 105 000 人的军队代替前次条约规定的 24 000 人，并为奥地利提供 1 200 万弗罗林的补助金。在考尼茨的外交活动下，法国、俄国积极进行战争动员，瑞典也于 7 月正式参战。英国为了让大陆战争拖住法国，在普鲁士初战告捷后，赠给它 67 万镑的巨款，促使普鲁士与英国订立了一项同盟条约，双方都承诺不单独媾和，实行停战。英国自己则集中力量在殖民地战场上同法国进行争夺，坚决拒绝了普鲁士国王要英国派一支舰队去波罗的海和英国军队在大陆作战的要求。

腓特烈二世在侵入萨克森后，于 1757 年 5 月 6 日展开“闪电般的勇猛进攻”，连战告捷，打得奥地利措手不及。但是，法俄等奥地利的盟国参战后，普鲁士处于四面被围的境地，开始渐露败象。在总共 10 次大的战役中，普鲁士军队靠其勇猛的精神和战术胜了 7 次，可是不利的局面并没有得到根本性扭转。到 1761 年，交战双方都无力再组织新的战役，欧洲战场出现沉寂状态。

海上战争在欧洲和殖民地两条战线同时展开。欧洲方面，法舰初战告捷后，兵分两路，乘胜进攻英国本土。英舰队振作精神，接受法舰的挑战。1759 年 8 月，英法地中海舰队在葡萄牙拉各斯湾海面交锋，法舰几乎全军覆没。之后，英舰队控制了地中海局势。英国以其强大的舰队封锁法国海岸，使法国的对外联系几乎中断。11 月，为了声援陆战中陷入困境的普军，英舰队在魁北克海湾大败进攻英格兰的法舰队，致使法国的海上力量失去了进攻的能力。法国为了挽回败局，与西班牙签订“家族协定”，西班牙参战助法。但西班牙的参战并没有解救出法国，反而被英国夺去了哈瓦那和马尼拉。

殖民地战线包括北美、西印度和印度几个战场。在北美，法军初期占优势，接连取得对英的胜利。英军的失利引起政府的重视，国务大臣庇特亲自制定了一个三路进攻加拿大法军的计划，但没有成功。庇特转而又制定了海陆军配合，全线进攻的计划，这个计划取得了巨大的成功。英军在海陆两面形成强大的攻势，法军节节败退，加拿大的要塞魁北克和蒙特利尔相继失陷。在印度，英军夺回了加尔各答附近的贸易站，在1757年的普拉西战役中取得了决定性胜利，1761年在本地治理迫使法军投降。此外，英军在非洲还占领了法属塞内加尔。至此，法国在殖民地战场上已彻底失败。

3.《巴黎和约》与《胡贝图斯堡和约》

总体来说，英普集团在海上取得了胜利，法奥俄集团在陆上占优势，但双方都不能决定性地战胜对方，战局出现了相持状态。此时，形势发生了有利于和平的变化。英国国内反战派的呼声越来越高，想继续战争、彻底打败法国的庇特被迫下台，新政府开始寻找和谈机会。1762年1月俄国仇视普鲁士的女沙皇伊丽莎白逝世，继位的彼得三世却是亲普派，他登位的当天晚上就迫不及待地发布敕令，要求俄军立即停止对普鲁士的敌对行动。两国还签订了和约，俄国同意联合进攻奥地利。在俄普联盟的进攻下，奥地利被迫又退出了西里西亚。彼得的亲普政策遭到俄国贵族的反对，彼得在政变中被刺杀。继位的彼得的妻子叶卡捷琳娜二世又是反普派，她与奥地利重修旧好，但没有继续对普战争，而是保留了俄普和约。实际上俄国是退出了战争，其目的在于保存普鲁士的实力，使普奥抗衡。庇特的下台和俄国连续发生的事变促使各国加快了和谈的步伐。

法国看到整个形势对自己越来越不利，取胜已经无望，便恢复了与英国在1761年中断的谈判。1763年2月，双方在巴黎达成协议，签订了《巴黎和约》。后来葡萄牙也参加了这个和约。根据和约，英国从法国手里得到了加拿大、新斯科舍、布雷顿角岛和密西西比河以东的路易斯安那（新奥尔良除外）。法国收回圣皮埃尔岛和密克隆岛，但不准设防。在西印度群岛，法国收回瓜德罗普岛、马提尼克岛等四个岛屿，其余五岛割让给英国。英国从西班牙手中取得了佛罗里达，把哈瓦那和马尼拉还给了它。法国把密西西比河以西的路易斯安那（包括新奥尔良）割让给西班牙，作为其失去佛罗里达的补偿。在印度，法国除留有五个不设防的通商城市外，全部属地割让给英国。在欧洲，米诺卡岛归还英国，英国把贝尔岛还给法国。法国拆除敦刻尔克的工事，撤出汉诺威选侯区的法军。

奥地利虽然对战争结局很不满意，但在盟友退出战争，自己势单力薄的情况下，只有接受和谈。普鲁士对英国单独与法国媾和的做法非常气愤，而且《巴黎和约》中丝毫没有提及普鲁士的利益，更让腓特烈二世心生怨言，只是和谈大势不可逆转，腓特烈只得作罢。在巴黎谈判的同时，普、奥、萨克森在胡贝图斯堡也进行了和谈，于1763年2月签订了《胡贝图斯堡和约》。和约规定普鲁士是西里西亚“无可争辩的所有者”，奥地利“不能再有收回这个地区的进一步军事企图”。腓特烈还答应支持玛丽亚·特蕾西亚的儿子约瑟夫当选为皇帝。

“七年战争”在欧洲没有引起疆界的变化，但对列强的地位和未来的政策产生了巨大的影响。战争使奥地利永远失去了西里西亚，在德意志中的地位进一步削弱，奥普之间的仇恨使他们的争霸战更加激烈。为了增强实力，奥地利不得不进行了一系列的政治、经济和军事方面的改革。普鲁士通过战争，跻身大国行列，跨出了称霸德意志的第一步。战争结束时，普鲁士在国际上处于完全孤立的境地，迫使它与俄国走到了一起。战争还为俄国进一步向欧洲扩张创造了条件，在东北欧的未来事务中，俄国起到了决定性的作用。

“七年战争”是英法在18世纪为争夺海上和殖民地霸权而进行的规模最大的一次战争。战争给法国带来了灾难性的后果。欧洲大陆上，法国失去了霸主的地位，“已降低到了二流，甚至三流国家的地位”，外交上不得不靠奥地利和土耳其的支持过日子。法国的殖民地几乎丧失殆尽，这不仅意味着法国失去了强大的海上势力，而且意味着失去了滚滚的财源，从而失去了赶超英国的机会。法国在战后10余年中，政局动荡不稳，内政外交都走进了低谷。英国的胜利为其带来了巨大的利益。英国通过历次战争建立起一个庞大的殖民帝国，广大的殖民地增加了英国的资本原始积累，加速了正在进行中的工业革命。战争最终确立了英国的海上和殖民霸权，再没有哪一个国家能向英国进行挑战。

战后的欧洲出现了新的国际政治格局。英国的海上霸权地位已经确立，法国的力量极度削弱，无力采取大的外交举措，荷兰和西班牙也早已成为二流国家，影响无足轻重，因此，战后西欧出现了一段平静期。相反，俄国、普鲁士势力的增长，普奥的较量，使东欧一再笼罩战争的阴云。国际政治的重心由西欧转移到了东欧。

四、两次俄土战争

1. 18世纪后半期的欧洲局势

俄国地位的上升是18世纪后半期欧洲国际力量对比发生的最重要的变化。18世纪初的欧洲强国法国、奥地利、英国、荷兰和瑞典在“西班牙王位继承战”、“北方大战”、“奥地利王位继承战”和“七年战争”后，地位发生很大变化，英国的势力大大加强，法国、奥地利在欧洲的地位削弱了，荷兰和瑞典完全退出强国行列；战争中，普鲁士、俄国崛起，成为新的强国。到18世纪后半期，欧洲的五强就成为了英国、法国、俄国、普鲁士和奥地利。此时，“七年战争”刚结束不久，法国、奥地利、西班牙损伤惨重，英国是战胜国，但与法国的矛盾却更进一步加深了，而且面临着北美殖民地独立斗争的风暴。普鲁士在战后处于外交孤立状态，不得不依赖于俄国。因此，当1762年“叶卡捷琳娜二世登上王位的时候，国际形势从来不曾这样有利于沙皇政府推行其侵略计划”①。

叶卡捷琳娜二世是一个精明干练、野心勃勃的女人。她即位后，继续按彼得一世定下的扩张目标制定外交政策，并亲自指导执行。南方打通黑海，西方兼并波兰，北方夺取芬兰作为彼得堡的屏障，巩固俄国在彼得一世时所占领的波罗的海沿岸的地位，是18世纪后半期俄国的主要扩张目标。叶卡捷琳娜把南下征服奥斯曼土耳其帝国，夺取黑海出海口放在首要的地位。但具体的执行还需要先展开大量的细致的外交工作。

除俄国外，在18世纪与土耳其有利害关系的还有法英奥三国。早在16世纪上半期，法土关系就很密切。当时，法国为了摆脱哈布斯堡家族的包围，与土耳其、波兰和瑞典结盟，以形成对哈布斯堡家族的反包围。法国与土耳其有密切的商业往来，在土耳其境内享有各种优惠特权，贸易额在近东贸易中居首位，因此反对俄国的势力侵入自己的贸易领地。英国在近东也有重大的经济利益。地中海、土耳其的亚洲领土是英国通往东方的海陆交通要道，英国反对俄国染指这一领域。但英俄有传统的贸易关系，造船的木材主要来自俄国，英国也不愿意与俄国关系破裂。而且，英法竞争激烈，英国想利用俄国作为在近东和欧陆对抗法国的力量。所以，英国对俄国的侵略扩张基本采取了纵容态度。奥地利反对俄国在黑海和多瑙河地区扩张，害怕会损害它在巴尔干的利益。但是，奥地利向巴尔干的扩张又需要俄国的支持，因此，两国既相互勾结又相互斗争。奥地利对波兰领土也存有野心，叶卡捷琳娜便利用波兰领土作为诱饵，使奥地利成为对土耳其战争的支持者。在准备对土战争的过程中，叶卡捷琳娜还成功地把普鲁士拉到了自己一边，于1764年同普鲁士缔结了为期8年的同盟条约。普鲁士许诺在俄

① 《马克思恩格斯全集》第22卷，人民出版社1965年版，第25页。

土战争中，每年为俄提供 40 万卢布的援助。对北方的瑞典，则维持其现有政体，给予财政补助，阻止其接近法国。

叶卡捷琳娜利用波兰这张牌，把普奥完全置于俄国的控制之下。1767 年，俄军侵入波兰，完全控制了波兰。这样，俄国做好了侵略土耳其的一切准备。

2. 1768—1774 年俄土战争

俄国首先在俄土边境制造事端，挑起冲突。土耳其政府被激怒，在法国政府的支持下，于 1768 年 10 月向俄国宣战。俄土战争爆发后，陆上军事行动主要集中在三个战场上。在西南的多瑙河战场，俄军进展很快，1769 年控制了摩尔多瓦和瓦拉几亚两个公国的大部分地区，1771 年底完全控制了两国。在南方的克里木战场，俄军在 1769 年控制了亚速海，到 1771 年占领了全部克里木半岛。在高加索战场上，俄军进驻了格鲁吉亚。在陆战的同时，俄国的北方舰队绕道大西洋，由直布罗陀海峡进入了地中海，一路未受阻扰。1770 年俄国舰队在爱琴海打败土耳其舰队，第二年，俄舰队封锁了达达尼尔海峡，控制了黑海到地中海的通道。

俄国的胜利，使普奥受到极大的震动。普鲁士认识到土耳其的失败不会给它带来好处，反而会受强大的俄国的威胁。奥地利由于俄国对多瑙河两公国的占领而对俄国极度恐惧，秘密与土耳其接近，并签订了防御同盟条约。在普鲁士的活动下，俄国同意与普奥瓜分波兰，以稳定两国的情绪。1773 年俄国爆发了普加乔夫起义，促使俄国加快了和谈步伐。1774 年 7 月，俄土两国签订了《库楚克—凯纳吉和约》。

和约扩大了俄国在欧洲的影响，开辟了俄国取得重大外交成就的新时期。和约使俄国的势力侵入了黑海地区，其夺取出海口的主要目的达到。和约宣布克里木汗国独立，实际上是俄国侵占它的过渡形式。俄国的商业势力进入黑海地区，土耳其给俄国商人最惠国待遇。俄国归还了多瑙河两公国，土耳其政府则允许其“维护这两个公国居民的利益”。土耳其还答应保护东正教教义和教堂。这些模糊条款和宗教条款为俄国后来发动战争、进一步向巴尔干扩张提供了借口。

3. 1787—1792 年俄土战争

1774 年的《库楚克—凯纳吉条约》并没有实现俄国预先制定的目的，反而更刺激了它的胃口。俄国不仅想瓜分土耳其的领土，而且想完全控制它，称霸巴尔干。

80年代末的国际形势又出现了有利于俄国的局面。英国的力量被北美殖民地的独立战争削弱，战后国际地位下降，处于孤立境地。法国正处在资产阶级革命的动荡时期，国内各种力量被国内斗争所左右，无力顾及俄国的扩张。普奥两国为争夺巴伐利亚，在1778—1779年发生了战争。叶卡捷琳娜参与了两国争端的调解，促使两国签订了铁申和约。俄国既使德意志保持了对它利益所必须的力量均衡，又被承认为德意志帝国的法律保证人之一，某种程度上获得了操纵德意志事务的权力。北美独立战争期间，俄国在1780年组织了有瑞典、丹麦、荷兰、普鲁士、奥地利等国参加的“武装中立同盟”，表明俄国国际地位的提高，并已得到各国的承认。

为了重新组织对土战争，俄国竭力拉拢奥地利。奥地利为了对付普鲁士也急需俄国的支持。1780年两国缔结了防御同盟，约定对土耳其采取共同立场。1782年叶卡捷琳娜又制定了一个由俄法奥三国瓜分土耳其在欧洲和非洲领土的“希腊计划”，但此计划由于俄奥分赃不均的矛盾和其他强国的反对而破产。“希腊计划”失败后，叶卡捷琳娜决定用武力推行她的扩张计划。1783年4月，俄国强行吞并了克里木汗国。土耳其在孤立无援的情况下，被迫以间接的方式承认了俄国对克里木的吞并。法国因为英国改变了对俄国的纵容态度，转而与俄国接近，1786年与俄国订立了通商条约，两国关系改善。

1787年，俄国利用《库楚克—凯纳吉条约》的模糊规定，向土耳其索要对摩尔多瓦和瓦拉几亚两公国的统治权，并要求土耳其把比萨拉比亚割让给它。土耳其拒绝了俄国的无理要求。在英国和普鲁士的支持下，土耳其以最后通牒的形式要求俄国归还克里木，并对俄宣战。8月21日，土耳其舰队向黑海北岸的俄国舰队发起进攻，俄土战争开始。次年2月，奥地利加入俄国对土作战。经过多次激战，1789年俄奥军队占领了多瑙河两公国，1790年俄军占领了多瑙河口的重要港口伊兹梅尔。在海上，俄舰队多次重创土耳其舰队，1790年完全控制了黑海。

战争使俄国与英国、普鲁士的关系紧张起来。英普鼓动瑞典从北方进攻俄国，瑞典对俄国不宣而战。英国又在1788年与荷兰、普鲁士结成了反俄同盟，随后普鲁士又与土耳其、波兰签订了秘密同盟条约。形势变得对俄国不利。俄国原想把法国拉入俄奥同盟，但法国的资产阶级革命使俄国的计划落了空。英普在1790年以帮助奥地利镇压比利时革命为条件，使奥地利停止了对土战争。俄国更加孤立了。战争期间，波兰还爆发了民族革命运动,使俄国不能集中力量对土作战。

由于上述原因,俄国只得放弃原计划,与土耳其进行了媾和。谈判期间,由于英国对条约内容不满,一度与俄国濒于作战状态,普鲁士也发布了战争动员令。形势又危急起来。俄国利用英国议会的分歧,展开外交活动,迫使英国取消了作战计划。这次严重的临战危机史称第一次“东方危机”。这次危机以英国的外交失败而告终。1792 年 1 月,俄土签订了《雅西和约》,结束了 1787—1791 年俄土战争。

由于俄国在和谈前面临的不利形势,俄国只要求了奥卡科夫和德涅斯特河以内的黑海北岸地区。俄军占领的比萨拉比亚和多瑙河公国退还给土耳其,土耳其给予俄贸易特惠权。和约还承认《库楚克—凯纳吉条约》继续有效。条约巩固了俄国在黑海的地位,为俄国入侵巴尔干奠定了基础。

思考题

1. 试分析威斯特伐利亚体系的性质和特点。
2. 英、法在近代的外交发展战略有什么不同?
3. 试以现代国家关系理论分析 18 世纪的欧洲国际形势。
4. 民族国家是怎样起源的?

第二章　法、美早期资产阶级革命时期的国际关系

18 世纪下半叶，战争仍然是连绵不断，但它却使西方政治社会发生了质的改变，真正意义上的民族国家形成了。美国、法国就是其中的代表。他们是资本主义成长的结果，意味着君主专制时代已经过去，以国家为本位的时代已经到来。他们最大的特点就是强调主权在民。美国的独立是殖民地人民民族意识的觉醒、民主诉求日益强烈的结果。殖民地人民渴望在新大陆建立一个崭新的民主国家，因此在独立战争中，弱小的美国巧妙地利用了英国与欧洲大陆国家之间的矛盾，取得了独立战争的胜利。但是美国的内心是鄙夷那些欧洲旧的君主专制的国家，同时为了保护自己，因而一开始就有意识地实行了孤立主义政策。法国大革命对当时国际关系的影响比美国要大得多，因为法国是当时欧洲的主要强国。法国凭借其在资产阶级民主革命中所激发出的巨大能量，横扫整个欧洲，对欧洲传统的力量均势产生了巨大的挑战。尤其是在拿破仑帝国时期，法国把这一挑战转化成对其他历史上已经具有生命力的民族国家的奴役，这就不可避免地使它遭到失败。

第一节　美国独立战争与国际关系

一、独立战争的爆发与欧洲各国的态度

1. 美国独立战争

从 17 世纪开始至 18 世纪中叶，新大陆上的移民从欧洲纷至沓来，他们

大都是来自于不列颠和爱尔兰且多数是清教徒。为了理想，他们横渡茫茫大洋。从1607至1733年，他们从大西洋沿岸到阿巴拉契山脉先后建立了13个殖民地。当时英国对北美殖民地的考虑是把其作为原料产地和商品市场。因而禁止殖民地发展自己的经济。然而自18世纪以来，北美一直是英法争夺欧洲霸权的重要砝码。这种战略态势使得英国无法对殖民地进行严格管理。所以殖民地的经济有了很大发展，相互间贸易与文化交流也日趋密切。与此同时，清教徒的创造纯洁的新世界的理想也在新大陆普遍流行。这样到18世纪中期，殖民地居民已逐步形成一个新的美利坚民族。

1763年，七年战争结束。法国势力被驱逐出北美大陆。英国虽然获得了巨大收益，但也使其债台高筑。英国开始强化对殖民地的管理，以弥补亏空。从1763至1767年英国先后通过发布英王敕令和制定各项法律来加强对殖民地的约束。这些敕令和法律严重束缚了殖民地的经济发展。如1763年的英王敕令严厉禁止其臣民"'进行任何购买和拓居'或是'占有属于保留地的任何土地，如非法占地'将被逮捕、惩罚。"[①]《糖税法》、《汤森法案》、《印花税法》的出台不仅损害了殖民地居民的经济利益而且也损害了其政治利益。源于欧洲启蒙思想的"无代表不纳税"深入人心，英国议会在无殖民地代表的情况下，通过损害殖民地利益的法案就不可避免地引起北美人民强烈不满。1765年10月，9个殖民地的代表在纽约召开大会通过《殖民地人民的权利及其不满原因的宣言》，明确提出"殖民地人民应当与英国本土人民享有同等的天赋权利和自由"[②]，要求北美人民行动起来抵制英货。由于殖民地人民的强烈抵触情绪，并逐步发展成一场声势浩大的反英运动。英国被迫作出让步。相继撤消了《印花税法》、《汤森法案》，仅保留《汤森法案》中规定应收的茶税，以表明英国议会有权向殖民地征税。

英国的举措并没有平息人们的怒气，反而使得矛盾集中到茶税上。1772年经营茶叶的东印度公司濒临破产，为了挽救东印度公司，1773年，英国议会通过《茶叶法》。允许其向北美殖民地出口茶叶。遂引发了北美人民的抵制。同年冬，3艘茶船抵达波士顿。12月16日夜，一批青年化装成印第安人，登上茶船，将342箱万余英镑茶叶扔进大海。这就是著名的"波士顿倾茶事件"。事件发生后，英国大为震怒。1774年英国接连颁布4项惩

① 亨利·S·康马杰编：《美国历史文献》第一卷，纽约1963年版，第49页。
② 同上书，第58页。

罚性的“强制法令”，宣布关闭波士顿港口，断绝其对外贸易。直到茶叶被赔偿。并取消了马萨诸塞的“特许状”，英军士兵镇压骚乱所犯罪行不受当地司法机关审判。英军有权驻扎一切旅店。6 月 22 日，英国通过《魁北克法》，规定天主教会仍保持特殊地位，阿巴拉契亚山脉以西，俄亥俄以北土地并入魁北克地区。加拿大由英国委任的参事会统治。上述法令使北美人民极为愤怒，因为大多数移民是清教徒，正是宗教迫害的结果。禁止西进，压缩了移民的发展空间，这在早期移民大都从事农业情况下尤为严重。因而被视为不可接受的法令。这样一来，双方的决裂已成必然趋势。

强制法令的出台并没有达到英国预期目的，反而使其殖民权力机构趋于瓦解。大部分地方议会纷纷摆脱总督的控制。1774 年 9 月 5 日—10 月 26 日，第一届大陆会议召开，并在 10 月 14 日通过《权利宣言》，再次强调无代表不纳税，在纳税和内部政策上“只受殖民地议会的约束”[①]。在英国不接受这些要求以前，殖民地将抵制英货。第一届大陆会议由温和派主导，因此调子是和解的。它只要求属于殖民地自己的权力。但会议结果是积极的。它制定了抵制英货的决定。“经济抵制是美国外交最初年代里常常使用的手段。”[②]为了使大陆会议决议得以实行，各殖民地纷纷组织民团，进行军事训练，以备不测。英国的反应是实质性的让步是不可能的。英王乔治三世称“必须用战斗来决定它们是隶属于这个国家还是独立”[③]。殖民地和英国之间已无和解可能。

1775 年在英国政府采取必要措施防止叛乱发生的命令下，英军司令盖奇派 700 英军去康科德摧毁那里的军火库。然而消息泄露，英军在列克星敦和康科德遭到抵抗，伤亡惨重。列克星敦的枪声引发了北美反英武装斗争。在斗争日益高涨的情况下，第二届大陆会议于 1775 年在费城召开。决定整编汇集在波士顿的民兵为大陆军并召募兵员，购买军火。7 月 6 日，大陆会议通过《关于使用武力的原因和必要性的宣言》。宣称“宁可作为自由人而死，不愿作为奴隶而生。”[④]同月 31 日还通过了杰斐逊起草的对 2 月英国提出的《诺思和解建议》的答复，认为“这个建议是完全不能令人满意的”，

---

① 亨利·S·康马杰编：《美国历史文献》第一卷，纽约 1963 年版，第 83 页。

② 比米斯：《美国外交史》第 1 分册，商务印书馆 1985 年版，第 25 页。

③ 塞缪尔·埃利奥特·莫里森等：《美利坚共和国的成长》上卷，天津人民出版社 1980 年版，第 214 页。

④ 同注①，第 95 页。

“难道世人不愿意和我们一道相信只有我们自己的努力，才能击败内阁对我们的死刑判决，否则就是屈膝投降吗？”①11月29日大陆会议任命了一个由5人组成的“秘密通讯委员会”，管理对外事务。该委员会任命阿瑟·李为“联合殖民地”驻英代表，观察欧洲各国对大陆的反应。大陆会议的决议已表明了其独立姿态。但大陆会议并没有宣布独立，亲英力量仍然十分强大，以迪金森为首的中部殖民地代表不愿和英国彻底分裂。迪金森起草的《橄榄枝请愿书》同时也被大陆会议通过。大陆会议的这种利剑与橄榄枝双重运用使得独立进程极为缓慢。

然而若干因素使这种情况发生变化。首先英国态度极为强硬。英王拒绝接受《橄榄枝请愿书》，并宣布北美殖民地处于公开的反叛状态中。英国议会决定派25 000英军镇压起义，同时英国议会还通过断绝与北美殖民地的贸易，没收其船只与货物的法令，这使温和派的空间大为缩小。其次托马斯·潘恩的《常识》发挥了巨大的鼓动作用。潘恩的小册子分析了英国与殖民地之间的巨大利益差异。“对大英帝国的任何屈服或从属将直接导致本大陆卷入欧洲战争或争吵之中，把我们同对我们友好的无恨无怨的国家与人民置于敌对状态，北美的真正利益在于避开欧洲的各种纷争，如果它从属于大不列颠，被当作英国政治天平上一个小小的砝码，它就永远摆脱不了那些纷争。”②为此潘恩疾呼“现在是分手的时候了！”“就让我们达到最后的独立！”③《常识》发行量高达10万册，这在当时是极其罕见的。主要是它充分反映了殖民地人民的理想观念和现实利益，因而引起了巨大共鸣。它直接影响了独立宣言的制定，并成为后来美国孤立主义的源头之一。

1776年3月，大陆军收复被英军占领了9个月之久的波士顿。同月，大陆会议批准对英国船只的私掠活动。4月宣布将同英国以外的世界各国进行贸易。3月至6月相继有7个殖民地宣布独立。弗吉尼亚代表向大陆会议提出“宣布这些联合的殖民地为自由和独立之邦，解除同大不列颠国王和议会的一切隶属和依附关系。”④6月11日选举产生了杰斐逊等5人组成的《独立宣言》起草委员会。7月4日《独立宣言》发表。《独立宣言》提出了

---

① 刘祚昌：《杰斐逊传》，中国社会出版社1990年版，第99页。

② 潘恩：《潘恩文集》第4卷，纽约，威利图书公司1942年版，第88—89页。

③ 潘恩：《常识》，商务印书馆1959年版，第46页。

④ 杨生茂、陆镜生：《美国史新编》，中国人民大学出版社1990年版，第108页。

“自由、平等和独立”，宣告“这些联合起来的殖民地从此成为而且名正言顺地应当成为自由独立的联合邦……而它们与大不列颠王国之间的一切政治联系亦应从此完全废止。”①《独立宣言》反映了美国革命者对欧洲启蒙思想的诉求，它赋予美国革命者“天定命运”的使命感。

然而独立是需要实力的，独立战争开始的时候，英美力量对比极为悬殊。殖民地几乎没有海军，仅有一支由民兵组成的大陆军，经济力量也极为薄弱。而英国拥有世界最强大的海军，工业革命在英国正方兴未艾。英国拥有全欧最雄厚的财政力量。显然美利坚依靠自己的力量，是无法对抗英国的。这就需要美国从现实出发，善于利用复杂的国际关系，把同英国有利益冲突的欧洲强国争取到自己一边。以获得国际援助，来维护自己的独立。新生的美利坚首先把目光投向法国。法国曾长期是欧洲首屈一指的大国，但自 18 世纪以来，法国在同英国争夺欧洲霸权的斗争中屡遭挫折，法国在欧洲的地位和影响都下降到“二等国的地位”。法国对英国极为怨恨，无时不想报仇雪恨。可是新生的美利坚与法国的接触并不顺利。由于英国的绝对优势，战争初期大陆军连连失利。法国对美利坚能否取得最后的胜利表示怀疑。法国国内的财政危机也越来越严重，无力卷入一场战争。法国是一个历史悠久的君主国家，又是一个殖民大国，对一个新生的民主共和国本能地抱有反感，也害怕北美殖民地的独立会引起法国殖民地的独立浪潮。路易十六称美利坚人为“反对合法君主的叛乱者”。严峻的国际环境要求美利坚采取灵活的外交措施。1775 年，驻英代表阿瑟·李与法国著名戏剧家博马舍取得联系。博马舍是路易十六的密友，他竭力说服路易十六支持北美起义，认为北美独立战争不仅可以削弱英国霸权，而且法国在战后可获得巨大好处，法国将恢复其在西印度群岛的利益，并独占对北美贸易。博马舍的建议得到外交大臣维尔仁的支持。维尔仁在 1776 年 4 月写的《对英国殖民地现状的看法和应如何处置》的备忘录，认为法国的利益在于尽可能地削弱英国力量。他们的建议最终被法王接受。为了稳妥起见，法国政府决定只采取秘密向北美殖民地出口军火的措施。美利坚立即抓住这个机会任命以博学多才而闻名欧洲的富兰克林为驻法代表，并于 12 月 23 日向法国提出第一份外交照会，要求法国全面介入独立战争。由于法国政府的谨慎，这份照会被拒绝。富兰克林随即利用老练的外交手腕，通过结交巴黎各界名

① 亨利·S·康马杰编：《美国历史文献》第一卷，纽约 1963 年版，第 102 页。

流，获取他们的同情来向法国政府施压。在富兰克林的努力下，1777年初法国第一批军火运抵北美。但军火的作用毕竟有限，如果法国不参战，整个战局仍难以发生改变。然而法国政策是“只差参战”，目的是英美相互削弱，以寻求时机。同年10月4日，萨拉托加战役使形势发生了显著改变。在这场战役中，大陆军重创英军。外交大臣维尔仁意识到英国国内会产生一种同殖民地和解的情绪。他最不愿看到的是“这个反叛的殖民地同宗主国和解”①。法国应该采取新的外交政策，否则英美和解将使法国得不到任何好处。实际上法国的预测是正确的，英国准备作出巨大的让步来结束战争。富兰克林立即抓住法英的急躁情绪，以实现同法国的结盟政策。萨拉托加战役一胜利，富兰克林就通知各国驻法使节和法国政府，为了向法国施加压力，富兰克林还同时秘密同英国展开谈判。法国被迫作出让步，1777年12月6日，法国政府正式决定开始法美同盟谈判。法国的处境为美利坚所利用，1778年2月6日法美友好通商条约和同盟条约签订。法美通商条约对美国极为有利，规定法国无限制地对美利坚联合邦的船只开放一些西印度群岛及法国本土的港口。条约也包括最惠国条款，双方如果以后给了其他国家商业优惠则应立即使缔约的另一方享受同样的优惠待遇。

同盟条约则规定法美双方在战争期间根据形势需要采取一致行动，并且双方还保证决不单独与英国停战媾和。法美同盟后，法国除了派兵直接赴美参战，而且法国舰队还在大西洋运兵护航，对在英国领海的英国舰队发动袭击，这大大提高了美军士气，打击了英军力量。显然，法美同盟既使法国从暗地援美转为公开抗英，又为美利坚开扩大外援之先声，正如富兰克林所评价：“它使欧洲都在支持，而英国却处于四面楚歌。”②

2. 西班牙和荷兰参战

美国建国之初的外交显然是一种弱国利用强国的外交，不可能拘泥于对等外交，1778年出使法国的亚当斯主张采用凡美利坚愿与之发生关系的国家，美利坚都单方面派驻使节，他曾对维尔仁直言相告：“北美的尊严不在于外交仪式或任何精巧的礼节，而只在于理性、正义、自由和人权。”③正是在这种指导思想下，大陆会议向欧洲许多国家都派驻了使节，这些使节虽

① 布卢姆等：《美国的历程》上册，商务印书馆1988年版，第180页。

② 弗·彼·波将金主编：《外交史》第1卷(上)，三联书店出版社1982年版，第485页。

③ 陈乐民主编：《西方外交思想史》，中国社会科学出版社1995年版，第94页。

没有完成与驻在国建交的目的，却成功地离间了英国同这些国家关系。作为英国宿敌的西班牙对北美独立战争的爆发怀有一种复杂的心态。一方面，西班牙对英国的仇恨根深蒂固。西属直布罗陀、佛罗里达的丧失使西班牙一直渴望对英复仇。另一方面，西班牙不愿与“叛乱者”为伍，因为它害怕为西班牙自己的殖民地开创一个“不祥的先例”。而且它也害怕英国殖民地独立后会对西属路易斯安那有领土野心。因此西班牙顾虑重重对美利坚独立抱以冷淡的态度，西班牙甚至还想利用外交策略从北美独立战争获得实在好处，它以调解英法纠纷来要挟伦敦，威胁英国如不让出直布罗陀来换取调解，西班牙将同法国联盟向英国宣战，但英国不接受由西班牙来调解它同殖民地的关系。

1779 年 4 月，西班牙权衡利弊与法国签订秘密条约，双方都提出了“称心如意”的战争要求，其如意算盘是利用北美独立战争恢复殖民势力，并约定不得到对方同意，任何一方都不得与共同敌人缔约。在此秘密条约基础上，双方续结家族盟约。西班牙参战原因主要是：(1) 强大的法国领头反英，西班牙积弱有年，单凭西班牙自身力量是不敢表援美抗英之态的。有法国充头，风险小了许多。(2) 西班牙对英国怨恨已深，此时与法国正利害相同，且家族渊源也起了一定推动作用，法西密约并没有透露给美利坚联合邦，这样就使“美利坚联合邦被拴在直布罗陀条款上”。

同年 6 月 21 日，西班牙对英宣战。由于西班牙参战目的仅仅是为了收复失地，且西班牙内部意见不一，因而军事行动优柔寡断，只局限于围攻直布罗陀，夺占西佛罗里达英军据点。对美利坚联合邦支持有限，西班牙参战的意义在于大陆会议又联合了一个欧洲国家参战，在道义上产生了影响。

荷兰在独立战争开始时并不支持美利坚联合邦。它同英国有家族联系，又于 1678 年订有同盟条约，规定一旦发生战争“双方将以约定的兵力相互支持”，因此，1780 年亚当斯出使海牙并没有使荷兰承认其独立。但荷兰是一个经济主要依靠海上贸易的国家，而且荷兰同英国争夺海上霸权的斗争的历史积怨也使荷兰暗地里渴望对英国复仇，在此情况下，荷兰允许联合邦使用其港口同它进行海上贸易。这就显然违背了英荷同盟条约，因而引起了英国的愤怒。英国要求荷兰履行自己的同盟义务，尤其是在法国向英国宣战后，但荷兰考虑到自己在贸易中获得了丰厚的回报，拒绝了英国的要求。

英国开始用武力限制甚至劫掠荷兰同法国以及北美殖民地进行贸易的

商船队。这就引起了荷兰的强烈反应，荷兰迅速增加军备，并于1780年11月参加武装中立同盟，与此同时，英国搜获荷美民间人士签订的荷美条约副本，随即向荷兰宣战。由于荷兰经济、军事实力都较强，因而有助于保护反英同盟的海上贸易，也有效削弱了英国的海上力量。1782年荷兰接受约翰·亚当为美国驻荷公使，并贷款500万盾给美利坚，并签订荷美通商条约。

3. 俄国武装中立

独立战争爆发后的很长一段时间内，俄国的态度是暧昧的，一方面有着深厚君主专制主义思想的女皇叶卡捷琳娜二世本能地讨厌北美殖民地的反应。作为大陆国家，出于平衡法、普、奥的战略需要，俄国需要联合英国而且它也需要维护俄英商业条约，以保证自己经济利益。另一方面，七年战争以后，俄国力量显著上升，俄国不希望英国势力在美洲进一步扩张。而且俄国内农奴起义不断，国内局势不稳定。尤为重要的是俄国的注意力集中在黑海上，控制黑海及其沿岸是俄国最主要的战略考虑。因此英王一再恳求“皇姐陛下”予以援助，叶卡捷琳娜二世也一再有礼貌地予以拒绝。

然而到1780年，英国海军一再在大西洋上破坏中立国贸易，就引起了欧洲各国普遍公愤。同年2月29日，叶卡捷琳娜二世发表《武装中立宣言》，宣布中立国船只可以在交战国各口岸之间和交战国沿海自由航行。“只有武装和直接用于战争目的物品为战时违禁品，并且只有当进攻国家在某一港口的附近驻扎足够船只，并对开进去的船只构成明显的危险时，那个港口才被称为封锁港口。”①根据其宣言的原则，俄国、丹麦、瑞典缔结防务条约，派海军为其商船队护航，并邀请各国加入。除英国外，欧洲各主要强国均加入武装中立同盟，英国孤立之势已成。

二、美国独立战争的胜利与胜利后的外交

1. 美国的独立

英国虽然陷入孤立，但这并不意味着美国在军事上得到了直接援助，因为法、西、荷、俄的对英政策更多地是为了削弱英国，而不是使美国独立。实际上法国海军主要力量几乎有3年(1778—1781)时间没有返回美洲大陆。在独立战争的大部分岁月里，美国人几乎单独依靠自己来抵抗英国人，虽然

① 比米斯：《美国革命外交史》，印第安纳大学出版社1985年版，第154页。

英国打了许多胜仗,独力抗英的艰苦环境也使大陆军内部叛变、兵变不断。但是独立的思想已深入北美殖民地人民的脑海,他们广泛地采用游击战术打击英军。形势越来越对英国不利,1781 年 10 月 19 日,英军将领康华里及七千英军在重重包围下,在约克镇投降,实际结束了在殖民地的战争,因为巨额战争开支以及再无取胜的希望,使英国舆论呼吁和平的声音高涨,1782 年 3 月,英国议会通过决议,放弃军事手段。

4 月,美、英、法、西在巴黎开始谈判。巴黎谈判反映了各国利益差别巨大,美国的目的很明确,就是要确保胜利成果,获得完全独立和广袤领土,而法、西两国则考虑到自己日后在北美扩张,不希望美国加强其实力。因此法国外交大臣维尔仁极力控制谈判。英国的策略则是离间分化反英同盟。同各国单独缔约以减少其损失,新生的美国虽然刚刚走上复杂的国际外交舞台,却显示了勃勃生机,当美国和谈代表约翰·杰尹察觉法国的企图以后果断撇开法国,单独同英国谈判,而英国为了分化敌人接受了美国的建议。1783 年 9 月 3 日,英美《巴黎和约》签订,英国正式承认美国独立,并将北起加拿大边境,西至密西西比河,南到佛罗里达边界的全部土地划归美国,美国有权在纽芬兰海面捕鱼和在密西西比河自由航行,《巴黎和约》使美国领土由 90 多万平方公里扩大到 230 余万平方公里,远远超过它在战场上赢得的地区,这主要是因为英国急于结束战争并拆散法美同盟,以密西西比河为界是防止法国占领这一重要地区。虽然美国背着法国签约,但法国考虑到英法签订和约前保持法美同盟的重要性,同时也为尽快迫使西班牙放弃对直布罗陀要求,尽快缔结和约,无可奈何地接受了英美和约。同一天,英法、英西和约也签订。由于英国成功和美国单独媾和,因而在同法、西和约中损失较小,法国收回非洲塞内加尔和西印度群岛和多巴哥,英国在继续占有直布罗陀情况下,将佛罗里达和梅诺卡归还给西班牙。

美国能够赢得独立战争,首先是因为殖民地人民在启蒙思想的感召下,深信自己是在从事争取民族独立的正义战争,其广泛的游击战使英国无法将这场战争再支撑下去。其次是国际环境对美国相当有利,七年战争以后,英国在欧洲和世界的咄咄逼人之势引起许多国家嫉恨。在战争中,英国对中立国的粗鲁做法使几乎所有的欧洲强国都站到了英国对立面,而大陆会议则机智地利用了欧洲国家的矛盾,极大地削弱了英国的作战力量,提高了美国国际地位。

欧洲复杂的国际局势帮助美国赢得了独立战争,而独立战争也影响了欧洲国际关系。英国失去了当时最大最重要的殖民地,这对英国是一个严重打击,然而由于同美国单独媾和,英国得以分化反英同盟,通往东方的海上战略要地直布罗陀仍然保留在英国手中。除丧失了13个殖民地以外,英国的实力损失不大。法国虽然通过美国独立战争打击了英国,提高了自己的国际地位,但它的胜利是虚幻的,法国在这场战争中耗资巨大,本来就十分困难的财政,更加濒于崩溃,法国也没有获得它在北美所期望的领土,它从英国手里获得的殖民地不能弥补其损失。美国在法国启蒙思想引导下所取得的民族独立,正如法国统治阶级所担忧的那样对法国君主专制统治是一个威胁,它促进了法国大革命爆发。

美国独立战争是国际关系史上第一次殖民地脱离宗主国获得民族独立的战争,它不仅为美国后来的迅速发展开辟了广阔道路,而且极大地激发了世界各地反对殖民统治,争取民族独立浪潮的兴起,这在西属、葡属拉美殖民地,英属殖民地尤为明显。民族主义终于从18世纪的涓涓细流汇集成19世纪的汪洋大海。

2. 美国早期的外交政策

从独立战争结束到美国内战,即在18世纪末到19世纪上半期,美国的对外政策大致分为两个方面:对欧洲事务采取"中立政策",避免卷入欧洲政治和军事冲突,即孤立主义;在拉丁美洲,奉行领土扩张政策,在非洲和亚洲则进行经济扩张。这样看,美国初期宣布的孤立主义原则和中立原则并不是隔绝于外界,而只是对欧洲实行这种外交原则,对于拉美、非洲和亚洲则是积极扩大自己的影响。美国对外政策的双重标准在建国之初就已明显地表现出来。

独立战争胜利后,美国对外关系并没有一帆风顺。从建国初到新宪法颁布时期,美国外交一直处于极为紧张的状态中。主要原因是由于在这一时期美国邦联政府软弱无力,几乎没有什么统辖权。在约翰·亚当斯向英国建议举行谈判,缔结新约,以解决英美巴黎和约中尚有待解决的争端时,英国予以断然拒绝,理由是美国邦联政府无力执行现有条约。在这种背景下,美国的政治家强烈意识到只有建立统一的强有力的中央政权,并且有着共同的外交政策,美国才能确保胜利果实,并在日益复杂险恶的大国争斗中生存下去。这种意识在1787年的美国宪法中得到充分的反映。新的联邦宪法规定总统是国家在外交事务方面的官方代表,被赋予广泛职责,但"总统在对外政策上虽享有压倒优势,却没有最终权威。因为国会也被授予宣战、拨款和签约的最后决定权。”①这种权力分配日后逐渐成为困扰美国外交事务的一大问题。

1789年法国大革命爆发,法国大革命不仅冲击了当时的欧洲国际关系,同时对美国外交产生了巨大影响。1793年2月,法国对英国宣战。4月,法国驻美公使热内抵达美国,热内一到美国即积极利用法美同盟来从事反英活动。与独立战争一样,法国大革命也是由启蒙运动思想所影响的,这自然引起了美国公众的深切同情。从而使得美国有卷入欧洲战争的危险。联邦党人汉密尔顿、约翰·杰伊主张法美同盟应随波旁王朝覆灭而宣告结束,由于美国与英国密切的经济利益,他们甚至主张建立美英联盟。而由国务卿杰斐逊为首的民主共和党人则主张履行法美盟约和限制英国货物进口。这种外交看法差异由于个人意气之争,逐步转变成政党之争,日后成为影响美国外交事务的又一大问题。尽管如此,在1793年4月18日华盛顿总统所主持的内阁会议上,包括汉密尔顿和杰斐逊在内的全体内阁成员都赞成严守中立,并一致同意发表一项中立宣言来避免卷入欧洲宣言。

4月22日,华盛顿签署《中立宣言》,宣布美国不介入欧洲战争,中立宣言的宣布反映了当时美国军事经济实力都不强大,弱小的美国需要保护自己。美国也想利用自己远离欧洲大陆的有利地理条件,向西部扩张并扩大贸易。此外,驻美公使热内不顾美国政府的反对,在美国国内组织了各种反英活动也招致了美国政府的反感,甚至造成了美法关系的紧张。同年8月,在美国的要求下热内被召回,美法关系趋于缓和。在美法关系缓和同时,美英关系紧张起来,英国海军在海上拦截美国同法属西印度群岛进行贸易的商船。这迫使美国作出强烈反应,1794年3月26日,美国国会宣布,对所有在美国港口准备驶往外地船只实行30天禁运。美英紧张关系使亲英的联邦党人感到担忧。在汉密尔顿请求下,美国最高法院大法官杰伊被派往英国进行谈判。由于美国实力薄弱且英国已组织起第一次反法同盟。因此美国屈服于英国压力,于1794年11月19日签订了《约翰·杰伊条约》。它规定美国可与英属东印度进行贸易,但不能与加拿大通商,英国船只有权进入美国一切港口。但美国船只却无权进入英国北美属地和哈得孙湾港口和河流,并且特别规定美国与英属西印度群岛货物限70吨以下船只运载并且不能将入口货物转运英国。并禁止向西印度群岛输出可可、棉花等商品。

① 陈乐民主编:《西方外交思想史》,中国社会科学出版社1995年版,第96页。

由于这个条约对美国的贸易予以限制，所以美国国内反对呼声高涨。迟至1796年3月才生效。此后美法关系又处于危机状态。同年7月，法国开始拦截美国商船，同英法反反复复的矛盾使华盛顿在1796年9月19日发表了著名的《告别演说》。他在演说中指出："在对外国的关系上，我们行动的最高准则是：一方面扩大我们的商业关系，同时尽可能少地和它们发生政治联系。……如果我们卷进欧洲事务，与他们的政治兴衰人为地联系在一起，或与他们友好而结成同盟，或与他们敌对而发生冲突，都是不明智的。"[①]华盛顿的演说被称之为美国外交中孤立主义思想的先声。然而"华盛顿的思想与其说是'孤立主义'毋宁说是一种'国家主义'，即把美国的利益放在首位"。《告别演说》为后继者们提供了一套处理美国对外关系的规则。1797年继华盛顿任美国总统的亚当斯派驻法公使平克尼，以及联邦党人马歇尔、共和党人格里3人赴法谈判，但法国外交大臣塔列郎并没有接见美国代表，却派人私下索贿25万美元，美国代表以X、Y、Z来代替索贿的3个法国官员，并将全部谈判公文汇回国内，这就是美国外交史上的X、Y、Z事件。虽然美国国内舆论愤慨，但亚当斯保持了冷静头脑，他忠实执行华盛顿的中立原则，没有将美国推向战争，于1800年3月同法国再度谈判。同年9月，《莫特枫丹条约》签订，规定废止法美友好通商条约，放弃条约所规定的一切权利，自由船只可以自由载物，中立国船只有权在各交战国进行非违禁品贸易。战争阴云终于远离美国而去。

1801年杰斐逊就任美国第三任总统，当次年4月杰斐逊得知西班牙将路易斯安那转让给法国，法国将派军队开到路易斯安那时，态度极为强硬。杰斐逊一方面以联合英国对法国相要挟，"法国一旦占领新奥尔良，这将确定美英两个国家的结合，而美英之间的协作可以独占大西洋。从那时起，我们必须与英国的舰队和民族结为姻亲。"[②]另一方面又命驻巴黎代表利文斯顿试图购买路易斯安那。杰斐逊认为如果密西西比河口被法国控制，美国就难保不卷入欧洲战争，为了中立这个目标，美国必须采取积极姿态，即以暂时的结盟以应付非常的事变。法国最初态度坚决地反对出售路易斯安那。但由于法军在圣多明各遭军事惨败。英法矛盾加剧。拿破仑改变了主意，1803年4月3日，《路易斯安那条约》签订，美国以1 500万美元的低廉

① 亨利·S·康马杰：《美国历史文献》，三联书店1989年版，第94—95页。

② 儒尔·巴特利特：《美国外交录》，纽约克诺普特出版公司1964年版，第104页。

价格买下了82.8万平方英里土地。

1806年拿破仑发布《柏林敕令》，建立大陆封锁体系，英国随即开始进行反封锁，虽然英法都捕掳美国的商船。但法国主要在欧洲，英国却利用杰伊条约出入美国港口，捕掳美国船只并强征美国水手为其服务，美英矛盾日益激化。美国国会于1807年12月通过禁运法案禁止美国船只离开本土。这虽刺激了美国工业发展，却打击了美国商业和农业。1809年国会通过法案，取消禁运。1810年法国在美国同意停止对法国施行“不来往”法案下，对美国取消柏林敕令和米兰敕令。而英国由于国内政局变化，反应迟缓，没有及时调整政策，延误了用和平手段解决分歧的机会，而美国则希望能趁英国孤立之时解决同加拿大北部的边界问题甚至夺取加拿大。1812年6月美国对英宣战。美国在海、陆战争中都遭失败，其首都华盛顿都被占领，白宫与国会大厦也被焚烧，但是由于美英战争时，欧陆反法大战正酣。因此，英国不得不以有限力量对抗美国。由于俄国急需英国支援，不愿其耗费力量于北美，出面调停，英国虽拒绝，但不久就直接同美国谈判，考虑到维也纳谈判不令人满意，英国作出让步，12月24日签订的《根特和约》要求仍恢复战前状态。

独立后的美国是以“胜利的弱者”出现在国际舞台上的。在羽毛未丰情况下，“只能通过孤立主义来保护自己”，“但一开始它就已经把目光注视到‘十三州’之外了。”历史证明扩张才是美国的道路。之后美国就沿着奔向洲际大国的道路快跑。

第二节　法国大革命与欧洲国际关系

一、法国大革命对欧洲各国的震动与遭致的干涉

法国大革命有着其历史的必然性。从国际政治角度看，法国是欧洲的一个比较成熟的民族大国。英法百年战争以后，法国即形成一个统一的民族国家。除了内乱以外，大规模的欧洲战争基本上都在法国本土以外进行。经过17、18两个世纪的发展，法国的社会政治、经济形态发生了巨大的变化，法国的工业革命虽较英国产生得晚，但到18世纪后期也蓬勃发展，所谓

第三等级的资产阶级已十分强大，启蒙运动在18世纪的法国更是如火如荼，其口号是要理性，不要传统；要现在的幸福，不要来世的拯救。强调主权在民，坚持要求对所有社会制度重新评估。在这种气氛影响下，大革命前两年社会政治危机已不断出现，最终财政危机导致了法国大革命的爆发，虽然法国大革命从一开始就指向封建专制，但欧洲列强总体态度是缓和的。这主要是因为大革命对王权的限制有个逐步发展的过程，列强自身及相互间矛盾重重。不便对法国大革命做出反应，奥地利当时陷身于对土战争，奥属尼德兰（比利时）又爆发了反对奥地利统治的革命，俄国沙皇叶卡捷琳娜二世虽然担心法国革命对俄国统治的影响，但俄土和俄瑞战争都在进行中，俄国无力对法国采取强硬姿态，普鲁士虽也仇视革命，但普鲁士和奥地利矛盾甚深，普鲁士的外交目的是想利用奥地利当时对土战争和奥属尼德兰宣布独立的困境，落井下石，向奥地利索取西里西亚，再以之与波兰交换托伦和但泽，以控制维斯瓦河下游。英国对大革命的态度则更为乐观，首相小威廉·庇特认为大革命会削弱法国。为了改善英国经济，他甚至想削减军事开支。

然而法国大革命在不断深入，1789年，《人权和公民权宣言》被法国制宪议会通过。1790年又颁布了一系列废除封建制度、限制王权的立法，内政的激进也推动了法国对外政策的逐步激进，早在法国大革命之前，法国的启蒙思想家们就猛烈抨击了欧洲传统的君主秘密外交，他们认为君主之间的关系并不能代表民族之间的关系，对外政策应服务于民族利益，法国大革命爆发后，“普遍和平和正义原则”被宣布为法国对外政策的根本原则。“法兰西民族永远放弃以侵略为目的之一切战争，永不使用自己的武力去反对任何其他民族的自由”①。法国的内外政策使法王路易十六选择逃亡奥地利。虽然国王企图未能得逞，但整个欧洲专制王朝都为之震怒和恐慌。1791年秋，根据新宪法而选出的立法议会中的多数派——吉伦特派代表工商业资产阶级利益，为了扩大法国的势力和市场，他们希望把革命推向整个欧洲，当欧洲出现革命形势并寻求法国援助时，吉伦特派提出“对茅屋和平，对宫廷战争”。革命的法国同整个欧洲专制王朝敌对形势已经形成，在欧洲专制王朝看来，革命的法国破坏了其整个欧洲共同的价值取向，这种价值取向是建立在王朝性国际主义的基础上，它主要包括君权神授、王朝合法和欧洲君主共同体观念支配下的列强互不毁灭、互不干涉的“贵族国际”共同价

① 弗·彼·波将金主编：《外交史》第1卷（上），第485页。

值观和伦理观[1]。这样，欧洲王朝性的国际主义同法国以自由、平等、博爱为口号的民族主义形成尖锐的国际意识形态冲突。此外，传统上欧洲列强奉行多强均势，其要旨在于维护列强间权势大致均衡的分布，阻止其中一强取得压倒性优势。从而保持所有强国的独立生存和体系结构的多元性质，这样志在维护欧洲传统均势结构的欧洲列强同努力打破传统国际体系，并进而寻求欧洲霸权的法国之间处于尖锐对峙状态并持续 23 年之久。革命的法国同欧洲其他国家关系一直极为紧张，这使法国面临的国际紧张局势与英国资产阶级革命时大不相同。

最初的武装干涉是从普奥干涉开始的，而"1792 年的普奥反法同盟是英国首相小威廉·庇特审时度势，利用普奥矛盾，把两个对立国家拉到反法战车上的外交杰作。"[2]英国首相利用普奥均有求于它的有利形势，迫使普奥签订《匹里尼茨宣言》，为恢复法国王权而战。法王渴望通过战争来恢复王权，而吉伦特派则希望以革命来巩固自己，战争遂于 1792 年 4 月爆发，由于王室通敌，法军连战连败。1792 年 8 月 10 日，巴黎民众发动废除王政的起义，在革命主义和爱国主义的感召下，法国人民迸发了巨大的热情和活力，大规模地动员起来投入战斗，9 月 20 日，法军在瓦尔密重创普奥联军，这一军事胜利使吉伦特派统治下的立法议会情绪激昂，采取了一系列富有挑战意味的决议，宣布法国为共和国，处死路易十六并声称愿向所有被压迫民族提供帮助，并一改对外兼并的谨慎态度，根据"自愿合并"和"主权在民"原则，通过占领军当局组织公民投票，把萨瓦、尼斯、莱茵河西岸和比利时部分地区并入法国。这一措施一方面大大加强了法国的实力和政治地位；但另一方面对欧洲传统均势格局形成挑战，使得欧洲列强联合起来对法国进行干涉，欧洲局势迅速紧张起来。

英国在唆使普奥联合干涉法国之时，其外交考虑主要是使法国和普奥相互争斗以相互削弱，并有机会整顿英国国内经济，并相机争夺法国海外殖民地和贸易区，打击法国殖民势力，然而法国击败普奥联军并占领比利时后，英国大为震动，因为它不仅直接威胁到英国的安全和商业利益，而且让英国认识到其置身于外已不可能。1792 年秋起，英国开始积极组织和领导反法联盟。1793 年春，伴随着法王路易十六被处死，法国对英荷宣战。第

① 时殷弘：《新趋势、新格局、新规范》，法律出版社 2000 年版，第 3 页。

② 王绳祖主编：《国际关系史》第一卷，世界知识出版社 1995 年版，第 310 页。

一次反法联盟终于形成，成员包括英、奥、普、荷、西以及一些德意志诸侯国。英国凭借其高超的技术、卓越的海军和高额补助金在其中发挥着主要作用。1793 年盟军从多条战线向法国发动进政，奥军击败法军重占比利时，在普军进逼下，法军被迫从莱茵河西岸撤退。法军统帅杜埃在前线投降奥地利，战火重新烧到法国本土，国内王党分子组织的叛乱不断。由于吉伦特派束手无策，更为激进的雅各宾派被推上政治舞台，雅各宾派为了应付国内外危急局势，采取了一系列措施，对内通过三个土地法令，解决农民土地问题，并采取铁腕统治和恐怖政策严厉打击敌对势力，广泛动员民众，实行全民皆兵；对外集中力量打击英国，通过航海条例，禁止英国船只进入法国，并加紧分化反法联盟，提出“不干涉原则”，宣布“法国不干涉他国政治，也不许他国干涉法国政治”。为了让波兰问题拖住反法同盟注意力，法国拒绝给予波兰起义以援助，这样俄国既无借口，也无力卷入反法战争，并引起欧洲列强在波兰问题的矛盾。1793—1794 年，法国凭借广泛动员而聚集起来的庞大军力，彻底打垮了国内外敌人。1793 年底，境内敌军被全部肃清。1794 年6 月，法军重占比利时。

二、俄、普、奥第二、第三次瓜分波兰

当 1792 年普奥干涉法国时，俄国就在考虑第二次瓜分波兰，所以 1793 年英国组织第一次反法联盟时，俄国并没有参与其中，俄国只是废除了与法国通商条约，并保证不与法国进行交易，条件是英国对俄国瓜分波兰表示沉默。1788—1792 年波兰四年国会通过立法废除“自由选王制”和议员“自由否决权”，改其为王位世袭制，以此加强波兰中央集权，挽救国家危亡，俄国不能容忍此法令，因为它将削弱沙俄对波兰控制。1792 年 5 月，俄国出兵入侵波兰，与此同时在反法战争中失败的普鲁士认为继续同法国对抗成功渺茫，普鲁士也不能允许俄国独吞普鲁士身旁的波兰肥肉，因而抛弃 1790 年才与波兰签订的共同防御条约，也出兵波兰。第一次瓜分波兰参与国之一的奥地利处境困难，法军占领奥属尼德兰（比利时）后，奥急欲同法国继续作战，以收复比利时来交换巴伐利亚，所以无力同普俄抗争，俄国面对普鲁士出兵的背景担心如果不满足普鲁士的要求，普鲁士会同法国媾和，而且俄罗斯也不可能不顾列强反对把波兰完全控制在俄罗斯势力之下，遂同意与普鲁士第二次瓜分波兰。1793 年 1 月，俄普签订瓜分波兰协议，结果是俄

国得到乌克兰大部、白俄罗斯和立陶宛一部，普鲁士得到但泽、托伦与波兹南等地。奥地利在既成事实面前只能承认，条件是普鲁士答应帮助奥地利收回比利时并以此交换巴伐利亚。俄普瓜分波兰还需波兰国会承认，以披上“合法”外衣，直至8月17日，波兰国会在武力胁迫下才以沉默表示同意。

1794年3月，第一次反法联盟同法国交战正酣，波兰人民在科希什科领导下举行了规模巨大的起义，以“保卫民族疆界，国家完整，重获主权和奠定普遍的自由”。波兰起义引起了俄国恐慌，俄国进行武装干涉，派军队进行镇压，占领了波兰，这件事迅速引起反法联盟成员普、奥的关注，普鲁士担心俄国吞并剩余波兰领土遂与俄国达成协议联合出兵，奥地利则出兵占领卢布林，由于普奥都要求获得战略要地克拉科夫。俄国考虑到普鲁士获取克拉科夫后会更加强大，而且俄国需要借助奥地利力量来反对土耳其、俄国因此支持奥地利。1795年1月，俄国首先同奥地利签署瓜分波兰协议，面对俄奥联合，普鲁士被迫让步。同年10月，俄、普、奥三国签订第三次瓜分波兰协定，俄国得到立陶宛、西白俄罗斯直至涅曼河和布格河一线，普鲁士获得华沙，奥地利获得克拉科夫、卢布林在内的全部小波兰地区，波兰由此灭亡，瓜分波兰发生在第一次反法联盟干涉法国革命时，因此它对帮助法国粉碎第一次反法联盟起了很大作用，由于波兰，俄国没有参加第一次反法联盟，普鲁士自1794年春起，就几乎没有参加反法战争，而且出于对俄奥背着它签订瓜分协议的愤恨，退出了反法联盟。所以“波兰倒下了，但是它拯救了法国革命……”①。不过，俄、普、奥在波兰问题上的联合成为它们日后对待欧洲民族解放运动持共同态度的基础，所谓俄、普、奥形成北方三朝廷时代由此开始。

三、督政府时期法国对外关系

1794年，雅各宾派恐怖统治已无法继续下去，热月党人推翻了雅各宾派专政上台执政。并于次年组成督政府，热月党人对内改变雅各宾派的恐怖政策，恢复国内的正常政治气氛，打击王党势力，以巩固革命成果，对外凭借大革命所激发起来的广大民众参政和爱国热情，反对反法联盟干涉并利用军事优势加强外交攻势，巩固和扩大法国的影响。为此法国采取了一系

① 《马克思恩格斯全集》第22卷，人民出版社1965年版，第28页。

列措施。

第一，分化瓦解反法联盟。1794 年 11 月，普鲁士因克拉科夫而退出反法联盟，次年 2 月法普《巴塞尔和约》签订，和约规定普鲁士中立，莱茵河左岸和比利时归法国。5 月荷兰与法国签订《海牙和约》，遂成为法国附庸，改称巴达维亚共和国，西班牙波旁王朝虽痛恨法国革命，但畏于法国力量也签订了《巴塞尔和约》，退出战争，承认比利时归法国，圣多明各割让给法国。

第二，集中力量打击奥地利。英国虽然是反法联盟主角，但英国陆军力量薄弱，它主要是利用强大的财政援助，支持欧洲大陆上的盟国反对法国，由于英国有强大的海军以及科技条件的限制，法国无力攻打英国，只能把矛头对准英国在大陆的主要盟国，打击第一次反法联盟，主要打击的就是奥地利。1796 年春，法军兵分两路，一路沿德意志西部、西南部进攻，另一路由崭露头角的拿破仑率领经意大利阿尔卑斯山，通过奥属伦巴底进入奥地利本土，由于拿破仑的作战路线出乎奥地利意料之外，因此法军连战连胜。1797 年 4 月，在法军已进逼维也纳的情况下，奥地利被迫议和，同年 10 月，《坎波福米奥和约》签订，奥地利退出反法联盟，奥地利割让比利时和莱茵河左岸土地给法国，并且承认法国在意大利北部建立的内阿尔卑斯共和国。奥地利得到威尼斯、伊斯特里亚和达尔马提亚作为补偿。和约标志着 1793 年建立的第一次反法联盟瓦解。

第一次反法联盟失败后，英国仍拒绝议和，与此同时，远征意大利的胜利使拿破仑名声大振。对此感到疑虑的督政府任命拿破仑为远征军统帅率军远征埃及，法军同时还在罗马教皇属地、瑞士、皮蒙特、爱奥尼亚群岛和马耳他几条战线开展军事行动。拿破仑占领埃及后还进军叙利亚，力图打通通往印度的道路，法国的行动激怒了欧洲列强。一直对法国持有敌意的英国，对法国革命本来就抱有敌意，现在又因法国力图染指地中海而加深了敌意的俄国，不甘心失败而又笃信天主教的奥地利，同样信奉天主教，且家族仇恨难以消释的西班牙，其附属领土被入侵的土耳其等联合起来在 1798 年组成第二次反法联盟，1799 年 3 月，双方在德意志、瑞士、意大利、荷兰几个地方开始军事行动，尽管普鲁士没有参加反法联盟，减少了法军不少压力，法军还是连战连败，所有以前占领的领土几乎都丢失了。法国国内的财政状况日趋恶化，督政府内部矛盾重重，几乎已到了山穷水尽的地步。当时正在埃及的拿破仑，得知了这种情形后，当即抛下埃及，率兵 500 秘密回到巴黎。1799 年 11 月 9 日，拿破仑发动雾月政变，开始了拿破仑执政时期。拿破仑执政以后，迅速稳定国内形势，拿破仑严厉打击王党势力、犯罪集团，健全国家机器，制定宪法，宣布自己为第一执政，通过强化中央集权巩固了政权。

在国内局势初步稳定后，拿破仑开始着手采取措施来瓦解第二次反法联盟，以军事实力为后盾发动外交攻势，总体思路是利用矛盾孤立英国、打击奥地利、离间英俄、中立普鲁士。拿破仑亲自率军于1799年秋在荷兰、瑞士重创英军、俄军。1800年5月，拿破仑率军再次经阿尔卑斯山奇兵突降意大利北部，再次打败奥军，向维也纳进发，奥地利被迫退出反法联盟，1801年2月，法奥《吕内维尔和约》签订，根据和约奥地利仍遵守坎波佛米奥和约。奥地利承认法国在荷兰、意大利中北部及瑞士所建的姐妹共和国，奥地利仍保有威尼斯地区。

俄国在1799年秋对法战争中由于奥地利迟迟未援而遭致失败后，就退出反法联盟。1800年由于英国占领受俄国"庇护"的马耳他岛，更使俄国对英产生强烈不满，拿破仑及时调整策略，将6 000名俄军战俘在配发俄式新服装、新皮靴后，连同军旗和武器送还俄国，俄国对拿破仑的举动给以回报，俄皇保罗一世不仅同意议和甚至提议同法国实施反对英国的军事行动。

英国首相庇特对此感到忧虑，在英国唆使和俄国皇太子默许下，俄国贵族军官刺杀了保罗一世，但新皇亚历山大一世并没有抛弃以往外交政策，在法国作出重要让步情况下，1801年10月俄法签订《巴黎和约》和《巴黎秘密协定》。同月，法土和约签订。法国答应把埃及还给土耳其，而埃及此时已处于英国控制下。法土、法俄和约使英国处于极为被动的外交环境。坚持反法的庇特被迫辞职，英国不得不调整对法政策。新首相阿丁顿决意同法国和解，法国也需要时间来消化成果。1802年3月27日在亚眠签订和约，和约规定：(1) 英国除特立尼达及锡兰岛上的荷兰属地外，必须将所占的所有殖民地归还给各国。(2) 英国必须从它占领的地中海与亚得里亚海各港口撤走。(3) 英国将马耳他岛归还圣约翰骑士团，马耳他永久中立。(4) 双方确保土耳其领土完整，双方从埃及撤军。(5) 法国从那不勒斯、罗马和厄尔巴岛撤退。亚眠和约意味着第二次反法联盟瓦解，但是英法根本性矛盾并没有解决。虽然巴黎一片欢呼声，但英国并没有承认失败，英国仍然视法国为对欧洲和平的最大威胁。实际上，英法关系不久就恶化了。

第三节 拿破仑帝国时期的国际关系

一、拿破仑的霸权图谋与欧洲的失衡

1. 拿破仑战争

亚眠和约签订后不久，法国又与罗马教皇达成政教协定，拿破仑在国内外的成就使他获得了巨大的声望。1804 年拿破仑正式称帝，法国进入拿破仑帝国时代，拿破仑帝国时代的法国，战争绵绵不断，法国以一国之力不停地与欧洲列强此起彼伏地相抗衡。纵观拿破仑帝国时期，其战争格外漫长、残酷，主要有两方面的原因所造成。

第一，称霸与制衡的冲突异常激烈。由于欧洲群雄并立，不许一强独大，成为欧洲共识，尤其是英国，自亨利八世以来一直信奉均势原则，英国超然的地理环境和其在政治、工业革命领先一步所产生的雄厚实力使英国把维护欧洲大陆均势看成是维护英国安全的关键所在，所以不同于其他国家的是英国从 1792 年起就一直以警惕的目光注视着法国，时时提防法国对欧洲均势的破坏，并把打击法国、维护均势作为英国的首要任务。在欧洲大陆国家畏于拿破仑强大的军事威力，或规避，或容忍乃至屈服、合作时，英国也始终不渝地与法国作对，而法国刻意对霸权的争夺，也激起欧洲群雄的愤怒。法国自路易十四以来就寻求天然疆界，即大西洋、比利牛斯山、地中海、阿尔卑斯山和莱茵河，但受制于均势观念，法国梦想屡屡受挫，法国大革命爆发以后法国这种梦想又重新产生，借助于大革命所激发的高昂民族主义情绪，法国组建了规模巨大的军队投入到争夺天然疆界的战争中去，到拿破仑称帝后，法国不仅要拥有天然疆界线，并且刻意使其他国家成为附庸国。为此不惜采用武力恐吓、暴力占领的手段，这种方式不能不引起欧洲大大小小国家的强烈反对，导致了反法联盟不断形成，而且始终有一个到几个欧洲大陆强国参与其间，以至于最终群起反对。

第二，意识形态斗争的激化。由法国大革命所引起的法国和欧洲各国间意识形态之间的冲突，到世袭的拿破仑帝国建立后不但没有削弱，反而更加激化。原因是拿破仑帝国的意识形态继承了大革命的意识形态。法国大革命首创了大众政治，也宣告了民族主义的真正兴起，这种民族主义到拿破仑时代已表现出一种极端民族主义情绪，即极端爱国主义、极端好战主义，拿破仑时代，法国以其强烈的意识形态目视欧洲群雄，拿破仑说"法兰西人正在为各族人民的神圣权利而战斗"。法国是以革命和自由的口号来进行扩张的，而在这一扩张中法国又以武力来压迫欧洲各民族国家，例如法国军队在法国境外的给养一直实行就地征收和以劫掠为内容的以战养战政策，这不能不引起被压迫国家的民族仇恨，这样欧洲列强也以反对民族征服和民族抵抗，反对欧洲霸权，争取欧洲自由为己任，这种总体性目标支配了法国和反法联盟两边的战争努力。

《亚眠和约》后，法国先后吞并厄尔巴岛、瑞士和皮蒙特、帕尔马，这使英国深感法国对欧洲大陆均势的威胁，英国拒绝撤出马耳他，1803 年英法关系破裂，英国对法宣战。与前两次反法联盟一样，海上强国英国再次寻求欧洲大陆强国合作，俄国、奥地利出于对拿破仑在欧洲颐指气使，肆意破坏国际准则的忧虑，在英国外交努力和金钱的作用下于 1804 年底形成第三次反法联盟。尽管普鲁士对拿破仑专横跋扈地对待德意志西部和南部小邦国感到不满，但恐惧于被法国打垮，普鲁士摇摆不定。法国的策略是通过允诺将汉诺威送给普鲁士来保持普鲁士中立，然后对反法联盟成员各个击破。首先集中力量攻击英国，然而由于法国海军行动迟缓，大陆上俄奥已开展军事行动。1805 年，战争在海上和陆地全面展开，虽然法军在特拉法加海战中大败，但在陆上却大获全胜，先是在乌尔姆大败奥军，乘胜直逼维也纳，继而于 1805 年 12 月 2 日，在奥斯特里茨与俄奥联军决战，获得决定性胜利。奥地利被迫求和，于同年 12 月 26 日与法国签订《普莱斯堡和约》，承认拿破仑为意大利国王，割让威尼斯、达尔马提亚等地给拿破仑，赔款 4 000 万弗罗林并向法国盟国巴伐利亚、符登堡作出领土让步。这一和约使奥地利损失 400 万人口，从此结束了奥地利在德意志的优越地位，1806 年，奥皇弗兰茨二世被迫取消神圣罗马帝国皇帝称号，最为可笑的是当普鲁士终于因法军强行通过普鲁士领土而鼓足勇气向法国宣战时，奥斯特里茨战役已经结束，普鲁士外交使节豪格维茨立即将最后通牒换成祝贺词，拿破仑在嘲讽中和普鲁士签订了同盟条约，第三次反法联盟瓦解。此后法国为了巩固自己的胜利，加强自己的霸权地位，于 1806 年 7 月 12 日建立了莱茵同盟。德意志西部和南部 16 个小邦同拿破仑签订了条约，选举拿破仑为保护人，莱茵同盟的作用是成为拿破仑帝国同普、奥之间的缓冲带，而且也是法国控制德意志的工具。

在法普同盟条约中，拿破仑表示将把汉诺威送给普鲁士，然而随后举行的法英谈判中，拿破仑又表示英国如在亚眠和约基础上议和，将把汉诺威归还给英国。普鲁士深感受到愚弄。莱茵同盟的建立不仅威胁到普鲁士的安全，也伤害了其自尊，普鲁士开始寻求英俄支持。1806 年 9 月，英、俄、普、瑞、西、萨克森组成第四次反法联盟。屡受打击的奥地利财政极为困难，又心有余悸，没有参加第四次反法联盟，普鲁士在没有得到俄国军事支持情况下，就贸然要求法军自 1806 年 10 月 1 日起 10 日之内撤出莱茵，拿破仑立即迅猛反击，耶拿一战普军大败，10 月 27 日法军攻占柏林。普王腓特烈·威廉屈服投降，法军乘势进攻俄国，在渴望独立的波兰人帮助下法军进入华沙。并在半年内经过两次激战，在弗里德曼打败俄军，直逼涅曼河，这时法俄关系发生重大变化，敌对关系向同盟关系转化，发生巨变的原因从法国方面来说，拿破仑认为法国最主要的敌人是英国，打击英国的任何举措如果没有俄国的支持和配合就难以成功，而从俄国来说，普鲁士战败，奥地利中立，俄国面临法国入侵威胁却孤立无援，俄国从数次反法联盟失败中已清晰认识到法国正处于霸权巅峰，对法国制衡努力短期内是无法奏效的。英国唆使大陆国家反抗法国寻求大陆均势，而英国在海上却寻求非均势，这也引起了俄国的不快，俄国本已占有的马耳他岛却为英国占有，对俄来说有切肤之痛，因此俄国决定对法国霸权持容忍、规避态度。1807 年 6 月，俄、法两皇会晤于涅曼河上，同年 7 月 7 日，俄法签订《提尔西特和约》，和约规定普鲁士易北河以西的领土全部划归威斯特伐利亚王国，普鲁士第二、第三次瓜分波兰所获领土成立华沙大公国，但泽成为自由市，维斯瓦河航行自由，承认拿破仑的几个兄弟任那不勒斯、荷兰、威斯特伐里亚国王，俄国负责调停英法谈判，如果英国拒绝，俄向英宣战，俄还允诺将科孚港让给法国，承认法对爱奥尼亚七岛主权。俄国“虽然它在两次战役中都打败了，但是它靠牺牲自己昨天的同盟者而获得了新的领土，并且同拿破仑结成了同盟来瓜分世界，西方归拿破仑，东方归亚历山大。”[①]1807 年 7 月 9 日，法普之间也签订《提尔西特和约》，尽管普鲁士苦苦哀求，普鲁士仍然丧失了易北河以西以及在波兰的几乎全部领土，普鲁士人口、面积都少了一半。而且条约还要求普鲁士只能保

① 《马克思恩格斯全集》第 22 卷，人民出版社 1965 年版，第 31 页。

有4万军队，还要偿付法国1亿法郎，同时还要承担参与对英大陆封锁义务。提尔西特和约是拿破仑霸权达到巅峰的标志，法国以胜利者的姿态把目光注视到欧洲的每一个角落，然而这种胜利下面却潜伏着巨大危机。首先，欧洲的失衡已达到如此地步，尽管欧洲大陆主要强国慑于法国武力鼎盛而都持容忍屈服之态，然而仇恨的心理却深埋在主要列强心里；其次，法国的极端民族主义固然使法国保持高昂士气，并且有效开发了庞大的资源，使法国始终保有一支庞大的军队。然而这种极端民族主义越来越建立在对其他民族国家的压榨上，这就不能不激发起其他国家强烈的民族主义和爱国情感，促使这些国家奋发图强、一雪耻辱。

2. 大陆封锁体系

拿破仑在追击俄军时候，就已在开始实施大陆封锁计划了。拿破仑实施大陆封锁计划的主要原因是：第一，拿破仑认为阻挠破坏它在欧洲称霸的国家是英国，然而与英国优势海军相比，法国海军较弱。1805年特拉法加海战，法国海军全军覆没，以后迟迟未能恢复，法国无力对英国进行直接军事打击。第二，英国阻挠拿破仑称霸的主要力量也是其经济，欧洲普、奥、俄几个专制国家其效率十分低下，财政状况始终存在巨大困难，没有英国的巨额补贴，它们根本就无法把反法战争支撑下去。例如，拿破仑在重挫普鲁士后，俄国曾犹豫与法继续作战，是英国用金钱推动俄国准备对法战争，拿破仑本人也对封锁效果充满信心，当时英国国债高筑。自1797年来英国一直靠发行国债来弥补财政亏空，所以拿破仑认为只要封锁得力，英国财政就会崩溃，英国就不战自溃，“英国的船只载着毫无用处的财富在公海上徘徊，在那里，他们自称是统治海洋的独一无二的主宰，但是想从松德海峡到赫勒斯篷特找一个对其开放，能够接待他们的港口却不可得。”[①]提尔西特和约的签订也使法国在很大程度能遂其心愿。1806年11月20日，拿破仑在柏林发布第一道命令即“柏林敕令”，宣布“不列颠诸岛处于封锁状态”，“禁止与不列颠诸岛的任何贸易和任何关系”，标志着大陆封锁的开始。1807年1月7日，英国通过枢密院令进行反封锁，禁止中立国与敌视英国的国家进行海上贸易，拿破仑针对英国的反封锁，又进行反反封锁。1807年连续颁布枫丹白露、米兰敕令，对英国全面封锁。

① C·W·克劳利编：《新编剑桥世界近代史》第9卷，中国社会科学出版社1992年版，第429页。

3. 伊比利亚半岛战争与第五次反法联盟

拿破仑的大陆封锁体系还是有着缺陷，伊比利亚半岛上的西班牙、葡萄牙仍然不在拿破仑控制下，而伊比利亚半岛有漫长海岸线，传统上同英国纺织业有着密切关系。拿破仑决定先占葡萄牙，后占西班牙，拿破仑以分割葡萄牙为诱饵，假道西班牙突袭里斯本，并于 11 月 29 日占领了它。葡萄牙王室成员在英舰护送下到达巴西。拿破仑随之脸一变，利用西班牙混乱和王室纠纷，大军压进西班牙，利用种种威胁手段逼迫西班牙解散具有反抗精神的民兵，在拿破仑威逼之下，马德里被迫屈服，拿破仑对葡萄牙、西班牙的不择手段，连他自己都承认："我承认，下手干西班牙这件事很不好，那样缺德，实在太明显了；那样不讲道义，实在太厚颜无耻了。"[①]葡、西被迫加入大陆封锁体系，拿破仑强制两国市场向法国开放，并且把最好的羊毛供应给法国，禁止同英国贸易。但是葡、西经济一直跟英国紧密相连，禁止同英国贸易严重损害了两国的利益，因此激起了两国人民的强烈反抗。"正如拿破仑超越了 18 世纪的战争概念那样，西班牙人民找到了一条绕开常规武力的途径。他们发动了一场民族解放战争，每个人都成了潜在的战斗者，或像他们自我称呼的那样叫游击者。"[②]西班牙全民非常规战争使法国屡战屡败，法军在正规战中所表现出来的巨大优势在人民战争中荡然无存，这就鼓舞了各国反拿破仑斗争。为了治愈"西班牙溃疡"，拿破仑决定亲自率军出征西班牙，为了安固后方，拿破仑与俄皇亚历山大一世会晤于爱尔福特。在法国巨大让步后，俄国同意延长俄法同盟，并且空洞地承诺在法奥冲突时支持法国。在稳住俄国后，拿破仑率大军镇压了西班牙起义，尽管如此，西班牙的顽强抵抗仍然震动了整个欧洲，受到西班牙战争的鼓舞，英国开始组织第五次反法联盟，渴望复仇的奥地利欣然加盟。因为奥地利自 1805 年战争失败后一直锐意改革。同样锐意改革的普鲁士认为时机不成熟没有参加反法联盟，俄国虽有法俄同盟的牵制，却也虚与委蛇，甚至暗中向奥地利作出保证。1809 年奥地利开始采取军事行动，4、5 月间法奥军连续苦战，法奥各有胜负，7 月法奥在瓦格腊姆决战，奥地利最后失败，被迫求和。1809 年 10 月 14 日签订《维也纳和约》，规定：(1) 奥地利的加里西亚大部分划给华沙大公国，少部分并入俄国。(2) 奥地利失去上奥地利、提罗耳、的里雅斯特和

① 约翰·霍兰·罗斯：《拿破仑一世传》(下)，商务印书馆 1992 年版，第 152 页。
② 罗伯特·欧·康纳尔：《论武器和人》，牛津大学出版社 1989 年英文版，第 183 页。

阜姆，前两部分划给巴伐利亚，后两部分划给法国并组成法国伊利里亚省。(3) 赔款8 500万金弗罗林，军队只准保留15万，并加入大陆封锁体系。维也纳和约意味着反法联盟失败，奥地利外交大臣梅特涅采取忍辱负重、休养生息政策。1810年3月，奥地利公主被许配给拿破仑，以示法奥友好。同年11月，拿破仑颁发第二次枫丹白露敕令，宣布没收英国在大陆上的一切工业品并予以销毁，并建立特别法庭，从而完成了大陆封锁的立法手段。1810年，拿破仑达到了他事业的顶峰，欧洲大陆的一半在他和他的兄弟直接统治下，而另一半不是他的盟友就是他的附庸，然而极盛外表之下已是危机重重了。首先，第五次反法联盟虽然失败，但实际上是奥地利一国与法国对抗。七万英军在战争初期遭受重大损失就返回国内。奥军虽然失败，法国也元气大伤。其次，大陆封锁体系越来越难以运转，大陆封锁曾在最初时给英国造成极大困难，然而这种结果并不能长久，因为它不是建立在自由竞争的资本主义市场规律基础上，欧洲的消费者是被迫接受法国产品，这是法国强制性支配的结果。而英国当时正处于工业革命高潮期，新机器、新工艺广泛运用，英国又有众多的殖民地，具有可靠低廉的原料保证，因此大量物美价廉的英国商品很难被排挤出市场，法国强制的结果是国内市场一片凋零，而整个欧洲大陆由于反对法国侵略掠夺，民族矛盾空前激化。这种无视世界经济发展趋势的举措加上其薄弱的海军实力，根本无法实施全面封锁，法国已经日薄西山。

二、拿破仑帝国的崩溃

第五次反法联盟以后，俄法关系日趋紧张，法国和俄国都想争夺大陆霸权，至少想争夺东方霸权。提尔西特和约带给法俄的只是暂时和平，这一点法俄双方心知肚明，但关系急转直下，却是以下几个因素造成的：第一，波兰问题。拿破仑把加里西亚给了华沙大公国，这就使波兰可能复国，并使俄丧失三次瓜分波兰所获得的利益，并对俄造成威胁，所以亚历山大一世对拿破仑向其妹求婚始终采取冷淡拖延的态度，而拿破仑也不履行法俄密约中“波兰王国永远不得恢复”的条款，支持波兰贵族恢复1772年边界。第二，东方问题。拿破仑一直想把巴尔干置于法国控制之下，为此法国违背其爱尔福特诺言，阻止俄吞并摩尔达维亚和瓦拉几亚。第三，俄国与英国有着传统贸易，大陆封锁则严重损害了这一切，俄国农产品对英出口受阻，引起卢布汇价降低，因此俄国对大陆封锁的反对逐渐从隐蔽走向公开。到1810年底，俄国公开允许走私船只进入俄港口，而且颁布新税率，对法国奢侈品进口予以限制，这使拿破仑大为震怒，因为俄国“几乎使整个封锁体系不起作用了”，战争已经在即，双方开始加紧战前外交活动。法国先后同普、奥签订协定，但普奥虽然表面假装允诺出兵助法，背地里却向俄作出保证，只是象征性派兵作战，俄国也加紧外交活动，于1812年5月结束俄土战争，撤出多瑙河两公国，以此改善对土、对奥关系，并承认瑞典对挪威的权利，签订《彼得堡秘密协定》。英国更是坚决助俄。总之，拿破仑的战前外交活动全面失败，这说明孕育着的民族矛盾在力量对比发生变化时就会爆发出来。

1812年6月24日，拿破仑率42万大军渡过涅曼河进击俄国。俄军统帅巴克莱·德·托利，采用保存实力、诱敌深入的战术，全线撤退。虽然俄国民众对此不满迫使沙皇换上老帅库图佐夫统军，但库图佐夫坚持巴克莱的正确战术，坚壁清野，不战退出莫斯科并纵火焚烧之，法军在无法寻得俄军主力决战，又天寒地冻的情况下，被迫撤离莫斯科，至退回到涅曼河时法军只剩两万人。法军的溃败使法国的权势和威胁大减，这使普奥敢于并能够联合起来打击拿破仑。1812年12月30日，普军约克将军与俄军缔结休战条件，史称“约克行动”，并于翌年3月同俄国结盟，6月英、俄、普、瑞、西、葡组成的反法联盟形成，奥地利考虑到法国失败后，俄国力量将过于强大。法国皇后又是奥地利公主，因此想居中调停，但拿破仑拒绝任何对法国霸权的限制，这种在法国危急关头仍然无视均势的行为，使奥地利也加入到反法联盟中去。1813年10月，反法联盟军队与法军在莱比锡进行“民族大战”，法军大败。数月间，法国的附庸国全线崩溃，尽管各国击败拿破仑目标是一致的，但是各国具体利益却不相同。奥地利想建立以玛丽亚·路易莎为首的亲奥政权，联合法国以制衡业已强大的俄普，英国对俄国势力的陡然增强也抱有疑虑，因此英奥不急于进军巴黎。而急于进军巴黎的俄普在波兰问题上也有矛盾，为了协调政策，在英国提议下，第六次反法联盟国家在肖蒙签订了《肖蒙条约》，保证：(1) 各国不单独与法议和，并与法作战到底。(2) 各国出兵15万。(3) 英国每年支付500万英镑补助。(4) 重建欧洲均势体系，有效期20年。肖蒙条约缓和了相互矛盾，有利于巩固欧洲国家对法作战。

1814年3月30日，反法联盟军队攻入巴黎，拿破仑被迫退位，波旁王朝复辟并于 1814 年 5 月 30 日签订第一次巴黎和约。它保留了法国 1792 年疆界，至拿破仑百日政变失败，第二次巴黎和约才使法国退回到 1790 年疆界。

三、拿破仑对外政策评价

作为一个历史人物，拿破仑走下了历史舞台。他追求的是侵略、法兰西的强大，以及法国资产阶级的霸权。虽然路易十八又回到了巴黎，波旁王朝再次复辟，但法国通过革命建立起来的资本主义制度并不能被推翻；虽然欧洲从此开始了一个政治上反动的时期，但谁也不能把欧洲硬拉回到法国革命和拿破仑战争前古老的封建旧秩序中了。

拿破仑帝国的灭亡意味着法国霸权的覆灭。在拿破仑统治时期，法国横扫欧洲大陆所有君主国家，激起了欧洲所有民族国家的顽强抵抗。因为中世纪以来，日益明显、日益进步的政治倾向就是民族国家体系的形成。拿破仑蔑视并摧残破坏欧洲主要民族感情，必然失败，另外，拿破仑本人执政后期虽然努力向欧洲传统意识形态回归，但他毕竟受到法国大革命的洗礼，其政治制度、经济制度框架还是与传统欧洲君主国家大不相同，因此仍不见容于欧洲列强，法国顽强坚持其霸权的图谋，在欧洲传统均势体系下最终还是以失败而告终。

拿破仑的对外政策，是他国内政策的继续和发展，也是为法国大资产阶级利益服务的。随着法国大资产阶级专政的巩固和资本主义的发展，法国大资产阶级对外侵略和扩张的欲望日益强烈。作为大资产阶级利益的代表，拿破仑通过连绵不断的对外战争，反对封建各国的干涉，试图夺取欧洲大陆的霸权。其目的正如马克思所指出的，拿破仑“在法国境外则到处破坏各种封建的形式，为的是要给法国资本主义社会在欧洲大陆上创造一个符合时代需要的适当环境”①。

评价拿破仑的对外政策，必须注意到前后变化的过程。拿破仑的外交政策的前期，主要是他同四次反法联盟的斗争。虽然已经显露明显的争霸性质，但反干涉主义仍然是其外交政策的主要倾向。但在后期，霸权主义性质已经暴露无遗，最重要表现是 1806 年实际取消普鲁士这一古老而富有生

---

① 《马克思恩格斯选集》第 1 卷，第 604 页。

命力的民族国家的独立，接着经过1806年开始的对英的大陆封锁战争、1808年对西班牙殖民地战争、1809年对奥侵略战争和1812年对俄侵略战争，直至拿破仑帝国灭亡。

纵观拿破仑的外交政策，有两个贯穿始终的特征，一是外交政策的两重性和进步性，二是靠战争机器来实行。因此，作为拿破仑对外政策主要体现的拿破仑战争，也有着明显的两重性。一方面，拿破仑与反法同盟之间的战争，主要是保卫其革命成果，他的战争荡涤了德意志诸邦、意大利诸国、波兰、比利时等欧洲国家的封建制度，取消了封建贡赋，赶跑了王公贵族，实行"民法典"，法国大革命的思想及"自由、平等、博爱"的口号深入各国人心，促进了资本主义的发展，在各国扶植起了许多资产阶级政权。简言之，在适应资本主义发展潮流方面，拿破仑战争表现出革命进步的一面，当然在此同时也带有侵略扩张的性质。另一方面，拿破仑同英国的战争，有反干涉的一面，但更多的是为了保护和扩大法国的殖民地，制止英国干涉法国称霸欧陆，打破英国的海上独霸地位，依靠军事征服为法国资本主义开辟国外市场。拿破仑同反法同盟之外的一些国家的战争，是其侵略扩张一面的集中表现。远征埃及、叙利亚，侵占葡萄牙、西班牙，镇压海地黑人的解放运动等，暴露了他所代表的大资产阶级的贪婪的侵略本性。另外需要指出的是，拿破仑的外交政策既是一贯的，又有发展的变化，反干涉主义和霸权主义这两个方面相互消长。

思考题

1. 试论美国建国前后的对外政策。
2. 法国大革命对欧洲国际关系有什么影响？
3. 试论拿破仑时期欧洲大国关系。
4. 如何评价拿破仑时期前后两个不同阶段的法国对外政策？

第三章　维也纳体系的建立与瓦解

拿破仑战争结束了，法国失败了。战胜国按照自己的心愿，对欧洲进行一次重新安排，建立了新的国际关系体系，也就是维也纳体系。对法国而言，这个体系大体上有两个内容：一是法国国内秩序，即波旁王朝的复辟；二是防止法国再度称霸，主要有针对法国的四国同盟条约，以及对法国周边国家的领土安排，如荷兰与比利时合并，建立瑞士永久中立国等。把法国的情况放大，维也纳体系的总的轮廓就显露出来，包括各国国内的正统秩序，以及各国之间的，特别是各大国之间的均势秩序，尤其是领土均势秩序。所以，维也纳体系的运转，也基本上包含两层含义：维持欧洲大国均势和平，首先是领土现状；保卫正统秩序。维也纳体系运转的主要表现就是所谓的欧洲协调。梅特涅是欧洲协调中的核心人物。

19 世纪 20 年代，随着英国与神圣同盟诸强国在拉美独立运动问题上对抗的日益加剧，维也纳体系陷入了分裂的危机。30 年代初期，欧洲民族民主革命浪潮重新高涨，维也纳体系的正统秩序又遭到严重冲击和破坏；俄、奥、普无法组织起协调一致的干涉活动，大国协调失灵，维也纳体系的危机进一步加深。由于维也纳体系没有对土耳其的领土做出安排和保证，加上博斯普鲁斯和达达尼尔两海峡在地缘上的重要性，这两个因素使东方问题逐渐成为破坏欧洲大国均势的最主要诱因。

欧洲民族民主运动和东方问题，是威胁维也纳体系稳定的主要因素。这两个因素的发展最终摧毁了正统秩序和大国均势和平，使维也纳体系走向解体。维也纳体系解体的标志性的事件就是 1848 年欧洲革命与克里米亚战争。

第一节　维也纳体系的建立

一、维也纳会议

1812年拿破仑远征俄国的失败决定了法兰西第一帝国覆亡的命运。莱比锡大会战之后，盟军攻入法国本土。拿破仑众叛亲离，大势已去，被迫退位。路易十八回国登基，复辟了波旁王朝，并与英、俄、奥、普等国签订了第一次巴黎和约。在和约中，法国受到了宽大的待遇，维持了其1792年所拥有的完整疆界，此外再无领土损失，也不赔款，还获得了比利时、瑞士和萨伏伊的部分领土，并从英国手中收回了除多巴哥、圣卢西亚岛和法兰西岛之外的所有殖民地。盟国甚至没有要求法国归还拿破仑从被征服国抢掠的珍贵艺术品。这一切，主要是为了减少波旁王朝的负担，使法国能暂时稳定下来。

从列强干涉法国革命，到拿破仑政权的土崩瓦解，欧洲的国际战争持续了20多年，几百万人丧命，物质损失不计其数。普通老百姓非常渴望能重建和平。战胜国的巨头们则有另一层考虑，即"恢复欧洲均势并用条约保证之"①。但是，第一次巴黎和约只是恢复均势的第一步。在条约签订之时，盟国在许多原打算通过巴黎和约予以解决的重要问题上，特别是在战后欧洲总的领土秩序问题上，矛盾重重，一时之间难以圆满解决，仅就少数事项，如英国获得荷兰的部分殖民地、荷兰与奥属尼得兰合并，形成了一致意见。所以，根据该条约第32条，所有参战国各派全权代表，将出席在维也纳举行的全体会议，"决定本约条款所必须补充的各项安排"②。

根据第一次巴黎和约的规定，1814年9月，维也纳国际会议召开。会议由英、俄、奥、普四大强国主持，西、葡、瑞典等二流战胜国遭到排斥。正如大会秘书长根茨所说的那样，这是一次分赃的闹剧③。拥有无限权力的四强在防止法国东山再起方面有共同的利益，而在如何瓜分胜利果实上则各

① 迪特尔·拉普：《德意志史》，波恩 Inter Nationes 出版，1987年，第62页。

② 王绳祖主编：《国际关系史》第二卷，世界知识出版社1995年版，第2页。

③ 《国际关系史资料选编》上册，武汉大学出版社1983年版，第49页。

怀鬼胎，勾心斗角，都企图按自己的如意算盘分割法兰西第一帝国的遗产。

奥地利的代表是深得奥皇信任的梅特涅。他效忠哈布斯堡家族，同时又信奉现实主义的国家利益原则，工于心计，外交经验丰富，遇事沉着冷静。在拿破仑战争后期，他在法、俄之间施展其左右逢源的手段，既促成了拿破仑帝国的崩溃，又在一定程度上抵制了俄国向西扩张的企图，对于欧洲均势的恢复起了很大的作用，从而使奥地利在维也纳会议中居于主导地位。会议的地点选定在维也纳，这本身就是梅特涅对外政策的产物。因此，尽管哈布斯堡帝国只是金玉其外，但由于梅特涅的竭力维持，竟也能显赫一时。

实际上，梅特涅之所以能使奥地利暂时享有与其实力不相称的地位，使法国退回到 1790 年的边界，使俄国的推进止步于维斯杜拉河，关键在于奥地利在欧洲大陆地缘权力结构中的轴心位置。如果中欧塌陷，落入俄国之手，英法不能坐视不管；反之，落入法国，英俄决不能袖手旁观。但奥地利除了抵俄制法之外，还有一重更切身的考虑，就是防止普鲁士的进一步崛起，并建立一个由奥地利发挥核心作用的德意志邦联。此外，为了集中帝国的力量，奥地利需要"砍掉难以防守的前哨"，以便使其在地理上成为一个整体①。所以，奥地利要放弃尼德兰，但要向意大利半岛扩展势力以加强帝国的地位。

英国是拿破仑战争的真正受益者，早在大会召开之前就已得到了它最想得到的东西：摧毁了拿破仑的大陆体系，获得了具有重要战略意义的马耳他岛和爱奥尼亚岛等殖民地，可以在战时，在公海上拦阻和检查中立国商船及没收敌国的商船和货物，等等。由于它的这些海洋霸权和殖民地权益在会前已为列强所认可，所以它对维也纳和会并不怎么在意，所关心的主要是如何恢复欧洲的均势。在这方面，英国与奥地利有共同的利益。为了达到这个目的，卡斯尔雷主张扩大荷兰，支持奥地利向意大利方向发展，使奥普亲近，目的是包围法国，加强中欧，并抵制沙皇俄国。从当时的情况看，法国已战败，削弱法国的目标不难实现，而俄国向西推进的势头正咄咄逼人，所以，卡斯尔雷对俄国过分扩张企图十分敏感，但对法国东山再起的可能性也不无担心。

俄国的最主要利益目标是吞并波兰。俄皇亚历山大一世野心勃勃，企图担任将要建立的波兰王国的君主。俄国的庞大武力使奥、英、法感到

---

① 埃里希·策尔纳：《奥地利史》，商务印书馆 1981 年版，第 440 页。

不安。

普鲁士在列强中的发言权还不是很大，并在对外政策上倾向于俄国。普王威廉三世和他的大臣们想恢复和扩大战前的领土，特别是想把萨克森据为己有。

战败的法国并没有因战败而无所作为。圆滑的塔列朗联合诸小国代表，反对大国垄断对重要问题的处理，并利用四大国之间的矛盾，企图拆散反法联盟，恢复法国在大会中的大国身份。他还提出了所谓的“正统主义”的原则，意图恢复和维护1789年之前的欧洲君主统治秩序。但“正统主义”原则还包含恢复旧的领土秩序的含义，实际上是谋求阻止欧洲领土发生不利于法国的变化，特别是不能让普鲁士吞并萨克森王国而变得更加强大。

尽管各大国都想形成一个最有利于自己的最后解决方案，但它们的要求还是有区别的。英、奥、法三国的要求，大体上限于欧洲大陆领土均势格局的确立。英国是海洋和殖民地帝国，对欧洲大陆基本上没有什么领土野心；法国长期以来都企图在欧陆谋求领土优势，但战败国身份暂时限制了它这样做；奥地利则不具有这种实力。俄国的情况不一样，它是战胜国，而且对领土向来贪得无厌。亚历山大拥重兵而目空一切，欧洲大陆权力的天平看起来已经开始向俄国倾斜。

俄国与英、奥、法之间的这种矛盾，在波兰—萨克森问题上趋于激化，对法一致的战时同盟很快陷于分裂。俄国在反法战争中占领了华沙大公国之后，与普鲁士协商，以萨克森王国的领土作为交换条件，换取普鲁士放弃它在俄、普、奥瓜分波兰过程中所得到的领土份额，并支持俄皇建立一个由他兼任国王的新波兰王国的计划。奥地利的领土损失将在意大利得到补偿。1813年，双方签订了《卡利什条约》。这个计划一旦在维也纳会议上得到认可，俄、普两国的领土态势将使奥地利的地缘安全受到严重的威胁①。英、法两国也绝不容许这种情况的发生。梅特涅最初策划以支持普鲁士吞并萨克森为诱饵，拉拢普鲁士共同反对俄国囊括波兰，但这个计谋由于普王的变卦而最终失败，于是奥地利转而坚决反对普鲁士全部占有萨克森。普、俄威胁以武力解决萨克森问题，英、法、奥也不示弱，并于1815年1月订立针对俄、普的军事同盟密约。双方剑拔弩张，战争大有一触即发之势。但由于英、法、奥一时难以改变俄国占领波兰的既成事实，俄国也不愿意只为了普

① 具体情况见王绳祖主编：《国际关系史》第二卷，世界知识出版社1995年版，第7页。

鲁士在萨克森的利益而再打一场大国战争，波兰—萨克森问题最终在列强相互妥协的基础上得到了解决：俄国获得华沙大公国的绝大部分；普鲁士兼并了华沙大公国的波兹南、萨克森王国三分之一的领土，并得到了莱茵河左岸的领土（包括下莱茵省和威斯特伐利亚省）；奥地利得到了加里西亚，并可以向意大利扩展自己的领土。华沙大公国的克拉克夫由俄、普、奥共同监护。

此外，俄国还吞并了比萨拉比亚和芬兰；丹麦将挪威割给瑞典，但从后者手中取得波梅拉尼亚作为补偿。普鲁士将劳恩堡割给丹麦，从丹麦手中取得了波梅拉尼亚，将波罗的海南岸的领土连成一片。为了遏制法国、缓冲和阻隔大国战争，低地国家调整的主要安排是将比利时合并于新建立的荷兰王国，同时认可与保证瑞士的永久中立国地位及其领土完整。

德意志问题由相关国家自行解决。巴登与巴伐利亚等许多邦国出于一己之私利，不愿意放弃自己的主权，不希望德意志走向统一；奥地利是一个多民族的帝国，不能容纳一个统一的德意志民族；法俄等国也担心德意志人的统一将带来不可估量的后果。最终，德意志问题的解决没有取得足以影响欧洲均势的实质性结果：德意志仍处于四分五裂的状态；包括普、奥在内的新成立的德意志邦联只是一个松散的国家联合体，其职能主要是维护德意志的安全、和平及各邦的独立地位①。奥地利操纵了这个组织，但其在德意志权威的部分恢复实际上阻碍了德意志内部的统一运动。

在意大利，奥地利获得达尔马提亚、提洛尔和的里亚斯特，恢复和扩大了自己的版图和势力范围；撒丁王朝重新统治了西北部；教皇庇护七世恢复了对教皇国的统治；波旁家族的斐迪南一世恢复了对那不勒斯王国的统治。其他专制王朝也纷纷复辟，四分五裂的状态同德意志类似，也没有多大的改变。

1814 年，塞尔维亚爆发了反抗土耳其统治的起义。出于维护正统原则和阻止俄国扩大在巴尔干势力的用意，梅特涅曾提议列强对土耳其的领土给予保证，但遭到英国的拒绝和俄国的反对。土耳其问题成为维也纳会议领土秩序安排的一个空白点，从而为日后欧陆领土均势的变化和列强冲突埋下了诱发因素。

会议还对几个一般性国际问题进行了处理。关于黑奴贸易问题，各国

① 卡尔·埃利希·博恩：《德意志史》第三卷（上），商务印书馆 1991 年版，第 112 页。

原则上同意予以废除，但可根据各自的实际情况，自行决定实施的日期。

关于国际河流管理问题，会议制定了国际管理的制度，确定了国际河流向各国商船开放、贸易航行自由无阻的原则。

关于外交代表等级与外交语文问题，1815 年 3 月会议通过了关于外交代表等级的公约，明确了外交代表的三个等级：大使、教皇使节或圣使，特命全权公使，代办。这种划分一直延续下来，成为外交惯例。对于外交语文问题，虽然会议的最后议定书专用法语，但也允许各国在将来的谈判和缔约活动中，使用以前所使用过的语文。

二、《神圣同盟条约》

法国大革命的冲击和拿破仑战争的反复扫荡严重地动摇了欧洲大陆的专制君主统治。作为一种集体反应，欧陆君主国接受了塔列朗提出的“正统主义”原则并初步恢复了旧的政治秩序。但是，拿破仑东山再起的轻而易举表明这种恢复的基础是极其脆弱的，在这种背景下，在俄皇的提议下，1815 年 9 月，亚历山大一世、奥皇弗兰茨一世与普皇威廉三世在巴黎订立了《神圣同盟条约》。作为倡议者，沙皇是“一个利己主义者，一个伤感主义者，富有同情心，也受慷慨冲动情绪的支配。神圣同盟是他神志不清楚的结果”①。

《神圣同盟条约》是维也纳体系的一个补充。但它并没有为签字国规定明确的军事义务，所以，单就其内容看，尽管它声称各君主彼此应相互救助，但并不是一个具有严格法律意义的、载明缔约国权利和义务的同盟条约，倒像是一篇宣传基督教仁慈、友爱、互助精神的宣言书，提倡以基督教的教义作为处理君主与上帝、君主与君主、君主与臣民三种关系的基本原则。这个条约满纸充斥着基督教教义的词汇。可以说，除了一些含糊不清的东西外，并没有实质性内容。

盟约仅三条内容：(1) 缔约三国的君主应以真正的牢不可破的兄弟情谊联系，互为同胞，无论何时何地，应相互给以支援、帮助和救护，并各自以同一博爱精神来领导他们的臣民和士兵；(2) 无论在各缔约国之间还是在他们的臣民之间，惟一有效的原则是相互服务的原则；(3) 一切国家如果

① R. B. Mowat, *A History of European Diplomacy (1815—1914)*, London, 1927, P. 23.

愿意庄严地接受本文件所阐明的神圣原则，均可加入这个同盟。炮制同盟议定书的目的是，以保守的基督教见解来抵消法国1789年革命的危险观念①。当时欧洲所有君主国，甚至瑞士，为讨好沙皇或为适应宗教复兴的潮流，都加入了这个同盟，唯有英国国王、罗马教皇和土耳其苏丹是例外。但英国表示赞同。因此，无论亚历山大最初的动机源于何处，从各国的这种态度和同盟后来的所作所为上看，它实际上是维护维也纳体系的现状，特别是维护君主专制政治秩序这个大环境的产物。神圣同盟的理论和实践，证明它是欧洲专制君主特别是东方三大专制君主的互助同盟。它从精神上把各君主国联合起来，为合力镇压革命运动提供了一个连接的纽带。俄国既是神圣同盟的倡导者，又是镇压欧洲民族民主运动的宪兵，这种双重身份并不只是一种巧合。

三、《四国同盟条约》

第一次巴黎条约签订之后，路易十八在法国的统治很不得人心：这个政权不是民选的，而是外国强加的。国王企图全面恢复贵族和教会的统治，把大批贵族塞进政府和军队，担任要职。大资产阶级没有获得多少权力，很不满意。军队也不稳定，一些将军试图兵变。

1815年3月，当列强正在维也纳会议上争吵不休之际，拿破仑趁机返回法国，发动了“百日政变”，路易十八仓皇出逃。反法联盟迅速集结了100万大军，于6月18日在滑铁卢再次击败拿破仑，又一次复辟了波旁王朝。

1815年11月20日，英、俄、奥、普同路易十八签订了第二次巴黎和约。这一回，盟国对法国不再客气：割让部分土地给荷兰和普鲁士，包括一些重要的边界战略据点；赔偿盟国现金17亿法郎，限5年偿清；东北部175个要塞由盟国军队占领(时间不超过5年)；归还法军在德意志和意大利抢掠的艺术品。

鉴于拿破仑再次崛起的教训，为防止类似情况再次发生，四国在签订第二次巴黎和约的同一天又签订了《四国同盟条约》。这是一个与《神圣同盟条约》大不相同的条约，它是一个军事同盟，而不是空谈基督教教义的同盟。从内容上看，这是一个有效期为20年的以法国为防范对象的军事同盟。据

① 埃里希·策尔纳：《奥地利史》，商务印书馆1981年版，第443页。

此，缔约国相互承担的义务可归结如下：

其一，缔约国保证必要时不惜使用武力（包括使用全部武力）来永久剥夺拿破仑及其家族在法国的统治。

其二，驻法盟军一旦受到法军攻击或面临法军攻击的威胁，缔约国应及时提供6万人的军队。若此数量的部队仍不足够，各国应及时商讨，以确定另外提供部队的数量，甚至为了取胜可以动用全部军队。

其三，为促进和保证本条约的执行，也为了加强各国君主之间的团结与联系，缔约国商定，为维护各国的安宁、繁荣与欧洲的和平，应在各国君主或其大臣的主持下，定期举行会议，就各国的共同利益及不同时期应采取的措施进行磋商。

《四国同盟条约》的签订，说明在维也纳体系创立之初，防止在法国重新出现旨在推翻维也纳秩序之政权，仍然是列强协调一致的基础之一。这说明这一条约的目的是具体的、实际的。虽然这一基础很快由于法国加入大国俱乐部而淡化，但《四国同盟条约》所确定的定期的多边外交协商的安排，却有重要的意义。由于五大国定期开会，处理共同问题，试图取得一致意见，因此形式上又叫做欧洲大国的协调，或欧洲协调，在当时叫做“会议外交”。这种体制产生了深远的影响，对其后的国际关系发挥了特殊的作用。大国通过这种“会议外交”，能及时就影响各国共同利益的事项或突发事件进行沟通，并采取相应举措；也有助于各大国以相互妥协的方式，缓冲彼此之间的矛盾，形成暂时一致或多数一致的意见。从其后欧洲协调的实践看，它的作用主要是维护反动秩序，调和列强矛盾，因此，客观上增加了维也纳体系的稳定程度。总之，欧洲协调的目的是为谋取欧洲大国间矛盾的妥协，进行种种政治交易，签订秘密条约，维护大国的利益，保持强权政治。这是维也纳会议留给后世影响的一部分。

四、对维也纳会议及其体系的评价

第一次巴黎和约和维也纳会议最后议定书改变了欧洲的政治地图，建立了一个新的国际关系体系即维也纳体系。它为欧洲大国间的关系创造了一种政治军事力量的平衡，使欧洲大国大体上形成了一种领土均势，这是均势的最重要含义。维也纳会议所做出的欧洲领土安排，首先是为了防止法国东山再起构筑一道安全堤坝。同时，会议所进行的地缘政治安排，还使得在中欧出现了德意志联邦，使俄国的势力局限于东欧，让英国把扩张重点放在海外，使其履行其维持欧洲均势的作用。

然而，维也纳会议所追求的力量平衡(即均势)，只是在各大国之间谋取力量对比的大致平衡，而非绝对的平衡。平衡与均势只是暂时的，相对的。从长远来看，不平衡才是绝对的，力量对比是在变化的，因此才有大国之间的兴衰更替。所以说，维也纳会议的政治家们相信通过建立国际政治权力均势，就可以导致欧洲的安宁和繁荣，这是一相情愿的设想。均势不可能导致和平，现实的国际政治中，国家追求的不是均势，而是权力的优势。

主张恢复均势的维也纳会议的政治家也是复辟派。王朝的复辟在他们看来是理所当然的。他们承袭 18 世纪王朝外交的伎俩，把均势原则、正统主义和补偿原则看作是国际关系的原则。他们无视法国革命以来欧洲各国的民族主义愿望和对民主的追求，而把小国当作进行政治交易的筹码。这种不正义的行为最终要受到人民和历史的谴责和反对。

第二节　维也纳体系的最初运转(梅特涅时代)

维也纳体系的运转，基本上包含两层含义：维持欧洲大国均势和平，首先是领土现状；保卫正统秩序。欧洲协调是运转的主要载体。上述两层含义与奥地利的追求非常符合，没有哪一个大国像奥地利那样既迫切希望维持欧洲均势，又极端仇视革命运动。所以，梅特涅在协调中非常卖力，苦心构筑了所谓的梅特涅体系，这个体系实际上是维也纳体系的缩影。

从 1815 年之后大约十几年的光景，是梅特涅体系的黄金时期，梅特涅的政策事实上主导了维也纳体系的运转，所以这个时期又被称为梅特涅时代。梅特涅本人也被戏称为“欧洲的马车夫”①。

梅特涅思想和政策的特点是，信奉保守主义，坚持正统主义原则，强调君权神授，反对自由主义和革命思想的传播，主张现实主义的利益原则，竭力维持大国均势，鼓吹对外干涉他国内政，等等②。在这其中，镇压民族民

① 埃里希·策尔纳：《奥地利史》，第 447 页。

② 王绳祖主编：《国际关系史》第二卷，世界知识出版社 1995 年版，第 24 页，第 134 页。

主运动，贯彻神圣同盟互助原则的反动观念占很大比重。他在一封信中写道："时代在急风暴雨中前进；要想用暴力阻止它迅猛的步伐是徒劳无功的。只有通过坚定、克制和明智，通过联合起来的并在联合中经过周密考虑组成的力量去减弱它的毁灭性作用：秩序的维护者和朋友们所能做的唯此而已。我们的目的一言以蔽之，即维持今天的现状，别无其他。"①为了维护这种现状，梅特涅严密控制了奥地利国内的教育、新闻与舆论，又将触角伸向德意志。

德意志境内1815年出现的大学生协会，一度是德国统一和自由运动的策源地。该协会成立后，以耶拿为中心，很快蔓延到德意志中南部大部分大学。一个大学生就这个组织的目的写道："我们希望德国能被看成是一个国家，德国人民被看成是一个人民。我们同样希望德国有一部最大限度自由的宪法。"②梅特涅首先拿大学生协会开刀，通过德意志邦联，查禁了这个组织。普王威廉三世配合梅特涅，下令逮捕大学生协会的发起人雅恩。

1819年9月，在梅特涅推动下，德意志邦联议会一致通过了卡尔斯巴德决议，内容包括：对散布"破坏现存国家机构基础"学说的大学教师，予以撤职；对报刊和印刷品进行预防性检查；成立邦联中央特别检查委员会，对颠覆及煽动性联系活动进行检查等。决议的通过使德意志邦联变成了镇压民族民主运动的工具。③

在意大利，梅特涅也厉行警察特务统治。梅特涅认为，其他国家出现的革命运动会成为奥地利国内效仿的榜样，所以，他要求意大利那不勒斯王国的宪政改革不能突破奥地利宪政的界限。

1821年希腊爆发反抗土耳其统治的民族起义之后，梅特涅又使沙皇亚历山大一世暂时打消了支援希腊起义的念头。

巩固土耳其帝国的统治有利于屏蔽俄国对奥地利的威胁。因此，在希腊起义这个问题上，维护正统原则和防范俄国的扩张，对奥地利来说是一枚硬币的两面。正因为这里面除了涉及欧洲正统秩序的安宁之外，还包含错综复杂的利益矛盾，所以，梅特涅阻止希腊独立的反动政策也只能得逞于一时。1826年，英俄达成一致，准备建立一个半主权的希腊国家，法国对此表

① 迪特尔·拉夫：《德意志史》，波恩 Inter Nationes 出版，1987年，第67页。

② 同上书，第69页。

③ 卡尔·埃利希·博恩：《德意志史》，第三卷（上），商务印书馆1991年版，第131页。

示支持,梅特涅的影响力受到削弱。1829年俄土战争爆发。土耳其在亚德里亚堡和约中被迫承认希腊独立,俄国的势力明显得到加强。从此之后,梅特涅时代就逐渐成为历史。

具体地说,在梅特涅时代,维也纳体系的最初运转主要表现为以下几次会议协调。

1. 亚琛会议

《神圣同盟条约》与《四国同盟条约》作为维也纳体系的补充,最终确立了维也纳体系的完整结构。但这个体系的运转,需要解决许多问题。首先是法国与盟国的关系问题。第二次巴黎和约与《四国同盟条约》签订之后的几年间,法国政局基本上保持了稳定。经首相黎塞留的努力,到1818年,法国已向盟国支付了和约所规定的大部分赔款。这时,盟国感到,继续在法国驻军不但没有必要,而且有可能加深法国人民对盟国的怨恨心理。为了尽快解决驻军、赔款等问题,由梅特涅建议,盟国各大国与法国于1818年9月在亚琛召开国际会议,即亚琛会议。

出席会议的代表除了俄、奥、普三大君主国的国君(亚历山大一世、弗兰茨一世与威廉三世)和他们的大臣外,还有英国外交大臣卡斯尔雷与法国首相黎塞留,以及驻法盟军司令威灵顿、法国负责赔款问题的大臣蒙尼等。

关于撤军与赔款问题,四大国很快达成了一致。10月,四国与法国就撤军和赔款问题签订了一个议定书,确定驻法盟军于12月撤出法国,法国所欠赔款,先缴纳有息公债1亿法郎,其余分批到1820年11月全部偿清。

另一个问题是法国的国际政治地位问题。黎塞留提出,要恢复法国与四大国平等的地位,实际上就是恢复法国大国俱乐部成员的身份。英国支持这个要求,俄、奥出于对法国革命思想的担心而表示反对。最后的结果是,11月,四大国一方面邀请法国代表参加以后的大国国际会议,共同磋商有关欧洲和平与安全的问题;另一方面,四大国又续订了《四国同盟条约》,作为对法国的防范。这样,法国终于完全从战败国的阴影中解脱出来,欧洲协调也从四大国协调发展成为五大国协调。

俄皇原打算在这次会议上,五大国就承担某种联合行动的责任,以维护现存的欧洲政治、领土秩序,达成一致,但遭到了卡斯尔雷的反对。英国的态度表明,它对维也纳体系的介入是有限的,不想由于承担了这种责任而更深层次地卷入欧陆的事务之中。同意俄皇的建议还意味着将赋予大国以随意干涉他国内政的权力,逻辑上讲也包括干涉英国的内政,这也是英国所不能接受的。

1818 年 11 月，五大国代表签署了会议议定书和声明，其要点包括：维护欧洲的和平与安宁；保证各国的独立地位和国际社会的稳定；大国国际会议在磋商利益问题和干涉他国内政问题时，应体现上述精神；此后会议将由各国代表事先商定时间和地点，当涉及其他国家的利益时，应邀请该国代表参加谈判。

亚琛会议是欧洲协调的第一步。五大国通过会议外交，共同承担了维护维也纳秩序的条约义务，从而为维也纳体系的运转提供了一个法律框架。在此之后，以梅特涅外交为代表的反动政策主导了维也纳体系，援引亚琛会议的精神，疯狂干涉他国内政，镇压革命运动。英国由于拒绝承担干涉他国内政的义务，在维护正统秩序方面逐渐游离于维也纳体系之外，所以，亚琛会议之后维也纳体系的几次运转，主要表现为奥、俄、普、法的协调一致。这表明，维也纳体系在启动之初，就内含了分裂的因素。

2. 特洛波会议

随着法国的战败，旧政权纷纷复辟。位于意大利南部的那不勒斯王国也恢复了斐迪南一世的统治。斐迪南一世为了巩固反动政权，同意用奥地利的标准限制本国的宪政发展，从而将那不勒斯王国纳入了维也纳体系之中。1820 年 7 月，那不勒斯王国爆发了烧炭党领导的起义，在革命军队的压力下，斐迪南被迫颁布了一个具有自由主义色彩的宪法。意大利是奥地利的势力范围，革命的扩散将直接威胁奥属意大利区域的稳定。而且，新宪法的颁布也破坏了国王关于限制那不勒斯宪政发展的承诺。于是，根据四国同盟条约，以及亚琛会议大国协调维护维也纳秩序的约定，在梅特涅的运作下，1820 年 10 月，列强在奥属西里西亚的特洛波开会协商意大利问题，即特洛波会议。沙皇亚历山大一世、奥皇弗兰茨一世与普王威廉三世参加了会议，英、法两个西欧国家各派代表列席会议，观察会议情况，并向本国汇报。

早在会前，梅特涅就将他关于武装干涉他国革命的反动理论通知列强。除了强调那不勒斯革命对维也纳秩序的威胁之外，他还把革命区别为自上而下和自下而上两种，认为前者是合法的，他国不可以干涉；后者则必须干涉。按照梅特涅的观点，则那不勒斯烧炭党起义就必须予以镇压。梅特涅的意图很明显，就是取得列强的认可，尽快荡平意大利的革命风暴。英国反对梅特涅关于干涉他国内政的说辞，拒绝承担这种集体行动的条约义务，同时又表示只要奥地利没有谋求领土的意图,英国不会采取实际措施阻碍奥地利的干涉行动。在特洛波会议上,梅特涅取得了俄、普两国的支持。1820年11月,奥、俄、普三国签订了《特洛波议定书》,提出了两条干涉他国内政的义务:一是如果革命使一国的内部统治发生改变,则该国政府将被排斥于同盟之外;二是如一国的宪政变革威胁了邻国的安全,同盟各国必要时可使用武力进行干涉。法国有保留地接受了《特洛波议定书》。

3. 莱巴赫会议

特洛波会议并没有彻底解决那不勒斯革命问题。于是,根据梅特涅的建议,1821年1月,会议转移到莱巴赫继续召开。除了沙皇亚历山大一世、奥皇弗兰茨一世与普王威廉三世之外,包括那不勒斯在内的意大利各国君主也参加了会议,后者还请求列强出兵干涉。

在俄、普的坚决支持下,奥地利不顾英国的反对,也不理睬法国通过谈判和平解决意大利问题的建议,于同年3月挥师南下,占领了那不勒斯,镇压了烧炭党起义。斐迪南一世随即废除革命宪法,并进行疯狂的反攻倒算。

就在奥地利武装干涉那不勒斯起义期间,意大利北部的皮蒙特发生军队哗变,起义的军队要求国王颁布革命宪法。皮蒙特革命浪潮又向伦巴第一威尼斯蔓延。于是,奥地利的军队又开进皮蒙特,帮助国王的军队平定了这次所谓的"更为卑鄙的叛乱"①。

尽管在意大利问题上,梅特涅的干涉政策在外交和军事上都取得了成功,英国与俄、奥、普之间的裂痕却在逐渐扩大。

4. 维罗纳会议

这次国际协调会议于1822年10月在意大利维罗纳城召开,参加者包括沙皇亚历山大一世、奥皇弗兰茨一世、普王威廉三世、英国公爵威灵顿与法国外交大臣蒙莫朗西。会议的议程主要是讨论干涉西班牙革命的问题。

西班牙国王斐迪南七世复辟之后,废除了1812年革命宪法。1820年,斐迪南七世准备派军队到美洲,讨伐那里宣告独立的革命政权,重新恢复西班牙的殖民统治。这支部队发动起义,要求恢复1812年宪法。斐迪南自己无力对付革命,请求列强进行武装干涉。于是,列强召开这次会议,讨论是否应该干涉西班牙革命。

卡斯尔雷的继任者坎宁继续执行前任的不干涉政策,反对态度也更加

---

① 《国际关系史资料选编》上册,武汉大学出版社1983年版,第60页。

坚决，因为同盟国如果干涉了西班牙革命，下一步就有可能要干涉西属美洲殖民地的独立运动，后者是英国所绝对不能容忍的。在会议上，英国代表威灵顿建议由某个大国出面调停西班牙内乱，以便和平解决西班牙问题。这里的某个大国，实际就是英国自己。然而，由于法国也加入了俄、奥、普的行列之中，英国孤掌难鸣，无法阻止会议作出干涉西班牙革命的决定。

俄、法、奥、普不顾英国的反对意见，一致同意对西班牙革命进行干涉。但在如何干涉的问题上，也有分歧。法国是西班牙的邻国，最担心西班牙革命会波及法国，也最方便进行干涉，斐迪南七世同法皇又同属波旁王朝的宗系，所以法国积极准备干涉。俄皇亚历山大一世则建议由俄国派一支大军，越境扑灭西班牙革命。最后会议采纳梅特涅的意见，即列强共同支持法国武力干涉。1823 年 4 月，法军进入西班牙，同年 5 月占领马得里，恢复了斐迪南七世的统治，西班牙革命遭到镇压。

在上述几次欧洲协调中，在是否干涉他国内政的问题上，英国与奥、俄、法、普的分歧越来越明显。这种分歧，在拉美独立运动所引发的欧美列强之间的角斗中，进一步暴露出来。

第三节　维也纳体系的危机

一、欧洲列强对拉美独立运动的不同反应与门罗宣言

1823 年，美国总统门罗在国情咨文中，提出了针对欧洲列强的门罗宣言。宣言出台的直接背景是，英国与神圣同盟诸强国在拉美独立运动问题上的对抗日益加剧，于是要求美国与英国共同表明反对同盟干涉拉美独立革命的态度，企图借助美国的力量抵制法俄等国向美洲的扩张。门罗宣言的问世，从一个侧面揭示了维也纳体系已经深深地陷入了分裂的危机。

拉美独立运动的爆发是欧洲列强内讧加剧的导火索。地理大发现之后，欧洲侵略者的殖民运动迅速席卷整个美洲大陆。在拉丁美洲，西班牙殖民者捷足先登，侵占了包括今天的阿根廷、墨西哥、秘鲁、智利、玻利维亚在内的广大地区，实行极其残暴、灭绝人性的殖民统治。几百年间，拉美人民的反抗从未停止。在 1789 年法国大革命的影响下，拉美各地相继爆发起

义。1810年之后，西班牙国内两次发生资产阶级革命，西属拉美殖民地的独立运动趁机兴起并迅速高涨，西班牙内外交困，在拉美的殖民统治摇摇欲坠。

西班牙国王斐迪南七世企求列强帮助西班牙镇压拉美独立革命，允诺一旦扫平独立运动，重新恢复西班牙的殖民统治，将以拉美部分领土作为回报。通过维罗纳会议，神圣同盟列强一方面指派法国先扑灭西班牙国内的革命，另一方面支持西班牙征讨拉美独立政权的行动，同时积极策划直接武装干涉拉美革命。俄国外交大臣涅谢尔罗德就曾建议，“由西班牙人、法国人、俄国人、普鲁士人和奥地利人组成的一支军队乘着由西班牙国王的所有一切盟国所装备和资助的船舶，开到美洲去给西班牙收回它所丧失的权力”。[①] 法国的态度也非常积极，提出了一系列干涉的计划。神圣同盟诸强干涉拉美独立运动的动机有三层含义：将一切民族解放运动视为对维也纳正统秩序的挑战；对拉美独立政权的共和政体的仇视；趁机扩大在拉美的市场，或攫取西班牙的美洲殖民地。

在这个问题上，英国对同盟列强干涉企图的反应已不仅仅是反对。它的政策实际上是一种反干涉的政策，即，如果法俄等实施干涉，英国将对这种干涉进行干涉。1823年，坎宁转告法国，英国不能容忍法国武力干涉西属美洲殖民地革命，并准备武力保护拉美独立国家。1823年10月，英国向拉美独立诸国派遣了商务领事，事实上承认了各国的独立。1825年，英国又正式承认哥伦比亚、墨西哥、阿根廷等国的独立。

英国的这种态度，与英国在特洛波会议上表示的不过问态度相比，是截然不同的。主要的原因在于，英国在中南美洲有巨大的经济利益。拿破仑实行大陆封锁之后，英国拼命扩大在拉美的市场。仅从1805年到1809年，对拉美的出口就从30万英镑增至630万英镑。英国不但垄断了拉美的市场，也将拉美变成重要的原料供应地，并获得了一系列贸易和投资特权。英国的许多利益是伴随美洲新兴独立政权的建立而产生的，所以与这些国家的前途有着密切的联系。仅对独立的哥伦比亚政府，英国就拥有50万英镑的债权。所以，如果西班牙恢复了对美洲的殖民统治，将对英国对美洲的贸易与投资等既得利益产生不利影响。英国更担心列强在干涉过程中趁机将西班牙殖民地据为己有，这对英国的贸易垄断地位和海洋霸权更为不利。

① 转引自王绳祖主编：《国际关系史》第二卷，世界知识出版社1995年版，第59页。

还有，打着反对干涉拉美独立运动的旗号，还能树立英国民族主义和自由主义支持者的形象，博得拉美新兴独立政权的好感，也有利于转移国内斗争的视线。另外，欧洲大陆是神圣同盟的天下，英国自己不能左右维也纳体系的运转，所以几次会议协调，英国的反对都无法奏效。但英国却掌握着海洋霸权，所以事实上可以对神圣同盟的干涉行使“否决权”。

尽管如此，由于大陆诸强一致主张干涉，英国陷于孤立状态；在西班牙的高压之下，拉美独立运动也几经沉浮，能否成功也在两可之间。

在这样的背景下，为了改善外交上的不利处境，1823 年 8 月，坎宁一度向美国建议，发表一个表明两国共同反对干涉拉美独立运动态度的联合声明，内容包括：不支持西班牙恢复拉美殖民地，准备承认拉美独立，不能坐视列强侵占西属拉美殖民地的行为，美英两国也不准备占有西班牙的殖民地等。

坎宁的建议引起了美国门罗政府内部的争论。包括总统本人以及两位前任总统在内的多数派，主张接受坎宁的建议。他们强调神圣同盟干涉美洲事务的危险性；认为美洲已经成了一个不同于欧洲的由共和政府组成的国家体系，接受英国的建议有利于美洲体系的发展；同英国联合也有利于改善同英国的关系，加大欧洲列强内部的分裂，扩大美国的影响。国务卿亚当斯坚决反对接受，理由是，神圣同盟恢复拉美殖民统治的可能性并不存在；接受英国建议等于承认英国干涉美洲事务的权利，并束缚美国未来可能的领土扩张。亚当斯还建议，美国自己应单独公开宣布反对包括英国在内的一切欧洲列强干涉美洲事务的原则。最后，总统门罗接受了亚当斯的建议。

1823 年 12 月 2 日，门罗向美国国会提出了国情咨文，其中关于外交方面的部分就是所谓的门罗宣言。门罗宣言声称：“美洲大陆，由于它已取得和保持的自由和独立状态，此后不能再被认为是任何欧洲国家将来用来当作殖民的地方”。神圣同盟“把它们的政治制度扩展到本半球任何地区的企图都危及我们的和平与安全。”对于那些已经独立并保持着独立的美洲国家，“如果遭到任何欧洲国家为了压迫它们或以其他方式控制它们的命运而进行的干涉，我们只能认为那是对美国的不友好意向的表现。”①

美国抛出门罗宣言之后，英国由于一直坚持不干涉他国内政的原则，没

① 王绳祖主编：《国际关系史》第二卷，第 64、65 页。

有公开表明反对的态度。但由于宣言中所说的“任何欧洲国家”自然也包括英国，所以，英国实际上非常不满，又无可奈何。神圣同盟诸强均表示反对门罗宣言的主张，但由于掌握海洋霸权的英国接受了门罗宣言，武装干涉拉美独立运动的谋划最终没有付诸实施。这意味着，维也纳体系的作用范围受到了限制，被排斥于美洲体系之外。

二、欧洲民族民主运动的发展

19 世纪 30 年代初期，欧洲民族民主革命浪潮重新高涨。法国、比利时、波兰、意大利以及德意志等国家和地区几乎同时爆发了革命、起义或暴动，把维也纳体系的所谓“现状”冲击得七零八落。俄、奥、普三个最反动的政权手忙脚乱，无暇他顾，再加上他们与英、法之间复杂的利益矛盾，再也无法组织起协调一致的干涉活动，大国协调彻底失灵，维也纳体系的危机进一步加深。

法国七月革命是这一轮冲击波的开始。1824 年路易十八死去，其弟即位，称查理十世。查理十世的反动程度超过其兄。他不但破坏大革命的经济成果，归还大革命时期没收的贵族土地，还企图在政治上恢复贵族统治的天堂。1830 年 7 月 25 日，他签署法令，解散了和他作对的议会，禁止群众集会，严格限制出版自由，取缔一切进步报刊，并剥夺了大部分选民的选举资格。这一切，既引起了人民群众的愤慨，也损害了资产阶级的政治利益。7 月 27 日，革命爆发。起义群众攻入王宫，又一次推翻波旁王朝的统治。代表金融资产阶级利益的奥尔良公爵菲利普登上王位，法国进入了七月王朝统治的时期。

波旁王朝复辟政权的垮台推翻了维也纳体系对法国国内政治秩序的安排。按照大国协调维护正统秩序的原则，沙皇尼古拉一世派奥尔洛夫伯爵和基比奇将军分别去奥地利和普鲁士联络，策划与奥普共同出兵干涉法国革命。对法国新政权，沙皇向法国代办布尔果安表示，不承认法国所发生的政治变动，但尼古拉一世并没有彻底与法国断绝外交关系，他还企图利用阿尔及利亚问题挑拨法英关系。

沙皇干涉法国革命的打算最终落空。由于德意志和意大利也发生了革命，普奥两国都受到了牵制。尤其是奥地利，情况更严重。梅特涅能将国内秩序安顿下来，已属不易，根本无力西顾。梅特涅非常清楚，英国正与法国靠近，不会支持对法干涉。更主要的是，法国上台的不是极端的共和派或侵略成性的波拿巴派，奥地利还可以忍受。

普鲁士也不愿意武装干涉法国。它与法国接壤，战争一打起来，首先遭殃的是普鲁士，而不是俄国。而且，普王已经知道，奥地利不会参加干涉。

英国的反应则对法国新政权比较有利。英国国内舆论对七月革命普遍表示欢迎和支持。英国政府也在事实上执行了不反对的政策。首先，英国企图以承认新政权为诱饵，迫使法国停止对阿尔及利亚的征服。尽管这一手失败了，但在东方问题上英国与俄国的斗争非常激烈，所以法国还有很大的利用价值。另外，法国的旧政权和俄国的关系过于接近，英国很不满意；七月王朝建立后，在对外政策方面开始向英国靠拢，这对英国是非常有利的。英国甚至还担心如果不及时表明支持新政权的态度，会削弱菲利普的地位并使共和派或波拿巴派得势。所以，七月革命之后一个月，英国就首先无条件地承认了法国菲利普政府。

此后，梅特涅看到大势已去，也承认了七月王朝。陷于孤立的尼古拉一世最后也勉强承认。这样一来，维也纳体系正统秩序的一个墙角，已经坍塌了。

1830 年 8 月，比利时又发生了革命。比利时人民本来就不同意与荷兰的合并，合并后人口占多数的比利时人又在政治、经济、宗教上受到荷兰人的歧视。在法国七月革命的影响下，8 月 25 日，比利时人在布鲁塞尔发动起义。10 月，比利时宣布独立，成立了临时政府。

比利时与荷兰的合并是维也纳体系领土均势安排的一部分，其目的主要是围堵法国。所以，比利时革命也是对维也纳体系的破坏。正如荷兰国王威廉一世所认为的那样：问题不只涉及我的领地，而是涉及整个欧洲体系。比利时革命的胜利对欧洲的威胁不亚于可能同法国的战争，因为比利时从荷兰分离出去，将大大削弱荷兰在欧洲体系中的意义。①

最积极主张干涉的仍然是沙皇。尼古拉一世接到荷兰国王的求援信后，命令驻扎在西部省份的俄军进入戒备状态，令波兰驻军总司令康斯坦丁动员军队，做好作战准备。另外，沙皇还要求奥普两国与俄国共同予以干涉。

此时，梅特涅正忙于应付德意志和意大利革命。普鲁士虽然企图武力

① 李元明：《世界近代国际关系史》，中共中央党校出版社 1988 年版，第 186 页。

干涉，但法国表示，如果普鲁士出兵，法军将开进比利时，制止普鲁士的干涉，于是普鲁士也放弃了干涉的打算。11月，波兰民族起义爆发，革命烈火烧到了尼古拉一世的头上。俄国即使想单独干涉，一时之间也无法实现。

10月15日，英、法签订了关于比利时问题的备忘录。法国同意不将比利时合并于法国，也不谋求比利时王位，同时约定将比利时问题提交五强会议讨论。

在列强之间的谈判过程中，由于法国同英国合作，共同支持比利时的独立，尼古拉一世没有坚持原来的主张：由威廉一世继续担任荷兰与比利时的国王，或在由荷兰王位继承者奥伦治亲王担任比利时总督的前提下允许比利时独立。12月25日，英、法、奥、普、俄五强承认比利时独立。1831年2月3日，比利时国民议会通过了以法王菲利浦之子涅莫尔斯基公爵担任比利时国王的决议，遭到英国的坚决反对。英国以战争相威胁，迫使菲利浦使其子放弃了比利时王位。最后，1831年6月，萨克森—科堡的利奥波德亲王获得了比利时王位，即利奥波德一世。同年11月15日，五强在伦敦签订议定书，承认比利时完全独立，并宣布比利时为永久中立国。

在法国和比利时革命的鼓舞下，波兰人民也不再忍受俄国的压迫。1830年11月29日，一群波兰青年军官和学生袭击波兰驻军司令康斯坦丁的官邸，点燃了波兰民族大起义的烈火，康斯坦丁狼狈逃跑。30日，起义人民解放了华沙。1831年1月，波兰议会废黜了尼古拉一世的波兰王位，成立了独立的民族政权。

但波兰民族起义同比利时革命的情况是不同的。它反抗的对象是有欧洲宪兵之称的俄国。波兰在地理上又为奥、普、俄三个大陆最反动的强国所包围，不像比利时那样可以很方便地得到法国的支持。波兰起义者还要求归还被瓜分的领土，从而直接威胁了奥普的利益。由于波兰起义者废除了维也纳会议所加之于波兰的国家制度，包括波兰宪法和由沙皇兼任波兰国王的安排，破坏了维也纳体系；而波兰成立独立民族政权，又意味着俄波冲突不再是一国的内政问题，因此列强不能像干涉西班牙革命那样对俄国镇压波兰起义指手画脚，这样就使得尼古拉一世在外交上处于有利地位。如果起义者不急于独立而是要求维护被沙皇破坏了的1815年宪法，情况会有所不同，因为该宪法是维也纳体系安排的一部分。但主要原因是，英法两国都忙于解决比利时问题，法国还企图得到俄国的允许而将比利时合并，所以都不愿意因为波兰而与俄国发生冲突。结果，波兰民族政权没有得到大国的外援。

从波兰国内来说，新政权在土地问题上没有得到广大农民的支持，起义领导人内部也发生了分裂。

1831 年 2 月，11 万俄军开进波兰。9 月，俄军占领华沙，镇压了波兰起义。尼古拉一世正式废除 1815 年宪法，将波兰并入俄罗斯帝国的版图之内。

1830 年 9 月，德意志的萨克森、黑森、汉诺威等邦国也发生起义，遭到了奥地利和普鲁士的联合镇压。1831 年 2 月初，在意大利中部的莫德纳和帕尔马，烧炭党再次领导人民起义，在波伦亚建立了革命政府，颁布了资产阶级性质的革命宪法，并宣布推翻教皇的世俗政权。起义军向罗马进军，准备夺取罗马。3 月 21 日，奥军攻陷波伦亚，镇压了意大利革命。

三、东方问题的凸现

东方问题，这个术语最早是在 1822 年维罗纳欧洲协调会议上讨论希腊问题时使用的。其中的“东方”指欧洲的东方，具体地说，即奥斯曼土耳其帝国。因此，用恩格斯的话来说，东方问题就是“对土耳其怎么办”的问题①。这个问题随着奥斯曼帝国的衰落而产生，随着它的灭亡而结束，所以没有具体的开始时间。不过，1699 年是一个标志。在这一年，奥斯曼帝国第一次作为战败国签订了《卡尔洛维茨条约》，将匈牙利和特兰西瓦尼亚割给了奥地利。从此之后，在 18 世纪，东方问题就逐渐产生了，到了 19 世纪上半期，又非常突出地发展成为欧洲国际关系的主要问题之一。

正因为东方问题源于奥斯曼土耳其的衰落，所以，它的本质就是列强对土耳其帝国的侵略和争夺，特别是对土耳其领土的蚕食，以及这种侵略和争夺对欧洲国际关系，特别是对欧洲大国均势的影响。

有两个原因使东方问题成为影响大国均势的最主要因素：一是领土均势因素，因为维也纳体系没有对土耳其的领土做出安排和保证；二是地缘政治因素。前者主要表现为对巴尔干半岛的争夺；后者主要体现在对博斯普鲁斯和达达尼尔两海峡控制权的争夺。

维也纳体系建立后，通过希腊独立运动、1828 年俄土战争与两次土埃战

① 转引自《近代国际关系史》，北京师范学院出版社 1990 年版，第 51 页。

争等事件，东方问题逐渐凸现出来，成为影响欧洲均势与和平的主要因素。

15世纪中叶，奥斯曼土耳其征服希腊，此后统治希腊长达近400年之久。希腊由于地处地中海和黑海航线要冲，地理位置十分优越，贸易非常发达，在18世纪其经济水平就已经超过了落后的宗主国土耳其。19世纪初，希腊的资本主义经济得到了近一步的发展，迫切希望能摆脱土耳其的统治，建立独立的民族国家，为资本主义经济的发展扫清障碍和束缚。1821年3月，希腊本土伯罗奔尼撒半岛爆发了反抗土耳其苏丹统治的民族起义。同年年底，起义军解放了大部分希腊。1822年1月13日，起义者召开希腊国民议会，宣布希腊独立。

希腊起义的初期，正值欧洲维罗纳会议召开之际。神圣同盟列强不能一方面为维护正统原则而镇压西班牙革命，另一方面又通过支持希腊起义而践踏正统原则。所以，维罗纳会议与会者谴责了希腊起义。实际上，沙皇亚历山大一世企图借支持希腊起义的机会扩大俄国在巴尔干半岛的势力，只是由于担心希腊起义会引发俄国国内革命运动，再加上梅特涅的极力劝阻，才暂时打消了支持希腊起义的念头。

但希腊独立运动却获得了英国的大力支持。英国早就阐明了反对为维护维也纳体系而武力干涉他国内政的原则，所以，并没有维护正统原则的条约义务。英国还希望通过支持希腊起义来排挤俄国在巴尔干的势力，增加英国对巴尔干半岛的影响力，巩固英国在地中海的地位。但英国最关心的是它在希腊的商贸利益。当时英国在工业革命的发展上处于领头羊的地位，急需扩大国外市场。希腊如果独立，资本主义经济将摆脱土耳其的束缚，获得更大的发展空间。这意味着希腊将需要更多的国外资金和工业品，尤其是英国的资金和商品，因为英国的经济竞争力是其他任何国家所不能比拟的。因此，希腊的独立与英国的国家利益直接相关。

1823年3月25日，坎宁在事先没有同任何国家打招呼的情况下，突然宣布从即日起，承认希腊和土耳其双方为交战国，这等于承认了希腊的独立。1824年，英国开始向希腊临时政府提供贷款。坎宁的突然袭击使俄国措手不及。正如梅特涅所说的那样，“俄国宫廷已经失掉了对希腊人的影响。”亚历山大一世感到，必须及时改变对希腊独立运动的不支持政策。1824年1月，亚历山大一世提出了一个解决希腊问题的秘密方案，内容是：在希腊及其沿海岛屿建立三个自治公国；保留土耳其对希腊的宗主权；希腊可以使用自己的国旗，也可以自由通商，企图将希腊控制在自己手上。方案泄露后，希腊和土耳其都向俄国提出了抗议。在由俄国提议召开的讨论希腊问题的彼得堡会议上，英国等列强的代表都拒绝对这个方案表态，实际上是反对这个方案。英国还向希腊表示，决不参加任何违反希腊意愿的方案，并愿意调停希、土战争。1825 年 4 月，亚历山大一世向列强提出另一个建议：以强制手段迫使土耳其停止镇压希腊起义，又遭到奥地利和法国的反对。俄皇气急败坏，宣称不与列强合作，将采取单边行动。1825 年底，俄军准备进攻土耳其。1826 年 3 月，俄国向土耳其提出最后通牒：土军撤出摩尔达维亚和瓦拉几亚；恢复摩尔达维亚和瓦拉几亚的自治及比萨拉比亚割给俄国；恢复塞尔维亚的自治权利。俄国提出最后通牒的目的，实际是为发动战争寻找借口；之所以没提希腊问题，是不想与英国发生冲突，也不给英国以干涉的理由。

在此前后，希腊民族独立斗争的形势也发生巨变：土耳其邀请其藩属埃及总督穆阿里出兵帮助土军镇压希腊起义，许诺将克里特岛和叙利亚让给埃及。1825 年初，埃及军队占领了克里特岛。1826 年，埃及军队占领了伯罗奔尼撒半岛的大部分，只有少数据点还由起义军控制。

英国既不愿意俄国单独发动对土战争并因此而夺得黑海出海口，也不能坐视埃、土联军将希腊起义彻底扑灭，更不能允许埃及的势力在希腊横行无忌。要做到这一切，只能同俄国合作。1825 年 12 月，亚历山大一世突然死去。其弟即位，为尼古拉一世。1826 年 3 月，英国代表威灵顿以祝贺新沙皇加冕为名，到彼得堡与俄国谈判。同年 4 月 4 日，英、俄签订《彼得堡议定书》。议定书规定：希腊自治，但每年需向土耳其交纳贡赋；英俄不谋求在希腊的优势；英俄必要时可联合或单独干涉土耳其同其藩属的关系。

之后，俄国趁热打铁，迫使土耳其与俄国签订《阿克尔曼条约》，确认了俄国在多瑙河两公国的特权。

1827 年 7 月，法国为改变自己在希腊问题上无所作为的状态，加入英俄协调，三国订立《伦敦条约》，强制土耳其停止战争。主张镇压希腊起义的奥、普两国彻底孤立。《伦敦条约》的签订，标志着自特洛波会议以来，神圣同盟内部对英一致协调体的解体，维也纳体系已经四分五裂。

《伦敦条约》之后，英、俄、法三国两次向土耳其发出最后通牒，正在取得军事胜利的苏丹拒绝接受。1827 年 9 月，三国联合舰队封锁了希腊沿海岛屿，切断了土、埃军队的补给线。10 月，在纳瓦里诺海战中土耳其一败涂地，几十艘土埃军舰被击沉，但土耳其仍顽固拒绝三国对希腊问题的安排，反而宣布废除俄土《阿克尔曼条约》。12 月，土耳其与三国断绝外交关系。1828 年 2 月，土耳其禁止任何外国舰船通过两海峡。

1828 年 4 月，俄国向土耳其宣战，俄土战争爆发。经过艰苦战斗，1829 年 8 月，俄军占领亚得里亚堡，向君士坦丁堡进逼。英、法等国为防止苏丹统治的垮台，赶紧要求土耳其向俄国求和，并要求俄军停止前进；同时准备出动舰队保护君士坦丁堡。实际上这时，俄国进攻君士坦丁堡的军队也已成强弩之末。沙皇还担心占领土耳其首都将引发列强对土耳其的彻底瓜分，从而对俄不利。于是，俄、土开始和谈。

1829 年 9 月 14 日，俄、土签订《亚得里亚堡和约》：土耳其向俄国割地赔款，保证黑海通航的绝对自由；俄国成为多瑙河两公国的保护国，获得在土耳其帝国境内绝对的自由贸易的权利；希腊获得自治。

与此同时，1829 年 9 月 24 日，希腊起义军也取得决定性军事胜利，土耳其军队撤离鲁默里。

1830 年 2 月 3 日，英、法、俄签订《伦敦议定书》，废除了土耳其对希腊的宗主权，宣布希腊独立，受三国保护。希腊终于成为独立的民族国家。

《亚得里亚堡和约》的签订使俄国在东方问题上占了很大的便宜，获得了优势，同时也破坏了维也纳体系确立的大国均势状态，加剧了列强之间的矛盾。

这个时期发生的另一个重要的事件是土埃战争。1805 年，穆罕默德·阿里被土耳其苏丹任命为埃及总督，获得帕夏爵位。此后，他在埃及厉行改革，使埃及迅速强大起来，成为土耳其治下最有实力的藩属。

希腊独立运动爆发后，土耳其军队腐败无能，无力镇压起义。苏丹许以克里特岛，邀请埃及出兵希腊。埃及军队登陆后，一度占领大部分希腊，后来在列强的压力下撤兵。1830 年希腊独立后，阿里要求土耳其苏丹履行原来的承诺，遭到苏丹的拒绝。

1831 年 11 月，阿里之子伊卜拉欣率军攻入巴勒斯坦，土埃战争爆发。1832 年 6 月，埃及军队占领大马士革，不久进入小亚细亚半岛，兵锋直指君士坦丁堡。土军屡战屡败，苏丹已不能自保，于是向列强求救。

当时欧洲正面对民族民主革命的冲击，英、奥、普暂时没有响应。法国是埃及的后台，对苏丹的呼吁更不理睬。

俄皇尼古拉一世却紧紧抓住了这个机会，企图趁机排挤其他列强，向土耳其索取更多的权益。1832 年 12 月，俄国特使穆拉维约夫将军到达君士坦丁堡。1833 年 2 月，俄国军舰开进博斯普鲁斯海峡。3 月，1.5 万俄军抵达君士坦丁堡。眼看土耳其要落入俄国之手，英、法、奥诸强惶恐不安，急忙采取干涉措施。他们一面威胁苏丹必须要让俄军撤走，同时又要求苏丹向穆罕默德·阿里让步，尽快达成协议，以消除俄国继续干涉的借口。

在列强的压力下，土耳其不得不与埃及议和。1833 年 4 月 8 日，双方签订《屈塔希亚和约》，苏丹把叙利亚和阿达纳地区让给阿里。

苏丹对列强强加给他的这个条约非常不满，视为奇耻大辱，伺机向埃及报复。为了获得俄国的支持，同时也是报答第一次土埃战争中俄国对土耳其的援手，1833 年 7 月，俄、土签订《温卡尔—伊斯凯莱西条约》：两国互相援助，保卫两国领土不受侵犯；在土耳其政府请求下，俄国将派军队和舰队向土耳其提供海陆支援。该条约的秘密条款使俄舰获得自由出入达达尼尔海峡的权利，而土耳其则有义务禁止他国军舰进入海峡。

《温卡尔—伊斯凯莱西条约》使土耳其差不多沦为俄国的保护国，进一步破坏了欧洲均势。英、法对条约内容非常不满。条约的秘密条款披露后，两国向俄国提出抗议，迫使尼古拉一世表示俄国无意行使条约赋予的权利。在希腊问题上，俄国曾与英国合作，践踏了正统原则。现在为了对付英法，沙皇又抛弃了希腊问题上与英法协调一致的政策，转而和奥、普合作。1833 年 9 月，俄、奥签订条约，共同承担保护土耳其，反对埃及扩张的义务。这表明，维也纳协调体早已化为乌有，为反复无常的结盟政策所取代。由于法国的介入，俄国在土耳其的独霸地位有所削弱。

第一次土埃战争中，埃及本来可以乘胜追击，获得更多的地盘，但在列强的干涉下却被迫罢手，吐出了咬在嘴边的肥肉。所以，穆罕默德·阿里对《屈塔希亚和约》并不满足。战争结束后，他继续大刀阔斧地进行改革，加强对经济活动的干预，大力发展军事工业，扩军备战。

苏丹马茂德二世对《屈塔希亚和约》的耻辱更是耿耿于怀，极力加强军队建设，为收复叙利亚和复仇雪耻做准备。1839 年 4 月，苏丹军队向叙利亚发动进攻，第二次土埃战争爆发。6 月，土耳其陆军一败涂地；7 月，海军司令又率军舰投靠了埃及。刚即位不久的苏丹迈吉德一世无奈向埃及求和，但此时列强已经开始插手。在列强的支持下，苏丹又终止了土埃和谈。

为了对付俄国，英国曾向法国建议，组成联合舰队。如果俄舰开进海峡，两国立即进行干涉，将联合舰队开进海峡。由于路易·菲力普竭力避免大国战争，此建议没有得到法国响应。1839 年 8 月，英国建议列强向埃及发出最后通牒,又遭法国反对。法国实际是阿里政权的后台。

为了排除法国的反对,英、俄重新走到了一起。在 1840 年 1 月的伦敦会议上,法国提出由埃及统治叙利亚的建议,英国坚决反对,而英、俄共同提出的方案却获得了奥、普的支持。该方案规定,阿里无权统治埃及以外的地区。

1840 年 7 月,英、俄、奥、普、土在没有法国参加的情况下,签订了第一次《伦敦协定》:苏丹对埃及拥有宗主权,给予阿里在埃及的世袭权和在南叙利亚及阿卡地区的终身领有权;签字国用武力保证条约的执行;在保护君士坦丁堡的时候,只有在苏丹提出请求的情况下,列强军舰才能开入海峡。由于这是一个多边协定,俄国在土耳其所享有的优势影响受到了削弱,同时法埃在近东的地位也遭到打击。

在法国支持下,埃及拒绝执行《伦敦协定》。9 月,英奥军队向埃及开战。10 月,埃及在叙利亚战败。11 月,阿里被迫求和,表示遵守《伦敦协定》各项条款。1841 年 1 月,埃及自叙利亚撤出全部军队。第二次土埃战争结束。

土埃冲突虽然结束,但两海峡的控制权问题还需要解决。俄国一直追求获得某种特权,或至少排除他国对海峡的控制。其他列强则密切注视俄国的一举一动。一旦有变,立即进行干涉。每次俄国军舰驶向或驶入海峡,列强关系就会骤然紧张。所以,总的来说,列强在防止俄国霸占海峡方面,有一致的立场。

1841 年 7 月,英、法、俄、奥、普与土耳其签订《伦敦海峡公约》,规定土耳其永远禁止外国军舰进入两海峡。这个条约的多边性质实际上将两海峡置于国际共管的地位,从而排除了由俄国单独控制的可能性。

俄国在这一回较量中虽然败北,但其扩张的野心并没有停止。东方问题正孕育着更大的危机。

第四节　维也纳体系的瓦解

一、1848 年欧洲革命

威胁维也纳体系稳定的因素主要是欧洲民族民主运动和东方问题。这两个因素的发展最终摧毁了正统秩序和大国均势和平,使维也纳体系走向解体。标志性的事件就是1848年欧洲革命与克里米亚战争。

1830年法国七月革命以后，代表金融资产阶级利益的七月王朝统治了法国。七月王朝为了本阶层的利益，对外竭力逃避战争，避免与英俄等列强发生冲突，使法国的大国地位受到削弱；对内排斥异己政治力量，统治基础非常狭窄。到了40年代后期，法国国内经济危机严重，阶级矛盾尖锐，人民生活困苦。1848年2月，富有革命传统的法国人民又一次拿起了革命的武器，推翻了七月王朝的统治，建立了共和政府。

二月革命彻底清除了维也纳体系对法国国内政治秩序的安排，使七月革命所保留的正统秩序的最后一丝痕迹——王朝政治——也荡然无存。法国临时政府的核心人物——外交部长拉马丁，发表了《告欧洲书》，被称为拉马丁宣言。宣言声称："在法兰西共和国看来，1815年的条约已经不再具有法律效力"。他又接着说，"但是这些条约中有关领土的条款却是事实，共和国将以此作为它同其他国家关系的基础和出发点。"[①]这样一来，拉马丁宣言就在原则上推翻了维也纳体系；而在策略上接受了维也纳体系的领土秩序。当时的目的主要是，使列强认可法国国内秩序的这种变革，防止列强对革命的干涉；同时安抚国内的激进派，使革命不再继续向前发展。实际上，均势一旦被破坏，大国战争就会重新爆发。到了那时，原来的领土秩序即使部分存在，也不会具有实际意义。

二月革命对维也纳体系的含义，不仅仅是它在原则上，推翻了反法国大革命的正统秩序和反法国霸权主义的均势秩序；更在于它事实上，为法国民族扩张主义势力的崛起扫清了道路。只要法国还处于王朝政治的支配下，路易·波拿巴这个冒险家就很难出头。

1848年12月路易·波拿巴上台，列强没有进行干涉，或恢复1815年《四国同盟条约》的约定：永久剥夺波拿巴家族在法国的统治。此后，法国采取了踢开维也纳决议的方针，加大了向周边扩张的力度。1849年2月，罗马人民推翻了教皇的世俗政权，建立了罗马共和国。波拿巴借机进行扩张，将军队开进罗马，恢复了教皇的统治，从而加强了法国在意大利中部的势力。英国对法国此举竟一时束手无策；而在此时，尼古拉一世为了换取法国不支持匈牙利革命，甚至正式承认了法兰西共和国。法国在意大利中部站稳脚跟后，屡遭意大利革命冲击，被烧得焦头烂额的奥地利已不敢轻易

---

① 转引自王绳祖：《国际关系史》，第二卷，第121页。

得罪法国。1853年，奥地利承认法兰西第二帝国；普鲁士也赶忙承认，惟恐在讨好拿破仑三世方面落在奥地利后面。这些都意味着，维也纳条约体系本身，尤其是由它而形成的约束法国的格局，正一步步地走向解体。

法国革命爆发后，如同以往一样，叫嚷干涉法国革命最厉害的，仍是沙皇。二月革命的消息一传到俄国，尼古拉一世立即准备进行干涉。由于意大利革命拖住了奥地利，沙皇希望俄普共同干涉，但3月18日的柏林起义使他的这个打算又落空了。尽管如此，俄国仍一度断绝了与法国的外交关系，还企图说服英国不承认法兰西共和国。同时警告法国，不得向外扩张或支持他国革命。

英国帕麦斯顿政府看透了法国临时政府对外政策的软弱本质，没有将二月革命看做是威胁，再加上英国国内宪章运动的高涨，也没有断绝与法国的外交关系。经过一段时间观望，英国最后承认了法兰西共和国。

奥、普两国此时已顾不得考虑法国革命问题了。1848年3月13日，维也纳爆发革命。一向以善于镇压革命自豪的梅特涅被迫辞职，狼狈出逃。作为维也纳体系核心部分的梅特涅体系，至此寿终正寝。3月18日，柏林人民又发动起义。普王威廉四世无力控制局势，不得不答应起义者的要求，改革宪法，取消书报检查制度，宣布将普鲁士并入德意志。

意大利革命是1848年革命的重要组成部分。在维也纳会议的安排下，意大利四分五裂；在奥属意大利地区，意大利人民还遭受奥地利的民族压迫。奥地利在意大利的统治已成为意大利统一的主要障碍。20年代和30年代，意大利两次民族民主运动均遭奥地利镇压。

在柏林人民起义的同一天，奥地利治下的米兰和威尼斯人民也拿起了武器，很快推翻了奥地利的统治。米兰与威尼斯反奥起义的消息传到皮蒙特，撒丁人民也群情激愤，要求国王查理·阿尔伯特立即对奥宣战。面对风起云涌的革命形势和人民群众的强烈要求，阿尔伯特已别无选择：要么垮台，由人民群众自己解放自己，自下而上地统一意大利；要么利用人民的反奥情绪，由撒丁王朝合并威尼斯和伦巴第，由北而南、自上而下地统一意大利。

1848年3月23日，阿尔伯特对奥宣战，奥撒战争开始。软弱的法国临时政府尽管不希望奥地利恢复统治，并向意大利代表表示不支持奥地利镇压革命，但为避免与奥地利发生战争，加上英国反对法国单独插手意大利，没有对奥地利的行动进行干涉。英国则企图在奥地利无法控制局势的情况下，调停奥撒战争，趁机将奥地利挤出意大利。但是到了7月之后，撒丁王国遭到了严重的军事失败，英国的计划也成为泡影。虽然如此，在英、法的压力下，战败的撒丁仍然保持了王国的独立。1849年8月9日，奥撒战争结束。撒丁与奥地利议和后，威尼斯人民继续与奥地利搏斗。奥军包围并封锁了威尼斯。8月22日，威尼斯起义失败。

奥国统治的匈牙利也发生了暴动。奥地利是一个多民族帝国，匈牙利民族长期遭受残酷的民族压迫。1848年3月15日，匈牙利人民起义，当天就解放了首都佩斯，成立了革命政权。奥皇斐迪南一世被迫向起义者屈服，同意在匈牙利成立责任内阁。4月14日，匈牙利宣布独立。奥地利帝国濒临解体的边缘。奥地利一旦瓦解，中欧就会出现一个由普鲁士领导的统一强大的德意志，这对俄国和其他列强都很不利。俄国尤其担心匈牙利独立后，会支持波兰的复国运动。1849年5月27日，在其他列强的赞同和许可下，14万俄军开始了干涉。同年8月，匈牙利革命失败。

尽管除法国外，其他国家的革命都暂时失利，但欧洲的正统秩序已经千疮百孔，面目全非，其彻底瓦解只是一个时间问题。

二、克里米亚战争

1841年的《伦敦海峡公约》，使沙俄在土耳其的霸权几乎被化为乌有。从那以后，沙皇一直处心积虑，企图在东方问题上再做文章，重新恢复俄国在土耳其的优势地位。

法国对东方问题也很重视。七月王朝在土埃战争中的失策使法国一度被排斥于局外。二月革命临时政府的对外政策也很软弱。这些都使法国大资产阶级很不满意。他们需要一个强有力的政权来保障自己的利益，于是将拿破仑三世推上了帝位。

最初，法国的扩张首先在意大利中部得逞。随后，拿破仑三世将目光投向东方，企图从列强纷争中渔利，趁机扩大法国的势力和影响，巩固自己的统治。正如法国外交大臣德鲁安所言："关于'圣地'问题，以及一切和它有关的问题，对于法国没有任何现实意义。整个这一招致许多麻烦的东方问题，只是帝国（法国）政府拆散大陆同盟的工具。这一同盟几乎在半个世纪使法国陷于瘫痪。最后才出现了在强大的同盟中挑起不和的可能，拿破仑皇帝便紧紧抓住不放。”①

俄、法两国都想找到一个借口，借题发挥，制造事端，以扩大自己的势力和影响。两国的东方政策产生了尖锐的矛盾。随着俄、法敌对的加剧和英国的介入，战争终于爆发。奥地利加入了英法同盟，普鲁士也间接卷了进去。维持了40年之久的大国和平宣告结束。

战争的导火线就是所谓的圣地问题。圣地对基督教来说，就是指耶稣的坟墓所在地耶路撒冷和耶稣的出生地伯利恒。世界各地基督教徒将这两个地方视为最神圣的地方，并不惜千辛万苦，长途跋涉前往朝拜。随着基督教的分裂，圣地问题也逐渐产生。这个问题首先是不同教派对圣地教堂管理权的争夺。获得管理权的不但能执掌教堂的钥匙，保证本派教徒对圣地的参拜，还能占有朝圣者的收入。此外从更广义上讲，这个问题还包括在土耳其境内，建立和保护基督教教堂、保护朝圣者等权益，甚至包括对教士或全体教民的保护权问题。欧洲长期以来，圣地由罗马的天主教势力掌管。奥斯曼土耳其帝国崛起后，将包括圣地在内的中东地区纳入自己的版图。在16世纪，法国取代了罗马，成为保护天主教徒权益的主要力量，使圣地管理权落入法国和受法国保护的天主教的手里。1740年法国与土耳其签订条约，获得保护天主教教士的权利，伯利恒圣诞教堂正门的钥匙也由天主教掌管，从而进一步巩固了法国的影响力。

俄国则一直以东正教的保护者自居，并以此为借口，干涉土耳其内政，加强俄国在土耳其的地位。随着土耳其境内东正教徒的日益增多，保护其宗教权益对俄国的侵略扩张的意义越来越重要。1774年，俄国迫使土耳其签订《库楚克—凯纳吉条约》，规定俄国获得对东正教教士的保护权，不得对俄国朝圣者征收任何贡金和捐税。18世纪末，法国国内政局动荡，东正教会趁机获得了对圣地的管理权。

1842年，法国要求恢复对圣地教堂的管理权，俄国立即表示坚决反对。1852年，法俄在圣地问题上又起争执。但此时，法国的对外政策已非常强硬。1852年2月，土耳其苏丹迫于法国压力，同意把伯利恒教堂的钥匙交给天主教会掌管；7月，又答应了法国的一切要求。路易·波拿巴在圣地问题上暂时取得胜利。

法国咄咄逼人的攻势一方面将尼古拉一世挤进了死胡同，沙皇如果再

① 波将金：《外交史》，第一卷(下)，三联书店1982年版，第819页。

退却就等于自居于拿破仑之下；另一方面又向沙皇提供了一个挑起事端的借口。沙皇于是抓住这个机会，以苏丹偏向法国为理由，向土耳其施加强大压力，企图索取更多的权益，重新恢复俄国在东方问题上的优势地位。

1853年2月，沙皇特使缅什科夫到达君士坦丁堡。在这个问题上，苏丹本来就是东防西挡，对俄、法谁也不敢得罪。现在，俄国的压力又来了，于是只能委曲求全，于5月5日承认了东正教会在圣地的主要地位。但沙皇的野心却远远超过了法国。蓄意扩大事态的缅什科夫不但不就此罢手，反而提出了土耳其无法接受的要求：两国缔结正式条约，确定由俄国保护土耳其境内的东正教会和所有1 200万东正教徒。苏丹如果接受这个要求，差不多等于将整个帝国拱手交给沙皇。

尼古拉一世的用意就是使苏丹彻底臣服于自己的脚下。所以早在4月，他就授意缅什科夫，不必顾虑谈判失败或导致战争。

苏丹在英法的支持下，连续数次拒绝了缅什科夫的要求。缅什科夫使出浑身解数，最终也未能使土耳其屈服。1853年6月1日，俄军不宣而战，越过普鲁特河，侵入土耳其治下的多瑙河两公国。

英国与法国站在一起。工业革命的英国，其经济的发展严重依赖于殖民地。英、印贸易又是英政府财政税收的主要来源之一。近东是英国通往印度的要道。如果俄国的要求得逞，控制了土耳其帝国，就等于掐住了英国的咽喉。

在英、法的支持下，1853年10月，土耳其对俄宣战；11月，俄国正式对土宣战。1854年1月4日，英、法联合舰队开往黑海。2月6日，俄国与英、法断交。2月27日，英、法向俄国发出通牒，要求俄军在4月30日以前撤出两公国，俄国未作回答。于是，1854年3月底，英、法相继对俄宣战，克里米亚战争爆发。

多瑙河对奥地利的贸易利益至关重要，所以，俄军占领了多瑙河两公国后，奥地利也投向英法阵营。1854年4月20日，在英、法、奥压力下，普鲁士与奥地利结盟，共同反对俄国合并两公国。俄军被迫撤出两公国。8月英、法、奥联合向俄国提出包括4项条件的议和方案，即“四点方案”：多瑙河公国由五强共同保护，以代替俄国的保护；多瑙河航行自由；土耳其境内所有基督徒由五强共同保护，俄国放弃单独保护的要求；消除俄国在黑海的优势。方案遭到俄皇拒绝。12月2日，英、法、奥签订同盟条约，规定如1854年年底俄国还不接受“四点方案”，奥地利将和英、法采取共同行动。

1855年1月1日，撒丁王国加入英法同盟。

1854年9月，英、法联军在俄国克里米亚半岛登陆，击败俄军，开始进攻塞瓦斯托波尔要塞。1855年初，1.5万撒丁军队又开到克里米亚，反俄盟国的力量进一步增强。6月8日，联军对塞瓦斯托波尔发动总攻。1855年9月，联军攻克了要塞，占领了整个克里米亚半岛。俄国在克里米亚战争中的失败已成定局。

1856年2月，参战国在巴黎召开和会。3月30日，与会国签订《巴黎和约》。和约规定：俄国将比萨拉比亚南部让给摩尔达维亚；各国共同承担确保土耳其独立和领土完整的义务；禁止干涉土耳其苏丹与其臣民之间的关系，禁止干涉土耳其内政；由缔约国共同保证多瑙河两公国的权利，禁止对两公国行使排他的保护权；黑海对各国商船开放，禁止沿岸国或任何其他国家军舰的通行；多瑙河自由通航等。总的来看，盟国在"四点方案"上的要求都实现了。

克里米亚战争是继拿破仑战争之后的又一次大国争霸战争，将所有欧洲大国都直接、间接地卷了进去。通过这次战争，俄国遭到削弱，甚至原来在黑海所享有的权益也不复存在；同时，1815年之后对法一致的联盟彻底瓦解，欧洲均势格局也暂时由英、俄居优势的均势转变为英、法居优势的均势。维也纳体系，由于未能阻止大国战争的重新爆发，也走到了尽头。

思考题

1. 哪些条约组成了维也纳体系的基本框架？
2. 从1818年的亚琛会议，到1830年的希腊独立，大国的协调为什么逐渐失灵？
3. 维也纳和会所设计的正统秩序和领土秩序，其地理范围是否包括美洲大陆和土耳其帝国？美国的崛起与土耳其的衰落，对维也纳体系产生了什么影响？
4. 试评析维也纳体系运作过程中大国的均势政策。

第四章　德意志的统一和俾斯麦体系

德国历史上的人物很少有像俾斯麦一样受到历史学家的重视和青睐。这位“铁血宰相”的政策，不仅关系到德国的前途，而且影响到欧洲局势的发展。俾斯麦统一了德意志，并使德国从一个备受强邻欺压的国家上升为欧洲的强国，而德国的统一和强国地位正是当时德国历史发展所要解决的主要课题。德意志帝国的建立，标志着维也纳体系的崩溃，标志着支配欧洲政治的大国的移位和新的国际格局的出现。

德国统一后很快成为欧洲的一个强国。这是俾斯麦的成功，但基础在于资本主义经济力量的飞速发展。俾斯麦是凭借这样一种实力，在欧洲舞台上纵横捭阖，从中谋利的。但正当德国跨入强国之列时，俾斯麦却下台了，究其原因，最根本的“在于德国诸阶级之间的利益分歧和冲突”①，以及俾斯麦内外政策的失败。19 世纪 70 年代后期俾斯麦的对外政策，具有欧洲争霸的性质，力图摧毁法国，为此，俾斯麦努力“拉拢”俄国，阻止法俄接近；拉拢奥匈帝国，阻止俄国向欧洲西部和南部扩张；加剧英俄两大国在世界各地的对抗，这就是所谓的“大陆政策”。俾斯麦不是亲俄派，1883 年缔结的德、奥、意三国同盟秘密条款，就是为了对付俄法的。但是，俾斯麦的外交未能取得成功，它并没有能阻止俄法接近，在海外的扩张又受到英国的排挤。同时，俾斯麦的国内政策，是以 1878 年 10 月颁布的《非常法》为主要标志的，据此对工人阶级进行残酷的镇压和推行白色恐怖。这激起了人民的反抗。德国社会民主党在遭到 12 年的迫害后，反而崛起为国会中最大的政党之一。内外政策的失败，引起了容克资产阶级的强烈不满，导致了俾斯

① 参见丁建弘为艾伦·帕麦尔的《俾斯麦传》中译本写的前言，商务印书馆 2000 年版。

麦的下台。

俾斯麦体系是一种高度集权型的国家体系，在这一体系之外的国家，则处于分散状态。这一体系的形成，使得欧洲国际关系格局发生了根本性的变化，使70年代后欧洲国际形势更加紧张，更加错综复杂了。法俄同盟的成立标志着俾斯麦结盟体系的终结。从此以后，欧洲日益分裂成两大敌对阵营——德、奥、意集团和法俄集团，直至第一次世界大战爆发。

第一节　意大利的统一

一、意大利统一运动的兴起

自从西罗马帝国灭亡之后，意大利由于长期遭受外族入侵，加上内部混战，一直处于分裂的局面。1815年维也纳会议后，意大利分裂为八个实行封建专制统治的小邦。在八个小邦中，除去教皇国、撒丁王国和两西西里王国以外，其余各邦都直接或间接地为奥地利所统治。1848年革命失败后，意大利仍然陷于分崩离析的状态。奥地利不仅统治着北部的伦巴底和威尼斯，还直接或间接地控制着中部的托斯堪纳、莫德纳、帕尔马、卢加等公国；西班牙的波旁家族控制着南部的两西西里王国(又称那不勒斯王国)；教皇国驻有奥地利的军队；罗马驻有法国的军队。在外国刺刀的支持下，意大利各邦国大都恢复了专制制度的统治。惟有撒丁王国继续实行1848年自由主义性质的宪法。这部宪法限制了国王的权力，实行两院制，宣布了各种资产阶级自由，撒丁王国因此是意大利各邦中唯一保持独立的君主立宪的国家。

意大利境内的各邦封建主，依靠外国势力(除撒丁王国外)，残酷镇压国内革命运动，几乎全都废除了1848年革命时期颁布的宪法，大批革命志士被杀害或监禁，封建反动势力的恐怖统治笼罩着整个意大利半岛。在伦巴底和威尼斯，奥国人建立了军警独裁统治，意大利居民只要稍微表示一点民族感情，就要受到严酷的镇压。在教皇国和两西西里王国，不久前参加革命的意大利自由和独立的斗士有几百人被处死刑，成千上万人被投进监狱和送去服役[1]。残暴的民族压迫和专制统治，使得意大利人民无法容忍，因此他们都强烈要求尽早摆脱这一悲惨处境。

到19世纪上半期，在意大利诸邦中，除撒丁王国、伦巴底和托斯堪纳的资本主义经济有了较大的发展外，其余各邦都依然是落后的农业国，封建关系占主导地位，大量土地掌握在王公贵族和僧侣手中。封建割据状态致使意大利境内关卡林立，法律、货币和度量衡不统一，极大地阻碍了彼此间的商品流通，使统一的民族市场难于形成，这对资本主义经济发展极为不利。所以意大利的资产阶级和全国人民一样反对外国统治与国家分裂，坚决要求建立统一的国内市场和成立近代民族国家。

在世界历史发展过程中，19世纪中期既是资产阶级民族民主运动高涨的时期，也是资本主义在先进国家迅速发展和最后确立的时期。这时意大利随着资本主义经济的发展，资产阶级的经济、政治实力日益增长，人民群众的革命情绪和民族意识不断加强。在全国，"大家都捐弃了党派之间的仇恨，忘却了城市之间和省与省之间的嫉妒；再也不分谁是米兰人，谁是佛罗伦萨人或是波洛尼亚人，因为大家都是意大利人。……他们唯一操心的神圣事业就是祖国。"[2]在当时的意大利，实现民族独立和国家统一，是其整个国家民族利益的根本所在，是其全国人民梦寐以求的共同愿望和最高理想，也是时代赋予意大利人民的光荣历史使命。

在意大利统一运动中，存在着两个政治派别和两条道路的斗争。一派是以马志尼和加里波第为代表的资产阶级民主派。它以中小资产阶级为基础，并得到广大工人和农民的支持，主张通过民族革命战争，采取"自下而上"的形式，推翻各邦封建王朝，驱除外国侵略势力，建立统一的资产阶级民主共和国。不过，马志尼领导的屡次起义不断地遭到失败。他后来转而依靠恐怖手段，谋刺一些邦国的统治者，导致内部发生分裂。另一派是由大资产阶级和资产阶级化的贵族联合在一起的自由派。他们十分害怕人民群众的革命斗争，主张"自上而下"地进行改革，力图通过资产阶级和贵族地主的妥协，建立一个君主立宪国家来实现意大利的统一。这一派的中坚力量就在于撒丁王国。原因主要在于，一方面，当时只有撒丁王国是意大利诸邦中的唯一独立国家，而且是全意大利民族民主革命运动的中心，具有统一全意

① 苏联科学院：《世界通史》第6卷下册，三联书店1966年版，第708页。

② 参见亚·大仲马编：《加里波第回忆录》，商务印书馆1983年版，第362页。

大利的政治号召力。另一方面，撒丁王国的资本主义工商业比较发达，国防力量也得益于其军事改革而有空前的增强，这样，各邦之中只有它才拥有统一意大利的雄厚物质基础和可观的军事实力。从各方面来看，撒丁王国都必然地成为意大利统一运动的中心，事实上也只有它才能够组织与动员足够的力量，最终完成祖国的统一大业。

二、普隆比埃协定和法、撒、奥战争

1852 年 11 月，自由派领导人卡米洛·加富尔伯爵（1810—1861）出任撒丁王国首相，从此开始了意大利统一运动中的一个新时代。加富尔是个资产阶级化的贵族地主，曾周游英法等国，特别倾心于英国的君主立宪制。在统一问题上，他公开支持民主革命派，利用他们去反对奥地利，以达到在撒丁王国的领导下，通过"自上而下"的道路来统一意大利的目的。他还认为，要把奥地利从意大利赶出去，单靠撒丁王国的力量是不够的，必须实行与其他欧洲大国结盟的政策。他清醒地认识到，由于意大利各邦国的力量分散而弱小，仅仅依靠自己，仅仅凭借热情，是难于与强大的奥地利为敌并将其驱逐出意大利的；再者，意大利的领土现状是 1815 年维也纳会议上由列强共同确定的，要想改变它，就必然会与欧洲列强发生关系。因此，加富尔主张与某一个或几个欧洲列强结盟，孤立奥地利，以达到战胜奥地利，从而实现意大利独立和统一的目标。

在欧洲列强中，加富尔对法国的态度寄予厚望。这是因为法国是奥国在意大利的传统竞争对手，而 1851 年通过政变上台的路易·波拿巴又急欲重振昔日其伯父拿破仑一世的雄风，洗刷维也纳会议给法国带来的屈辱。在意大利的统一问题上，加富尔也希望获得英国的支持，为此，当 1854 年克里米亚战争爆发时，撒丁王国无条件地站在了英法一边对俄国宣战，并以战胜国的身份参加了结束该战争的巴黎和会。不过，一向执行传统均势外交策略的英国政府虽然对意大利的立宪运动持同情态度，却并不希望改变 1815 年维也纳体系的现状，更不愿意看到因为意大利的统一问题而爆发战争。尽管如此，加富尔在巴黎和会上还是使出浑身解数，以图营造对撒丁王国有利的外交环境。

到 1858 年，意大利已出现了反奥的良好形势：拿破仑三世为了将法国的势力侵入意大利，力图把奥地利撵出意大利，较此前更为坚决地支持撒丁王国；俄奥关系却因为俄国在1848年革命中助过奥国一臂之力，而奥地利却在克里米亚战争中忘恩负义地反俄而遭到恶化；普鲁士与奥地利之间在德意志境内的争霸矛盾也日趋激化；英国在意大利统一问题上也越来越趋于中立态度。至此，奥地利在外交上比历史上任何时候都更为孤立，这种国际形势为加富尔与法国结盟反对奥地利创造了十分有利的条件。

1858年7月20日，加富尔假道瑞士潜入法皇避暑胜地普隆比埃，与拿破仑三世秘密订立了反奥军事协定，约定法国出兵协助撒丁王国把奥地利势力从意大利永远逐出；战后组成包括教皇国、那不勒斯王国、中意大利王国和由撒丁王国领导的上意大利王国的意大利邦联；将伦巴底和威尼斯并入撒丁王国；撒丁王国则把萨伏依和尼斯割让给法国。普隆比埃协定其实并非书面协定，而只是口头承诺，故被称为“君子协定”。加富尔以必要的让步换得了法国对反奥战争的帮助，而且，普隆比埃会谈规定，领土的安排可以根据战争进程适时作出调整，考虑到这是与欧洲列强之一——法国之间达成交易，普隆比埃协定不愧为弱国外交的杰出之作。此外，该协定图谋以战争的手段来修改自1815年维也纳会议所划定的欧洲政治版图，这对业已动摇的维也纳体系无疑是一次新的挑战，它同时也暴露了拿破仑三世谋求法国再次实现欧洲霸权的野心。

普隆比埃密谈结束后，法国便开始有意恶化法奥关系。撒丁王国亦步亦趋，企图挑起战端。英国则对各方施加压力，力图缓解形势。俄国对此摆出漠视姿态。奥国仗着英国的强硬态度，最终错误地判断可以借机教训撒丁，于1859年4月19日草率地向撒丁王国发出最后通牒，要都灵方面裁减军队，解散各地志愿军，终止反奥运动。撒丁王国终于迎来了战争机会。4月24日，撒丁王国断然拒绝了奥地利的最后通牒，这意味着战争的不可避免。29日，奥军侵入意大利，同日，法撒对奥宣战，法、撒、奥战争爆发了。

战争爆发后，一度为和平奔走呼号的英国对奥地利的行为深为反感，遂决定保持中立态度。俄国幸灾乐祸，巴不得在克里米亚战争中出卖过自己的奥地利失败。与奥地利同为德意志邦国的普鲁士对奥国行为不以为然，声称不愿卷入争战。奥军只能孤军苦战。6月，法撒联军在索菲里诺战役中重创奥军，奥军被迫撤出伦巴底，退守威尼斯。随着对奥战争的开始和胜利，意大利北部和中部的人民革命运动迅速高涨。从4月到6月，托斯堪纳、帕尔马、莫德纳等地先后爆发起义，推翻了当地的封建政权。起义也波及到教皇的领地罗曼纳，并在那里建立了脱离教皇统治的临时政权。

各地人民运动的高涨不仅动摇了奥地利在意大利的统治，也使拿破仑三世深为不安。他担心如果控制不住意大利的局势，就有可能带来罗马问题，而且将来可能引起害怕革命的俄国等国的干涉。更重要的是，法国出兵对奥作战目的是要排挤奥地利在意大利的势力，并乘机控制意大利，而不希望看到在其侧翼出现一个统一而强大的意大利，那将削弱法国在欧洲大陆的优势。因此，拿破仑三世决定背弃诺言，单独与奥地利媾和。1859 年 7 月，法奥两国皇帝在维拉法郎卡会晤，两国签订了《维拉法郎卡预备和约》。该约规定：奥地利保留对威尼斯的统治，但必须放弃伦巴底，交由法国处置；法国保证恢复托斯堪纳、帕尔马和莫德纳的君主制度，但不会诉诸武力；意大利各邦组成邦联，由教皇任名誉主席。至此，法、撒、奥战争在撒丁王国事业未竟的情况下匆匆结束。加富尔闻得此讯，愤然辞去撒丁王国首相之职。

三、对中意大利的归并

1859 年 11 月 10 日，法、撒、奥三国在瑞士苏黎世正式订立和约。该和约的主要内容有：奥地利仍保有威尼斯，将伦巴底割让给法国；由法国将伦巴底转交给撒丁王国；撒丁王国负担一部分伦巴底—威尼斯过去所欠的公债等。《苏黎世和约》与《维拉法郎卡预备和约》相比的一个最大特点是，它对在预备和约中所谈到的复辟中意大利诸邦和建立意大利邦联的计划只字不提。其实，这是因为中意大利等地的革命形势使得法奥两国无可奈何。

早在法、撒、奥战争初期，当中意大利各邦爆发革命时，撒丁国王维克多·厄曼努尔二世就派遣了一些特派员分赴各邦控制局势，为日后的兼并做准备。法奥签订预备和约后，撒丁国王为避免冒犯法国，指令各特派员撤回撒丁。但是，这并未能够阻止局势的发展，各特派员声称意大利没有签署预备和约，它对意大利没有约束力。托斯堪纳、摩德纳、帕尔马和罗曼纳四邦还组成军事联盟。1859 年 9 月，四邦进行了公民投票，结果公众一致赞成并入撒丁王国。但在法国的压力下，撒丁国王违心地拒绝了四邦的归并要求。不过，中意大利的领导权尚掌握在坚持与撒丁合并的资产阶级自由派手中。

就在撒丁内阁一筹莫展之时，1860 年 1 月 6 日，撒丁国王再度任命加富尔为首相，组建新内阁。复出的加富尔清楚地意识到，当务之急是要兼并中意大利。他针对当时的局势调整了撒丁的结盟政策。具体地说，就是在继续保持与法国的同盟关系的同时，开始重视英国的作用。加富尔认识到，尽管维多利亚女王等亲奥派不会为意大利火中取栗，但是英国政府中的实权人物如帕麦斯顿等人却倾向于指望通过出现一个独立而强大的意大利来维系有利于自己的欧洲均势。加富尔因此希望能够让英国成为迫使拿破仑三世作出让步的杠杆。

这时，拿破仑三世对中意大利的态度也开始产生了动摇。他面对中意大利如火如荼的革命形势，决定改变初衷，让撒丁王国得到中意大利，自己则得到萨伏依和尼斯，以部分实现其“天然疆界”的目标。1860 年 3 月中，中意大利四邦再次举行公民投票，以压倒多数赞成合并。不久，撒丁国王庄严宣布：托斯堪纳、帕尔马、摩德纳和罗曼纳四邦正式成为撒丁王国领土不可分割的一部分。拿破仑三世面对这一既成事实，只好孤注一掷，以战争相威胁，于 3 月 24 日迫使撒丁王国签订了规定撒丁王国将萨伏依和尼斯割让给法国的《都灵条约》。

至此，拿破仑三世与加富尔之间的较量告一段落。加富尔如愿以偿地兼并了中意大利，拿破仑三世也如愿以偿地夺得了萨伏依和尼斯。另一方面，法国在外交上也日益孤立了。英国对拿破仑三世的巧取豪夺和破坏欧洲大陆均势的行为不能容忍；奥地利成为法国的新仇家；俄国此次未能在近东的争夺中从法国那里讨得什么好处，从此更加接近普鲁士；撒丁王国则在法、撒、奥战争和《都灵条约》的签订过程中饱受屈辱，因此对法国多有怨言。在 10 年后的普法战争中，法国终于尝到了此刻它种下的苦果。

四、对南意的归并和意大利王国的建立

资产阶级民主派对 1859 年的对奥战争结局和《都灵条约》深为不满。1860 年 4 月底，意大利南部的西西里岛爆发起义。富有浓郁神奇色彩的民族英雄、在反奥战争中立下卓著战功的加里波第在马志尼的鼓励下闻知此讯后立即率 1 000 余名身穿红衫的志愿军战士前往支援。他决定将行动目标转向南方，征讨两西西里王国，以推进意大利的统一事业。加里波第的行动其实非常符合撒丁国王和加富尔的意愿，他实际上是在做撒丁王国想做而不敢做的事。因此，加里波第获得了来自撒丁方面的许多秘密援助。

起初，加里波第的远征行动遭到来自欧洲列强众口一词的反对。英国

怀疑撒丁王国为了兼并南意大利，可能会把热那亚或撒丁岛割让给法国，就像当初为兼并中意大利而割让萨伏依和尼斯一样，那将威胁到英国在地中海的利益。俄国、奥地利和普鲁士都对革命的“红衫军”极为反感和恐惧。法国更不愿意看到撒丁王国对加里波第南征行动的默许，担心撒丁进一步的扩张。出乎各方意料之外的是，加里波第的南征却异常地顺利。5月11日，红衫军在西西里岛成功登陆，随后直捣西西里首府巴勒摩，沿途得到当地人民的热烈拥戴。5月27日，加里波第的军队在当地起义军的支持下攻占巴勒摩城。到6月底，西西里全境获得了解放，成立了以加里波第为总裁的临时政府，并决定横渡墨西拿海峡，占领两西西里王国首都那不勒斯。

拿破仑三世感到不能再对意大利发生的一切坐视不管，他在7月下旬向英国政府建议，由法英两国派出联合舰队封锁墨西拿海峡，以阻止加里波第进攻那不勒斯。但是，这时的英国政府已获悉撒丁王国与法国并无任何协议，英国国内拥护意大利统一以制衡法国霸权野心的舆论也占据了上风，因此谢绝了法国的建议。8月7日，加里波第的军队在亚平宁半岛的南部登陆，一路向北顺利推进，所到之处同样得到当地人民的欢迎。9月7日，加里波第进入那不勒斯城，推翻了西班牙波旁王朝在两西西里的残暴统治。至此，南部意大利获得了解放。

随着加里波第在两西西里的节节胜利，加富尔也开始积极谋划介入南意大利的局势，其目标就是要夺取胜利的果实。加富尔认识到，此时的法国可能成为意大利统一事业的最大障碍，但是撒丁王国又不能与强大的法国公开为敌，为此，加富尔利用拿破仑三世害怕加里波第革命行动的心理，声称只有撒丁军队南下两西西里去控制局势才能使意大利其他地区免于波及革命。拿破仑三世信以为真，默许了撒丁王国的出兵。此后，加富尔以教皇国的雇佣军镇压人民起义为借口，把军队开进罗马教皇国，在打败雇佣军之后，又继续南进，抵达那不勒斯，联合南意大利的自由派，提出两西西里的政权问题交由全民投票表决的建议。掌握政权的加里波第从统一全意大利的国家民族利益出发，为了避免内讧，毅然决定让南意大利并入撒丁王国和交出自己的全部权力①。10月底，在自由派控制下的全民投票同意将南意大利并入撒丁王国。11月8日，在加里波第的陪同下，撒丁国王维克多·厄曼努尔二世进入那不勒斯城，宣布接受全民投票决定，撒丁从此拥有西西里

① 参见亚·大仲马编：《加里波第回忆录》，商务印书馆，1983年版，第344页。

岛和那不勒斯的主权。

1861 年 2 月，在都灵召开了第一届意大利议会，宣布成立意大利王国。3 月 14 日，意大利议会宣布了撒丁国王维克多·厄曼努尔二世为意大利国王，加富尔任首相，新王国定都佛罗伦萨。

五、意大利的最终统一

虽然新王国已经建立，但是威尼斯仍处在奥地利的统治之下，罗马也在教皇国的统治之下，并有法国军队在驻守，因此，实现意大利的最终统一是摆在新王国面前的最重要任务。

在如何完成最终统一的问题上，仍然存在着两条道路的斗争。加富尔清醒地认识到，解决威尼斯问题将意味着需要和奥地利再次开战，这对于国基甫定的意大利来说是力不从心的，他因此决定继续实行孤立奥地利的对外政策，等待时机收回威尼斯。对于罗马问题，由于统治罗马的教皇对欧洲天主教国家(如法国)拥有巨大影响，武力夺回罗马将可能引起那些国家的强烈反对，因此，加富尔曾试图通过劝说教皇放弃世俗权力和与拿破仑三世协商促使法国撤出罗马的办法解决罗马问题。不过，几年下来，无论是威尼斯问题还是罗马问题，都没有取得什么大的进展。1861 年 6 月，为意大利统一事业呕心沥血的加富尔由于积劳成疾而病逝。民主派不甘心于这种僵局，决定以武力收回威尼斯和罗马。1862 年，加里波第又在巴勒摩组织志愿军向罗马进军，但意大利王国派出政府军前往阻拦，结果加里波第在冲突中受伤被捕。1865 年，马志尼在威尼斯建立了起义委员会，准备在 1866 年春举行武装起义，推翻奥地利的统治。

就在这时，谋求统一德意志的普鲁士宰相俾斯麦准备发动一场反奥战争，以便将奥地利的影响逐出德意志。寻求在外交上孤立奥地利的俾斯麦将目光自然地投向了同样决心将奥地利逐出威尼斯的意大利。1866 年 4 月，普意两国缔结了军事协定，双方保证动员一切资源进行一场反奥战争，未经对方同意不得单独与敌媾和，战后威尼斯割让给意大利。这样，意大利加入普鲁士一方作战，结果奥军在萨多瓦一役中被普军击溃，奥军被迫投降。根据 1866 年 10 月签订的意奥《维也纳和约》，意大利获得了梦寐已久的威尼斯城及其周围地区。

1870 年普法战争的来临再次将好运降临到意大利人身上。拿破仑三世为了加强其防线，将驻扎在罗马的军队撤回国内。1870 年 9 月 1 日，法军在色当战役中惨遭失败，拿破仑三世也被俘，意大利军队乘机在 9 月 20 日开进罗马，轻取教皇国军队。根据 10 月举行的公民投票，罗马被合并于意大利王国，教皇被剥夺世俗权力，避居梵蒂冈。1871 年 7 月，意大利把首都从佛罗伦萨迁至罗马，意大利最终实现了统一。

第二节　德意志的统一

一、19 世纪中叶的普鲁士

19 世纪中叶的德意志仍然处于封建分裂的状态。1815 年维也纳会议没有解决德国的统一问题，德意志既没有作为一个帝国而被恢复，又没有作为一个民族国家而重新统一，而是建立了一个德意志邦联，这个邦联只是由德意志各主权邦组成的联合体而不是一个联邦制国家。邦联包括 34 个君主专制国家和四个自由市，其中以奥地利帝国和普鲁士王国为最大的国家。此外，丹麦领有的荷尔斯泰因尔和荷兰占有的卢森堡也包括在该邦联之内。德意志邦联还设有一个邦联议会，由奥地利人任主席，但它对各邦国政府并无真正的统治权力，各邦依然是独立的，而且有自己的法律、币制、度量衡等。

造成这种政治上分裂的原因是多方面的。在国际上，俄国的欧洲霸权政策和英国的大陆均势政策是重要原因。特别是俄国，历代沙皇把分裂德意志作为它外交政策的重要支柱。它不希望在德意志出现一个强大而统一的民族国家。1815 年以来，沙皇总是支持普奥对立，同时又支持其他小邦去反对普奥使其互相牵制。这样俄国便利用德意志的分裂控制了普奥，实现了它在欧洲大陆的霸权。在国内，德意志各邦统治阶级为了自己的统治地位而拿民族利益做交易。特别是奥地利王室，为了保持其在德意志的领导权，事实上反对建立统一的联邦制国家。在它看来，一场民族意义的统一，无异于一场革命，因此梅特涅一度施展其纵横捭阖的外交手段，恢复欧洲旧的封建王朝，镇压任何民族运动和自由主义运动，建立起大国之间相互牵制的欧洲均势，保持德意志政治分裂的局面。

政治上分裂的严重情况阻碍着德意志资本主义经济的进一步发展。19世纪30—40年代，德意志也开始了工业革命，一些地区出现了大机器工业区和工业城市。在农村，农奴制在一些王国中也逐步废除了。资本主义经济的进一步发展客观地需要统一全德意志，以便消除各邦国之间的限制，并让资产阶级能够在对外经济竞争中获得强大的民族国家的支持。1833年3月，以普鲁士为首的18个邦国在德意志3/4的土地上成立了德意志关税和商业同盟(简称"关税同盟")。参加同盟的各邦彼此免征一切关税，而对于没有参加同盟的各邦则仍然像对待外国一样，实行统一的进出口关税制度。到1852年，除了奥地利和个别地区外，其他各邦都相继加入了关税同盟。关税同盟的建立不仅有利于形成统一的德意志国内市场，而且为全德政治统一创造了经济条件。

根据德意志在19世纪50、60年代的情况，在统一问题上曾经存在着两条道路。一条是由马克思和恩格斯所指示的由德意志工人阶级先进人物坚持奋斗的道路，即人民群众在无产阶级的领导下，通过"自下而上"的革命斗争方式，推翻所有分裂的封建国家，建立真正统一的民主的德意志共和国。但当时的德意志工人阶级无论在政治上、组织上或思想觉悟上都处在幼稚阶段，尚无能力担当如此重任。另一条是由普鲁士或奥地利领导的，通过"自上而下"的王朝战争来统一德意志的道路。德意志各邦国资产阶级虽然迫切要求统一，但是由于害怕革命而把希望寄托在"自上而下"的方式上。

作为德意志境内最大的两个邦国，奥地利和普鲁士为争夺全德统一的领导权而展开了激烈的斗争。当时出现了奥地利与西南各邦支持的"大德意志方案"和普鲁士与北部各邦支持的"小德意志方案"，前者主张由奥地利领导，建立以奥地利哈布斯堡王朝为中心的一个从北海到地中海的大德意志；后者主张由普鲁士领导，建立一个不包括奥地利的统一的德意志联邦国家。

不过，普鲁士在1849年曾帮助其他各邦镇压帝国宪法运动，俨然成为各邦统治阶级的保护人，而奥地利在1848年革命后力量大为削弱，加上1859年被法、意两国打败，它在德意志各邦中的威信一落千丈。普鲁士在1848年革命后颁布宪法，召开议会，建立了容克地主和大资产阶级联盟的国家，而奥地利仍然坚持封建专制制度，因而普鲁士在各邦资产阶级中的影响大为增强。更重要的是普鲁士在经济力量方面大大超过奥地利，是各邦中经济实力最强大的国家。它拥有莱茵、西里西亚、柏林等先进工业地区，还通过由它控制的"关税同盟"、铁路运输和航运系统，同各邦建立了密切的经济联系，不少邦国同普鲁士在经济上“一体化”了，关税同盟各邦国资产阶级把统一德意志的希望越来越多地寄托在普鲁士身上。

二、丹麦战争

1861 年 1 月，摄政王威廉亲王继承普鲁士王位，称威廉一世（1861—1888年在位）。威廉一世强烈希望在与奥地利争夺德意志霸权的斗争中取得军事优势，并加强王室和容克地主的势力。他对当时的资产阶级自由派把持邦议会，阻挠其军事改革的做法十分不满。1862 年 9 月，在陆军大臣罗思的推荐下，威廉一世任命了普鲁士驻法国大使俾斯麦为内阁首相。

俾斯麦出身于容克地主家庭，是一个专制主义者和保守派，他狂热地维护容克的特权和君主制度，反对民族运动和民主革命。他是个意志坚强而又充满政治智慧的铁腕人物。俾斯麦出任首相之后，深知德意志要统一，不仅要具备必要的内部条件，而且必须在国际上得到其他欧洲列强的支持或排除它们的阻挠，因此，一方面，他在国内排挤议会势力，推行军事强国计划，坚称要达到统一德国的目标，“不能通过演说、协会、多数派决议，而是需要一场不可避免的严重斗争，一场只有通过铁和血来解决的斗争”①。另一方面，他精心谋划各种外交策略，充分考虑到列强的态度和普鲁士的对策，通过连锁反应式的三次王朝战争，结束了德意志的长期分裂局面，最终实现了德国的统一。

普鲁士统一德国的第一场王朝战争是 1864 年的丹麦战争。这次战争祸起于石勒苏益格—何尔斯泰因两公国归属的争端。在历史上，何尔斯泰因一直是德意志的一部分，而石勒苏益格从中世纪早期起就是一个“独立的王国”，其中前者的居民是德意志人，后者居民中丹麦人和德意志人过半，并以德语为官方语言。1815 年，维也纳会议不顾民族愿望，将两公国划归丹麦国王统治，同时规定何尔斯泰因为德意志邦联成员，从而埋下了德丹之间纷争的种子。1852 年，欧洲列强为调解德丹之间的纠纷，曾经签订了一个《伦敦议定书》，规定保留两公国的传统特权，并保证两公国自古以来不可分离的地位，两公国同另一小公国劳恩堡则在丹麦国王的领导下各自与丹麦联合。丹麦国王在列强的干涉下，答应不归并石勒苏益格。

---

① 转引自张芬梅：《试论俾斯麦的君主观》，载于《徐州师范学院学报》1993 年第 3 期。

然而,1863 年 3 月,丹麦国王腓特烈七世公开宣布将两公国分开,并限制何尔斯泰因和劳恩堡的传统特权。同年 11 月,丹麦制定《十一月宪章》,规定石勒苏益格并入丹麦,这表明丹麦政府推翻了 1852 年《伦敦议定书》的规定。德意志舆论一片哗然,联邦议会和各邦民族主义者视此为民族耻辱,要求把两公国从丹麦的统治下"解放"出来,成为德意志的领土。

俾斯麦敏锐地抓住了这一检验"铁血政策"的千载良机。他的目标是要借此兼并两公国。当时的国际形势也有利于普鲁士。在德意志,惟有奥地利有实力与之抗衡。但是奥地利作为一个多民族国家,并不愿意支持当时在德意志出现的民族主义的倾向,同时却担心在两公国争端问题上丧失威望,因此处于左右为难的窘境。在国际上,俄国在 1863 年 1 月波兰人民起义之后,一直得到了俾斯麦的支持,因此也乐得对普鲁士投桃报李。对于法国,俾斯麦则利用拿破仑三世觊觎莱茵河左岸及比利时的急切心情,对其虚与委蛇,暗示普鲁士将支持法国的要求。英国起初威胁要进行干涉,但俾斯麦对英国政府施以迷雾,声称普鲁士绝对没有要把两公国并入普鲁士版图的意图。

俾斯麦在准备与丹麦开战时的一个重要策略是联合奥地利。他认为,在维护 1852 年伦敦议定书,反对丹麦吞并属于德意志的石勒苏益格方面,普奥双方具有共同的立场,而奥地利担心普鲁士独扛维护德意志利益的大旗,也甘愿与普鲁士结成联盟。同时,普奥联合行动在英、法、奥等国看来,也是防止普鲁士独吞两公国的较为可靠的保证。普奥联盟之后,对丹麦作战的力量大为增强,联盟的威力并可以对英、法、俄等国家的中立起促进作用。

1863 年 11 月,普奥一起要求丹麦放弃新宪法,遵守《伦敦议定书》。同年 12 月,两国撇开德意志邦联,宣布在两公国争端上将根据 1852 年《伦敦议定书》采取行动。1864 年 1 月,在要求丹麦国王取消新宪章未果之下,普奥两国正式缔结了军事同盟,决定共同对丹麦作战。同年 2 月,普奥联军渡过艾德河,进入石勒苏益格,丹麦战争爆发。由于其他列强作壁上观,丹麦政府在一连串的军事挫败之后被迫于 10 月 30 日签订了《维也纳和约》。丹麦将石勒苏益格、何尔斯泰因和劳恩堡三公国交由普奥两国处理。从此,两公国争端由国际问题演变为德意志内部问题。

三、普奥战争

俾斯麦在两公国问题上反对将它们重新变为独立的德意志邦联的成员国，认为那将丝毫无助于推进德意志的统一大业。如前所述，俾斯麦的目标是要由普鲁士来兼并两公国。他相信，丹麦战争结束之后，普奥两国必将在三公国的管理上出现矛盾，届时普鲁士便有机会对奥地利发难。他早就认为，普鲁士迟早要与奥地利开战，并且战争目的是要将奥地利逐出德意志。他从过去的经验中已得出这样的一个结论："德意志命运的难解之结，不能用执行双雄并立政策这种温和方式来斩开。"①

1865 年 8 月，普奥签订了《加斯泰因公约》，公约规定：两公国领土由普奥两国共同所有，但行政分开；石勒苏益格由普鲁士管辖，与普鲁士接壤的何尔斯泰因归奥地利管辖；劳恩堡以 250 万塔勒尔卖给普鲁士；普军负责基尔港湾的防务等等。该公约对普奥共有两公国的规定显然潜伏着纷争的种子，并将造成两公国行政的混乱状态，而这正是俾斯麦为奥地利精心设计的陷阱。

此后，俾斯麦便开始对奥战争的外交准备，争取俄、法、英在未来的普奥战争中再次中立，并尽可能地孤立奥地利。

当时对普奥较量有决定性影响的是俄法两国的态度。就俄国而言，它对奥地利在克里米亚战争中忘恩负义地反俄的行为一直耿耿于怀，加上 1863 年波兰人民起义时奥地利和英法站在一起与俄国作对，这与俾斯麦支持俄国镇压政策的行为形成鲜明的对比，从而促使俄国奉行亲普疏奥的政策。至于法国，为争取其在未来普奥战争中保持中立，俾斯麦采取刻意讨好拿破仑三世的策略，含糊地答应法国给某种报酬。1865 年 10 月，俾斯麦亲赴法国海滨胜地比亚利茨，拜会在此休养的拿破仑三世。双方在会谈中都竭力想摸清对方的意图而又不愿承担具体的义务，但俾斯麦暗示法国可得到梦寐以求的比利时，而拿破仑三世则暗示普鲁士要发动对奥战争，法国必须得到补偿。俾斯麦还利用拿破仑三世欲将威尼斯从奥地利占领下归还意大利的心理，表明在此问题上不会支持奥地利，以此博得他的欢心。

俾斯麦的另一个重要的外交策略是争取了与意大利结盟。意大利一直

① 科佩尔·S·平森：《德国近现代史》上册，商务印书馆 1987 年版，第 36 页。

希望从奥地利手中夺回威尼斯，因而，当俾斯麦对意王提出意普结盟对奥作战时，双方一拍即合。1866 年 4 月 8 日，意普两国签订了同盟条约。条约规定：意大利承诺在普奥开战后参加对奥作战，双方保证不单独与奥媾和，战后意大利应得到威尼斯，普鲁士答应给意大利 1.2 亿法郎的援助。

意普结盟后，俾斯麦便有意采取行动激化普奥矛盾，以便寻找战争的借口。他于 4 月 9 日向邦联议会提出了一项按照普遍平等和秘密投票原则选举召开全德议会的主张，目的是选出一个由资产阶级自由派控制的亲普鲁士的全德议会，以削弱奥地利在邦联中的霸主地位，并因此引起奥地利的反感，直接激化普奥矛盾。6 月 1 日，奥地利宣布，因无法与普鲁士达成一致意见，决定将两公国的治理和前途问题提交邦联议会处理，企图让普鲁士在两公国的问题上与整个邦联为敌。接着，奥地利又决定召开何尔斯泰因议会，讨论其今后的地位。

俾斯麦等待的时机终于来了。他立即宣布奥地利已经破坏了《加斯泰因公约》，并于 6 月 7 日命令普军开进了何尔斯泰因。6 月 14 日，邦联议会通过了奥地利提出的全邦联动员反对普鲁士的议案。俾斯麦以邦联议会越权为由，宣布邦联已经解散。6 月 15 日，普军开进了汉诺威、萨克森和汉森。6 月 24 日，奥军在库斯托扎击败意军，但 7 月 3 日的萨多瓦战役中普军却决定性地击败了奥军，并且打开了通往奥地利首都维也纳的道路。

普军的速胜震惊了整个欧洲。就在萨多瓦战役的次日，拿破仑三世指示法国驻柏林大使贝内代蒂拜见俾斯麦，希望调停对奥战争。沙皇亚历山大二世也担心奥地利过于遭到削弱，他致电普王威廉一世，要求对奥宽容，并表示愿意出面仲裁。

此刻，俾斯麦再次表现了他的政治智慧和克制态度。他力排众议，甚至以辞职相威胁，要求普王放弃进占维也纳。他认为“我们的任务是创造在普鲁士国王领导下的德意志民族的统一或者为之开辟道路”①。在俾斯麦看来，普鲁士已达到了对奥战争的目的，即建立普鲁士在德意志的霸权，当务之急是要尽早结束战争，防止法国的干涉，而这种干涉可能严重阻碍德国的统一事业。再者，在对奥战争之后，接踵而来的必然是对法国的战争。不羞辱奥地利是绝对必要的，以免日后普法冲突时它会不顾一切地站在法国一边。因此，俾斯麦接受了法国的调停，并提出了温和的停战条件：解散德意

① 科佩尔·S·平森：《德国近现代史》上册，商务印书馆 1987 年版，第 36 页。

志邦联；奥地利退出德意志，并同意建立以普鲁士为盟主的德意志联邦。

1866 年 8 月，普奥正式缔结了《布拉格和约》。和约规定：奥地利将它在石勒苏益格和何尔斯泰因的权益让给普鲁士；奥地利同意普鲁士吞并汉诺威、黑森选帝侯国、拿骚和法兰克福。另外，由于拿破仑三世的坚持，俾斯麦不得不承认了南德四邦即巴伐利亚、巴登、符腾堡和黑森—达姆斯塔特在国际上享有独立的地位。同年 10 月，意奥两国正式缔结了《维也纳和约》。和约规定威尼斯并入意大利。

普奥战争结束后，普鲁士迅速并吞了北德其他各邦和自由市，从而使普鲁士领土增加了 1/4，达到 34.7 万平方公里，人口增加了 500 万，达到3 000 万人。1867 年 2 月，由普选产生的北德意志联邦议会正式开幕。同年4 月，联邦议会通过了德意志宪法草案，7 月 1 日生效。根据宪法，普鲁士国王是这一联邦的主席，统领军事与外交大权，俾斯麦担任联邦的宰相。北德意志联邦的成立，标志着德意志的统一事业又前进了一大步。

四、普法战争和德意志帝国的建立

对奥战争胜利后，南德四邦由于法国的阻挠而未能加入北德意志联邦。拿破仑三世宣称："德意志应划为三块，永远不得统一。"[①]俄英两国也反对普鲁士进一步吞并南德四邦。但是，统一德国的最主要障碍在于法国。俾斯麦深知与法国的战争肯定会到来，但认为时机尚未成熟。他主张政治上的考虑要比军事上的考虑更重要，在与法国最后摊牌之前，首先要巩固业已建立的北德意志联邦；要争取南德四邦站在自己一边，并唤起全德人民的爱国热情；在外交上要利用列强的矛盾尽可能地孤立法国，并使其他国家在未来的普法战争中支持普鲁士或至少保持中立。

因此，对奥战争结束后，俾斯麦首先即对南德四邦做了大量的工作，以加强德意志内部的团结。1866 年 8 月，他以宽大和约为条件，换取了南德四邦与普鲁士结成抵御法国的攻守同盟。1867 年，南德四邦又加入了关税同盟。这种军事和政治上的合作为后来的对法战争创造了有利的政治条件。

其次，俾斯麦利用法国与其他列强的矛盾，不失时机地通过外交努力孤

① 王绳祖：《国际关系史》上册，武汉大学出版社 1983 年版，第 91 页。

立法国。对于英国，当时的英法关系由于两国的海上及殖民争霸而十分紧张，加之又与英国在争夺中亚地区，它希望加强中欧的力量以平衡法俄。俾斯麦因而认为英国不会站在法国一边压制普鲁士。俄国在普法较量中则至关重要。这是因为奥地利可能与法国联合对普复仇。如果俄国加入法奥一方，普鲁士是绝不敢发动对法战争的，而俄国若能中立或站在普鲁士一边，则可以牵制奥地利的行为。事实上，俾斯麦正是利用俄法在东方问题和波兰问题的矛盾，以及俄奥在巴尔干问题上的矛盾，积极推行媚俄政策。1868年3月，普俄签订了一项秘密协定：一旦普法开战，俄国将陈兵奥地利边境以防止法奥结盟；作为报答，普鲁士则同意终止黑海中立法，并保证波斯尼亚和黑塞哥维纳永不为奥地利所有。这样，俾斯麦就争取到了俄国的重要支持。此外，意大利的态度也对法国不利。由于拿破仑三世一直在庇护罗马教皇国，阻挠罗马统一到意大利王国中来，还在1867年11月击溃了攻打罗马的加里波第志愿军，使得意大利对法国甚为反感。即使是最有可能于法国结盟的奥地利，也由于普奥战争后元气大伤，以及受到俄意两国在巴尔干和尼斯的牵制而不愿轻易参加法国方面作战。

再次，对于拿破仑三世索要普奥战争前俾斯麦对其作出的“补偿”许诺，俾斯麦则采取推托的策略。拿破仑三世当初要求“补偿”莱茵河岸地区、卢森堡和比利时。但是，待到普奥战争结束后，俾斯麦却一反常态地表示拒绝。俾斯麦甚至设置外交陷阱，让法国驻柏林大使贝内代蒂将法国的领土要求写成书面材料，然后展示给国际社会，激起英俄等国对法国的强烈不满，使得法国在外交上处于空前孤立地位。

在进行了充分的外交和军事准备之后，西班牙王位继承问题的出现，为俾斯麦推动普法冲突创造了机会。1868年9月，西班牙女王伊莎贝拉二世被推翻逃亡法国，新上台的军政府决定寻找一位君主。俾斯麦意识到这是刺激法国的良好机会，便派人到西班牙活动。1870年2月，西班牙政府提出将王位献给霍亨索伦家族的利奥波德亲王。然而威廉一世一度反对此事，认为在屡屡发生革命的西班牙，一个外来的王室会威信扫地。不过，在俾斯麦的极力鼓动下，威廉一世最终同意了。7月初，这一消息传到了巴黎，法国舆论大哗。法国外交大臣格拉蒙立即发出战争威胁，表示不能容忍另一大国委派自己的亲王来继承西班牙王位。在普王劝说利奥波德放弃继承王位之后，拿破仑余怒未消，竟命令贝内代蒂到埃姆斯温泉疗养地，向普王提出无理条件，要求普王声明永远不赞成霍亨索伦家族的亲王登上西班牙王位。普王虽感受辱，但只以委婉的方式拒绝了法国的要求，并将这一情况电告了俾斯麦。

俾斯麦正为普王的再三忍让，从而未能激化普法冲突而烦恼。这时知悉此事，便将普王的来电加以删节，使原来委屈和解的含义变成了似乎普王粗暴回绝了法国的要求，并让侍官赶走了法国来使。7 月 14 日，这份经过删节的电文被公布，当即在法国国内掀起了民族主义歇斯底里。7 月 19 日，法国正式对普鲁士宣战。俄、英、奥、意等国则先后宣布中立。

普法战争爆发后，南德诸邦在德意志民族主义浪潮的席卷下，立即站在普鲁士一边对法作战。由于普鲁士进行的是正义的民族统一战争，并在军事和外交上准备充分，普军很快就击溃了入侵法军。9 月 1 日的色当一役，不可一世的拿破仑三世和 10 万法军官兵都成为普军的俘虏。9 月 4 日，巴黎爆发革命，推翻了法兰西第二帝国。

色当战役是普法战争的转折点。以此为转折，普鲁士的对法战争由正义的民族统一战争变为非正义的侵略战争。在法国不再成为德国统一障碍的情况下，俾斯麦为了满足普鲁士容克地主和资产阶级的利益，意欲通过继续战争来掠夺法国的领土和财富。9 月 19 日，普军开始包围巴黎。11 月 25 日，普鲁士与南德四邦缔结了联合条约。1871 年 1 月 18 日，德意志帝国在凡尔赛宫镜厅宣告成立，威廉一世加冕称帝(1871—1888 年在位)，俾斯麦成为帝国宰相。至此，俾斯麦以铁血手段，通过自上而下的三次王朝战争，最终完成了德国的统一大业。

1871 年 1 月 23 日，在德军围困下的巴黎“国防政府”开始与德国展开和谈。28 日，双方签订了停战三周的协定。2 月 13 日，法国国民议会在波尔多召开，梯也尔出任政府首脑。这个政府得到英、俄、奥、意等国的承认。梯也尔上台后，对内镇压革命，对外不惜一切代价缔结卖国条约。至 1871 年5 月 10 日，德法正式签订《法兰克福和约》。和约规定：(1) 法国把阿尔萨斯和洛林的大部分割让给德国；(2) 法国向德国赔款 50 亿法郎，年内交付 10 亿法郎，其余 3 年内付清；(3) 在赔款付清之前，德军对法国 1/3 领土实行占领，法国负责供应占领军供养；(4) 德军将分期分批撤回，以换取法国迅速分期付清赔款。该和约对于法国来说无疑是一个丧权辱国的条约。对于德国来说，则满足了德意志容克地主和资产阶级侵略扩张的野心，是一个掠夺性的条约。此后的相当长一段时间里，法国人对德国的仇恨和敌意有增无减，这就为第一次世界大战的爆发埋下了种子。

德意志帝国的建立，最终结束了德意志政治上长期分裂的局面，扫除了德国资本主义发展道路上的一大障碍，把德国的历史推向了一个新的阶段。但是，德国的统一是经由自上而下的王朝战争实现的，所建立的政权是容克地主和资产阶级的联合专政，在政治上和经济上保留了大量封建残余。它继承了普鲁士军国主义传统，使德国在以后成为欧洲军国主义的堡垒、世界战争的策源地。

第三节　俾斯麦体系的建立

一、1873 年三皇联盟

普法战争结束后，欧洲大国间的力量对比发生了很大的变化。法国由于战败削弱，丧失了克里米亚战争以来欧洲霸主的地位。一度四分五裂的德意志和意大利都实现了统一。一个在人口资源、军事实力和经济潜力方面在欧洲占据相对优势的德国的崛起，成为列强关注的焦点。欧洲国家在不同程度上普遍对德国的潜力和政策趋向感到忧虑不安。

俾斯麦在《法兰克福和约》中对法国的割地和赔款规定使得 70 年代以后的几十年间法德两国长期交恶。由于德国处在欧洲中心的位置，俾斯麦十分担心法国寻求俄国或奥国的支持，以至结成同盟反对德国。因此，普法战争后俾斯麦的外交策略是尽可能地孤立法国，防止欧洲其他大国与法国结盟。由于当时英国的格拉斯顿内阁对大陆事务持孤立主义态度，因此，俾斯麦认为关键是要处理好德、俄、奥三国的关系。

德俄之间依然存在着传统的王朝友谊。除了德皇威廉一世与沙皇亚历山大二世之间存在着舅甥关系这一特殊纽带以及普法、普奥战争期间俄国保持的“善意中立”之外，1871 年，俾斯麦又帮助俄国在是年召开的伦敦会议上取消了 1856 年《巴黎条约》对黑海“中立化”的规定，完全恢复了克里来亚战争前俄国在黑海上的主权，并确认了海峡对一切外国军舰封闭的原则，德奥两国君主联系由于 1866 年战争而中断了，但由于俾斯麦在萨多瓦战役后坚持不再进一步羞辱奥地利，这在对外政策上不失是一张吸引奥国对德友善的王牌。

俾斯麦抓住普法战争后法国实行共和制度并为实行君主制的俄奥两国所嫌弃的有利条件，竭力想利用君主的纽带把俄奥两国团结到自己的周围，在欧洲造成一种孤立法国的局面。

俄奥两国素来由于双方在巴尔干的利益对立而关系不和。奥国对俄国泛斯拉夫势力在巴尔干半岛的活动十分敏感。1871 年，安德拉西出任奥匈帝国外交大臣后，开始谋求与德国合作，以抑制俄国在巴尔干的野心。但是，俾斯麦实行的对俄友好路线又使得奥国担心德俄结成联盟反奥，因此，奥国其实也准备在可能的情况下与俄国达成某种谅解，以避免自己再次遭到像在意大利和中欧那样的沉重打击。俄国方面，沙皇则认识到德国统一后他再也无法像过去那样操纵德意志诸邦国的事务了。但老资格的俄国宰相哥尔恰科夫也不甘让德国充当欧洲的新主人。面对法国战后衰弱和 1871 年秋德奥接近出现的形势，俄国也开始调整其对奥政策，准备在巴尔干现状不受到根本改变的条件下与奥国达成某种妥协。

1872 年 9 月 6 日，在俾斯麦的促成下德、奥、俄三国君主在柏林会晤。三国君主当时除了一致表示反对社会主义国际的革命运动以外，并没有产生一项共用的政治协定。但是，俄奥两国外交大臣却在期间达成了若干口头谅解。它涉及的主要内容是奥国保证不支持波兰民族运动以及两国希望保持土耳其现状。次年 6 月，双方又在维也纳郊区兴勃隆拟定了一个政治协定——《兴勃隆协定》。协定条文规定彼此对某些特殊问题上出现的分歧要展开磋商，在遇有第三大国的侵略时，两国将不寻求缔结新的同盟，并预先进行协商，以确定应该共同遵循的行动方针。同年 10 月，德国也加入了这个政治协定，从而结成三皇联盟。

二、东方问题的再起与俄土战争

18 世纪晚期以来，由于奥斯曼土耳其帝国的衰落而衍生出来的有关这个帝国及其统治下的臣民命运的东方问题，一直就是欧洲政治关注的一个焦点。欧洲列强一方面企图从其衰落中为自己攫取更多的利益乃至领土，另一方面又竭力阻止别国获得占据优势的利益。由于列强在东方问题上利益尖锐对立，始终没能找到一个真正的解决办法，一个不断衰落的奥斯曼帝国竟成了欧洲的需要。克里米亚战争后，列强通过 1856 年《巴黎条约》暂时规定了战后近东现状和在那里的大国力量平衡。但时隔 20 年，东方问题再次泛起，引发了欧洲列强的一系列外交角逐，深刻地影响了它们之间的关系。

1875年7月，奥斯曼帝国西北部的波斯尼亚和黑塞哥维纳地区爆发基督教农民起义，反对土耳其的专制统治。巴尔干半岛的斯拉夫人对起义立即给予了支持，尤其在两个具有统治地位的塞尔维亚和门的内哥罗。土耳其政府则出动穆斯林雇佣军进行镇压，并警告塞尔维亚政府不要进行干预。

巴尔干半岛的动荡局势引起了列强对东方问题的重新关注，尤其是俄奥两个在此具有特殊利害关系的大国。奥国担心巴尔干出现一个由俄国支持的大斯拉夫国家，从而阻塞其唯一的向东南扩张的通道，它因此支持土耳其对巴尔干属地的统治。俄国则支持巴尔干斯拉夫人从土耳其那里获得自治或独立，但是，为了避免昔日在克里米亚战争时的孤立状态，俄国也准备与奥国就巴尔干问题达成某种谅解。

德国出于维护三皇同盟的需要，十分赞成俄奥之间达成妥协。1876年5月13日，在俾斯麦的促成下，安德拉西和哥尔恰科夫在柏林签订了一个备忘录，奥俄两国一致要求土耳其在波黑两省实行包括宗教自由和减少税收在内的改革，并建议冲突双方停火两个月直接谈判。但俄国在《柏林备忘录》末尾又加了一个保留条件：如果停火期满而未达预期目的，大国将保留进一步采取措施的权利。

时至1876年夏，土耳其雇佣军在保加利亚制造了一个血腥镇压当地人民起义的惨案，有1.2万无辜居民惨遭杀害，这一事件引发了塞、门两国正式对土宣战。列强面对日趋动荡的土耳其政局一时束手无策。同年8月，塞尔维亚对土战争失利，其米兰大公请求列强斡旋停火。此时俄国感到不能坐视土耳其的胜利，急欲以战争捍卫其在巴尔干的利益。俄国曾建议奥俄合作进行军事干涉，如果土耳其拒绝停火，则由两国分别对波斯尼亚和保加利亚实行军事占领。但是此计划遭到英国竭力的反对。英国政府担心的是俄国可能进一步觊觎君士坦丁堡，从而有能力由叙利亚直抵尼罗河口，切断英国从埃及通往印度的海路。

为了争取奥、英两国能在将来俄国采取军事行动时保持中立，俄国从1877年1月开始就对上述两国展开频繁的外交活动。3月18日，奥俄两国秘密签订了《布达佩斯条约》，规定奥国保证在俄国采取行动时保持善意中立；俄国承认奥国可在适当时候占领波黑两省；俄军的行动范围将局限于巴尔干东部；两国确认不建立大斯拉夫国家的原则。通过该条约，俄国获得了未来对土战争时奥国采取中立的承诺。3月31日，英国外交大臣德比和俄、德、奥、法、意五国驻英大使签订了一份《伦敦议定书》。议定书确认列强对土耳其境内基督教徒命运的关注,要求土耳其在和平的基础上重新组织军队,并有效地实施改革,否则大国将进一步考虑采取措施确保和平。但议定书在 4 月 9 日遭到土耳其政府的拒绝。

1877 年 4 月 24 日,俄国政府借口土耳其拒不履行《伦敦议定书》的规定,正式宣布对土开战。战争前后持续将近一年,直至次年 3 月 3 日土耳其在战败情况下被迫与俄国签订《圣斯蒂法诺条约》。根据该条约,土耳其被迫承认塞尔维亚、门的内哥罗和罗马尼亚独立;波黑两省实行改革;俄国取得阿尔达汉、卡尔斯、巴统等地区;两海峡无论平时或战时都对来往于俄国港口的中立国商船开放;保加利亚建成自治的和纳员的公国,并由俄军占领两年等等。

然而,《圣斯蒂法诺条约》遭到英奥两国的坚决反对。英国是俄土战争期间唯一对俄国宣战进行公开谴责的国家。英国首相迪斯累里曾一再以战争相威胁,警告俄国不要占领君士坦丁堡和推翻海峡现有安排。英国担心俄国的军事行动可能影响到它在埃及、苏伊士运河以及通往印度海上航线上的安全。为了干预俄土战争,英国也曾寻求奥国的支持,只是由于奥俄之间有了《布达佩斯条约》,奥国无意联英反俄,仅答应未来对近东问题作最后安排时,两国将采取合作。但是,待到《圣斯蒂法诺条约》签订后,即使是奥国也认为俄国得到的太多,并加入到要求召开一次欧洲会议来修改俄土和约的行列中来。

1878 年 6 月 13 日,欧洲列强在柏林举行会议,讨论解决东方问题和《圣斯蒂结诺条约》引起的有关问题。参加会议的国家有德、英、俄、奥、法、意和土耳其。东道国首席代表俾斯麦担任大会主席。此前英俄、英奥和英土之间其实已幕后达成了一些协议。列强经过紧张的讨价还价,于7 月 13 日最终产生了一个重新勾画近东地图的《柏林条约》。条约的主要内容有:(1) 在英、奥的反对下,俄国放弃建立大保加利亚的计划,将该地区分为三个部分:自治的保加利亚公国,半自治的东鲁米利亚省以及土耳其直接统治下的马其顿地区;(2) 列强同意由奥国占领波斯尼亚和黑塞哥维纳两省;(3) 俄国保留《 圣斯蒂结诺条约》中的一些重要收获,如收复比萨拉比亚,兼并阿尔达汉、卡尔斯和巴统等亚洲领土,土耳其同时承认塞、门、罗的独立;(4) 海峡对一切外国军舰关闭的原则应予维持。

通过柏林会议,英奥两国实现了对《圣斯蒂结诺条约》的部分修改,英、俄、奥三国在近东实现了一次权力再分配，东方问题暂时得以缓和，并避免了一次大国战争的爆发。但是，围绕柏林会议的最终解决方案而展开的大国之间的争斗却更加明朗了。俾斯麦甚为珍视的三皇联盟由于俄奥两国在东方问题上的尖锐矛盾而逐渐失去了协调彼此之间关系的作用。为了继续控制欧洲局势，俾斯麦领导的德意志帝国开始走上了与别国秘密结成同盟的道路，并一度建立起以德国为中心的欧洲结盟体系。

三、1879 年德奥同盟

柏林会议的召开标志着俄奥两国协调的失败，作为欧洲君主联合的载体——三皇联盟动摇了。柏林会议后，德俄关系也出现了严重倒退。由于柏林会议迫使俄国放弃它在《圣斯蒂结诺条约》中获得的一部分胜利果实，俄国宰相哥尔恰科夫对主持会议的俾斯麦甚为不满，认为这是俾斯麦主导下的一次“反俄大合唱”。实际上俾斯麦在柏林会议期间是在尽力帮助协调俄奥关系，以免因俄奥矛盾激化而有违德国以三皇联盟孤立法国的政策。

对于俾斯麦来说，与俄国的关系仍然很重要，因为它可避免法俄联合而致德国于两面夹击的境地。但在德俄关系已经恶化，三皇联盟名存实亡的情况下，俾斯麦宁愿先着手巩固与奥国的关系。德奥之间若结成同盟，则可能迫使当时在国际上十分孤立的俄国放弃反德立场并回到王朝欧洲联合的道路上来。即使俄国转而寻求法国的支持，德奥同盟也是抗衡法俄联合的有力措施。奥国方面，即将卸任的外交大臣安德拉西也有意在去职前与德国签订一项共同抵制俄国侵略的防御性条约。这样，在 1879 年 10 月 7 日，双方经过一番酝酿后正式缔结了《德奥同盟条约》。该条约规定：缔约国一方如遭到俄国的进攻，另一方应以全部军事力量予以援助；缔约国一方如遭到其他另一国家进攻，另一方应采取善意中立，但如果俄国支持该进攻国家，则缔约国双方应协调作战直至议和；条约内容保密，有效期为五年，经协商后可以延期或修改。

通过缔结同盟条约，德奥双方加强了抑制俄国侵略的力量。对于德国来说，如果法国进攻德国，则德国可以获得奥国的善意中立；如果俄法联合进攻德国，则德国可以获得奥国的援助；同时它又不需要承担奥国主动进攻俄国时的援助义务，从而避免自己因奥国的扩张政策而卷入与俄国战争。这样，德国从一开始就取得了对该同盟的主导权。

四、1881年三皇同盟

德奥的接近引起了俄国政府的警觉。自俄土战争爆发以来，俄国在欧洲大国之间一直就处于十分孤立的地位。奥、英两国尤其反对俄国势力的不断扩张。但是，相比较而言，英国是俄国在近东及亚洲的主要敌人。在柏林会议上，英国既是俄国企图建立大保加利亚计划的主要反对者，又是在巴统等亚洲问题上的重要挑战者。即使是在海峡问题上，英国也与其他列强的立场拉开距离，声称对保持海峡关闭所承诺的义务仅限于对土耳其苏丹而言。俄国政府当时面临着克服俄土战争后的财政窘境，组建黑海舰队以防备英国，以及重新控制巴尔干地区等任务，因此有意与德奥订立一个条约以保障它的近东利益，并借此摆脱孤立的地位。俾斯麦对此当然十分赞成，并甘愿充当对奥国的说客。1881年6月18日，德、俄、奥三国在柏林秘密缔结《三皇同盟条约》。该条约有效期为三年，1884年三国续订了一次。条约规定：(1) 缔约国之一同第四国交战时，其余两缔约国应采取善意中立。这个规定适用于对土耳其的战争；(2) 土耳其欧洲部分的领土变更，需经由缔约国一致同意，但是经过俄奥两国达成的谅解，保加利亚地区(马其顿除外)可以合并，而奥国可以兼并波、黑两省；(3) 缔约国承认海峡封闭是一个具有普遍约束性的欧洲原则。

1881年三皇同盟的缔结是俾斯麦构建其复杂的大陆同盟体系的重要一环。相比1873年仅着眼于协调彼此关系的三皇联盟而言，新的三皇同盟增加了彼此在安全保障方面应尽善意中立义务的条款。德国在法德之间发生战争时可以获得俄、奥的中立；俄国在与土耳其或英国交战时可以获得德、奥的中立；奥国则可以在与意大利发生冲突时避免俄国的干预。此外，俄国还赢得了德、奥对其在巴尔干和海峡问题上的谅解。这样，德国使欧洲三大君主国家重新聚合起来，并恢复了对俄奥关系的某种控制，从而也恢复了对欧洲政治局势的控制。

五、1882年德、奥、意三国同盟

19世纪70年代初，地处南欧的意大利虽然实现了统一，但是实力在欧洲六强中却最弱。然而，意大利也不甘沉默。罗马帝国的光辉历史极易唤起它的扩张野心。70至80年代，意大利的扩张目标主要有二：一是伺机从奥国手中夺回原属意大利的特兰提诺和的里雅斯特；二是将邻近意大利的北非地区纳为自己的殖民地。但是，在实力决定一切的时代，势单力薄的意大利注定要遭受挫折。奥国对于意大利的领土收复企图一直十分警惕，屡屡以战争威胁来警告意大利不要轻举妄动。在北非殖民地的争夺方面，意大利又落后于法国。法国不仅在摩洛哥和阿尔及利亚站稳了脚跟，甚至在1881年5月将意大利觊觎已久的突尼斯也变成了自己的保护国。从而使意大利的帝国梦变成泡影。

时至1881年下半年，意大利国内发生了一场严重的政治搔乱。7月12日，当罗马教廷为已故教皇庇护九世举行灵柩移送仪式时，反天主教共和分子掀起了持续的大动乱，要求政府取消规定教皇地位的保障法。共和分子的行为虽然得到了法国共和政府的支持，但却遭到素来同情教皇的德、奥、俄等国的广泛反对，使得意大利政府在国际上处于十分孤立的地位。

在内外交困的情况下，意大利德普雷提斯内阁决定与中欧的君主国德奥结盟，以换取它们对意大利的支持。俾斯麦原先并无与意结盟的考虑，但是当时出现的法俄接近的迹象使得他担心。三皇同盟尚不足以保证德国的绝对安全，于是转而赞成与意大利结盟。1882年5月20日，德、奥、意三国在维也纳正式签订了三国同盟条约。条约规定：缔约国之间互相保证不参加敌对同盟；意大利在遭到法国进攻时，德奥应提供全力援助；德国在遭到法国进攻时，意大利需履行同样义务；缔约国成员如遭到两个以上非缔约国的无端进攻，所有缔约国应协同作战；缔约国如遭到另一非缔约国威胁或与之发生战争，其余缔约国应采取善意中立。条约有效期为五年，内容保密。此外，意大利外长曼西尼还附加了一个声明，即该条约不得认为是针对英国。

德、意、奥三国同盟是一个针对法俄的同盟。对于德国来说，俾斯麦不仅可以借此加强牵制俄国的力量，而且进一步孤立了法国。对于奥国来说，它不仅可以在未来的俄奥战争中获得意大利的善意中立，而且可以不必担心意大利收复领土的要求。意大利则通过与德奥结盟而加入了在欧洲占据主导地位的君主国家阵营，摆脱了危险的孤立，并提高了大国的地位。这个同盟后来多次续订，成为德国推进其霸权政策的工具。

继意大利之后，俾斯麦又把罗马尼亚拉入他所主导的同盟体系。罗马尼亚自柏林会议后摆脱土耳其的统治而获得了独立，但却付出了将比萨拉比亚割让给俄国的代价。1883 年秋,俄国与保加利亚的亚历山大大公发生矛盾,罗马尼亚深恐俄保矛盾殃及自身安全,遂寻求奥国的支持。在俾斯麦的撮合下,奥罗两国在同年 10 月签订了针对俄国的互助条约,而德国随即声明加入。

至此,俾斯麦领导下的德意志帝国,自柏林会议结束后仅仅五年的时间内,就建立起一个包括德、奥、意、俄、罗等国在内的复杂的联盟体系,欧洲国际政治形成以德国为中心的俾斯麦体系所支配的局面。

第四节　俾斯麦体系的调整与瓦解

一、保加利亚危机和三皇同盟的终结

保加利亚地区原属奥斯曼土耳其帝国,1878 年的《柏林条约》推翻了俄土战争后《圣斯蒂法诺条约》所规定的建立一个俄国主导下的大保加利亚的计划,而作出将该地区一分为三的安排。但是俄国仍希望将其中的保加利亚公国和东鲁米利亚合并为一个国家,并将其纳入自己的势力范围。1881 年,《三皇同盟条约》中俄奥曾达成谅解,奥国允许这两地合并。但具有讽刺意义的是,俄国却不能在保加利亚公国建立有效的控制。保加利亚的亚历山大大公在由沙皇扶植登上王位后,不满于俄国官员的颐指气使,转而企图摆脱俄国的操纵,保俄关系因此变得紧张起来。

1885 年 9 月 18 日,东鲁米利亚爆发了反对土耳其统治的起义,当地人民驱走土耳其行政长官,自行宣布与保加利亚公国合并,并拥立亚历山大大公为君主。俄保关系当时正处紧张,这一合并事件自然使俄国陷于十分尴尬的境地,并由于奥、英、德等列强的介入而演变成一场历时近两年的国际危机。

沙皇亚历山大三世(1881—1894 年在位)不能容忍一个不听命于俄国的统一的保加利亚的存在,他转而谴责亚历山大大公破坏《柏林条约》,要求列强施加压力,迫使亚历山大大公解散保加利亚的合并。在 1885 年 10 月于君士坦丁堡举行的列强大使会议上,俄国代表一反过去主张建立大保加利亚的初衷,建议恢复《柏林条约》规定的现状。奥国虽然是三皇同盟的一

员，但却与俄国在巴尔干有着根深蒂固的矛盾，自然为俄国失去保加利亚而幸灾乐祸。不过，由于担心巴尔干的起义波及奥匈帝国自身，奥国也不希望事态扩大，而只是主张俄国建议的恢复《柏林条约》规定的现状。德国俾斯麦出于维护三皇同盟的考虑，支持奥俄保持合作。但是，俄国的建议遭到英国的抵制。英国目标是保护亚历山大大公在保加利亚的领导地位，以此遏制俄国在巴尔干的扩张。为了达到这个目的，英国采取了鼓动土耳其和保加利亚直接达成和解的策略。1886 年 2 月，亚历山大大公与土耳其政府达成协议：东鲁米利亚仍归土耳其，但苏丹任命亚历山大大公为该省总督。这就在事实上承认了亚历山大大公在保加利亚的地位。

俄国不甘心失去保加利亚。1886 年 8 月，俄国利用保国内亲俄势力阴谋发动政变，废黜了亚历山大大公。接着，俄国又派出特使考尔巴斯将军，对保加利亚实行高压统治。但是，保摄政当局在英、奥的支持下，对俄国的倒行逆施进行了坚决抵制。次年 7 月，保摄政当局另立斐迪南为保加利亚大公，俄国由此完全失去了对保加利亚的控制。

在保加利亚危机期间，奥国同英国一道，一直抵制俄国在保加利亚恢复控制的努力，致使两国关系急剧恶化。由于奥国反对俄国占领保加利亚或变其为保护国，俄国将奥国视为它在巴尔干扩张的主要障碍，奥国则从此次危机中认识到三皇同盟根本不足以遏制俄国的扩张野心。俄奥两国在巴尔干扩张利益的对立性注定了俾斯麦强求俄奥合作的努力将归于失败。1887 年，《三皇同盟条约》期满时没有再续订，俾斯麦体系的重要一环脱节了。

二、法德关系危机和 1887 年《三国同盟续约》

法国在普法战争中战败，失去了昔日的欧洲霸主地位，但它并不甘心《法兰克福和约》的裁决。19 世纪 70 年代，法国政府致力于国内经济的复兴和重整军备。由于德法力量对比的悬殊，复仇战争尚无从谈起。但是，民族复仇主义的思潮却一直在法国社会回荡。阿尔萨斯和洛林问题是法兰西民族心头挥之不去的耻辱记忆，也是随时可以引燃法德战火的导火线。1886 年 1 月，民族复仇主义者布朗热现象虽然并不真正代表当时的法国政策，但却给俾斯麦敲起了警钟。

当时，保加利亚危机的发展正呈现出俄国可能进行军事干预的迹象，俾斯麦因此十分担心法国可能趁机进攻德国。为了吓阻法国，俾斯麦采取了加强德国军事力量的威胁手段。1889 年 11 月，当布朗热在法国东部边境加强军事力量时，俾斯麦向国会提出了新的“7 年期”强军计划。1889 年 2 月，德国征召 7.2 万名后备役军人在洛林集训。俾斯麦还在国内发起渲染法国侵略意图的舆论攻势，有意制造了一场法德关系危机。

由于德法关系的恶化，以及保加利亚危机影响下德俄关系的微妙性，俾斯麦决定进一步加强德、奥、意三国同盟关系，以确报德国的安全。意大利这时也发现了自身对于德奥两国的价值，便有意通过续订将要期满的三国同盟条约来争取更多的好处。1887 年 2 月 10 日，《三国同盟续约》在柏林签字。三国同意继续延长 1882 年的三国同盟条约。其中的《德意协定》还规定，如果意大利为了地中海的利益而与法国开战，德国应给予军事援助；《奥意协定》则没有涉及奥国反法或意国反俄的军事援助问题，而只规定双方将尽可能维持近东现状。通过 1887 年的《三国同盟续约》，意大利在条件允许时若主动对法国开战，它将得到德国的援助，这就使得三国同盟演变成具有侵略性的军事同盟。

三、两次《地中海协定》和《再保险条约》

俾斯麦在构建结盟体系中还有一个重要的考虑：即希望通过英意和英奥之间的协约联系，将英国也拉入到牵制法俄的路线上来。英意两国在地中海存在着遏制法国的共同利益，而英奥两国在巴尔干问题上也存在着遏制俄国的相同的立场，如果英国能加入到反对法俄的阵营，德国就可以在地中海和近东调动起足够的力量对付法俄，同时又赋予德国与法俄交往时更大的回旋余地。基于这种战略考虑，德国在英、意、奥之间积极活动，力图促成它们订立反对法俄的协定。

对于英国来说，它同法俄确实有深刻的利益矛盾。但是英国并不信任德国。首相索尔兹伯里洞察俾斯麦想把对抗法俄的责任推至英国身上而自己则坐收渔人之利的意图。他认为英国的政策是既要反对法俄的扩张野心，又要避免卷入与法俄的冲突。因此，他主张与意奥只订立一种不承担明确援助义务的协定，并将范围界定在维持地中海地区的现状。

1887 年 2—3 月，英、意、奥三国以互相交换照会的形式达成了第一次《地中海协定》。根据该协定，三国同意共同维持地中海以及亚得里亚海、爱琴海和黑海的现状，意大利支持英国在埃及的活动而英国支持意大利在的黎波里和昔兰尼加的活动。意大利在照会中提到英意若与第三国发生分歧，双方将约定在地中海彼此支持。同年12月，三国又以照会形式达成了第二次《地中海协定》。根据协定，三国同意共同维持近东现状和保护海峡，确认土耳其对保加利亚的宗主权。德国虽没有参加这两个《地中海协定》，但却通过其盟国意奥的参与而间接地实现了与英国的非同盟性联合。不过，由于协定条款规定了英国承担义务时的模糊性，这又揭示了英德两国合作的有限程度。

俾斯麦通过订立德、奥、意《三国同盟续约》和推动德、意、奥达成《地中海协定》而加强了对付法俄的力量。但是由于《三皇同盟条约》未能续订，俄国仍存在着与法国联合的可能，而这是俾斯麦自普法战争结束以来竭尽全力需要避免的。因此，俾斯麦一直希望与俄国订立一项协定，以取得三皇同盟时所规定的俄国在法德战争时采取善意中立的保证。沙皇亚历山大三世这时也有意从德国那里获得其在巴尔干和海峡问题上的支持。于是，双方经过一番酝酿后，于1887年6月18日在柏林签订了一项《再保险条约》。条约的主要内容是：(1) 缔约国一方与第三大国交战时，另一方应采取善意中立，但德国攻法和俄国攻奥两种情形排除在外；(2) 德国承认俄国在历史上取得的巴尔干权利，尤其是它在保加利亚和东鲁米利亚占有决定优势的合法性；(3) 双方重申封闭海峡是个欧洲原则。该条约有效期三年，内容保密。俾斯麦通过与俄国签订《再保险条约》，在一定程度上防止了法俄结成反德同盟。由于三国同盟已经保证了奥国在法国对德战争时的中立，现在又保证了同样情况下俄国的中立，因此该条约被称为《再保险条约》。

这样，自三皇同盟终结后，俾斯麦借助《三国同盟续约》、两次《地中海协定》和《再保险条约》实现了对其结盟体系的调整，而作出这些调整的目标就是要牵制法俄的力量，阻止法俄结合，确保德国在欧洲大陆占据支配地位。但是，调整后的结盟体系仍然相当脆弱。首先，法德之间、俄奥之间存在着根本对立矛盾，俾斯麦对此始终未能解决。由于德奥之间存在着同盟关系，一旦俄国与德国的矛盾再次恶化，它就极有可能寻求与法国联合。其次，作为海上强国的英国态度十分暧昧。英国虽然在殖民扩张方面与法俄之间存在着深刻的矛盾，但它宁愿信奉自身实力也不愿依靠大陆结盟。俾斯麦如果不能很好地处理与英国的关系，其大陆结盟体系的前景仍然是个未知数。最后，这个结盟体系深深地打上了俾斯麦个人的烙印，反映了他联合奥意、拉拢俄英、孤立法国的策略思路，这一思路有待于德国政府继续通过卓有成效的外交去实践。但是，自从 1888 年威廉二世(1888—1918 年在位)继承皇位后，俾斯麦与这位新皇帝就不断发生政见冲突。1890 年 3 月，俾斯麦被迫辞职。新内阁的政策措施开始与俾斯麦拉开距离。此后几年，英德矛盾不断上升，法俄则不断靠拢，俾斯麦苦心经营多年的结盟体系遂趋于瓦解。

四、德国的外交“新路线”与法俄同盟的建立

1890 年 3 月接替俾斯麦出任德国宰相的卡普里维声称，在外交上要奉行不同于俾斯麦时期的“新路线”。这个“新路线”认为德国必须正视俄国的敌意和法俄结盟的可能，主张放弃与俄国的妥协，转而全力加强与英国的联系，以抗衡法俄集团。

新内阁出台的第一项外交举措就是取消了与俄国就续订《再保险条约》进行谈判的计划。1887 年 6 月订立的《再保险条约》三年有效期将满，俄国驻德大使保罗·舒瓦洛夫在 3 月份就提议续订。但这时德国政府决定不再续订，理由是该条约既不能保护德国免遭法国的进攻，又不能完全排除法德结盟的可能，它承认俄国在巴尔干利益方面的条款还与德国对自己盟国所作出的承诺相矛盾。俄国外交大臣吉尔斯后来表示希望与德国达成一个书面协定，甚至提出可以取消关于保加利亚的条款，但还是被德国政府拒绝，《再保险条约》的废除无疑将促使俄国倒向法国。

对于英国，新内阁的政策是极力拉拢。1890 年 7 月，德国政府做出重大让步，与英国签订了一项久拖未决的条约，将其在东非的一块殖民地桑给巴尔与英国在北海的赫尔果兰岛相交换。德国的目标是要把英国拉入三皇同盟，或促使英国扩大《地中海协定》中承诺的义务。但是，英国并不想受制于德国，更不想在为意奥承担义务时替它们火中取栗。英国谨慎地处理它与法俄的关系，同时又维持与三国同盟友好，从而使自己的对外政策更具有回旋余地。

与英、俄关系的微妙促使德国新内阁更加重视三国同盟的核心作用。1891 年 6 月，德、奥、意提前一年续订了《三国同盟条约》。在这次续订中，德国为了争取将有所动摇的意大利留在同盟内，答应对意大利在北非地区采取旨在“维持现状”的任何行动都将予以支持。但正是这次续订期间所显

示的三国同盟一致对法立场以及英国所表现的对三国同盟的支持，促使俄法两国在1891年8月达成了一项政治协定。

德国决定废除《再保险条约》后，俄国自保加利亚危机以来所面临的外交孤立进一步加深。三国同盟条约的续订和英、意、奥的密切交往，迫使俄国政府面临这样的选择：要么孤立地面对一个敌对性大国集团，要么与同样处于孤立地位的法国联合。俄国政府无疑会选择后者。1891年7月17日，俄国外交大臣吉尔斯在会见法国前任大使拉布莱时表示，希望俄法两国加强合作。经受了20多年孤立之苦的法国自然求之不得。8月27日，两国迅速达成了一项政治协定。其中规定：(1) 两国将对任何具有威胁性质的问题进行磋商；(2) 如果和平真正遭到威胁，特别是如果两国之一成员有被侵略的危险，双方应就两国采取相应措施问题达成谅解。

次年8月，两国进一步签订了军事协定。其内容主要是：(1) 如果德国或意大利在德国支持下进攻法国，俄国应使用它所有的军队进攻德国，如果德国或奥国在德国的支持下进攻俄国，法国也应使用它所有的军队进攻德国；(2) 如果三国同盟或其成员之一动员了它的军队，法俄两国不用事先协议即应同时动员各自全部军队，并将这些军队调到尽可能靠近边界的地方；(3) 法国用于对付德国的军队为130万人，俄国则为70万或80万人，这些军队应尽速参加战斗，迫使德国两线作战。1894年1月，这项军事协定在两国相继获得批准，法俄同盟遂告成立。

法俄同盟的成立标志着曾经一统欧洲的俾斯麦结盟体系的终结。普法战争结束以来，俾斯麦一直想要孤立寻求复仇机会的法国，为此，他精心构筑了一个以德国为核心，一度将奥、意、俄、英等大国纳入其中的结盟体系。但是，由于这个体系内部所蕴含的一些基本矛盾始终未能得到根本的解决，它最终亦难逃瓦解的结局。从此以后，欧洲日益分裂成两大敌对阵营——德、奥、意集团和法俄集团，直至第一次世界大战爆发。

思考题

1. 19世纪德意志和意大利两国在统一方式上有何异同点？
2. 俾斯麦结盟体系是怎样形成和调整的？
3. 俾斯麦体系为什么会瓦解？
4. 德国的崛起对欧洲国际关系产生了什么样的影响？

第五章　美日的崛起与帝国主义瓜分殖民地的斗争

产业革命后，资本主义工业的繁荣与发展，使西方资本主义列强加紧侵略经济不发达的国家，使之成为工业品的销售市场和原料供应地。到 19 世纪后半期，欧洲各国实现了从自由资本主义阶段向垄断资本主义阶段过渡之后，开始走出欧洲的藩篱，进行抢掠土地和争夺霸权的斗争。非洲、中近东和亚洲等一些战略要地首先成为欧洲列强争夺的目标，广大地区在列强的争夺中被逐步瓜分，并沦为列强的殖民地。在这个时期，英法在非洲的争夺，英俄在中近东的角逐等是比较典型帝国主义早期瓜分殖民地的斗争。相对后起的德国在瓜分殖民地的斗争中，与英、法、俄等国产生了程度不等的矛盾，对日后欧洲国际关系的发展有很深的影响。从总体上说，英俄两国是 19 世纪中期侵略和殖民的急先锋，这两国对霸权的争夺是这一时期国际政治的主旋律之一。

美国加入殖民国家行列，使得列强之间的矛盾和斗争复杂化。美国是一个后起的，但又是发展十分迅速的资本主义国家。随着实力的增强，美国的扩张主义野心也不断增大。“门罗主义”是美国在实力相对较弱的情况下排挤欧洲列强、尤其是英国在拉美的势力的一大外交胜利。南北战争后，美国资本主义经济迅猛发展使之开始积极介入瓜分殖民地的浪潮中去。泛美会议的召开、巴拿马运河开凿权的取得、对委内瑞拉和古巴的干涉等都是美国扩张主义者试图在拉美称霸的手笔。在亚洲、非洲等地，到处都有美国殖民和争霸的踪迹。美国的崛起成为推动全球性国际关系体系的新因素，并在日后的国际关系中发挥出越来越重要的作用。

自从 19 世纪中叶日本大门被美国的军舰打开之后，既使日本一度面临着被沦为西方列强殖民地的危机，也使日本深受刺激而实行了明治维新的改革，走上了富国强兵的资本主义道路。并且日本很快地就加入西方列强争夺殖民地的队伍中去，吞并了琉球和朝鲜，随后又挑起中日甲午战争，并从中获胜，这些都标志着日本的崛起。

美国和日本崛起后，面对世界殖民地几乎已被欧洲列强瓜分殆尽的情况，就有了重新瓜分世界殖民地的要求。为此，美国挑起了美西战争，使自己获得了有利的远东海军基地；提出了"门户开放"政策，以便于自己参与瓜分中国；实施了"金元外交"和"大棒外交"，加强了对拉美的控制。日本则在与英国结成同盟的基础上，进行了日俄战争，使之在远东的势力大增。此外，英布战争也是一场列强重新瓜分殖民地的斗争，此后英国开始调整传统的外交政策。

19 世纪后半叶和 20 世纪初的国际关系的总特点就是帝国主义列强瓜分世界的斗争。欧洲列强开始了早期的瓜分斗争，美日崛起后要求重新瓜分殖民地。在这样一个过程中，美日正式融入全球体系，推动全球性的国际关系体系最终形成，同时列强之间的矛盾也在斗争中不断深化并产生深远的影响。

第一节　欧洲列强早期瓜分殖民地的斗争

一、列强对非洲的瓜分

1. 英国占领埃及

埃及是个具有重要战略地位的国家。因为她连接了欧、亚、非三大洲，是古代东西方贸易的必经之路。1869 年 11 月 17 日，连接地中海和红海的苏伊士运河开通了，这使得埃及的战略地位显得更加重要。这条运河的开通，大大缩短了东西方之间交往的距离，也为西方列强向东方扩张提供了便利的通道，因此必然将成为列强觊觎的目标，而英法是其中最为积极的国家。

向殖民地国家提供贷款和购买他们的公债是列强进行经济渗透和经济控制的惯用手法。对待埃及同样也不例外。到了 19 世纪 70 年代，埃及因为债台高筑而不得不出售苏伊士运河的股票用以还债。1875 年，英国首相迪斯累里抢先法国低价购买了苏伊士运河将近半数的股票，这是英国企图排挤法国、独占埃及的肇始。出售苏伊士运河股票并不能解决埃及财政危机。1876年,英国借口帮助解决埃及财政问题而派出了一个由财政专家组成的代表团,而其真实的意图是趁机通过提供贷款来控制埃及政府的经济命脉。法国见此,也不甘落后地派出自己的代表团,并提出财政援助的计划。在双方相争的情况下,经过折中交涉,最后达成的妥协是英法共同监管的"双重监督制",即由英法两国派出的财政监督共同管理埃及政府的财政。这样,埃及的经济命脉就被外国所掌握了。

英国当时之所以会与法国妥协,其重要原因是当时英国与俄国在中近东的争夺十分激烈,如果此时独占埃及则会冒与法国发生战争的风险,而英国的力量无暇两边兼顾。英法两国在实现双重监督制后,又于1878年迫使埃及政府接受了由英国、法国、意大利和奥地利人任职的"欧洲人内阁",开始了对埃及人民的统治。

英法等国的做法激起了埃及人民的反抗。由埃及爱国官兵和学生组成的"祖国党",以"埃及是埃及人的埃及"为口号,先后于1879年和1881年领导埃及民众发动了两次起义,使英法的政治统治和财政监督暂时无法得以实施。

当时英国一方面参与由法国提议的讨论埃及问题的国际会议,一方面则伺机对埃及采取单独行动。1883年7月,英国舰队在海军中将西摩尔的指挥下,野蛮炮轰亚历山大港,然后占领了该地。8月,英军占领了苏伊士运河。9月,占领了开罗以及整个埃及。占领埃及后,英国害怕法国等的反对而不敢公开声称占领。因而在对各国的照会中声称这只是暂时的占领,英军将在一定条件下撤走。然而在1882年至1922年期间,英国如此的空头允诺达几十次之多,而埃及成了英国事实上的殖民地。

当时英国敢于单独武装干涉埃及的一个重要原因,是在欧洲的国际政治舞台上,中近东危机已经结束,英国战胜了俄国,而法国则由于德奥同盟的建立而陷于孤立。因此,英国可以腾出足够的力量来对埃及采取单独行动。

英国独占埃及意味着法国的惨败,英法矛盾加剧,在苏丹、尼罗河流域等的矛盾日趋激烈。欧洲列强的力量均势又将出现新的变化,如英法自由同盟的解体,以及法俄同盟的出现等。对英国而言,独占埃及既使英国可以更有效地控制该地区,也为其进一步向东扩张提供了良好的基础。

2. 法国占领突尼斯

突尼斯位于非洲大陆最北端的扼要之处，濒临地中海，是直布罗陀海峡通往苏伊士运河的要道，因此同样也成为列强争夺的焦点，参与角逐的主要国家是英国、法国和意大利。英法等国以贷款形式向突尼斯进行资本渗透，使之外债连年增加，1868 年不得不宣布国家财政破产。于是，突尼斯的财政就为英、法、意所共管，从而失去了经济自主权。但是，这时法国还无法实行独占。进入 70 年代以后，法国加强了对突尼斯的侵略。由于突尼斯与意大利的西西里岛隔海相望，意大利将之视为自己应有的势力范围，因此反对法国势力在此地的加强。普法战争期间，意曾企图独占突尼斯，但是为英法所阻止。

1878 年柏林会议期间，英、德和法达成了私下协议。德国为使法国的注意力从普法战争的失败中转移开去，鼓励法国占领突尼斯，而英国则以法国承认英国占领塞浦路斯为条件同意法国占领突尼斯。英德的支持鼓励了法国，而与意大利的竞争又使之不得不尽早行动。1881 年，法国借故侵入突尼斯，并签订了不平等条约。为了避免意大利等国的干涉，法国声称这只是暂时性的占领，但事实上法国控制了突尼斯并使之成为自己的殖民地。这样，法意矛盾就加剧了，失败的意大利不得不于 1882 年与德奥结成同盟。

可见，法国独占突尼斯影响了列强在地中海的力量对比，同样也影响了他们在欧洲舞台上的力量组合。

3. 比利时占领刚果河流域与 1884—1885 年柏林会议

刚果河流域处于非洲中部地区，不仅自然资源丰富，而且地理位置重要。随着列强对非洲渗透的深入，他们的竞争就进一步从非洲沿海向内陆地区发展，并且随着瓜分步伐的加快，其竞争的程度也空前激烈起来，所有这些最充分地表现在列强对刚果河流域的争夺上。

美籍英人斯坦利在刚果河流域之争中扮演了一个十分重要的角色。他曾经先后三次在刚果河流域探险。其中第二次是在 1874—1877 年间，这次他走完了刚果河流域的全程，不仅发现刚果河流域中部河流也具有其他非洲地区所没有的航行价值，而且对沿途的自然风貌、风土人情等也有了最初的认识，并获得了大量原始资料。这次探险的成功激起了欧洲列强对非洲的强烈兴趣，尤其是比利时国王利奥波德二世。在他的倡议下，1876 年在布鲁塞尔召开了名为“国际地理学会议”，实为瓜分非洲的研讨会；1878 年又在比利时成立了“国际刚果协会”。

当斯坦利于1878年返回欧洲时，利奥波德二世马上派他的事务官前往马塞港迎接。经过秘密协商，两人签订了为期五年的合同，斯坦利将在利奥波德的资助下继续前往非洲探险。1879—1884年，斯坦利打着国际刚果协会的旗帜，进行了他的第三次探险活动。期间，他深入刚果盆地，用欺诈、暴力等手段强迫当地酋长与之签订了450多个“保护条约”，建立几十处商站等，使利奥波德二世以协会的名义占领了刚果河流域的大片土地。

当然，其他欧洲列强并不会如此轻易地让他独得刚果河流域的好处。在斯坦利进行探险的同时，法国也派出了海军军官布拉柴前往刚果河流域探险。布拉柴从加蓬出发，向刚果河下游流域挺进，期间也以欺骗等手段迫使沿途酋长与之签订“保护条约”，占领大片领土，并抢先控制了刚果河流域北部的出海口，而斯坦利只好在南岸建立据点。出海口由于其特殊的战略价值，在刚果河流域之争中是重中之重。葡萄牙因为占据着安哥拉，所以宣称对出海口两岸拥有所有权。在比、法、葡相持不下的情况下，葡萄牙向英国求援，并签订了《英葡条约》，规定英国承认葡萄牙的对刚果河口的权利，而葡萄牙则给英国以在河口活动的商业权利。这样，英葡就把比、法封锁在刚果河流域中部的内陆地区。这一条约使法国备感羞辱，导致英法矛盾加深，于是比利时与法国达成了妥协，并向德国求助。德国一方面为着将法国的注意力转向非洲，另一方面则为了压制英国而不想让英国把持刚果河口，因此决定支持他们。在德国施加的压力下，《英葡条约》被废弃了。

为了非武力解决列强在刚果河流域的矛盾，在俾斯麦的倡议下，于1884—1885年间在柏林召开了国际会议，并签订了《总议定书》。参加会议的有英、法、德、比、美、奥、意、西、丹麦、土耳其、雅典、挪威等国，但是没有任何非洲国家参加。《总议定书》首先解决了刚果河流域的归属问题。由于已占有领土的与未占有的与会各国在对待问题的立场上相去甚远，因此利奥波德二世得以利用列强的矛盾，在会外进行了大量的双边会谈，从而使各国承认刚果河盆地成为他的私人领地，其称谓为“刚果自由邦”(今扎伊尔)，同时出海口也为其所拥有。其次，规定刚果河流域实行自由贸易和通航，比利时为了得到列强对其领地的支持而同意了这一点。最后，还规定了“有效占领”原则，即对非洲的新领地必须实际占领才为有效。

总的说来，这次会议在使列强在非洲中部的争夺暂时实现了相互妥协上具有重大意义。但是，其“有效占领”的原则揭开了各国武力侵略非洲的序幕，并且从此德国等一批新的国家也开始介入瓜分非洲的狂潮。

4. 英德角逐南非

在19世纪70年代初，南非地区相继发现了钻石矿和金矿，于是欧洲的殖民者、冒险家们争先恐后地来到了这里。其实，早在19世纪50年代，作为荷兰殖民者后裔的布尔人就已经在此建立了自己的领地，因此得知此地有矿藏之后，就将之视为己有，并试图垄断。然而，英国抢先占领了首先发现钻石宝藏的西格里夸兰。英国同样企图独占南非和垄断钻石的开采。这样，英国人和布尔人之间的矛盾就尖锐起来，甚至不惜彼此开战。英国垄断资本家的大力配合有力地促进了英国殖民者的事业。罗得斯是其中的代表，以他为首的英国资本家在1888年成立了矿业公司，垄断了南非钻石和黄金的开采，由此攫取了巨额利润。罗得斯本人也成为南非最大的垄断资本家。

德国一直对海外殖民持慎重态度。俾斯麦认为德国对外政策的首要目标是在欧洲大陆。为了防止法国的复仇，也为了主宰欧洲大陆，他一直支持法国在非洲的扩张，也乐意看到其他国家在非洲的纷争。但是德国的资产阶级却不甘落后，迫切希望攫取海外原料和占领市场。1882年，他们成立了德意志殖民协会，次年在西南非洲获得了第一块土地。1884年，在德国政府的保护下，此处成为德国的第一块殖民地和进一步在南非扩张的起点。在英国和布尔人相互争斗之际，德国趁机占领了德属西南非、德属东非等地，并试图将这两处连成一片，而斜断东西非。

英国在非洲的扩张政策是要实现从开罗到开普敦的纵贯非洲大陆南北的“两C计划”。因此，德国在南非的行动自然构成了对英国的威胁，两国矛盾因此加剧，并影响到日后两国关系的发展。

5. 英法在西非和东非的冲突

进入19世纪80年代以后，英法的扩张深入西非内陆。英国在80年代初，占据了尼日尔河下游地区；1886年又成立“皇家尼日尔公司”管辖已占领的地区。90年代后，该公司以武力占领了北尼日利亚的一些地区。法国南下的武力扩张，于1893年占领了达荷美。达荷美与尼日利亚相邻，英法在西非的扩张遇到了矛盾，双方在尼日利亚的西部边境发生了冲突，并几乎引起战争。为解决矛盾，1898年6月两国在巴黎商谈并签订了协议，划定了各自的势力范围，于是西非出现了英属殖民地和法属殖民地之分。英国控制了尼日尔中下游以及东至乍得湖的范围，而法国的势力范围是尼日尔河上游以及乍得湖北部。虽然法国所得的范围比英国大得多，但多为沙漠地区，而英国的占领地则要富饶得多。这样，英法在西非的争夺就此宣告结束了。

英法两国在非洲都有野心勃勃的扩张计划。英国的目标是纵贯非洲大陆南北，实现从开罗到开普敦的“两C计划”；法国的目标是横贯非洲大陆东西，实现从佛得角到索马里的“V—S计划”。无论是英国的南北扩张，还是法国的东西扩张，尼罗河上游是彼此的必争之地，因而将必然在此发生冲突。

19世纪90年代初，法国派出多支探险队向尼罗河上游进发。这引起了英国的警惕，1895年3月，英国向法国发出警告，声称英国的势力范围包括整个尼罗河流域，而法国对尼罗河的任何企图都是对英国的不友好行为。但是，1896年，法国仍又派出三支探险队从东西两侧向尼罗河进发。其中只有由马尔尚上尉率领的从西向东的一支成功了。他们于1898年7月到达尼罗河上游的法绍达村，并在那里升起了法国国旗，宣称对此地实现了“有效占领”。9月，英国由基钦纳将军率领的远征军也来到这里，在相隔不远处升起了英国国旗。英法两军出现了相互对峙的局面。同时，远在欧洲的本国政府之间，也为此事剑拔弩张，互不相让。由此而出现了“法绍达危机”。

但是，当时的情形不利于法国。首先，法国孤军深入，马尔尚一行只有一百多人。而英国远征军不仅有两万多人，而且还有舰船十多艘，军事力量对比英强法弱。其次，法国的盟国俄国非但不支持法国，还劝说法国让步。最后，德国对法国暗示，只有法国放弃对阿尔萨斯和洛林的要求，德国才会支持法国。在这样的情况下，法国被迫让步，于1898年11月撤出了法绍达。次年3月，英法签订了协定，法国承认英国的势力范围包括苏丹南部和北尼罗河流域，而英国则承认法国占有苏丹以西的赤道非洲。这样，法国势力被彻底排除在尼罗河流域之外，而英国完全占有了埃及。法国的横贯非洲东西大陆的梦想由此而破灭了。英法在非洲的争夺也就此结束了。英法矛盾得到了缓解，但是英德矛盾又开始尖锐起来。

6. 意大利在东非的扩张

意大利是欧洲列强中的弱国，也是瓜分非洲的后来者。在与法国争夺突尼斯失败后，就转而向非洲之角的东非发展。1882年，意政府从意大利商人手中接管了埃塞俄比亚的阿萨布港；1885年在英国支持下先占领了马萨瓦港。接着，意大利就向埃塞俄比亚内地入侵，但因遭到了抵抗而失败。

在意大利和埃塞俄比亚关系紧张的情况下，埃向法国求援。见此情形，英国大力支持意大利。1894年7月，意大利大肆入侵埃塞俄比亚。但是，遭到了埃塞俄比亚全国上下同仇敌忾的顽强抵抗。意军惨败，意大利被迫放弃对埃的企图。埃塞俄比亚抗击意大利的胜利，在非洲近代史上具有重要的意义，鼓舞了其他民族抵抗外来侵略的斗志和信心。

意大利在索马里的扩张，则取得一定的成功。从1889年开始，在索马里南部使一些小国成为其保护国，而其他部分则为英法所占领。1908年，意大利宣布其所占领的地区为意属殖民地。

7. 英德在东非的争夺

德国从19世纪80年代初开始派远征军到东非探险。1885年，德国成立了“德国东非公司”，用以统治已占领土地，以及继续从事扩张。英国则在“英国东非公司”的组织下，派遣远征军深入东非内陆，与德国展开了激烈的争夺。争夺的中心在乌干达。因为，乌干达是尼罗河的河源所在地，同时也是英国“两C计划”的必经之地。

1889年英国占领了乌干达，而当时德国为了维持在欧洲大陆的地位也想与英国友好，因此愿意让步。于是，次年7月，两国签订了《黑尔戈兰条约》，划分了在东非的势力范围。英国获得了维图和乌干达，巩固了其对尼罗河流域的控制；德国得到了具有战略意义的黑尔戈兰岛。这样英德的东非之争就宣告结束了，而东非也已被瓜分完毕。

二、列强角逐中近东

1. 英俄争夺对波斯的控制

波斯（即伊朗）对英国和俄国来说，都有着各自的意义。波斯是英国从陆路前往印度的必经之地，而俄国是与波斯相毗邻的邻国。从19世纪中期以来，俄国通过为波斯训练骑兵部队等而对波斯的政治、军事有很深的渗透。英国则凭借其经济力量对波斯的经济施加影响。19世纪60、70年代，英国首先从波斯手中得到了电报线路租让权。随后，英国又与波斯签订了几乎垄断波斯一切经济命脉的租让权的协议，但在俄国的强烈反对下协议被废。于是，双方围绕波斯的铁路、公路、石油开采、银行开设、烟草专卖等租让权展开激烈的竞争。最后，形成了俄国控制波斯北部，而英国控制波斯南部的局面。

2. 英俄角逐阿富汗

自19世纪60年代末以来，俄国先后征服了布哈拉汗国、基发汗国和浩罕汗国这三个中亚汗国，将其边界推进到了阿富汗的北部，由此阿富汗也成为俄国下一个南进目标。因为印度的关系，英国认为阿富汗对其利益至关重要，也试图北上将之纳为己有。因此，双方在阿富汗问题上形成了矛盾。

1881年，俄国吞并了阿富汗北部的土库曼；1884年，不顾英国反对侵占谋尔夫。由于当时阿富汗北部边界尚未明确，英国不想俄国借此吞并更多的阿富汗领土，因此向俄提出勘定边界的要求，让双方派员组成划界委员会。双方对边界的分歧主要是原属阿富汗管辖的平狄绿洲的归属问题。英国代表兰姆斯登率领工作人员很快来到俄阿边界，但是此时俄国已做好武力争夺的打算，所以借故拖延划界工作。1885年3月，俄军逼近平狄绿洲，英军立即增援兵力，使这里的形势顿时紧张起来。英国首相格拉斯顿还要求国会斥资1 100万英镑用于战争费用，并且计划组织舰队向黑海进发。见此情景，俄国佯装同意谈判。但是，却在1885年3月31日以武力进攻并侵占了平狄绿洲。此后，俄国为防止英国的报复，利用俄、奥、德的“三皇同盟”，敦促奥斯曼帝国不得让英国军舰通过黑海海峡，从而阻止英军进入黑海。英国在形势不利的情况下不得不与俄国谈判，俄阿边界得到了确定，包括平狄绿洲等在内的有争议的广大地区被纳入俄国版图。英俄在阿富汗的角逐就此结束。

3. 近东危机与《俄奥协定》

近东危机的出现与亚美尼亚问题有关。亚美尼亚人是土耳其境内的少数民族，一直以来受到土耳其苏丹的统治和压迫，彼此之间矛盾不断。进入19世纪中叶以后，亚美尼亚人开始了民族独立运动，但是遭到了土耳其政府的暴力镇压。在1894—1897年间，经常有成千上万的亚美尼亚人被屠杀，引起国际舆论的纷纷谴责。同时，亚美尼亚问题引起了欧洲列强的关注，但由于各自利益的不同，因此就如何解决这一问题意见不一，甚至引起争执，从而出现了近东危机。

英国是列强中态度最积极的，主要是因为英国希望通过介入这一事件的解决，既可以扩大它在近东的影响，也可以保证通往亚洲的陆路的通畅。德国因为与土耳其政府关系密切，因此不希望土耳其当局有何变化。俄国国内本身也有类似的亚美尼亚问题，并且俄国当时的注意力正被远东危机所吸引，因此对这一问题并不太关心，但仍然十分关注黑海海峡。法国则与其盟国俄国一样希望土耳其保持现状。

由于列强的复杂态度，因此始终未能就亚美尼亚问题达成一致意见，而亚美尼亚问题则继续发展。列强最主要的分歧在于英俄之间。英国一直想向苏丹施加改革压力，甚至试图以武力相干涉；但是俄国的近东政策是不希望英国等其他列强干涉土耳其，尤其是让他们的军舰进驻黑海海峡。一开始因为俄法同盟的一致，而使英国无计可施。但是，法国外交部长阿诺托因为俄国反对他提出的国际共管土耳其财政计划，转而反对俄国驻土大使聂里多夫提出的俄国抢先占领博斯普鲁斯海峡的单独行动计划，因此俄国就失去了法国的支持。同时，英国的舰队却已经派出了。这样，俄国的计划就落空了。

1897 年 2 月，列强终于就亚美尼亚问题，提出了一份冗长的土耳其改革计划。但是，该计划无助于任何实际问题的解决。近东危机也随着列强对亚美尼亚问题兴趣的消退而逐渐平息。在整个过程之中，列强为了各自利益的相互争夺，非但没有使亚美尼亚问题有一丝的好转，反而使整个问题更趋复杂化，使亚美尼亚人受到更多的迫害和屠杀。

在近东危机期间，俄国与奥匈帝国在巴尔干问题上暂时达成了妥协。自保加利亚危机以来，俄奥在巴尔干的竞争一直没有停止。开始时，因为亲奥匈政府控制了保加利亚和塞尔维亚，而使奥匈帝国处于优势。但是，到 1888 年，这两个国家都为亲俄政权所掌握。因此，形势又对俄国有利了。近东危机期间，奥匈帝国试图获得英国和德国的支持来对抗俄国，但未能如愿。奥匈帝国迫于形势转而与俄国和解。俄国此时正担心列强进入黑海海峡，于是在 1897 年 5 月，以换文形式与奥匈签订了《俄奥协议》。其主要内容是双方须尽量维持巴尔干的现状，并遵守有关关闭黑海海峡的规定。这一协议暂时平息了两国在巴尔干半岛的争夺。

4. 巴格达铁路问题

德国作为一个后起的资本主义国家，随着其经济力量的加强，对外扩张的势头也进一步增强。柏林会议之后，德国与土耳其的关系进一步密切。德国对土耳其的经济扩张规模也逐渐扩大，最主要的活动就是在土耳其修建铁路。1888 年，德国资本家制定了《巴格达铁路方案》，即准备在土耳其境内修建一条连接欧洲，穿过小亚细亚半岛，最后到达波斯湾的铁路。因为该铁路将柏林、拜占庭（君士坦丁堡）和巴格达连接起来，所以又称“三 B 铁路”。这条铁路如果建成，将对德国产生极大的政治和经济利益。德国不仅可以巩固在近东的地位，也可为进一步向亚洲扩张打下基础。

进入19世纪90年代，德国已经成为经济强国。1897年，德国威廉二世上台，开始推行向海外扩张的“世界政策”。为了实施《巴格达铁路方案》，威廉二世于1899年前往土耳其访问，名为前往耶路撒冷基督教圣地朝圣，实为进一步密切与土关系，并为获得铁路租让权打好基础。同年，双方就签订了初步的租让条约，1903年签订了最后的租让条约。

列强在土耳其都有着各自的利益打算，围绕铁路问题自然有一番交涉。英国担心德国的铁路修建到波斯湾，会影响到它在波斯、阿富汗以及印度的利益。俄国一直努力维持土耳其的弱国现状，以便有利于自己取得对黑海海峡的控制权，因此担心巴格达铁路的建成会出现不利于自己的局面。法国为与盟国俄国立场一致，而反对本国资本参与铁路建设。

修筑铁路，耗资巨大。负责建设的德意志银行希望得到外国资本的融资。因此，1902年起，与英国银行家展开了谈判，英国提出要得到到达波斯湾的最后一段铁路的修筑权，结果被德国拒绝。于是，英国开始加强波斯湾地区的军事力量。1913年，情况发生了变化，德国迫于资金不足，终于向英国让步，同意在没有英国许可的情况下，不将铁路造到波斯湾沿岸。

德国和俄国之间为着铁路曾几经交涉，但是都没有结果。因为，俄国没有实力可以改变德国的行动。1911年，双方终于达成了协议，德国放弃拟在伊朗北部修建一条支线的计划，承认俄国在这里的势力范围，而换取俄国对德国建设铁路，以及外国资本参加铁路建设的认可。

三、列强入侵亚洲

1. 英国吞并印度

在英国对印度的征服过程中，东印度公司起到了极其重要的作用。自18世纪中期以来，东印度公司就开始发动一系列殖民战争，为英国吞并印度扫除障碍。同时，东印度公司还通过威逼利诱等手段，与一些封建王公签订所谓的“资助条约”，名为保护，实为统治，使他们成为英国的附庸。这样英国东印度公司通过战争征服的直接统治和建立资助关系的间接统治相结合，到19世纪初期，实际上已经控制了除印度西北部以外的整个印度。

19世纪中期，英国进一步用武力兼并了印度西北部的信德和旁遮普省，终于完成了对印度的征服。建立英印帝国的英国，控制了欧洲通往远东的要地，从此英国以此为根据地，进一步展开了其对亚洲各国的殖民侵略活动。

英国吞并印度之后，对印度掠夺的程度大大加强，新的地税改革使得农民的境遇每况愈下，英国工业品的冲击又使得印度的民族工业破产，大量手工业者失业。于是，在 1857 年爆发了印度民族大起义，一直延续到 1859 年。主要由破产的农民和手工业组成的印度兵以及一些与殖民当局有矛盾的王公也加入其中，掀起了轰轰烈烈的民族大起义。虽然最后起义失败了，但是其意义却十分重大。既打击了英国殖民者的气焰，也为本民族和亚洲各国的独立运动的发展产生积极的影响。

这次起义之后，东印度公司被撤消了。但是，印度开始了由英女王直接统治的时代，印度总督代表女王实际管理印度，英国对印度的统治进一步加强了。

2. 荷兰侵占印尼

荷兰侵占印尼的过程与欧洲大陆的形势紧密相连。在 18 世纪末的法国大革命和拿破仑战争时期，荷兰为法国所占领，并改称为巴达维亚共和国。英国趁机占领了荷兰在东南亚的大部分殖民地，包括好望角、锡兰、马六甲、苏门答腊西海岸等等。第二次反法同盟失败后，1802 年英、法、荷、西等国签订了《亚眠和约》，规定英国归还所占的荷兰殖民地，但是锡兰除外。但是随着英法关系的再度恶化，而未能实现。1814 年，拿破仑失败后，荷兰恢复了独立，英国与荷兰签订了《伦敦条约》，英国决定归还所占的部分荷兰殖民地。这是因为英国的传统政策一直是确保荷兰、比利时等低地国家不为敌对国家所控制从而威胁自身的安全。因此为了取得独立的荷兰在英国反法斗争中对英国的支持，英国与荷兰签订了此条约。

但是英国与荷兰在马六甲海峡的争夺始终没有结束，反而愈演愈烈。当时的荷兰在实力上与英国已经不可同日而语，而英国正试图称霸世界。但是拿破仑战争之后，英国在欧洲均势的建立对其在世界的扩张有十分重要的意义，因此，英荷两国从各自的情况出发，再度达成了妥协，这就是 1824 年签订的新的《伦敦条约》。根据条约，英国将其在苏门答腊的殖民地让给荷兰，而荷兰也将其在印度的商馆和马六甲让给英国。这样，荷兰恢复了对印尼的殖民统治，而英国则进一步控制了印度洋。

荷兰对印尼的殖民统治实行残酷的剥削政策，激起了 1825—1830 年的爪哇人民大起义。起义虽然失败了，但是促进了印尼人民的民族觉悟并推动了民族斗争的发展，具有积极的意义。

3. 列强对中国侵略的开始

对中国的侵略，在国际关系史上是一个非常重要的事件。在西方殖民者侵略中国之前，作为世界上很重要的一个国际关系体系，以中国为中心的华夷秩序体系一直运行良好。西方对中国的侵略与华夷秩序的瓦解，基本上是同一个过程，随着华夷秩序的被冲击和瓦解，中国开始由原先的国际体系中心演变为西欧民族国家体系的边缘，逐步沦为半殖民地的中国开始被强制性地纳入到以欧洲为中心的国际关系体系中。

从19世纪初开始，以英国为首的资本主义列强开始染指中国。1840—1842年由英国发动的鸦片战争的爆发标志着列强侵略中国的开始。1842年中英《南京条约》签订，中国被迫割让香港，赔偿军费，开放广州、福州、厦门、宁波、上海这五处通商口岸，关税则由中英共同决定等。在次年签订的附则中，英国进一步取得了领事裁判权和片面的最惠国待遇。这是中国近代史上的第一个不平等条约。

继英国之后，其他欧美国家接踵而至。1844年，美国迫使中国清政府与之签订了《望厦条约》，法国与清政府签订了《黄浦条约》。

1856—1860年，英法发动了第二次鸦片战争，并迫使清政府签订了《天津条约》、《北京条约》，中国的主权进一步受到侵略。同时，俄国还在北方大肆侵略中国，并迫使清政府签订了《瑷珲条约》、《天津条约》、中俄《北京条约》等，侵占了大片的中国领土。

自19世纪中叶受到列强入侵以来，中国开始沦为半殖民地社会，历时漫长的一个世纪。

综观欧洲列强在早期瓜分殖民地的斗争中的种种表现，我们可以看出欧洲列强已经冲出了欧洲藩篱，开始由近及远地向整个世界进军了。在这个过程中，欧洲本土的形势与欧洲列强力量的对比组合对他们瓜分殖民地的斗争仍会产生重要的影响，或者说两者之间是一个互动的过程。比如，英法在非洲争夺的日趋激烈，导致英法自由联盟的解体和法俄的接近；德国为使法国的注意力转移而在一定程度上支持法国的争夺殖民地行动，而一旦自己实力增强，就开始积极介入瓜分殖民地的斗争之中，并与英国产生了深刻的矛盾等等。总之，到19世纪中期，欧洲列强已不满足于在欧洲本土的较量，而开始在非洲、中近东和亚洲展开角逐，并在这个过程中逐渐形成了全球体系。

第二节 美国的崛起

一、门罗主义(1823)

自15世纪末以来,西班牙和葡萄牙侵占了拉美的绝大部分领土。西葡残酷的殖民统治,迫使拉美人民为维护自身的生存和独立而起义。作为最先沦为殖民地的海地,也最先掀起民族解放运动的大旗。受到法国大革命的鼓舞,1790年,海地爆发了革命。1803年,海地通过了《独立宣言》,1804年元旦正式成为拉美第一个独立的国家。1810—1814年,随着西班牙第一次资产阶级革命的爆发,西属拉丁美洲也纷纷掀起了民族独立运动,并取得了一定的胜利。1815年拿破仑失败后,被废黜的西班牙国王斐迪南七世恢复了对西班牙的统治,随之对西属拉美的独立运动实施压制,独立运动暂时受到挫折。1820年,西班牙爆发了第二次资产阶级革命。利用这一时机,拉美各国再次展开了独立革命的斗争。1826年1月,西班牙军队投降。至此,西属拉美各国全部实现了民族独立。1820年,葡萄牙也爆发了资产阶级革命。葡属巴西的民族独立运动也高涨起来。1822年,葡萄牙驻巴西的摄政王佩德罗宣布巴西独立,自称佩德罗一世。1825年,葡萄牙宣布承认巴西独立。但是,巴西的真正独立是在半个世纪后的1889年,巴西人民彻底推翻了葡萄牙法统的佩德罗二世之后。总而言之,在1790—1826年,拉美各国经过艰苦的斗争,先后建立了17个民族国家。基本实现了民族独立,开始拉美历史上新的一页。

拉美的独立运动与欧洲大陆的形势是息息相关的。在拉美独立运动期间,欧洲大陆的“神圣同盟”曾试图干涉他们的运动。神圣同盟是俄、奥、普等国为了在拿破仑战争之后维护旧的封建秩序而缔结的,以便共同对付欧洲革命的新局面。1822年,神圣同盟各国在维罗纳举行会议,企图武装干涉西班牙革命,以及拉美的民族独立运动,俄、奥、普支持法国以神圣同盟名义出兵镇压西班牙革命和拉美革命,但是却遭到了英国的激烈反对。英国外交大臣坎宁甚至多次向法国政府发出警告,表示英国不会容忍法国对西班牙美洲殖民地的武力干涉,并以英国海军的威力相威胁。

英国的这一立场并不是因为同情拉美的独立运动，而是因为企图趁拉美独立运动的机会，取代西班牙和葡萄牙在拉美的影响，并以支持拉美独立运动为名，加紧对拉美的经济渗透和侵略。因此，英国当然反对法国和神圣同盟横加插手拉美事务。

当时与英国一样反对欧洲列强武装干涉拉美独立的国家还有美国。美国独立之后不久，就开始对扩张拉美产生了兴趣，并利用欧洲列强相互斗争和拉美独立战争之机，对拉美进行政治和经济渗透。因此，英国与美国之间有着潜在的利益冲突。但是，为了对抗神圣同盟的威胁，1823 年 8 月，坎宁向美国驻伦敦公使拉什建议，英美联合起来共同反对神圣同盟的干涉。但是，同年 10 月英国在得到法国不干涉拉美的保证后，其实就已经放弃了这一合作的想法。

然而，就接受坎宁的建议与否，在美国的统治集团内部引起了争议。当时美国的国务卿亚当斯坚决反对接受建议，而主张美国应当单独行动。门罗总统采纳了他的主张。1823 年 12 月，门罗总统向国会提出了国情咨文，其中包括了美国外交政策的三个原则，即反对欧洲国家再在美洲争夺殖民地原则、不许欧洲国家干涉美洲事务和美国不干涉欧洲事务的“不干涉原则”、“美洲是美洲人的美洲”的“美洲体系”原则。这些内容后来被称为“门罗主义”或者“门罗宣言”。

门罗主义是在国际反动势力神圣同盟武装干涉拉美的企图实际存在、英美对拉美的激烈争夺以及美俄两国之间的尖锐冲突的国际形势下，为了维护美国资产阶级现实的和未来扩张的利益的产物。它成为美国对外政策的一个基本原则。它是美国在实力不足的条件下外交上的一个胜利。实质上是美国资产阶级从自己本身的利益出发，而不是从拉美各国人民的利益出发的。它以反对欧洲列强的干涉美洲事务为幌子，实质上是美国企图建立它在美洲的统治地位的宣言。但客观地评价，门罗主义是对梅特涅主义干涉革命原则的强烈对抗，对拉美独立后国家在政治上、外交上和道义上是一个很大的支持；它宣传了反对欧洲封建君主专制制度的资产阶级民主共和思想。因此客观上具有一定的进步性。

尽管如此，我们必须认识到门罗主义的双重性。一方面，它反对欧洲列强对美洲殖民地的干涉和扩张，具有防御的性质；另一方面，从一开始就潜伏着美国与欧洲列强争夺整个美洲控制权的斗争，具有明显的侵略扩张性质。门罗主义成为美国的对拉美政策的指导原则和扩张工具，也是美国试图将欧洲势力逐出美洲的表现，为日后扩张拉美打下了基础。

二、美国内战

1. “天定命运”论

独立后的美国，作为一个后起的资本主义国家，发展的起点较高，同时又接纳了大量的欧洲移民，从而使得经济的发展十分迅速，特别是在19世纪的30、40年代。随着经济的发展，美国资产阶级和奴隶主阶级的扩张欲望就开始膨胀起来。1837—1842年的几次经济危机促成了人口西移和领土扩张的高潮。土地的扩张对资产阶级来说可以获得更多的资本主义市场，对奴隶主阶级来说则可以建立更多的种植园。正是在此时，某些扩张主义者为了给扩张制造理论根据，进一步把各种扩张思潮加以系统化、理论化，加上一件神秘的外衣，炮制了“天定命运论”。

民主党人、扩张主义者约翰·奥萨利文于1845年7月正式给美国的扩张活动贴上“天定命运”的标签：“向大陆扩张”是美国人的“天定命运”，北美大陆“是上帝分配给我们增长数百万人，让他们自由发展的地方”①。这一理论成了左右人们思想感情的“一种世俗宗教”，“很多人狂热地相信，具有无限智慧的上帝已经‘明显地’‘命定’了年富力强的美国人把他们高尚的共和制度从巴拿马扩张到北极，也许要遍及整个南美洲。”②

所谓“天定命运”，根据一些美国历史学家的解释，“它意味着上天预先安排的向尚未明白确定的地方扩张”③，即向那些所谓尚未明白确定的地方扩展美国的共和主义、宗教自由、州权、自由贸易、廉价土地等制度和价值观念。有人认为，“天定命运”的最纯粹、最理想的形式，就是用非暴力手段来获得土地，这个过程可以分为三个步骤：对没有居民的荒芜土地进行和平占领；在占领地建立美国式的自治政府；在双方同意的情况下予以兼并④。也就是说，这个过程是一个和平的、自然而然的过程，得克萨斯的兼并是最

---

① 托马斯·帕特森等：《美国外交政策》，中国社会科学出版社1988年版，第106—107页。

② 托马斯·贝利：《美国人民外交史》(Thomas A. Bailey, A Diplomatic History of the American People)，新泽西1974年版，第226页。

③ 转引自黄德禄：《“天定命运”与美国的大陆扩张》，见《美国史论文集(1981—1983年)》，三联书店1983年版，第122页。

④ 同注①，第107页。

典型的例证。但是，得州的兼并并不是和平的，而是美国政府和扩张主义者利用政治颠覆和军事威胁手段从墨西哥手里抢来的。按照美国人逻辑，墨西哥人、印第安人及其他一切“未开化”的民族，“既不能很好改良土地又不能发展有效政治制度”①，就不但应该而且必须自觉自愿地欢迎美国的制度，接受美国的统治，如果他们拒绝这样做，美国就有责任采取包括战争在内的一切手段来执行上帝的使命。因此，有的史学家正确地指出：“天定命运论，更确切地说应是明显策划的理论，认为非白人一无是处……只能不可避免地衰退，被驱逐，或最后被消灭。”②这是一种侵略性的扩张主义的理论，美国在整个 19 世纪的领土扩张中就是在这个理论的推动下完成的。“天定命运”论与当时风靡欧美的达尔文主义有密切的关系。“天定命运”的出笼大大激起了美国的扩张主义热潮，推动了美国的领土扩张。

2. 美国的对外扩张

19 世纪 40 年代初期，美国与英国对位于落基山脉与太平洋之间约 50 平方公里的俄勒冈的争夺日趋白热化，19 世纪 30—40 年代，影响美国外交关系的主要问题是美英争夺俄勒冈的斗争。俄勒冈位于洛基山脉与太平洋之间。美英两国对它的争夺由来已久。19 世纪初叶，双方在此都建立了许多贸易站，并达成了共同占有的协议。这种共同占有为美国大量向俄勒冈移民提供了时间和条件，19 世纪 40 年代开始形成“俄勒冈热”。随着“俄勒冈热”的发展和移民的增多，英美两国争夺俄勒冈的斗争也激化起来。1845 年 12 月，波尔克总统在致国会的年度咨文中重申“门罗主义”，声称美国反对任何欧洲国家在北美殖民和维持权力的企图，他要求终止美英对俄勒冈的共同占有，宣称美国对整个俄勒冈的占有权是明确无疑的。次年 4 月，波尔克总统签署了国会通过的要求结束共同占有协定的联合决议。由于这时美墨战争已迫在眉睫，而英国也不想为遥远的俄勒冈真正与美国交战，在这样的情况下，双方于 6 月签订了俄勒冈条约，同意以北纬 49°作为双方的边界线。这是美国对英国的胜利。

对墨西哥的得克萨斯地区的兼并是美国以天定命运为依据进行领土扩张实践的最为典型例子。得克萨斯位于墨西哥的东北部，与美国南部的路易斯安那邻接，土地肥沃，成为美国扩张主义者觊觎的目标。自 19 世纪 20

① 托马斯·帕特森等：《美国外交政策》，第 108 页。

② 同上。

年代以来，扩张主义者就利用移民开始进入得克萨斯，开始占领土地等侵略活动。大批美国移民，尤其是白人的涌入使得得克萨斯几乎成了美国人的天下。1835 年，美国扩张主义者在美国政府的支持下发动叛乱，于 1836 年 3 月公然宣布成立所谓的“孤星国”。墨西哥总统圣安纳率兵镇压叛乱，但他的军队被叛军所败，而他本人也被俘虏。1837 年 3 月，美国不顾墨西哥人民的反对，正式承认“孤星国”。1844 年，美国与得克萨斯正式签订兼并条约，1845 年 12 月，得克萨斯正式为美国所兼并，成为美国的第 28 个州。但这仅仅是美国侵略墨西哥的开始，1846 年 5 月，美国发动了对墨西哥的侵略战争。墨西哥战败后，被迫于 1848 年 2 月与美国签订条约，美国又获得了新墨西哥和加利福尼亚地区。1853 年，美国以修铁路为由，强行从墨西哥手中购买了超过 4 万平方英里的土地。这样，美国共计获得了约占原来墨西哥一半左右的土地。

在美国扩张领土的过程中，美国内部的矛盾也尖锐起来。因为北方资产阶级为了扩大资本主义市场而主张在新的领土上实行自由雇佣劳动制度，而南方的奴隶主阶级为了发展种植园经济而主张建立奴隶制度。1860 年，代表北方资产阶级利益的共和党人林肯当选总统后，矛盾就更加激化起来。尽管林肯一再表示不干涉南方的奴隶制度以及和平维护联邦统一的主张，但是由于恐惧和愤怒，1861 年 4 月南方还是首先发动了攻击，从而引发了美国内战。

南方奴隶主原本希望其棉花的作用会获得英国等欧洲国家对他们的支持和干涉。因为当时英国纺织工业所需的棉花主要来自美国南方。然而，由于联邦政府十分注意对英国棉花的供应以及英国找到了新的棉花供应地等等原因，使得南方希望英国插手战争的希望破灭了。尽管如此，由于英国与美国一直在北美大陆的扩张上有着深刻的矛盾，美国的强大是英国扩张最大的威胁，因此英国乐意看到美国的混乱和分裂，以便可以趁机扩张自己在美洲的势力。1861 年 5 月，英国宣布中立政策，承认南方同盟为交战国，并向南方提供各种支援。随后，法国和西班牙也与英国一样，宣布中立并承认南方同盟的交战国地位。当时的国际形势对北方联邦军十分不利。内战期间，英国不时利用各种机会，试图正式承认南方的独立和插手内战。但是，北方也一直努力在外交方面争取有利环境，阻止英国的企图。1863 年 1 月 1 日，《解放奴隶宣言》的发表，表明北方对南方的战争成为解放奴隶制度的正义战争，从而使北方获得了本国和欧洲国家大部分民众的支持，取得了战争的主动权，国际环境大为改善。英国也失去了干涉的口实，并且随着北方军的不断胜利，英国最终放弃了承认南方独立的计划。

1863 年，美国内战以北方的胜利而宣告结束。

由于废除了奴隶制度，内战之后美国的资本主义获得更为迅速的发展，对世界资本主义市场的需求也更为迫切了，美国的扩张主义野心也逐渐从西半球延伸到太平洋，而“天定命运”论又开始时兴起来。

当时美国的国务卿西沃德是一个强烈的扩张主义者，在他的策划下，1867 年美国以 720 万美元的价格从俄国手中购买了阿拉斯加，实现了他把美国疆界扩展到北极圈的愿望。

内战后的美国还积极参与了侵略中国的过程。作为后来的侵略者，首任驻华公使蒲安臣一方面帮助清政府镇压太平天国运动和协调清政府与列强的关系，从而获得了清政府的好感，另一方面则提出了在“维护中国的领土独立和完整”的前提下实现“共同占有、利益均占”的政策，为美国不失落后地获得了各种侵华利益。1868 年，蒲安臣卸任后，作为中国特使与中国官员一起出访美国。期间，与美国国务卿西沃德签订了《中美天津条约附约》，也就是所谓的《蒲安臣条约》。该条约为美国在中国获得更多的商业利益，以及为美国获得大量的廉价中国劳工去开发美国西部创造了条件。

由于内战中英国对南方的支持，给北军带来了作战的难度和损失。因此，战后，美国向英国提出了赔偿的要求。一些扩张主义者甚至叫嚣割让加拿大以赔偿英国造成的损失。经过多方交涉，最后仲裁结果是美国从英国获得 800 多万美金的净赔偿，并且美国从英国手中得到了圣胡安岛，解决了边界争端。美国取得重大的外交胜利，美英关系相对改善。

三、美国在拉丁美洲的扩张

美国对拉美的扩张野心早在提出“门罗宣言”的时候，就已经初露端倪，只是当时美国的实力尚弱，所以没有具体行动。南北战争结束后，美国资本主义的迅猛发展和经济实力的大增，使美国称霸拉美的野心开始蠢蠢欲动。

1889 年 10 月，在美国的倡议下，经过多年酝酿的泛美会议终于在华盛顿召开。泛美会议的召开的思想基础是泛美主义。泛美主义的出现有两方面的原因，一方面是拉美国家在独立革命的过程中为抵御欧洲殖民者的需要而产生的想法，另一方面则是美国为排挤欧洲列强在拉美的势力而提出的主张。

除美国外，有17个独立的美洲国家应邀参加了这次会议。与会各国就修建泛美铁路，制定版权法、专利法、商标法，以及成立一个美洲各共和国国际局等问题达成了一致意见。会上还决定美洲各国商务局作为美洲各共和国国际局的常设机构设在华盛顿。但是，在建立美洲关税联合的议案和在美洲国家关系方面的强制仲裁的提案上未能达成共识。尽管如此，美国还是扩大了在美洲的影响和自己的商业利益，并大大打击了英国在美洲的势力。此后，泛美会议基本上每隔四年召开一次。在这之后，美国又把目光转向巴拿马运河。

巴拿马运河的开通，将会大大缩短两大洋之间的航程，沿海国家的交往和经贸往来会便利很多，因此具有十分重要的航运价值和经济价值。巴拿马地峡当时还为刚刚独立的哥伦比亚所有。由于自身财力不济，又很想开凿运河，于是哥伦比亚就试图让欧美各国来联合修建运河。但是英国、法国和美国各有打算，围绕运河的开凿权展开了争夺。

英国和美国都想将运河据为己有，但暂时都没有做好修建运河的准备，又彼此担心对方有不利于自己的举动，因此1850年4月双方签订协议，互相保证运河的中立。

1856年4月，美国人在巴拿马城与巴拿马人发生冲突，相互厮杀，各有伤亡。在这次巴拿马事件之后，美国不仅以武力相威胁，而且在谈判中除了要求赔偿外，还试图获得共管巴拿马城的权利。由于巴拿马人民的反对，美国只获得了赔偿，而共管的企图未能得逞。从1867年开始，哥伦比亚与美国就修改1848年签订的《和平、友好、通商和航海条约》问题多次谈判，虽然哥伦比亚就巴拿马运河的承建和租让向美国作出了重大让步，却仍不为美国所接受。

在这样的情况下，1878年哥伦比亚将巴拿马运河的修建和租让权交给了法国。尽管法国有修建苏伊士运河的成功经验，但却在开凿巴拿马运河时因多种因素而受到挫折。法国的失败给美国以可乘之机，美国展开一系列的活动以攫取巴拿马运河的开凿权。1903年1月，美国与哥伦比亚签订了具有掠夺性的条约，但是由于哥伦比亚人民的激烈反对，哥伦比亚政府最终没有给予美国以开凿权。于是美国决定策动“巴拿马独立”。1903年11月，在美国的一手策划和支持下，所谓的“巴拿马共和国”成立了。旋即，美国就与巴拿马共和国签订了《美巴条约》，美国终于获得了对巴拿马运河的开凿和垄断权。

在拉美独立战争后成立的委内瑞拉共和国,其东部边界与英属圭亚那的边界相接。但是,英国不顾委内瑞拉的声明,一再向西推进自己的版图,蚕食委内瑞拉的领土,引起了边界争端。为此,从1876年起,委内瑞拉多次要求美国制止英国的行为,而美国也出于门罗主义的立场而决定干涉英国的行动,并于1895年通过决议,要求由国际仲裁来解决英国和委内瑞拉之间的争端。借此,美国自视为美洲的"主人",对委内瑞拉实施"保护"的职责。但是,仲裁的结果却是美国承认了英国的既得利益。在整个干涉的过程,美国不时暴露出称霸拉美的野心,尽管英国暂时获得了利益,但是其在美洲的地位却已经受到了来自美国的深刻威胁。

从1868年起,古巴开始了反对西班牙殖民统治,争取民族独立的革命斗争。古巴人民的英勇斗争有力地打击了西班牙殖民者。当时美国在古巴有大量的投资,美国深恐古巴人民的独立战争危及自己的利益,因此,一开始支持西班牙政府的立场。但是,西班牙政府对美国的排斥使美国转而采取否定西班牙的统治权和支持起义军的政策。在武装干涉古巴和打败西班牙后,1897年美国占领了古巴。1901年,美国通过操纵古巴制宪会议将古巴沦为自己的"保护国"。

美国对委内瑞拉和古巴的干涉反映了美国称霸美洲的野心。

第三节　日本的崛起

一、日本的"开国"与明治维新

19世纪前叶,日本仍然处于封建幕府统治之下的"锁国"时期。但是,国际形势的风云变化却不再能够使日本孤立于外。列强侵略的目光已经转向了这里。从18世纪末以来,英、俄、美、法等都曾前来"叩关",要求与日通商、建交等,但是直到美国的柏里前来"叩关"之前,他们均未能成功。

1848年美国和墨西哥战争结束后,美国得到了太平洋沿岸的加利福尼亚。随着美国西部的开发和当地资本主义的迅速发展,为了争夺海外市场,尤其是当时的中国市场,横跨太平洋进行中日贸易的愿望就变得迫切起来。

横跨太平洋海外市场的开辟，使得日本成为美国理想的中继站。同时，日本丰富的近海渔业也是美国所觊觎的。因此，美国决定打开日本的大门。

1852年，美国派东印度舰队司令柏里率领4艘舰艇远征日本。1853年7月，到达江户湾的浦贺港，要求幕府接受美国总统的国书。在柏里的武力威胁下，幕府接受了国书，并约定明年给予答复后，柏里率舰示威后离去。因为柏里所率领的4艘舰艇都为黑色的，因此这次事件被日本称为“黑船事件”。

柏里离开不久，俄国舰队又前来要求开国。得知这一情形的柏里于是决定立即返回。这次柏里率领庞大的舰队前来，于1854年2月到达江户湾，以武力强迫日本开国。害怕战争的幕府决定让步，双方在神奈川会谈，3月签订了《日美亲善条约》(即《神奈川条约》)。条约规定日本开放下田、函馆两港，为美国舰船补给煤、水以及食品等必需品，给予美国最惠国待遇等等。这是日本与列强签订的第一个不平等条约。以此为例，英、俄、荷兰等也与日本签订了类似的条约。日本的大门终于被打开了。1858年7月，尚不满足的美国又迫使日本签订了《日美友好通商条约》(即《安政条约》)。该条约不仅规定日本要开放更多的口岸，更重要的是美国获得了领事裁判权和关税自主权，日本的独立主权受到了损害。

这些不平等条约既给日本带来了民族危机，同时也因为民众的反对而削弱了幕府的政权。这些都为倒幕维新创造了条件。以“尊皇攘夷”为口号，1868年日本民众推翻了幕府的统治，成立明治天皇为首的新政府，史称“明治维新”。开国也使日本人加深了对西方的认识，西方的军舰和海军的强大深深刺激了日本人。因此，明治政府推行了自上而下的资本主义改革，开始走上富国强兵之路，这是日本历史上的一个重要的转折点。

但是，摆脱民族危机和走向资本主义之后的日本，很快地就加入到列强侵略的队伍中去，给亚洲局势和国际形势带来了新的因素，并产生了重要的影响。

二、在亚洲的侵略活动

1. 吞并琉球

琉球群岛位于日本西南端的西太平洋上，地理位置得天独厚，曾是东南亚重要的贸易商品集散地。历史上的琉球国为中国的藩属国，长期向中国奉贡。因为其战略价值的重要性，日本将琉球视为自己通往亚欧的跳板和中继站。因此，明治维新时期的日本于1872年强行将琉球列为“琉球藩”。1875年，日本禁止琉球向中国朝贡。1879年，日本将琉球改名为“冲绳”，并出兵琉球将琉球王押至东京。在日本吞并琉球期间，琉球曾多次向清政府求援，但当时的清政府已经力不从心，虽经交涉也无结果，而后更是无暇他顾，于是琉球问题也就不了了之了。

在吞并琉球的同时，日本还企图侵占台湾。日本侵台是在美国的鼓动和支持下进行的，前美国驻厦门的领事李仙德具体策划了整个行动。1874年，日本在美国军舰的声援下，出兵台湾。但是遭到了台湾人民的英勇抵抗。同时，清政府决定增兵台湾。由于当时日本实力尚弱，以及其他列强的不认可等原因，日本撤兵。但日本还是与中国签订了《中日北京专约》，从中国讹诈了所谓的“抚恤银”和房屋建造费共计白银50万两。

2. 侵略朝鲜

历史上朝鲜曾经一直是中国的藩属国。朝鲜半岛与日本隔海相望，是历史上日本从陆路通往中国的要道。因此，日本不仅想吞并朝鲜，还想借此进一步侵略中国。

19世纪70年代初期，朝鲜国内发生政变。1875年9月，日本借机以“保护侨民”为名，派军舰开进釜山港。1876年2月，迫使朝鲜签订了《江华岛条约》。随后又签订了《通商章程》。通过这两个条约，日本否定了清朝与朝鲜的宗属关系，迫使朝鲜开放釜山等港口，得到了领事裁判权、无关税贸易权和治外法权等特权。这样，朝鲜开始沦为日本的半殖民地。日朝签订条约之后，英、德、俄、法等国家也相继与朝鲜签订了类似的不平等条约。这些不平等条约不仅加深了朝鲜的半殖民地化，还极大地破坏了以中国为中心的华夷秩序体系。

3. 中日甲午战争和马关条约

1894年初，朝鲜爆发了由东学道领导的席卷整个半岛的农民起义。农民军的节节胜利使朝鲜统治者十分惊恐，于是请求清政府派兵镇压。6月，清政府决定出兵，并照会日本。当时的日本政府正想把国内的政治矛盾引向国外，在未收到照会之前就已出兵朝鲜。同月日军进入汉城，登陆仁川。此时，朝鲜政府在与起义军达成和约的情况下，要求中日两国同时撤军。清政府立即同意了，但日本却拒绝撤军。为了进一步占领朝鲜，牵制俄国的干涉，这时日本还与英国修好，获得英国的支持。7月，日军发动进攻，占领了朝鲜王宫，扶植大院君政权。7 月 25 日，朝鲜傀儡政府宣布废除与中国的一切条约，并请求日本驱逐在朝中国军队。是日，日本海军袭击中国军舰。甲午中日战争由此爆发。8 月 1 日，日军才正式向中国宣战。同日清政府也被迫宣战。

由于当时清廷消极应战的方针，中国的北洋舰队在黄海战役中全军覆没，中国陆军也在平壤失利，日军控制了整个朝鲜战场，并进入中国境内占领了旅顺和大连。

出于对自身在远东利益的关切，中日战争的结果引起了列强的高度关注。英、美等曾试图出面调停，但日本最终排除了列强的干涉。日方于 1895 年 3 月，邀请李鸿章赴日和谈。4 月，李鸿章与日本首相伊藤博文签订了《中日媾和条约》(即《马关条约》)。根据该条约，中国承认朝鲜的“独立”，朝鲜沦为日本的半殖民地；割让辽东半岛、澎湖列岛和台湾给日本，赔款 2 亿两白银给日本，允许日本在通商口岸设厂，以及开放沙市、重庆、苏州和杭州为通商口岸等。中国由此陷入了更为深重的民族危机之中了。

《马关条约》的签订引起了国际舆论的强烈反响，尤其是俄国的强烈不满。当时俄国正开始修建西伯利亚大铁路，试图扩张其在远东的利益。日本的崛起无疑成为其扩张的障碍和劲敌，于是俄国决定干涉日本，以抵制日本的扩张。俄国的主张得到德国的积极响应，并且德国还建议就辽东半岛问题与日交涉。德国这么做一方面是为了获得远东的利益，另一方面则是试图将俄国的注意力从欧洲转向远东。因为有法俄同盟的关系，所以法国也支持俄国干涉日本。4 月，俄、德、法三国驻日公使联合照会日本政府，要求日本将辽东半岛归还中国。由于在这一问题上英美持中立态度，日本缺乏支持，不得不同意了三国的要求，将辽东半岛归还中国，但是又从中国勒索了白银 3 000 万两作为代价。在此之后，日俄矛盾就日益突出起来。

4. 列强瓜分中国狂潮

三国干涉还辽是列强以牺牲中国利益为代价相互斗争的结果，此后列强在中国的争夺愈演愈烈，终于掀起了瓜分中国的狂潮。

沙皇俄国为了修建西伯利亚大铁路，计划穿过满洲，但一再为清朝所拒。1896 年，李鸿章作为清朝特使参加沙皇加冕典礼时，俄国财政大臣维特趁机贿赂李鸿章，使之同意借地筑路。6 月，李鸿章在莫斯科与俄国签订了《中俄密约》，使俄国获得了在东北修建铁路的特权。俄国道胜银行还成立了中国东省铁路公司，负责修路、运营等一切事宜，并且规定 80 年内，一切收益均归公司所有。由于火车轨距与俄国一致，所以中国火车无法进入东北，而俄国火车则可以任意进出。此外，俄国还从中国手中取得了在铁路沿线经营事业的种种特权。1900 年，俄军侵入中国东北，军事占领东三省。

积极参与三国干涉还辽的德国进而开始染指中国。1897 年，德国强占胶州湾。1898 年中德签订了租借条约，租期为 99 年。此外，德国还取得了在山东境内筑路和开矿的权利，山东成为德国的势力范围。

在瓜分中国的狂潮中，英国强租威海卫和九龙，长江中下游成为英国的势力范围；法国强租广州湾，两广、云南成为法国的势力范围；俄国强租旅顺、大连，东北成为俄国势力范围；日本则将福建作为自己的势力范围；葡萄牙则乘机占据澳门。

第四节　帝国主义列强重新瓜分殖民地的斗争

一、美国的扩张

南北战争之后，美国资本主义的迅猛发展。到 19 世纪 90 年代，美国的工业生产总值已经超过英国，跃居世界首位。在北美大陆，美国通过西部开发，已经将其领土扩张到了太平洋沿岸。随着国内市场开发的基本上完毕，美国垄断资产阶级就开始将眼光着眼于世界市场。然而，当时世界上的殖民地几乎已被一些老牌殖民帝国瓜分殆尽。由于其雄厚经济实力的拥有和海外贸易的需要，美国开始提出重新瓜分世界殖民地的要求。当时美国出现了一批狂热的扩张主义者。在政界有参议员洛奇这样的代表，他认为美国应该成为一个殖民帝国。在学术界以马汉为代表，他提出了著名的制海权理论和"太平洋帝国论"，即强调海洋和控制海洋的重要性，主张美国应该大力发展海军，建立海军基地，成为海洋帝国①。马汉的理论十分适应当时美国统治者的需要。为了称霸海洋和重新瓜分世界，美国的首要目标是要在中美洲的加勒比海和太平洋上建立海军基地。加勒比海沿岸的古巴、波

① 参见艾·塞·马汉：《海军战略》，商务印书馆 1996 年版；《海权论》，中国言实出版社 1997 年版。

多黎各和太平洋上的菲律宾成为美国的掠夺目标。这些地方是老牌殖民帝国西班牙的利益所在,但是当时的西班牙已经衰弱。

19 世纪 90 年代中期,古巴爆发了反对西班牙殖民统治的民族独立运动。美国总统麦金来认为这是美国介入古巴的一个良机。1898 年 3 月,美国战舰“缅因”号驶入古巴哈瓦那港,并发生了突然爆炸。这场事后证明是由于战舰内部原因而发生的爆炸,成为美国采取行动的借口。4 月 25 日,美国对西班牙宣战,美西战争爆发。战争在加勒比海和太平洋两地进行。

美国在古巴的战争是打着支援民族解放的旗帜的,因此得到了古巴人民的有力支持。战争进行了近四个月后,西班牙就已经打不下去了。在太平洋的战争中,由于美国海军的绝对优势,西班牙舰队被击溃,美国夺得了制海权。

美西战争的胜利与欧洲列强的态度也有很大关系。当时除英国外的欧洲列强虽然都认为这是一场侵略战争,但是并未真正干涉美国的行动。德国宣布中立,但却试图趁美西战争之机夺取太平洋上的岛屿。美西战争结束后,德国就从西班牙手中购买了加罗林群岛等。英国此时在欧洲列强中陷于孤立,英国希望交好美国以换取美国的友好和支持,因此偏袒美国。并且,日本也偏向美国。他们的态度使美国得以顺利进行战争,并获得预期目标。

1898 年 10 月 1 日,美国和西班牙在巴黎举行和谈。和谈是在没有古巴和菲律宾代表参加的情况下进行的。12 月 10 日,双方签订了《巴黎和约》。和约规定:西班牙放弃对古巴的权利,西班牙撤离后由美军占领;西班牙将波多黎各和关岛让给美国;西班牙以 2 000 万美元的价格将菲律宾群岛让给美国。

美西战争是一场典型的帝国主义列强重新瓜分世界殖民地的战争,美国加入了争霸世界的行列。美西战争的重要结果是美国占领了菲律宾,这一太平洋基地的获得是美国实现“太平洋帝国”美梦的基础。远东的格局因此大为改变,美国以此为立足点大大推进了在亚洲和中国的殖民事业。

当美国忙于美西战争之时,欧洲列强正在掀起瓜分中国的狂潮。因此,当美国结束美西战争将目光转向中国的时候,发现中国几乎已经没有美国插足的份了。

为此,迟到的美国提出了“门户开放”的政策。1898 年,美国向英、俄、德、法、日、意六国递交了门户开放的照会。其主要内容在承认列强在中国的势力范围和既得利益的前提下，美国要求他们的租借地和势力范围对美国开放，使美国获得均等的商业机会。1900年，在八国联军镇压义和团之际，为了维护自身的利益，美国提出了第二次门户开放的照会。这次照会也同样承认列强的既得利益，不同的是美国提出各国在“保全中国”的前提下，维护各国在中国各地平等公平贸易的权利，以及美国在中国市场的自由贸易机会。这样，“门户开放”的范围从列强的租借地和势力范围扩大到了整个中国市场，并且使该政策的“保全中国”原则使之具有了新的政治功能。

所谓的“保全中国”其实只是维护中国的半殖民地状态。美国的真实用意是一方面反对列强在镇压义和团的过程中进一步瓜分中国，另一方面则通过镇压义和团运动维护腐朽的清政府的统治，以有利于推进自己的殖民政策。美国的“门户开放”政策反映了美国对远东的侵略野心，也是美国崛起后争霸世界的表现。

美西战争后，美国对加勒比海地区的控制加强了。美国凭借其强大的经济实力和对这里制海权的控制，对拉美地区进行赤裸裸的武装干涉，以谋求自己在该地区的利益。这就是美国总统西奥多·罗斯福(1901—1908年在任)所奉行的“大棒政策”。他还对“门罗主义”做出了新的诠释，认为美国应该在西半球行使一种国际警察的权利。

大棒政策成为美国干涉拉美国家内政的依据。在这一政策下，美国迫使古巴、多米尼加成为美国保护国，促使巴拿马发动政变等等。

在罗斯福之后的美国总统威廉·塔夫脱(1909—1913年在任)则提出了“金元外交”的政策。因为随着美国金融资本的发展，美国需要为过剩的资本寻找投资的场所。金元外交实际上一种资本渗透，通过对外投资来攫取更多的海外市场和殖民特权。并且，当金元不能奏效时，武力就立即出现。因此，所谓的“金元外交”是金元与武力的相结合的扩张政策。通过这一政策，美国资本大量流入拉美。

二、英国的扩张

英布战争是美西战争之后另一场帝国主义列强重新瓜分殖民地的斗争。英国人和布尔人在南非的矛盾由来已久，由于德国涉足南非又使得这里的形势更加复杂。为了使支持布尔人的德国人在英布争斗中保持中立，1898年8月，英国与德国签订了瓜分葡萄牙非洲殖民地的条约。条约规定在葡萄牙财政困难时，以葡萄牙非洲殖民地为抵押，由英德共同借款给葡萄牙。但是，英国不仅帮助葡萄牙渡过难关，而且还在1899年与葡萄牙签订了《英葡秘密宣言》，保证维护葡萄牙的领地。这样，葡萄牙殖民地事实上并没有被瓜分。德国很快发现自己受骗，但德国利用英布冲突之机，迫使英国放弃在太平洋上的萨摩亚群岛权益和建筑巴格达铁路的权利。英国的让步换取了德国的所谓"严守中立"的立场。

1899年，英国一面与布尔人展开谈判，一面不断进行军事部署。眼见谈判未果的两个布尔共和国——德兰士瓦与奥兰治决定在英军尚未部署完备前抢先给以打击。1899年10月9日，德兰士瓦共和国总统克鲁格向英国发出了从境内撤离的最后通牒。遭到英国拒绝后，10月11日，布尔人发动攻击，英布战争爆发。

战争持续了三年。开始时，布尔人占有数量优势，不断获胜。为此英国从各地征调了大批援军，扭转了战局。但在不甘屈服的布尔人的游击战下，战争又拖了两年。这次战争是英国的殖民战争历史中，拖时最长，耗资最巨，进行得最为艰难的战争。英国为此搞得筋疲力尽。经过三年的艰苦战斗，布尔人也损失严重，无法再打下去了。于是，双方于1902年4月在比勒陀利亚举行会谈。5月，签订了《韦雷尼京条约》，英国取得了南非的最高统治权，两个布尔共和国丧失了独立。但是，条约保证了上层布尔人的利益。英布白人在南非的统治是日后这里种族问题严重的重要原因。

这场重新瓜分殖民地的帝国主义战争，给国际关系带来的影响是深远的。英国是一个岛国，英国凭借其经济优势和海上优势，建立了庞大的殖民帝国。因为实力强大，英国的传统外交政策一直是维持欧洲大陆的均势，不介入欧洲大陆的争端和结盟，以维持自身行动的独立和自由。特别是在19世纪中期，当英国在世界上的势力范围受到其他帝国挑战的时候，英国提出了"光辉孤立"的外交政策，其意是不受盟约的束缚和维持行动自由。这种灵活的外交政策一直延续到19世纪末。1899年的英布战争是对孤立政策的一大打击。在这场战争中，英国外交上孤立，军事上缺乏补给，暴露了英国战略的种种弱点。尤其重要的是，深陷其中的英国不仅无法顾及其他地区的利益，给俄国以在远东扩张势力之机；而且还要经常面对俄国、法国和德国等欧洲大陆国家的联合力量的制衡。英国实力的相对衰弱以及帝国主义重新瓜分世界的斗争的日趋激烈，迫使英国改变其传统的外交政策，寻求结盟的伙伴。共同反俄国的立场使英国与日本走到了一起，于是就有了

1902年缔结的英日同盟。

英国与俄国都对中国有着自己的野心。当英国忙于南非战争时，俄国军事占领了中国东北地区。同时，反帝的义和团运动正在中国进行得如火如荼。担心自己在长江流域的势力范围受到义和团和其他列强的威胁，于是英国提出了所谓的“东南互保”，即与南方的中国地方实力派相联合，力图使长江流域中立化，不参加战争。当时与英国共同策划东南互保的有两江总督刘坤一、湖广总督张之洞等。但这一事情引起了美国等列强的不满。1900年6月，各国领事在上海商议了《中外互保章程》，英国的东南互保扩大为列强的互保。因为各种原因各国最终没有签订这个章程。但是，亲帝国主义的地方实力派却在事实上贯彻了这一章程，为列强维持地方秩序。

占领了印度的英国觊觎西藏已经很久了。1876年的中英《烟台条约》使英国获得了入藏的权利，但是遭到了藏族人民的抵制。1888年2月，英国发动了第一次侵藏战争。1893年，英国与清政府议和，签订了《中英会议藏印条款》。条款规定开放亚东为商埠，英国人可以在此自由通商。因为藏民的反对，亚东的开放没有实现。

俄国对西藏也已经窥伺良久。俄国利用藏民对英国侵略者的痛恨和对清政府的不满，进行宗教渗透，游说达赖喇嘛，策划西藏独立。英国为此感到担心。1903年12月，在日俄战争爆发前夕，英国乘机发起了第二次侵藏战争，英军大肆进攻西藏。虽经藏民的英勇反抗，但是英军还是在1904年8月攻占了拉萨。9月，英国与西藏地方当局签订了《拉萨条约》。根据条约，西藏成为英国的势力范围。但是该条约遭到了清政府和美、俄、德等列强的反对。清政府派唐绍仪前往西藏交涉此事。1905年2月，中英会谈在加尔各答举行。1906年4月，中英签订了《中英续定藏印条约》。英国虽然承认中国对西藏的领土主权，但也因此换取了大量的权益。《拉萨条约》成为该条约的附约。

中国辛亥革命爆发后，英国利用中国内乱之机，积极支持逃亡印度的达赖喇嘛潜回西藏，从事分裂活动。英国还以承认中国民国政府为条件，企图威逼袁世凯放弃对西藏的主权。1913年10月，在英国的策划下，袁世凯同意参加所谓的“中、英、藏”三方会议。会议在印度的西拉姆举行。在中国人民的强烈反对下，袁世凯政府最终不敢同意英国的要求。但是，英国却与西藏地方政府在1914年7月单独签订了所谓的《西拉姆条约》。中国代表当即声明中国政府不承认任何英国与西藏地方签订的任何条约。

在1907年，英国就已与俄国就西藏问题达成了妥协。因此，在中国动乱之机，俄国支持英国在西藏的分裂活动，以及日本对中国内蒙古的侵略，而换取英日同盟对俄国占领外蒙古的支持。1912年，在俄国联合各国的压力下，急于得到列强承认的袁世凯不顾中国人民的反对，承认外蒙古的"自治权"。1915年6月，又签订了所谓的《中俄蒙协约》，承认了俄国对外蒙古的控制。

西藏和蒙古问题反映出列强在瓜分中国殖民地时，互相勾结，狼狈为奸，以牺牲中国主权换取自己权益的丑恶行径。

三、日本的进一步扩张

在帝国主义角逐远东的斗争中，英国和日本因为各自的利益需要逐渐走到了一起。英俄国在远近东的矛盾由来已久，在19世纪末瓜分中国的狂潮中，双方的争夺更加尖锐。因为法俄同盟的存在，俄国在远东的扩张往往能得到法国的支持，有时还会拉拢德国共同行动，以谋求更多的权益。俄国从三国干涉还辽中获利最多。俄国英布战争期间，俄国还乘机夺得了中国东北地区，大大扩大了在中国的势力。俄国还在积极修建西伯利亚大铁路。这些都使英国深感不安。英国因为长期以来奉行"光辉孤立"的对外政策，在外交上缺乏盟国。但是，帝国主义斗争的日趋激烈迫使英国开始寻求同盟。英国原本希望的合作对象是德国，但德国愿意看到英俄两国在远东的争斗，以转移他们在欧洲的视线，而自己并不想卷入其中。并且，英德两国在南非问题、巴格达铁路问题以及海军竞赛中都有矛盾，因此英德结盟的希望就破裂了。

日本对俄国带头所搞的三国干涉还辽一直耿耿于怀，而且俄国在朝鲜半岛和中国东北的疯狂扩张也引起了日本的不满。因为日本侵略者早就想将这些地方据为己有。为了顺利实现自己的侵略计划，日本很想得到当时头号强国英国的支持。在尚未得到英国认可之前，日本假意日俄妥协，并派伊藤博文前往彼得堡与俄国谈判，以给英国以压力。俄国为了对付英国，也有意在朝鲜问题上作一定的让步，以换得日本的支持。英国深恐日俄妥协，于是加快了与日本结盟的步伐。1901年10月，英日在伦敦秘密谈判。1902年1月30日，双方签订了《英日同盟条约》。2月12日，双方才同时公布。

条约的主要内容如下：(1) 当英国在中国或者日本在中国和朝鲜的利益受到第三国的侵害时，缔约方应采取必要的保护措施；当双方因为上述利益与他国开战时，另一方应严守中立；(2) 如果一国或数国与一方开战时，另一方应给予军事援助。此外，英日还达成了两国海军在平常时期的共同行动以及确保在远东海域优势的秘密协定。英日盟约是英日对待俄国的攻守同盟。有此保证，日本便可以放心大胆地对俄作战了。

俄国对《英日同盟条约》的反应十分强烈。3 月，俄国急忙与法国发表了《联合宣言》，声称当受到第三国的侵略或者在中国的利益受到危害时，双方将采取保护利益的措施。法国勉强同意将法俄同盟义务扩大到远东。

英日同盟的建立是日本外交上的重大胜利，由此大大增强了日本侵略中国东北和朝鲜的信心。1903 年 7 月，日本要求俄国就中国东北和朝鲜问题进行谈判。谈判进行到 1904 年 2 月，由于双方互不相让而陷入僵局。2 月 8 日，日本海军未经宣战突然袭击停泊在旅顺和仁川的俄国舰队。2 月 10 日，双方正式宣战，日俄战争爆发。

战争开始后，列强相继宣布中立，但是立场却是不一致的。英国事先就已得到日方的通报，又英日同盟的因素，所以实际上支持日本作战。没赶上瓜分中国的美国希望日俄开战，以坐收渔翁之利，推进自己在东北的利益。英美都向日本提供贷款和战略物资，英国还唆使土耳其阻挠俄国的黑海舰队前来救援。法国并不赞同俄国在远东作战，因为担心这样会助长德国在欧洲的势力。同时英法两国的关系得到了改善，并达成了协约。因此，法俄同盟的力量削弱了。只有德国为使法俄同盟解散，而支持俄国在远东作战，却又玩两面手法同时向双方提供援助。所以，总的来说，战争的形势有利于日本。

1905 年 5 月，俄国黑海舰队绕道波罗的海终于来到日本海，却被埋伏于那里的日本海军击溃而全军覆没。俄国因此而一蹶不振。日军虽然获得了胜利，但是也损失惨重，后备枯竭。看到双方都已筋疲力尽，美国总统西奥多·罗斯福认为时机已到，于是出面调停。1905 年 8 月，和谈在美国的朴茨茅斯举行。9 月，签订了《朴茨茅斯和约》。条约规定，俄国承认日本吞并朝鲜；除旅大外，日俄国军队撤出东三省，行政权归还中国；俄国将旅大、库页岛南部以及中东铁路的一部分等权益转让给日本。

日俄战争给国际形势带来了深远的影响。日本大大扩大了在远东的势力，导致其侵略野心日益膨胀。日俄战争是帝国主义之间的战争，却主要是在中国的领土上进行的，中国成为任人宰割的牺牲品。战争之后，中国和朝鲜的形势更加严峻了。在日俄国战争中，美国达到了维持日俄在东三省的对峙的目的，作为债主，还从日本的胜利中获得不少好处。但是，作为同为新崛起的大国，美国并不希望日本过分强大，因此美日在远东的冲突逐渐变得突出起来。

思考题

1. 试述门罗主义产生的背景及其对美国外交地位的影响。
2. 日本是如何迅速走上资本主义道路并加入列强的侵略队伍中去的？
3. 试述美、日崛起后重新瓜分殖民地的情况及其特点。
4. 美、日崛起为世界大国对近代国际关系产生了什么影响？

第六章　欧洲列强的重新组合与两大军事集团的形成

19 世纪末 20 世纪初，国际形势的变化发展似乎预示着一个新时代的到来。维也纳体系建立后的大约一个世纪里，欧洲局势基本上处于相对“平静”的状态，除了克里米亚战争之外几乎没有打过大仗，这在很大程度上与欧洲大国间传统的“均势”结构有关。但自 19 世纪中后叶以来，旧的“均势”结构不断受到冲击。西方国家的新技术革命和第二次工业革命的浪潮有力地推动着国际关系的全球化进程。随着欧美和日本等主要的资本主义国家完成向帝国主义阶段的过渡，亚洲、非洲、拉丁美洲和大洋洲等世界被纳入到资本主义世界经济体系之中，帝国主义列强在世界范围内瓜分世界和争夺霸权的斗争，就成为国际关系的主要矛盾。这一矛盾随着美国和日本崛起为世界大国而变得更加复杂化，同时，它们的参与也推动了国际关系的全球化进程。维也纳体系瓦解后，代之而起的俾斯麦体系没能维持多久，德国统治集团抛弃了俾斯麦保守的、狭隘的“大陆外交”，开始转向追求欧洲霸权和世界霸权的“世界政策”，并发展大海军，从而向老牌帝国主义国家英国发起了公开的挑战。英国被迫抛弃“光辉孤立”的传统对欧政策，与法俄调整世界范围内的利益冲突，并于 1904 年和 1907 年相继缔结了《英法协定》和《英俄协定》，出现了英、法、俄集团与德奥集团相对峙的两极均势体系。为了谋求各自的优势，大国间的军备竞赛螺旋式上升。欧洲进入了危机频繁的阶段，而且任何冲突都有可能升级为影响两大集团之间力量对比关系的重大危机，列强的行动自由也因此显得越来越小。所有这一切迹象表明，欧洲传统的国际关系均势格局已经渐趋削弱，新的国际政治结构必将取而代之。当危机和冲突演变为第一次世界范围内的总体战，并经过四年的血腥厮杀，给人类历史和文明造成空前的浩劫，欧洲开始丧失国际政治的中心地位，一个新时代来临了。

第一次世界大战是人类历史上第一次总体战，是一场政治的、宗教的大搏斗，而不仅仅是一场惨烈的军事大浩劫。在战争的推进过程中，几乎找不到达成妥协以结束战争的机会，参战的每一方都坚持把战争进行到底。显然，对敌方愈演愈烈的仇恨情绪在其中起着很可怕的作用，而且，正是这种仇恨情绪，使得任何想宽容处置战败国的可能性都不再存在，不管成败在哪一方都是一样的。战争结束后所签订的《凡尔赛和约》，可以说，就是这种暴烈的仇恨情绪的产物和集中体现。

第一节 两大军事集团的形成

一、英德同盟谈判的失败

1. 英国"光辉孤立"政策受到挑战

在整个19世纪里，英国凭借其强大的经济实力和海上控制权，建立起了一个"日不落帝国"。这样一个强大的帝国是不需要结盟的，孤立被看作是力量和自信的象征。自60年代以来，英帝国一直奉行孤立主义的对外政策，但正式提出"光辉孤立"并阐述这一政策含义的，却是90年代中期之后。1896年1月，财政部长福斯特在议院就英国外交政策发表演说时第一次使用了"光辉孤立"这个词语。2月17日，海军大臣戈申声称："我们的孤立不是软弱的孤立或给自己带来蔑视的孤立。它是一种故意选择的孤立，是在任何情况下可以按照自己意愿采取行动的自由。"①

"光辉孤立"政策的含义，一般是指英国不在和平时期里同欧洲大国缔结具有长期义务、特别是军事义务的同盟条约。其基本要旨是保持充分的行动自由，避免受事前盟约的束缚。这实际上体现了英国维持欧洲均势的需要，也是帕麦斯顿所谓"没有永久盟友和永久敌人，只有永久利益"公式的继续②。从英国是独处一隅的岛国和殖民大国的现实情况来看，推行均势

① C. Howard, *The Policy of Isolation*. The Historical Journal, Vol. 10, No. 1, 1967. p. 80.

② 参见王绳祖主编：《国际关系史》第三卷，世界知识出版社1995年版，第329页。

政策以维持欧洲大国间的力量平衡、避免卷入列强间的冲突以保持行动自由、充分利用列强间的矛盾以扮演调停者的角色，是最有利于捍卫英帝国利益的，而且英国的军事实力尤其是海军实力也足以保卫英伦三岛本土的安全。因此，即使在90年代面对主要竞争者法国、俄国愈演愈烈的对抗，英国也拒绝参加一度比较接近的德、奥、意三国集团。1894年法俄结盟时，英国为自己是欧洲国家中唯一没有结盟的大国而自豪。

但是，在帝国主义列强重新瓜分世界的斗争中，大英帝国开始处于众矢之的的不利地位。世纪之交的帝国主义国家间的力量对比关系发生了重大变化。英国的经济实力优势逐渐丧失，海上优势地位不断动摇，从而“光辉孤立”政策的基础遭到了严重挑战。地中海的控制权被法俄舰队的联合力量所掌握；俄国在中亚的推进威胁到英属印度的安全；俄国在远东的扩张动摇了英国在中国的利益；英国经常不得不面对法俄德欧洲大陆强国的联合，这一切足见英国处境危殆。英国被迫修正其对外政策，先是1902年订立《英日同盟》来抵制俄国在远东的扩张，随后在1904年和1907年分别与法国和俄国订立协定以抵制德国的世界霸权，并在此基础上建立了协约国集团，“光辉孤立”政策寿终正寝。

2. 德国的“世界政策”

19世纪最后20年中，德国生产力高度发展，国力强盛，其经济实力超过了老牌帝国主义国家英国和法国。这段时间，德国完成了由普法战争前的农业国向工业国的过渡，迎来了国内经济和科学文化的繁荣。德国资本的对外输出在80年代的10年中增加了10％，而在90年代的10年中则增加了36％。同时，德国在世界贸易总额中所占的比重由1870年的9.7％上升到1913年的13.1％，而同期的英国则由25％下降到15.2％①。这一时期，德国的电力与化学工业已处于世界领先地位。德国垄断集团的很多公司如克鲁伯、西门子及其海外子公司享誉全球，与英国竞争，使英国大亨们惊惶失措。

随着实力的膨胀，德国对外政策发生了转变，从谋求欧洲霸权转变为谋求世界霸权。这不可避免地引起并加剧了与英国之间的冲突。1895年1月25日，威廉二世作了“世界政策”的第一次公开演讲，宣布“德意志帝国要成为世界帝国。在地球遥远的地方，到处都居住着我们的同胞。德国的货

① 参见杨闯：《近代国际关系史纲》，中国人民大学出版社1998年版，第336页。

物，德国的知识，德国的勤奋要漂洋过海”①。从公开的演讲到私下的政策设计，威廉二世都毫不掩饰德国控制世界的野心，并把英国当作最主要的竞争对手。作为一个后起的工业化强国，德国处处都表现出不甘现状与急躁的情绪，这实际上是一种强烈的民族主义情绪②。

德国世界政策的一个重要表现，是获取“阳光下的地盘”即争夺殖民地。德国作为一个后来者，要求在世界上重新瓜分殖民地。1897 年，德国强租中国胶州湾，企图在远东立住脚，建立海军基地。这一行动果然引起其他列强纷纷效尤。1900 年，威廉二世派其参谋长瓦德西作为八国联军总司令到中国镇压义和团运动，并号召德国远征军要像一千年前匈奴人的声威远播一样，把德国的声威永远流传在中国。德国在中国的政策引起了英国的重视和忧虑。德国的“世界政策”表明德国同英国的矛盾具有深刻的不可调和性。

3. 英德谈判及其失败

在俾斯麦当政时期，德国先后于 1879 年 9 月、1887 年 11 月、1889 年 1 月三次主动提出与英国结盟，遭到推行均势政策的英国的拒绝。1898—1901 年的英德同盟谈判发生于世纪之交的远东危机之际，它对欧洲大国关系的发展及列强的重新组合具有重要影响。英国这个时期企图寻找遏制俄国势力在远东扩张的途径。在这样的背景下，英国在 1898、1899、1901 年三次与德国进行了时断时续的秘密接触与谈判。

在英国内阁中，除了首相索尔兹伯里，殖民大臣约瑟夫·张伯伦是个重要决策人。在他看来，英国的主要敌人是俄国，英国应当寻找反俄联盟。1898 年 3 月 29 日，在俄国租借旅大的协定签订第三天，张伯伦会见德国驻英大使，提议建立英德同盟，相互协商对中国的政策。德国一方面害怕会受到法俄同盟的夹击而拒绝与英国结盟，另一方面企图借谈判迫使英国在殖民地问题上的让步，但遭到英国拒绝。第一次英德谈判失败。1900 年爆发义和团运动之时，俄国出兵 17 万占领了中国东三省大片地方，加深了英俄、日俄之间的矛盾。1901 年 1 月，张伯伦再次提议建立英德同盟，就摩洛哥和远东问题进行谈判。英国的目的是把德国拖进远东的反俄斗争，建立一个关于远东的地区性同盟，而德国则希望把英国拖入反俄反法的斗争中来，

① 朱庭光主编：《世界历史名人传》，近代下册，中国社会科学出版社 1982 年版，第 132 页。

② 参见袁明主编：《国际关系史》，北京大学出版社 1994 年版，第 113 页。

要求建立英国与三国同盟之间的全面同盟。英国首相认为这是“最不合算的交易”而断然拒绝，结果谈判最终失败。

英德同盟谈判失败表明，两国在结盟问题上不存在共同的利益，谈判失败是两国对抗性矛盾难以调和的客观反映，并加深了两国已有的矛盾，同时促使英国向法俄集团转移。

二、英法协定

1. 英法矛盾的缓和

从19世纪末到20世纪初，英德之间的矛盾已经上升为国际关系的主要矛盾。德国要夺取殖民地和势力范围，要极力扩建海军以夺取制海权，在商业贸易、海上运输及对外投资方面都加大了竞争力度，这都构成了对大英帝国的严重威胁。而英国在欧洲国际关系中越来越处于孤立的地位，为此，英国外交政策在20世纪初不得不进行大幅度的调整，变“光辉孤立”政策为结盟政策。在亚洲，表现为与日本结盟以阻遏沙俄在远东的扩张；在欧洲，外交大臣兰斯多恩主张与往日的对手法国接近以对付德国的威胁，这是英国外交的主要目标。

20世纪初风云变幻的国际形势，也迫使法国认真考虑其外交政策的调整。因为首先，在欧洲大国中，法国地位相对较弱。法国的大部分资金在海外，其国内经济发展不如英国，更不如德国；法国内部政治不稳定，内阁的连续更迭使其他国家生虑。其次，法国外交自法兰克福和约以后一直较为被动。普法战争后，战胜的德国企图进一步孤立和打击法国，德法战争危机成为“欧洲的常态”。经过20多年的努力，法国在90年代初建立了与俄国的同盟关系，但法俄同盟的成立与其说是法国外交的胜利，不如说是俄国的胜利。第三，20世纪初的德法矛盾有了新的发展。法国想收复自己的具有重大战略意义和巨大经济价值的失地阿尔萨斯、洛林，还想夺取德国的萨尔煤矿区。第四，威廉二世推行的分割殖民地的“世界政策”严重地威胁到法国的利益，因为法国海外殖民地的数量仅次于大英帝国。法、德在摩洛哥的争夺，促使法国寻求英国的支持，法绍达危机使法国人认识到推行与英国为敌的殖民政策是行不通的。总之，面对德国日益增强的经济与军事实力的威胁，法国没能从根本上改变它在西欧的处境，因此也寄希望于同英国建立同盟关系。

法国外交部长德尔卡赛是一个比较有战略眼光的人，他一直在密切注视欧洲国际关系格局的变动，逐渐形成了与英国接近的战略考虑。另一位外交家保罗·甘本在英法接近中起了关键作用，他曾预言过纳粹德国的崛起及美俄在亚洲争霸，对国际事务很有洞察力。正是这两位外交家，主张法国不能对德国抱任何幻想，应该采取主动与英国修好。英日同盟的成立使他们深为担忧，因为英国的注意力被日本东引，将使法国在欧洲处于尴尬的境地，因为作为俄国的盟国，法国不可能对英俄的远东争夺置之不顾。因此，甘本在挑拨英日关系的同时，开始与英国就海外殖民地问题进行谈判，提出英法在欧陆没有根本的矛盾，只有共同的敌人德国。英法缓和是必然的。

2.《英法协定》

1904年爆发的日俄战争推动了英法两国的接近。英国不愿直接卷入日俄战争。因为根据英日同盟条约，英国有义务协助日本作战；而俄国与法国也存在着同盟关系，因此，英国如果能同法国达成协议，就能促使法国在日俄战争中保持中立，从而避免自己卷入战争。而法国此时也更需要英国的支持，因为日俄战争使俄国的力量集中于远东，削弱了法俄同盟在欧陆的作用，法国显然不能指望对德战争中得到俄国的有力支援。在这样的背景下，经过双方外交的安排，1903年5月，英国国王爱德华七世和外交大臣兰斯多恩访问法国，这是一次正式的国事访问，为两国接近开辟了道路。同年7月，法国总统卢贝和外交部长德尔卡赛回访英国，这是两国正式讨论缔结协约的开始。双方的外交谈判一直在紧张地进行，就殖民地问题进行着激烈的讨价还价。1904年2月日俄战争的爆发推动了谈判的进程。4月8日，英法协定正式在伦敦签字。

协定分为两个部分，一部分是用来公布于世的，一部分是秘而不宣的。协定总共有三个文件。第一个文件是公开的《关于纽芬兰和西非及中非的协定》，双方在这些殖民地上的矛盾得到了协调。第二个文件是最重要的，即《关于埃及和摩洛哥的声明》。英国声明它无意改变埃及的政治地位，而法国声明它无意改变摩洛哥的地位。这实际上是双方各自承认对方的势力范围。但是，关于这一问题，双方的"秘密条款"中却有与公开声明相抵触的规定，即各自可以对摩洛哥或埃及的政治地位加以改变。第三个文件是《关于暹罗、马达加斯加和新赫布里底的声明》，双方划定了各自的势力范围。

《英法协定》只字未提共同反德的问题，也没有附加什么军事协定，因此从性质上来说不是一个军事同盟。它是英法两国在海外殖民地矛盾问题上的一个妥协，以便双方在海外斗争中腾出手来加强在欧洲事务中的作用。但是，《英法协定》的反德性质是很明显的，是准备第一次世界大战的一个重要步骤，事实也证明了这一点。协定签订后，英国认为地中海的海上交通线已经有了相当的保障，海军部便把原先分布在英国许多殖民地的、主要是在地中海的大约 160 艘军舰集结到本国水域，并集中到紧靠德国的海军基地里。因此，英法关系的变化对德国是一个重大打击，它表明反德同盟正在形成，并直接阻碍着德国侵略扩张计划的实现。为此，德国便决定利用摩洛哥问题来破坏《英法协定》。

三、英俄协定

1. 德国联俄企图的失败

英法协定签订后，英国进一步谋求同俄国接近，以补充 1904 年的《英法协定》。法国也赞成英俄接近。但是，日俄战争影响了这一目标的实现，只是在战争以后出现了新情况，才有利于英俄的接近。

德国在利用摩洛哥问题打击《英法协定》的同时，又企图趁俄国在日俄战争中需要支持之机，通过与俄国结盟来拆散法俄同盟，组成反对英国的大陆同盟，从而称霸欧洲。1904 年 10 月，德皇威廉二世致信沙皇尼古拉二世，建议成立德俄同盟。但在同盟条约的谈判过程中，俄国警惕地看到德国有离间法俄同盟的祸心。俄国虽然在日俄战争中需要德国的支持，但是德国的友谊不能代替法俄同盟，尤其是法国作为俄国的欧洲盟友对德国是一种牵制，这可保障俄国西部边界的安全。因此，德俄同盟条约没有订成。但是亲善依然是两国关系的主旋律，在日俄战争中，俄国外交深深进入了德国的轨道。1905 年 9 月签订了《朴茨茅斯和约》后，这种情况得以改变。到该年底，德国联合俄国的企图流产了。这表明：法俄同盟与德国霸权在欧洲是不能并存的。英俄关系从此开始“解冻”。

2.《英俄协定》

英德矛盾的尖锐化到 1906 年已经非常明朗了。英国确定了德国为主要之敌，并在外交和军事上进行各种对抗的准备，也就是说，英国准备联合可能联合的欧洲力量共同反德的战略思想已经十分明确。这一战略思想就是英国传统的均势政策。在英国看来，德国不单单故意奉行本质上反对英国的政策，而且要谋求霸权。因此，根据传统的均势政策，英国不可避免地要反对霸权，以维持均势。英国为了进一步孤立德国，创造一个新"均势"，除了英法协定外，还必须与俄国妥协，防止德俄接近。

但是，英国要同俄国解决所存在的争端或分歧，存在着很大的障碍。英俄矛盾远较英法矛盾深刻，两国长期角逐的地区是远东、近东和中亚。在远东，日俄战争的失败使俄国势力受到很大限制；在近东，英国控制了埃及和苏伊士运河使俄国不可能有什么作为，两国的矛盾也相对缓和了下来。惟独在中亚，两国矛盾依旧，但德国在这一地区的介入改变了英俄矛盾，因为德国修建巴格达铁路的计划已直接威胁到英俄两国的利益。就俄国方面来说，俄国试图重返欧洲和近东的主要障碍来自德国，因此巩固俄法同盟并与英国建立友好关系，是符合俄国的战略利益的。为此，俄国必须避免与英国在中亚发生冲突，实现和解。法国为了使俄国的力量转到对付德国，也积极推进英俄和解，做了大量工作。

英国新任驻俄大使尼可尔森在关键时刻抵达圣彼得堡，在那里与俄国外交大臣伊兹伏尔斯基进行谈判。正式谈判从1906年5月开始到1907年8月正式签订协定，经过了一年多的讨价还价，签订了关于波斯、阿富汗和西藏的协定。《英俄协定》规定：(1) 将波斯一分为三，北部为俄国的势力范围，东南部为英国的势力范围，中间为中立地带（两国势力范围的缓冲区）。(2) 英国声明它"无意改变阿富汗的政治现状"，不在阿富汗采取"威胁俄国的措施"；俄国承认阿富汗不属于"俄国的势力范围"，放弃在阿富汗的利益。阿富汗实际上是处于两股殖民势力之间的缓冲国的地位。(3) 双方规定不干涉西藏内政、不破坏其领土完整，只通过拥有宗主权的中国与它发生关系。必须指出，英俄虚构的"宗主权"是对中国主权和内政的干涉。《英俄协定》的这三个方面的协定，曾被帝国主义者称为"外交史上一件炉火纯青的杰作"，但是，列宁一针见血地指出，这一协定的本质是"瓜分波斯、阿富汗、西藏（准备同德国作战）"①，实际上是集帝国主义殖民侵略各种形式之大成的代表作。

3. 协约国集团的最终形成

1907年的《英俄协定》之签订，标志着19世纪末以来欧洲国家重新组合过程基本结束。1893年的《法俄同盟条约》、1904年的《英法协定》和

① 《列宁全集》第54卷，人民出版社1990年版，第776页。

1907 年的《英俄协定》这三个条约把英、法、俄三国联结成为一个反德的军事联盟。在此之前的 10 多年时间里，欧洲列强之间的关系错综复杂，它们的外交围绕着是以英德结盟以制俄、德国组织大陆同盟以反英，还是英、法、俄捐弃前嫌以联合抗德，展开了激烈的斗争。最终的结局是欧洲形成了英、法、俄协约集团和以德国为首的三国同盟集团之间的对峙格局，其中的推动力量主要是德国与英法协约矛盾的激化、法俄同盟与德国霸权的不能并存、俄日远东较量的结局，等等。从 1907 年后，两大集团之间的对抗和争夺重心从世界其他地方回到了欧洲大陆，危机频起，战争的危险越来越大了。

第二节　一战前的国际危机与局部战争

一、列强的军备竞赛和海牙国际和平会议

1. 列强的军备竞赛

19 世纪末 20 世纪初，欧洲列强军备竞赛空前激烈。帝国主义国家争夺霸权斗争的加剧是引起军备竞赛轮番上升的根本原因。国际关系理论中的“安全困境”理论已经分析了这一点。这一理论认为，在国际关系的无政府状态下，每一个国家只能靠自己的实力来保护其安全与独立，但是一国寻求安全的努力常常造成别国的不安全感，别国必然也是增强其军备来作出回应，结果竞争性的增强军备活动导致了军备竞赛。①

帝国主义国家政治经济的不平衡发展所导致的力量对比关系的变化，是引起和推动军备竞赛的重要因素。19 世纪相当长时间里，英国曾一度是世界霸权国家。但是 70 年代后，美国和德国的经济发展在很短的时间里赶上和超过了英国，它们企图重新瓜分世界，向老牌帝国主义国家的霸权地位发起了挑战，老霸主则要竭力打败新的挑战者。这种挑战与应战、争夺霸权与保持霸权的斗争，促使这些国家不断增强本国的军事实力，疯狂地扩军备战。美国历史学家保罗·肯尼迪指出：“力量对比的变化总是造成不稳定的

① John Herz, *Political Realism and Political Idealism* (Chicago: University of Chicago Press, 1951), chap. 5.

局面而且往往引起战争。”[①]两大军事集团对峙的格局形成后，军备竞赛趋于白热化的程度。

世纪之交的欧洲各国已经拥有相当雄厚的经济力量，两大集团的实力总体上说不相上下。同盟国的钢铁生产总量略低于协约国，但是它非常集中，仅德国一国的机器制造业的产值超过协约国三国之总和。列强在发展重工业的基础上，建立了军火工业。这种特殊工业的兴起和发展，意味着军备竞赛的加剧。铁路、陆上和水上运输业的飞速发展及其在各列强之间的不平衡，产生着不同的军事意义。而第一次世界大战前轻重机枪、装甲车和坦克、飞艇和飞机等新式武器的发明，不仅意味着科学技术的进步带来了军事技术革命，更意味着增加了军备竞赛的激烈性。[②]

1874—1896 年，欧洲列强军费开支大约平均增长 50%以上，其中德国的防务开支上升 79%，俄国上升 75%，英、法、奥匈帝国分别增加 47%、43%和 21%。[③] 到了 20 世纪初，列强的军费更是持续上升。在战前的 10 年中，协约国集团的英、法、俄分别增长了 16.1%、21.3%和 25.4%；而同盟国集团的德、意、奥则分别增长了 30.5%、26.8%和 40.2%。在欧洲大陆上，俄、法与德、奥大力扩充陆军，竭力在人员数量和技术装备上超过对方。战争爆发前，法国的常备军达到 76.7 万人，德国 75.4 万人，俄国达到 144 万多人，奥匈帝国达 44.5 万人[④]。扩军备战带来了国家兵役制度的变化，战前各国普遍采取了义务兵役制。

2. 英德海军竞赛

在军备竞赛中，海军有着极为重要的地位，因为制海权对一个国家的霸权有着重大意义。美国海军上校马汉认为，海上力量、商业和殖民地三者紧密相关，它们是国家取得财富和繁荣的不可或缺的基础，其中控制海洋在构成国家强大和繁荣的物质因素中是首要的。[⑤] 英国曾经是绝对的海上霸权国家，其强大的海军是海上称霸的实力基础。前面已经讲到，德国为了夺取世界霸权，也把重点放在发展海军、打破英国独霸海上的局面。德国对海上霸权国家英国的挑战，显然受到马汉的影响，威廉二世曾“狼吞虎咽似的”攻

---

① 保罗·肯尼迪：《大国的兴衰》，世界知识出版社 1990 年版，第 230 页。

② 参见《新编剑桥世界近代史》，第 11 卷，第 8 章“武装力量”，中国社会科学出版社 1999 年版。

③ 同上书，第 318 页。

④ 上述数据参见王绳祖主编：《国际关系史》第三卷，第 358、359 页。

⑤ 参见马汉：《海权论》，中国言实出版社 1997 年版。

读了马汉的著作。①

竞赛之前，英国一直坚持“海军两强标准”，其海军数量大大超过了德国。德国“世界政策”的一个重要体现，就是大力扩张海军实力，缩小和赶超英国的海军力量。德国舆论认为，德国的未来在海上，保护其海上利益是德国的生死问题，而没有强大的海军力量，德国就不能保证其世界作用。1898年3月，德国国会通过了第一个海军法案，明确把英国作为德国的假想敌，规定在1904年前将建造19艘战列舰、8艘装甲舰、42艘巡洋舰。1900年，德国又提出了第二个海军法案，确定了到1920年德国海军建设的规模和速度，将前一个海军计划扩张大了一倍。面对德国的威胁，英国决心拉大与德国海军力量的差距。英德海军竞争一直延续到第一次世界大战爆发。德国在这场竞争中虽然一直没有赶上英国的海军，但是实力迅速大增，一跃为仅次于英国的第二大海军强国。正是在英德海军的竞争下，其他国家也纷纷加强了海军建设。到一战爆发时，英国保持着海军第一强国的地位，德国位居第二，余下依次为法国、俄国、奥匈帝国。

3. 海牙和平会议

帝国主义两大军事集团的扩军备战，引起了各国人民的坚决反对，反战浪潮不断高涨。列强为了欺骗舆论，大肆鼓吹和平与裁军。1898年和1899年，沙俄政府两次向各国政府发出通知，提议召开和平会议。沙俄政府之所以提出倡议，主要是为了转移人民反战运动的视线，同时也想尽力减轻自身的军备负担。各列强害怕戴上破坏和平的帽子，都对沙俄的倡议作出了快速响应。

第一次海牙和平会议于1899年5月18日至7月29日召开，共有26个国家参加。会前，沙俄政府提出了8项建议，但心怀鬼胎的列强代表们并不希望取得良好的结果，因此裁军问题没有取得任何具体的结果。会议签订的三项公约和发表的三项宣言并没有缓和国际局势，相反，战争的危机更加严重。第二次海牙和平会议是1907年6月15日至10月18日召开的，有44个国家参加。由于此时各列强都忙于扩军备战，对讨论裁军问题已经非常冷淡，德国反对裁军尤其激烈。因此，长达4个多月的和平会议并没有把限制军备问题列入议程。在这次会议上，各列强都清楚地意识到战争已经不可避免，因此，会议着重讨论了战争的法规问题，通过了10项有关战争

① 参见《新编剑桥世界近代史》，第11卷，第313页。

的新公约。加上第一次和平会议通过的三项公约，两次和平会议共通过了13个公约。

旷日持久的和平会议并没有限制列强的军备竞赛。现实主义理论认为，以限制军备和裁军作为手段来稳定国际秩序和实现和平，向来是失败多成功少。①有的西方史学家认为，海牙会议在两个方面取得了相当大的“成就”，一是使战争变得更“人道”，可以有效降低20世纪战争的残酷性，二是共同“认识”到仲裁是解决国际争端“最有效同时也最公正”的方式②。这种观点是值得商榷的。和平会议并没有认真去解决亿万人民所关心的裁军与和平问题，却制定了一系列如何作战的法规，但这些法规并没有降低20世纪的两次世界大战的惨烈程度。这说明当时战争已经迫在眉睫，各列强把和平会议变成了一次战争的准备会议。

二、第一次和第二次摩洛哥危机

1. 第一次摩洛哥危机

第一次摩洛哥危机是指1905年由于法国要吞并摩洛哥而遭到德国的反对，德、法为争夺摩洛哥几乎爆发战争的一次国际冲突。摩洛哥位于非洲西北部，西临大西洋，北靠地中海，隔直布罗陀海峡与西班牙相望，是扼守大西洋进入地中海的咽喉，战略地位十分重要。同时，摩洛哥战略矿产资源十分丰富。因此，摩洛哥历来是列强争夺的目标。直到19世纪末20世纪初，摩洛哥依旧保持着名义上的独立。1904年的英法协定规定摩洛哥为法国的势力范围。从此以后，法国加紧推行其吞并摩洛哥的计划。1905年2月，法国公开提出由法国军官来组织摩洛哥警察部队，由法国垄断资本来建立摩洛哥国家银行。

在摩洛哥竞争的国家主要有英、法、德等国。法国的企图立即遭到德国的坚决反对。德国一方面对摩洛哥怀有野心，想把摩洛哥建成其海上霸权的重要基地，另一方面是为了借此打击法国，迫使法国作出让步，以削弱英法同盟关系。因此，德国在摩洛哥问题上大做文章，并以武力相威胁。1905

① 参见汉斯·摩根索：《国际纵横策论——争强权，求和平》，第23章“裁军”，上海译文出版社1995年版。

② 参见《新编剑桥世界近代史》，第11卷，第319—320页。

年3月,威廉二世在摩洛哥的丹吉尔发表挑衅性的演说,表示对"摩洛哥的幸福和繁荣的关怀","决心捍卫德国在摩洛哥的利益"。德国的这一公开挑衅使欧洲的国际关系骤然紧张起来。4月,德国提议召开一次国际会议,以重新调整各国在摩洛哥的地位,并威胁法国,如果拒绝这一建议,德国将发动战争。英国坚定地支持法国与德国对阵,多次向法国表示,如果法国因为摩洛哥问题受到德国的进攻,英国将为法国而战。德国与英、法都做了进行战争的准备。

2. 阿尔黑西拉斯会议

第一次摩洛哥危机给了美国外交一个表现的机会。西奥多·罗斯福出面进行了"调解"。1906年1月16日至4月7日,欧美列强在西班牙的南部港口城市阿尔黑西拉斯召开了国际会议,以谋求德、法两国在摩洛哥的冲突。出席会议的有13国代表,争论主要集中在摩洛哥的警察权问题和在摩洛哥的外国银行及对银行的监督权问题两个方面。会上形势对德国很不利,因为只有实力和影响都有限的奥匈帝国支持它,其他国家都支持或趋向于支持法国。这样,德国放弃了发动战争的决心,不得不作出让步,满足了法国的大部分要求。会议最后通过了总议定书,在表面文字上承认摩洛哥的独立和国家主权,但摩洛哥的实际权力中心是法国为首的欧洲列强控制的"国家银行",法国还取得控制摩洛哥的警察和海关的权利。德国想利用摩洛哥危机来挑拨英法关系的目的没有实现,相反,最后的结果却是强化和巩固了英法同盟关系,削弱了意大利与三国同盟的关系。这是法国对德国外交的胜利。一场危机虽然平息下来了,但德国不甘心自己的失败。实际上,第一次摩洛哥危机只是拉开了欧洲列强20世纪初争夺利益的帷幕。

3. 第二次摩洛哥危机

第一次摩洛哥危机的结束并没有终止法、德之间在摩洛哥的角逐和斗争。阿尔黑西拉斯会议后,法国加紧了对摩洛哥的侵略和扩张,这激起了摩洛哥各地部落的起义,1911年春,起义者包围了首都菲斯。5月,法国以恢复秩序和保护侨民为由,出兵1.5万人占领了菲斯和其他一些城市。摩洛哥形式上的独立地位不复存在,完全变成了法国的殖民地。

法国的行动引起了全欧尤其是德国的震惊。德国垄断资本集团在摩洛哥也有着强大的实力,它们在第一次摩洛哥危机后激烈攻击德国政府的政策,认为对法国太软弱。法国出兵摩洛哥,促使德国垄断集团立即要求德国政府采取针对性的行动。作为对法国行动的一个反应,德国于7月1日派出了炮舰“豹”号到达阿加迪尔港。这一事件被称为“豹子的跳跃”。法德关系立即紧张起来，战争有一触即发之势。这就是第二次摩洛哥危机。

法国占领菲斯和“豹子的跳跃”说明，阿尔黑西拉斯会议通过的条约已经成为一纸空文。法国由于没有作好战争的准备，同意德国外交大臣基德伦提出的谈判主张。双方进行了紧张的秘密谈判。法国表示愿意以法属刚果作为补偿，来换取德国承认法国占领摩洛哥。但德国要求得到法属刚果全部，这遭到了法国的拒绝。谈判陷入僵局，形势再度紧张。欧洲列强在新的形势下重开较量。俄国此时不想插手，奥匈帝国也尽力不介入，关键就要看英国的态度了。英国害怕法德妥协，认为英国在直布罗陀海峡的利益至关重要。1911 年 7 月 21 日，英国财政大臣劳合·乔治受内阁之托，在伦敦市长举行的宴会上公开发表强硬的演说，表示为了英国和世界的最高利益，英国将不顾一切危险维持其世界大国的威信，准备作出重大牺牲来维护“和平”①。演讲明白无误地告诉法德两国，当它们进行秘密交易时，不能将英国抛在一边。与此同时，英国海军做好了战斗准备，对德国施加压力。英国的坚定态度将法德两国的秘密外交谈判推入了绝境，使得两国的头面人物都不敢作任何妥协的表示，以致法德之间可能达成的妥协变成了英国与德国的直接对抗。在英国的压力下，法德两国都作出让步，又进入了直接交涉来解决争端。经过长时间的讨价还价之后，双方在 11 月 4 日签订了《法德关于摩洛哥条约》。

4. 结果与影响

在《法德关于摩洛哥条约》中，德国宣布它在摩洛哥只追求经济利益，将不妨碍法国在摩洛哥进行的一切改革。而法国则宣布在摩洛哥坚持自由贸易原则。根据欧洲传统的均势外交的补偿原则，法国将一部分法属刚果领土割让给德国，从而使德国势力进入了刚果河流域。战争危机就这样解决了。第二年，法国宣布自己为摩洛哥的保护国，摩洛哥正式失去独立的地位。

第二次摩洛哥危机给国际关系带来很大的影响。第一次摩洛哥危机中英国给法国当后台，公开表现为法德矛盾。第二次危机中，法国已经跟在了英国的后面，英国走到了前台，英德矛盾公开化了。德国是在英国的强硬态度面前让步的，从此更加恼恨英国。德国发誓要推行强硬路线，加强海军军

---

① 参见王铁崖、王绍坊选译：《1871—1898 年的欧洲国际关系》，三联书店 1957 年版，第 70 页。

备，以便将来与英国抗衡。英国也从危机中意识到德国是最危险的敌人，也借机扩军备战。在英德关系紧张化的同时，英法关系在这次危机中变得更加密切。

三、波斯尼亚危机

在英、德两国围绕海军军备问题激烈争斗的同时，俄、奥争夺巴尔干地区的斗争有了新的发展，“东方危机”再次爆发。站在两国后面的是德国和英国。因而在1908—1909年发生的波斯尼亚危机实质上是两大军事集团在争斗。波斯尼亚危机是由于1908年10月奥匈帝国要吞并波斯尼亚和黑塞哥维那引起的，先后持续了五个多月，几乎导致了战争。

根据1878年欧洲列强为解决东方问题而缔结的《柏林条约》，波斯尼亚和黑塞哥维那由奥匈占领和管理，但这两省名义上还是土耳其的行省。1896年，俄国在保加利亚、塞尔维亚的势力已经恢复，为保障自己在远东扩张的行动自由，俄国希望巴尔干问题冻结一个时期。俄国势力在巴尔干的不断增强引起了俄奥矛盾，但奥匈帝国没有得到英德的支持，只好与俄国妥协。双方在1897年达成了一项协议，规定任何一方不得破坏巴尔干现状。在后面十年中，巴尔干基本上是平静的。十年后，奥匈帝国认为机会到来了。日俄战争和1905年的俄国革命削弱了俄国的力量，奥匈帝国乘机加紧向巴尔干地区扩张。在奥匈帝国内部，民族矛盾也日趋尖锐。南斯拉夫人在塞尔维亚的支持下一再起来反抗马雅人的压迫。土耳其青年党发动了革命，在民族主义日趋高涨的情况下，土耳其准备恢复对两省行使完全主权。巴尔干形势变得变幻莫测，迫使奥匈帝国统治集团内部的强硬人物尽快采取行动。奥匈帝国的皇位继承人弗兰茨·斐迪南大公制定了明确的侵略计划：第一步是吞并波斯尼亚和黑塞哥维那两省；第二步是武力消灭独立的塞尔维亚国家，确立其在巴尔干中部和西部地区的统治权；第三步是建立一个三元制帝国。

奥匈帝国试图通过与俄国勾结来解决波黑问题。它主张在牺牲土耳其利益的基础上，同沙皇进行交易，从而恢复三皇同盟。1908年9月15日，奥俄两国外交大臣在布何劳会晤并达成了一项口头协议，俄国同意奥匈帝国兼并波黑两省，奥匈则同意黑海海峡向俄国舰队开放。在这一笔交易上，俄国由于实力下降和缺乏战争准备而处于下风，而奥匈则占了上风，因为海峡开放问题是要得到欧洲其他列强的认可的，显然，俄国外交遇到了相当大的难题。会晤后，俄国外交大臣伊兹沃尔斯基继续在欧洲旅行，试图劝说列强同意海峡向俄国开放。但是，出乎他的意料，在他到达巴黎时，他从当天的报纸上看到奥匈的声明，奥匈帝国准备兼并波黑两省，并说这一问题已经得到俄国的认可。舆论已经遍散欧洲，即俄国外交大臣已经把斯拉夫人居住的大片土地出卖给了奥匈帝国。俄国知道自己已经上了奥匈帝国的当。

1908 年，奥地利皇帝发布诏书，正式宣布兼并波斯尼亚和黑塞哥维那。同时，奥匈帝国还进行了战争动员，波斯尼亚危机正式开始。欧洲舆论哗然。在其他列强看来，无论是俄国向奥匈勒索海峡利益，还是奥匈向俄国勒索波黑两省利益，都是公然违背 1878 年《柏林条约》的行为。俄国要求召开国际会议来讨论波黑两省问题，但奥匈得到了德国的有力支持，态度强硬，公然以武力相威胁。面对德奥的强大压力和战争恫吓，加上英法两国又不愿卷入战争，俄国只好退却。波斯尼亚危机使俄国与德奥之间的关系恶化到了无可救药的地步。此后，俄国为了与德奥相对抗，决心进一步向英法靠拢，并着手大规模重整军备。波斯尼亚危机过去了，但却为未来的冲突埋下了种子。在巴尔干半岛上，奥匈帝国与塞尔维亚的矛盾也愈加激烈，整个欧洲看到战争一触即发的阴影。

四、第一次和第二次巴尔干战争

1. 巴尔干同盟

第二次摩洛哥危机尚未完全过去，意大利在的黎波里挑起了与土耳其的战争。土耳其失败了，被迫放弃的黎波里而由意大利兼并。意土战争虽然结束了，但“东方问题”又一次爆发了。土耳其在意土战争中的惨败，充分暴露了这个没落帝国的腐朽不堪，大大鼓舞了 500 年来饱受压迫的巴尔干各族人民争取民族独立和解放的斗争。巴尔干国家纷纷利用这一时机扩大自己的势力，后面当然还有大国的假手，主要是俄国。巴尔干半岛上的风云变幻从来没有像 1912 年以后那样尖锐。

在巴尔干地区，当时已经有塞尔维亚、保加利亚和希腊等建立了较大的独立王国，它们正在积极酝酿建立同盟，准备发动反土耳其的战争，以摆脱土耳其的统治。在意土战争还在进行中时，俄国就积极策动和促进巴尔干同盟的建立，企图加强自己在巴尔干地区的地位，并使巴尔干同盟成为反对奥匈帝国和德国的工具。由于当时土耳其受德国控制，因此巴尔干同盟的建立还有利于切断德奥同土耳其的联系。

塞尔维亚与保加利亚之间的分歧和猜疑很严重，其中的焦点问题是如何处理土耳其的遗产马其顿的归属问题。在俄国的推动下，两国进行了艰难的谈判，并于 1912 年 3 月 13 日签订了《塞保同盟条约》。条约规定：双方相互保证各自国家的独立和领土完整，当一方受到他国侵犯时，另一方有责任全力支援；任何一个大国企图吞并现在还属于土耳其统治的巴尔干领土的任何一部分时，如果缔约国一方认为已成为宣战理由时，另一方有义务全力支援。条约的一个秘密附件规定，双方采取某种行动时应通知俄国，如果双方发生分歧，则将问题提请俄国裁决。5 月 12 日，双方又签订了《塞保军事专约》作为条约的补偿。从条约本身的内容来看，俄国对巴尔干各国的影响是很大的，塞保同盟是亲俄反德奥的，它加强了协约国的力量，因而获得了英法的赞成。

1911 年秋天，希腊和保加利亚也开始谈判。次年 5 月，两国签订了防御条约，双方约定，在土耳其进攻缔约一方时，双方以它们一切力量相互支援。10 月，两国签订了一项军事条约，规定了战争爆发时双方出兵的数量。1912 年 9 月，门的内哥罗也与塞尔维亚订约，规定共同对土耳其作战。塞保希门四国缔结同盟，为巴尔干战争作好了外交准备。

2. 两次巴尔干战争

缔结巴尔干同盟的目的是为了反对土耳其的暴政，争取巴尔干半岛斯拉夫民族的解放，因此他们的斗争是正义的。但是帝国主义列强的介入使得巴尔干半岛的国际形势复杂化了。俄国实际上是想利用巴尔干人民的反土斗争达到建立这个地区霸权的目的，而德奥则公开扶持和支持土耳其镇压各国的民族运动，从而达到在该地区扩张霸权的目的。这是两次巴尔干战争爆发的国际环境。

意土战争硝烟未散，巴尔干同盟就向土耳其宣战。1912 年 10 月，门的内哥罗首先向土耳其宣战。17 日，保塞两国与土耳其相互宣战。18 日，希腊也向土耳其宣战。第一次巴尔干战争就此拉开了帷幕。由于土耳其政府对战争缺乏准备，军队的训练又很差，而四国同盟有充分的战争准备，军队士气又高，因此土耳其在战争中节节败退，几乎全部丧失了它在巴尔干的土地。12 月 3 日，土耳其照会列强，请求调解。巴尔干各国接受了停火建议，并于 12 月 25 日在伦敦举行巴尔干同盟与土耳其的谈判，同时，俄、法、德、奥、意五国驻英大使在英国外交大臣格雷主持下也召开了会议。列强在会上就阿尔巴尼亚问题和土耳其的欧洲边界问题展开了激烈的争斗，经过5个多月的讨价还价，谈判代表终于在1913年5月30日签订了《伦敦和约》，规定土耳其将除了阿尔巴尼亚以外的全部欧洲大陆上的领土割让给同盟国国家，关于阿尔巴尼亚问题则交给六大国处理。

但是，巴尔干半岛并没有因土耳其势力的退出变得平静。相反，巴尔干同盟内部争执又起。保加利亚得到的土地最多，其他国家要求保加利亚让出一部分土地，遭到保的拒绝。结果这些国家联合起来对付保加利亚。同盟国集团千方百计想破坏巴尔干同盟，协约国集团则公开站在希、塞等国一边反对保加利亚。列强对巴尔干国家的政策加剧了这个地区的紧张局势，导致了第二次巴尔干战争。战争是在1913年6月29日爆发的，保加利亚在奥匈的支持下向马其顿的希、塞军队发起了进攻。战争以塞尔维亚、希腊和罗马尼亚为一方，它得到了俄国的支持，保加利亚和土耳其为另一方，以奥匈为其后盾。保加利亚军队很快陷入了四面楚歌的境地，被迫请求停火。7月底，保加利亚与希、罗、塞、门等国在布加勒斯特举行会谈，因为各方都已经被战争拖得精疲力竭，因此谈判很顺利，并于8月10日签订了布加勒斯特条约，各国对势力范围和领土作了重新调整。从此，相互以兵戎相见的巴尔干国家分裂成为两个对立的阵营，一方是在俄国控制下的塞尔维亚、希腊、罗马尼亚和门的内哥罗等国联盟，另一方是保加利亚和土耳其，这两国由于战败，终于投入了德奥同盟国的怀抱。很显然，巴尔干对立阵线的形成，是欧洲两大军事集团对峙的一个缩影，巴尔干已经成为欧洲战争的火药桶。

第三节　第一次世界大战的爆发

一、列强的力量对比和矛盾激化

两次摩洛哥危机、波斯尼亚危机、意土战争、两次巴尔干战争，拉开了第一次世界大战的序幕。在国际关系中，危机就是常态失去控制，正常关系失去平衡力与控制力，矛盾冲突加剧，要用大的外交行动或战争行动来达到新的平衡。危机有局部的，也有全面的，两者还可以相互转化。危机出现，就需要用政治行为来解决，而政治行为又是由个人来实现的。面对一战前的这些国际危机和局部战争，欧洲两大军事集团的领袖们在外交行为或军事行动中都没有能真正解决危机，他们只能是局部地、表面地平息事端，并不能彻底消除冲突的根源。相反，他们处理危机的方式和原则，反而使欧洲危机迭起，局部战争不断，矛盾愈演愈烈。到1913年时，欧洲已经处于大战的前夜了。

1914年是20世纪前14年的一面镜子。在不到一年之前，欧洲列强竭尽全力防止巴尔干战争扩大化，但是到了1914年夏初，国际形势十分严峻，列强之间充满着敌意，冲突迫在眉睫。美国总统威尔逊的特使豪斯上校作出了正确的分析和预言。他在5月29日写给威尔逊的报告中指出，欧洲列强之间“有太多的仇恨和太多的偏见”，军国主义正在走向全面疯狂，将来有一天必会出现非常可怕的大灾难①。

从力量对比关系上来看，两大集团都在积极备战。协约国在战争的人力条件上一开始就占了优势，这个优势随着后来协约国集团国家的增加和美国的参战更加明显。在经济力量方面，德国的经济力量雄厚，但是资源不足，美国参战后，协约国集团的经济力量大大超过了同盟国。军事力量上，同盟国的陆军虽然比协约国少，但是兵力集中，动员迅速，装备良好，训练有素，这些方面恰恰是协约国所不具备的。但是，海军的实力优势掌握在协约国手里，同盟国处于受困地位。总之，从双方实力的对比来说，德奥集团备战较早，装备与训练较好，因而它们在一定时期内保持着相当的优势和主动，但是它们的弱点是人力和物力资源不足，不能支持较长时期的消耗，经不起海上的封锁。协约国集团参战国多，人力物力充裕，还可以从广大殖民地征集到数量庞大的军队。

二、萨拉热窝事件

萨拉热窝事件既是第一次世界大战的导火线，也是奥塞矛盾和冲突不断上升所必然会出现的结果。长期以来，塞尔维亚一直渴望充任南斯拉夫人民和地区的领袖，希望建立一个独立的、统一的斯拉夫主权国家。第二次

① 参见马丁·吉尔伯特：《20世纪世界史》第一卷（上），陕西师范大学出版社2001年版，第331页。

巴尔干战争结束后，奥匈帝国的南边出现了一个面积比以前更大、自信心比以前更强的塞尔维亚，它逐渐成为南部斯拉夫人反对外国统治、争取民族统一的核心。20 世纪初，塞尔维亚国内出现反奥宣传活动和爱国团体，这些团体大多是青年组织和秘密组织，其中最有名的是 1908 年成立的“国防会”和 1911 年成立的“黑手会”。这两个组织都受无政府主义思潮的影响，前者主张进行游击战争，后者主张采取恐怖行动，这一组织直接受塞尔维亚陆军情报部部长德拉古廷·吉米特里耶维奇上校的领导。

以塞尔维亚为中心的南斯拉夫民族统一运动的发展，使哈布斯堡王朝的统治者极为不安。奥匈为了自己在巴尔干半岛的利益，决心要拔掉塞尔维亚这颗“钉子”。为此，奥匈帝国决定对塞进行军事恫吓，并加紧进行以摧毁塞尔维亚为目标的战争准备。奥匈帝国选定 1914 年 6 月 28 日在波斯尼亚首府萨拉热窝举行军事演习，演习的规模很大，并以塞尔维亚为假想敌人。奥匈军国主义代表人物、奥匈帝国皇位继承人弗兰茨·斐迪南大公夫妇俩决定亲自前往萨拉热窝巡视。这对塞尔维亚是一次公开的挑衅和侮辱，因为这个日子正好是塞尔维亚被土耳其征服的日子（1386 年 6 月 28 日）。奥匈这一狂妄的挑衅行为大大激怒了南斯拉夫的爱国者，塞尔维亚民族主义秘密组织决定行刺斐迪南。

塞尔维亚政府事前已发觉爱国者的密谋，它担心这一事件可能导致可怕后果而又无力抵挡奥匈的进攻，因此反对这一行刺计划。但塞政府无力阻止爱国者行动，便警告奥匈政府，如果斐迪南前往波斯尼亚，将会遇到生命危险。奥匈政府对这一警告置若罔闻。结果，6 月 28 日上午，斐迪南夫妇在检阅完军事演习回到萨拉热窝城内后，被塞尔维亚青年普林西比刺杀丧生。

斐迪南遇刺虽然是一个令人震惊的事件，但与此之前 14 年中的许多刺杀事件没有太大的不同。然而，后来的事实证明，萨拉热窝事件是 20 世纪世界历史和国际关系史的一个转折点。奥匈帝国对此立即作出强烈反应。尽管塞尔维亚政府与刺杀事件毫无牵连，但奥匈一口咬定是由塞政府一手策划的。

三、七月危机

从 1914 年 6 月 28 日的萨拉热窝事件到 7 月 28 日奥匈向塞尔维亚宣

战，这段时间在外交史上称为七月危机。整个7月份，欧洲处于激烈冲突前夜的躁动与紧张状态之中。奥匈帝国普遍的舆论主张通过战争来解决塞尔维亚问题。军国主义者认为这是解决塞尔维亚问题的最好时机。但奥匈担心向塞尔维亚开战可能会引起俄国的干涉，于是不敢贸然发动，而是首先向德国咨询。德国非常渴求战争，认为刺杀事件对德国是“千载难逢的机会”，明白无误地向奥匈保证德国将无条件支持奥匈对塞尔维亚的军事行动。得到德国保证后，奥匈立即着手准备挑动战争。

俄法两国也在积极备战。7月20日，俄法两国相互保证，一旦对德国开战，两国一定要履行作为盟国的义务。英国也认为自己做好了战争准备，认为迟打不如早打，希望通过战争击败对手德国，以免德国赶上英国的海军优势。但在七月危机中，英国政府伪装中立，大要两面派的外交手法，既给德奥集团一个英国在巴尔干冲突中将保持中立的错觉，又向俄法两国保证支持他们对德奥作战。

奥匈在德国的支持下，积极准备发动侵略塞尔维亚的战争。7月23日，奥匈向塞尔维亚发出了最后通牒，要求塞尔维亚政府公开严厉谴责一切反奥宣传，查封一切反奥组织，肃清参与反奥宣传的文武官员，尤其极端的措辞是，奥匈当局要求参与镇压塞尔维亚境内的反奥运动，奥匈代表进入塞尔维亚境内调查萨拉热窝事件。奥匈限塞政府48小时内作出答复。通牒实际上是一个战争宣言，因为它使用了侮辱性语言，蓄意挑衅塞尔维亚。但是，塞尔维亚为了避免战争，尽量克制忍让，除了不同意奥匈派人干涉塞内政之外，其余各项要求均表示接受。但奥匈帝国不顾一切地按照预定计划，于7月28日向塞尔维亚宣战。

到7月底，欧洲局势已经完全失控，无人理睬召开一次国际会议来处理危机的建议，历史上曾经采用过并起过一定作用的欧洲协调体制——国际会议，连尝试的机会都没有了。“一九一四年七月的矛盾现象是，有政治理由走上战场的国家，没有严谨的动员计划，而有严密动员计划的国家如德、俄，却缺乏作战的政治理由。”①各国都想先发制人，因此战争迅速全面铺开。俄法两国站在塞尔维亚一边，立即进行战争总动员。7月31日，德国最后通牒俄国停止战争总动员，通牒法国18小时内宣布保持中立，均遭到俄国和法国的拒绝。8月1日，德国向俄国宣战。同日，法国宣布总动员。

① 亨利·基辛格：《大外交》，海南出版社1997年版，第189—190页。

8 月 3 日，德国向法国宣战。8 月 4 日，德国入侵比利时，英国向德国宣战。在短短一周时间里，欧洲两大军事集团在一片战争呼啸声中纷纷亮相，卷入了一场准备已久、长达四年的战争。

世界大战开始了。欧洲进入了全面战争状态。从六月事件到七月危机到八月枪声，欧洲国际关系急剧恶化。战争的直接起因，恰恰是从三国同盟与三国协约中的两个次强——奥匈与俄国——开始的，但是积聚了很长时间的矛盾和冲突都在这一时刻总爆发出来，将国际社会拖入了长达四年的战争。战争很快越出欧洲范围，英联邦国家也向德国宣战，主战场虽然在欧洲，但很快波及亚洲、非洲、澳洲、南北美洲，参战国家达到 30 个，成为世界规模的战争。自 1870 年以后几十年的“武装和平”局面终于结束了。

第四节　大战期间的战争与外交斗争

一、交战国争取盟邦的斗争

1. 欧洲大国的战争和掠夺计划

大战爆发后，两个战争集团的每一个成员国都制定了各自的掠夺计划，都想掠夺敌对国家的领土和殖民地。但表面上，各交战国纷纷发表官方文书，冠冕堂皇地声明本国参战的正义性质。

德国早在 1905 年就制定好了作战计划——《施利芬计划》，它的战略思想是闪电战。这一计划规定，要避免与法俄同盟两面作战，必须集中优势兵力，假道比利时迅速攻入法国，在几个星期之内战败之，再挥师东进与俄军交战，三四个月内击溃俄国，结束战争。事实证明，这是一个相当轻率和冒险的作战计划，过高地估计了自己的力量，轻视了对手的力量，注定要失败的。

德国参战的目的是要建立一个从北海、波罗的海到亚得里亚海，从柏林到巴格达的大德意志帝国或中欧帝国。1914 年 9 月，德国首相贝特曼提出一份建立中欧霸权的计划，要求吞并比利时和法国北部，获得进入大西洋的通道；要夺取波兰、芬兰、立陶宛、爱沙尼亚、拉脱维亚、乌克兰地区，建立德国领导下的中欧经济同盟；在中非和近东建立殖民帝国；变南美洲为德国的势力范围，等等。奥匈帝国的掠夺目标是要求吞并塞尔维亚，独霸巴尔干半岛，夺取通往亚得里亚海和爱琴海的出海口，建立三元制帝国。

法俄集团的作战计划的基本点是从左右两路夹击德国，迫使德国两线作战。为此，俄国于1910年制定了《第19号计划》，准备从西北和西南两翼分别向德国和奥匈进攻。法国于1913年5月制定了《第17号计划》，但这一计划忽视了比利时与法国边界防御的重要性，把军队部署的重点放在德法边境。法俄的战争计划得到了英国的支持。在这样的战争计划下，协约国参战的掠夺目的同样昭然若揭。英国参战的目的是要击败竞争对手德国，保持其世界霸权，夺取德国在非洲的殖民地，并要肢解土耳其帝国。法国的战争目的是收复阿尔萨斯和洛林，夺取德国在非洲的殖民地。俄国的野心是建立从易北河到中国、从亚得里亚海到北冰洋的庞大斯拉夫帝国。1914年9月14日，沙俄政府的外交大臣萨宗诺夫提出了第一个未来和约的基础方案，即瓜分欧洲的方案，提出涅曼河下游和东加里西亚并入俄国，阿尔萨斯和洛林归还法国，德国的殖民地有英、法、日三国瓜分，等等。英国原则上同意俄国的方案。在战争过程中，法俄、英法之间还订立了一些协定，对战后的领土瓜分作了进一步的确定。

2. 争夺盟邦

大战开始后，各国都想用速战速决的战略来达到自己的目的，交战双方都认为战争会很快结束。但交战不到半年，闪电战宣告破产，战争变成了持久战、消耗战，给各国带来了严重的政治和军事危机。持久的消耗战需要大量的人力和物力资源，因此，争取更多的同盟者是保证战争胜利的必要条件。为此，交战国展开了争夺盟邦的外交斗争，主要争取对象是土耳其、意大利、保加利亚、罗马尼亚和希腊。这些国家与大战利害攸关，它们都企图利用这次战争来达到扩张领土、摧毁对手的目的，因此一直在观察形势，在交战双方之间待价而沽。交战国则以对方领土为诱饵，争取它们参加自己的阵营。

值得重点介绍的是土耳其、保加利亚、意大利三国的态度。地缘政治上的重要性使得土耳其在大战一开始便成为交战国双方争取的对象。土耳其在经济上依赖于协约国，但政府中的亲德势力占据上风。德奥集团想拉拢土耳其来切断英法与俄国之间的联系，而英法争取土耳其的目的恰恰在于企图控制达达尼尔海峡和博斯普鲁斯海峡，沟通英法与俄国的联系。俄土长期存在矛盾，巴尔干同盟国都加入了协约国，因此土耳其投向了德国的怀抱。大战爆发后的8月2日，德土秘密地签订同盟条约，规定奥向俄宣战时土耳其有义务对俄宣战。由于土耳其在中立的外衣下积极备战，试图迷惑协约国，俄国于11月2日对土宣战，次日，土耳其对协约国宣战。土耳其被拖入到这场毁灭性的大战之中，使得欧洲战局又出现了一个高加索战场，牵制了协约国的力量。

意大利本是同盟国成员，但是大战开始后，意大利宣布中立，是不坚定的成员。意大利认为，三国同盟是防御性组织，奥匈对塞尔维亚的入侵不是防御性的，因此它没有义务去作战。意大利的中立是故作姿态，目的是向两个交战集团进行外交讹诈，向双方讨价还价，哪一方能满足意大利的领土要求，它就靠拢那一方。意大利要的领土正好是奥匈的土地，因此在争夺意大利的外交斗争中，德国处于不利的地位。由于奥匈拒绝作出让步，加上协约国的慷慨许诺，英、法、俄与意大利于1915年4月秘密签订了《伦敦条约》，许诺战后意大利将得到它希望得到的土地。5月，意大利向奥匈宣战，但直到1916年8月战争形势比较明朗后才同已经断交的德国宣战。

拥有一支强大军队(30万陆军)的保加利亚，地理位置很重要，它与土、罗、希、塞等国接壤。保加利亚倒向何方，对巴尔干战局将产生直接而重大的影响。在争取保加利亚的斗争中，德奥处于有利地位。保要求得到第二次巴尔干战争中失去的土地，这同塞、希、罗等均有矛盾。德国在保加利亚有财政上的优势，大量贷款给保国，同时完全答应保的领土要求。结果保加利亚站到了同盟国一边。1915年9月，保加利亚分别与德、奥、土签订条约，10月14日，正式向协约国宣战，30万保军和35万德奥军从东方和北方大举进攻塞尔维亚。11月，塞全境被同盟国占领，塞军残部转移到科浮岛继续战斗。

经过争夺，罗马尼亚和希腊这两个国家最终也站到协约国一方中来。1916年8月，罗马尼亚向奥匈宣战，1917年6月底，希腊向同盟国宣战。

二、战争的推进和交战国的和平攻势

1. 战争进程

大战爆发后，交战双方都是按照早就拟定好的作战计划展开军事行动的。但是纵观1914年最后5个月中的战事进程，双方都没有获得预料中的决定性突破。德国虽然突入了法国境内，但其闪电战的战略破产了。德军被迫在东、西两线上作战。由于在巴尔干战线上奥匈进攻塞尔维亚损失惨重，德国利用奥匈牵制俄军的计划被打乱。这样，战争主要是西线战事进入了相持的堑壕战阶段，战局虽然较为平稳，但双方伤亡也不少。这是一种可怕的战争模式，它将继续维持不变，直到发现能够打破僵局的方法为止。

欧洲每一个参战国都希望在1915年赢得胜利。由于西线失利，德国被迫改变战略，确定1915年将重心转移到东线。因为俄国战线漫长，力量比英法要弱，存在运动战的可能性，所以必须首先解决俄国后再来对付法国。这样，东线战事依然以运动战为主。德国从波罗的海的喀尔巴阡山展开了全面进攻，迫使俄国退出了加里西亚，放弃了波兰、立陶宛和拉脱维亚，战线大幅度东移，俄军伤亡和被俘达170万。这是俄国在第一次世界大战中损失最为惨重的一次大败仗。但是德国消灭俄军主力、迫使俄国投降的目的没有达到。在巴尔干战场，塞尔维亚在年底被彻底占领。

1916年是第一次世界大战最为关键的一年。由于俄军主力没有被消灭，德国重新把战略重点放在西线。这一年在西线进行了两次大的战役，即凡尔登战役和索姆河战役。在海上，英德进行了日德兰大战。这几次战役的结果基本上决定了第一次世界大战的结局。双方伤亡都极为惨重，不仅没有一方取得决定性的胜利，反而都感到疲惫不堪了。

到1917年，参战的国家总数达到30个。除了德奥集团的四个(德、奥、土、保)，站在协约国这边的国家达26个。这一年战争进程的特点是，英法军队试图突破德军防线，主动发起进攻，主要有第二次埃纳河战役、第三次伊普尔战役、康布雷战役，但是由于指挥失误，没有取得太大进展，双方依然处于胶着状态。

俄国退出战争后，德国决定集中兵力在西线对英法发动新的攻势。从1918年3月到8月，德军发动了五次大的进攻，但没有实现预期的目的，损失了67万人，后备兵力消耗殆尽，军需物资供不应求，实际上已无力支持战争了。协约国集团也疲惫不堪，但美军89万人的到来和大量军备物资的补充，大大加强了协约国的力量。从7月18日开始，协约国发起了反攻，9月26日发起总攻击，德国兴登堡防线全面崩溃。在巴尔干战场，协约国军队也开始反攻，保加利亚、土耳其相继投降。11月3日，奥匈帝国投降，11日，奥匈皇帝退位，哈布斯堡王朝垮台。

2. 和平攻势

到1916年底，交战双方都已经被战争拖得精疲力竭，而各国的反战运动蓬勃开展，革命形势正在形成。在这样的情况下，出现了某种帝国主义战争转变为帝国主义和平的迹象。历史学家H·G·威尔斯当时曾经预言，这场战争“不会以一方彻底打败和征服另一方的方式而告结束，而是双方拼得精疲力竭，罢兵停战。这样，战争有可能再次爆发，而且会更加惨烈和恐怖”①。他预言，消耗战会持续到1918年或1919年才能结束，但战争也许会因爆发轰轰烈烈的革命运动而突然结束。后来形势的演变和结局证明，威尔斯的预言十分精准。

具体来看，交战国的和平攻势有着三个方面的背景。首先，战争推进到1916年底，双方都不能取得决定性的胜利，鹿死谁手，尚难预卜。但战争造成的人员伤亡、社会和经济各方面的破坏，双方都是巨大的。双方在交战中伤亡了6 000万人，其中死亡人数超过了600万。战争带来的巨大的人力、物力资源的消耗，给每个国家的生产和经济造成了巨大破坏，民不聊生，继续打下去是很困难的。

其次，战争推进了革命形势的发展，革命时机日见成熟。战争教育了人民，到1916年底，民族沙文主义影响已经下降，各国的反战、罢工运动明显增长。特别是在帝国主义战争薄弱环节的俄国，由于社会矛盾和阶级矛盾最为尖锐，在布尔什维克党的努力工作下，罢工运动迅速高涨。

再次，战争的惨烈性与艰巨性，使各国统治集团内部发生了分裂。一部分对革命运动感到恐惧，对旷日持久的战争感到绝望，认为目前任何一方都无力打破僵局，赢得战争，战争的久拖不决将会对它们的统治构成巨大威胁，于是这些人主张各国之间进行妥协。

在这样的背景下，1916—1917年间，交战双方分别进行了和平试探，企图用和谈取得武力所没有得到的东西。德国最先谋求单独或全面媾和，因为德国在大战中掠夺的赃物比别国多，它占有了卢森堡、比利时、波兰、塞尔维亚、罗马尼亚，迅速媾和对它有利。德国利用1915年东线获胜的时机，试图同俄国单独媾和，既可分裂协约国，又可以摆脱两面作战的困境。俄国在战争中的失利、国内矛盾的尖锐化以及大战以来英俄两国的猜疑，使得俄国想尽早从战争中解脱出来。因此同意与德国进行秘密接触。1916年7月，两国代表在斯德哥尔摩举行非正式会谈，俄国主战派代表、外交大臣萨宗诺

① See: H. G. Wells, *What is Coming? A Forecast of Things After the War* (Cassel, London, 1916).

夫被迫辞职。但是，在德俄媾和顺利进展的情况下，德奥方面却在11月5日发表了波兰“独立”宣言，使从俄国手里夺得的波兰几个省宣告独立。结果使得德俄之间单独媾和破产。

其他参战列强也有进行媾和的意愿。英国保守党领袖、前外交大臣兰斯多恩，外交大臣格雷，法国前政府总理茹卡约等人都提出了与德国进行媾和的要求。不过首先需要指出的一点是，交战国的和平攻势并不意味着它们真的想致力于人类的和平。各国提出和谈的建议是企图把继续战争的责任推给对方。1916年12月12日，德国利用攻陷布加勒斯特的机会，以同盟国的名义向协约国、中立国和罗马教皇发出照会，建议在中立国荷兰海牙召开和会，谈判结束战争的问题。但同盟国绝口不提如何处置它占领的俄国、比利时、塞尔维亚和法国大片领土的问题。德国这样做的目的很清楚，一是要转移国内的视线。如果和平建议被拒绝，就可以在世界舆论面前把拖延战争的责任推到协约国身上。二是企图利用和平会议分裂协约国，打破被围困的情况。德国认为，只要法俄两国中的任何一国单独媾和，德国就能战胜其他国家。三是企图用缔约的办法实现兼并计划，巩固已取得的领土。

关于交战国的和平攻势，第二个值得指出的问题是，各交战国都想把战争进行到底，几乎没有人相信会以和平的方式来结束战争。1916年12月20日，美国总统威尔逊向所有参战国提出了一份《和平照会》，要求所有参战国提出各自的条件，促使战争能够结束，以使人类文明免遭破坏。但各国都拒绝了威尔逊的照会。德奥集团和协约国集团都不相信战争拖延下去将对自己不利，都对胜利充满信心。这种信心是建立在军队的庞大数量基础上的，尽管战争中双方损失严重，但同盟国和协约国依然存在着庞大的军队，双方都坚信能够把战争继续下去。与此同时，每个国家都在竭力使国民相信，战争是正义的，仗必须坚持打下去。协约国集团识破了德国的阴谋后，也耍起了更为狡猾的外交伎俩。12月30日，协约国9个参战国向同盟国发出复照，指出在各小国被侵犯的权利与自由没有得到保证之前，是不可能实现和平的。这当然是同盟国难以接受的。这样，协约国又把破坏和平的责任推给了德奥。当然，协约国对战争中夺取到的德国的海外殖民地问题避而不谈。这就是说，只要各国还存在掠夺的愿望，和平分赃的谈判是无法谈妥的。双方的和平攻势喧嚣一阵子后偃旗息鼓了。连想调停战争的威尔逊总统也认识到，“不分胜负的和平”是没有的。正如西方历史学家分析的，"双方都打得精疲力竭，无法克服军事上的障碍，这便是：只要还有取胜的希望，德国就不会交出夺得的土地；而在协约国方面，如果达不到恢复法国疆土和比利时的独立这样起码的目标，也就不能考虑媾和。"①

三、远东局势

1. 日本参战与在中国的扩张

欧洲战争对远东的影响主要是围绕日本的扩张而展开的，而日本扩张的主要目标是中国。欧洲战争给日本外交提供了机会。日本趁列强集中精力于欧洲、无暇东顾的时机，加紧向远东扩张。1914 年 8 月 23 日，日本以履行英日同盟义务为借口，匆匆对德宣战。它宣战的目的在于希图夺取德国在远东的殖民地，确立自己在华的优势地位。因此，不管是否有英国的请求，日本必定会对德宣战的。事实上，日本也没有经过多少劝说，就主动对德国采取了行动。开战后，日本强占胶州湾、胶济铁路和若干德属太平洋岛屿。日本的放肆行径使美国和英国甚为不满，英国认为日本参战缺乏诚意，不是在分担对德战争的义务，而是利用欧洲战争扩大自己的殖民地地盘。事实的确是这样，日本的目的根本不是要派军队去欧洲作战，而是要向中国进行扩张。

当欧洲战争进入堑壕战、双方处于胶着状态时，更给日本在中国的扩张提供了机会。1915 年 1 月 18 日，日本向袁世凯政府提出了灭亡中国的"二十一条"。主要内容有：把山东由德国的势力范围变为日本的势力范围；延长旅大的租借期；日本对南满和东蒙享有独占权；中国沿海任何港湾、岛屿不让与第三国；日本对中国政治、财政、军事、警察等事务享有特权，等等。

2.《蓝辛—石井协定》

远东是美国扩张的方向之一。日本企图通过"二十一条"的实施，将中国置于它的控制之下。这显然引起了与美国的利害冲突，也损害了欧洲国家在中国的利益。但是，当时欧洲战争尚在进行中，协约国中的英、法、俄等国不想与日本翻脸。美国虽然还没有参战，态度稍微有所不同，但也不愿过分得罪日本。美国既担心其在华的既得利益受到损害，又不愿为在华利益与日本打仗，尤其是在美国参战后，美国更感到需要与日本妥协，才能有利

① 《新编剑桥世界近代史》，第 12 卷，中国社会科学出版社 1999 年版，第 258 页。

于保护其在远东的关岛、中途岛和菲律宾的安全。于是美国确定了对日政策，就是在不激怒日本的前提下对其扩张活动进行某些限制，具体说，就是策划在牺牲中国主权的基础上，同日本勾结，以承认日本对南满和山东的要求为条件，取得日本对“门户开放”、“机会均等原则”等的确认。1917 年 9 月6 日至 11 月 2 日，美日谈判代表蓝辛与石井就中国问题进行谈判，在妥协的基础上签订了《蓝辛—石井协定》，双方保证在战争期间不谋求在华优势，同意不侵犯中国的独立和主权完整。美国承认日本在中国的特殊利益，同时重申在中国实行“门户开放”和工商业“机会均等”原则。

美日谈判并签订协定后，两国矛盾有所缓和，但是此后日本在中国的扩张活动有增无减，双方矛盾又日趋尖锐。这说明，帝国主义在远东的争夺中，原先的英俄矛盾逐渐让位于美日矛盾。

3. 中国参战

1917 年 2 月 4 日，也即美国对德国断交的次日，美国鼓动北洋政府的黎元洪总统、段祺瑞总理，希望中国同德国断交。英、法、俄等国渴望利用中国的人力、物力，也积极鼓动中国参战。日本估计阻止中国参战势难成功，就与协约国接触，与英、法、俄、意于 1917 年 2—3 月秘密缔结条约。列强均表示承认日本在中国远东的利益，这样日本也积极怂恿中国参战。3 月 14 日，中国外交部宣布与德国断交，8 月 14 日，中国对德奥宣战。宣战书称：“所有以前我国与德奥两国订立之条约，及其他国际条款、国际协议，属于中德、中奥之关系者，悉依据国际公法及惯例，一律废止。”①中国参战是被帝国主义列强拖下水的，中国人民遭受了深重的苦难和牺牲，尽管中国的参战主要是象征性和道义性的，宣布参战后没有派军队到欧洲作战，但是中国为协约国提供了大量的粮食和人力，派到法国和中东为协约国战地效力的劳工达 17 万人，运往俄国的劳工就有 20 万人。

四、美国的参战

孤立主义是美国在一战之前传统的外交政策。大战爆发后，美国保持中立立场，并希望将这一立场保持下去。这使同盟国有了信心和力量，而协约国则希望美国尽快对德作战。但采取中立政策并不意味着美国置身事

① 吴东之主编：《中国外交史(1911—1949)》，河南人民出版社 1994 年版，第 53 页。

外，自战争爆发后，威尔逊总统就把自己和美国视为调解者。他提出，如果交战国希望和平地解决争端，他就出面调停。然而，他的要求无人理睬。

在1917年4月之前，美国为什么要宣布中立政策呢？这有多方面的原因。一是美国远离欧洲，美国人民不愿卷入欧洲战争，反战呼声一直很高(90%以上的美国人民反对参战)，况且，美国也没有做好战争准备。二是以中立地位同交战双方做买卖，可以大发战争财，对垄断资本更为有利。战争期间，美国对外贸易急剧增加，很快由战前的债务国变为债权国。三是地缘政治的因素，美国所处的地理位置可以使美国暂时不参加战争，可以采取坐山观虎斗的政策，在必要时候出来收拾残局可以达到美国统治世界的目的。四是可以利用欧洲国家忙于大战的时机，积极向加勒比海和南美洲扩张势力。战争期间，美国控制了拉丁美洲市场，占领了海地和多米尼加共和国，并完全控制了加勒比海一些国家。

1916年以后形势的变化推动着美国参战。首先，由于英国的海上封锁使美国与同盟国的经济联系中断，而与协约国的关系密切起来。美国已经成为协约国军火、军用物资和粮食的巨大基地，美国垄断资本的利益同协约国的命运联结在了一起。其次，1917年俄国二月革命后，美国担心俄国单独媾和。如果俄国退出战争，势必造成协约国的最终失败，美国的利益就要受到损害。再次，战争虽然还未结束，但基本格局已定，交战国双方都已经精疲力竭，美国的参战可以很容易地帮助协约国获胜，这样它自己在战后的分赃会议上就处于较为有利的地位。因此，1916年下半年以来，国内外要求美国采取行动的呼声越来越高。1916年10月26日，威尔逊总统发表声明说："我认为中立政策的使命已经结束了。任何国家都不可能置身事外，这是现代战争的性质所决定的。"①西方史学家认为，威尔逊"最终让美国参战是因为他坚信，一旦战争结束，美国能够使欧洲接受他国内给予美国人民的平等和正义观念。"②尽管威尔逊是国际关系理论中理想主义的代表人物，他对国际关系和国际秩序的看法中，理想的价值成分非常浓厚，但是，历史事实证明，美国的参战不是威尔逊主义的产物，而是受美国国家利益和垄断集团利益所驱使的。

1917年3月21日，一艘美国油轮在荷兰水域的"安全区"内被德国潜

---

① 马丁·吉尔伯特：《20世纪世界史》第一卷(上)，第464页。

② 同上书，第324页。

艇击沉，20 个美国船员丧失。4 月 1 日，一艘武装美国汽船在法国海岸外遭到鱼雷攻击，28 个水手淹死。4 月 2 日，威尔逊总统召开国会紧急会议，提出"世界必须确立民主制"，而德国正在对民主制造成威胁①。4 日，参议院以 82 票对 6 票表决赞成美国参战。6 日，众议院以 373 票对 50 票赞成参战。同一天，美国对德宣战。

美国参加协约国集团对德宣战，大大加强了协约国阵营政治、财政和军事上的力量，改变了欧洲战场上的格局。美国选择了德国恢复无限制潜艇战损害中立国利益的时机对德宣战，政治上影响是很大的，许多中立国纷纷倒向协约国一边声讨德国，从而使协约国形成了对同盟国的绝对优势。美国参战使得整个军事形势大大有利于协约国。参战后，美国海军大批舰队开到英国海面参加反对德国的潜艇战，并逐步派出了 200 万陆军到法国，为最后向德军反攻起了重要作用。由于美国已经是头号经济强国，在完全中止对德国供应军火的同时，对协约国集团的财政贷款和军火供应则大大加强了。

第五节　俄国革命与第一次世界大战的结局

一、十月革命与《布列斯特和约》

1. 十月革命后的苏维埃对外政策

如果说土耳其是同盟国军事机器的薄弱环节，那么俄国则是协约国军事机器的薄弱环节。战争破坏了俄国本来就落后的国民经济，给俄国所有地方带来了贫困和饥饿，俄国马上陷入了严重的经济、军事和政治危机之中。在死亡边缘上挣扎的俄国人民，对帝国主义战争和沙皇制度的斗争不断高涨，工人罢工此起彼伏。1914 年，罢工 68 次，参加人数为 3.5 万，1915 年增加到 1 000 次和 54 万人，1916 年则达到 1 500 次和 100 万人②。1917 年一开始，革命运动在更大规模和更高水平上进行。1917 年 3 月

① 马丁·吉尔伯特：《20 世纪世界史》第一卷(下)，第 494 页。
② 孙成木：《十月革命史》，三联书店 1980 年版，第 16 页。

3 日，俄国彼得格勒的工人举行总政治罢工。这不仅仅是一次反战示威，而且是对沙皇权威和统治的挑战，沙皇被迫宣布退位，统治俄国 300 多年的罗曼诺夫王朝正式崩溃。这就是"二月革命"。

二月革命后建立起来的资产阶级临时政府，依然推行违背人民利益的政策。在对外政策上，它表面上放弃侵略，争取"不割地、不赔款、公平民主的和约"，暗地里却向协约国保证一定把战争进行到底，并继续对德进行战争。1917 年 10 月 25 日(公历 11 月 7 日)，以列宁为首的布尔什维克领导工人、贫苦农民和革命群众举行武装起义，推翻了资产阶级临时政府，建立了无产阶级专政的苏维埃政权。

十月革命胜利后的第二天，苏维埃俄国就宣布了列宁起草的《和平法令》，指出帝国主义战争是反人类的，建议各交战国政府立即休战，进行公正的、民主的谈判，缔结不割地、不赔款的条约。各交战国对苏俄政府的建议保持沉默。11 月 21 日，苏俄政府照会协约国大使，建议宣布停火，开始和平谈判。协约国反对俄国退出战争，因为俄国战线分散着德国相当大的兵力，对协约国十分重要。俄国一旦退出战争，部署在东线的德国军队将立即调去对付英法军队。协约国包括美国对苏俄的照会作出了反应，坚决反对俄国单独停战。但同盟国很快答复苏俄建议，德国于 11 月 27 日同意举行和谈。

2. 苏德停战与《布列斯特和约》

1917 年 12 月 3 日，在德国占领的布列斯特—里托夫斯克，苏俄与德国两国代表团举行停战谈判。双方分歧很大。苏俄代表团提出了停战的条件，包括签订为期 6 个月的停战协定，暂时停止各条战线的军事行动，禁止德军向西线调动，等等。这些条件使全世界感到震惊，也被德国代表团拒绝。但是德国担心单独媾和流产对德国不利，因此在军队调动问题上作了让步。12 月 15 日，苏维埃与德、奥、土、保四国代表签订了为期 28 天的停战协定，规定从 12 月 17 日至次年 1 月 14 日实行停战，缔约双方可以中止停战，但要在 7 天之前预先通知，否则停战有效性自然延长。

12 月 22 日，苏维埃与德、奥、土、保四国代表团在布列斯特正式进行和平谈判。和谈主要是苏德和谈。苏维埃代表提出了以不割地、不赔款、民族自决、殖民地自主和政治独立等原则作为谈判基础，遭到德国的拒绝。德国向苏俄提出了极为苛刻的条件，德奥还以武力相威胁。1918 年 1 月 18 日，德国代表提出要把俄国一块面积为 15 万多平方公里的领土分割出来；德国和奥匈要占领波兰、立陶宛、白俄罗斯和乌克兰部分地区，此外还要占领爱沙尼亚和拉脱维亚的部分地区。苏俄代表团团长托洛茨基当即拒绝。

2月9日，德国通牒苏俄政府，限苏俄政府24小时内答复德国提出的条件。俄国党内为此展开了激烈的辩论。托洛茨基和布哈林等人主张进行革命战争，反对缔结屈辱和约。而列宁则认为，要为新生的苏维埃政权赢得喘息的时间，保护十月革命的胜利成果，必须马上退出战争，因此，如果对方提出最后通牒，要不惜代价签订和约。3月1日，在德国军事进攻威胁下，苏俄代表宣布全部接受和约条件。3月3日，双方签订了《布列斯特—里托夫斯克和约》。和约规定，波罗的海沿岸地区及白俄罗斯的一部分、立陶宛、波兰、库尔兰、里夫兰和爱斯特兰将同俄国分离；高加索的卡尔斯、阿尔达汉和巴统划归土耳其；承认乌克兰和芬兰独立；苏俄军队必须全部复员；俄国舰队应驶向俄国港口停泊，或立即解除武装。显然，这个和约对苏俄是一个极端掠夺性的“不幸的和约”，是最苛刻和屈辱的条约，它使苏俄丧失了100万平方公里，相当于德法两国领土总和的土地，将近5 000万人口以及大量的自然资源和经济资源。但和约的签订对世界上第一个苏维埃国家的巩固和发展是有重要的历史意义的。历史证明，这是苏俄国家有原则、有目的、有秩序地实行退却，因为条约使苏维埃国家正式退出了战争，获得了和平喘息时机，有利于苏俄集中力量巩固政权，恢复和发展国民经济，从而也有利于苏俄组织力量，组织新的进攻。这为外交谈判中在必要时做革命的妥协提供了宝贵的经验。1918年11月，德国成为战败国，并发生了革命，这为苏俄外交摆脱奴役性的和约提供了条件，苏俄宣布和约完全失效。

二、第一次世界大战的结束

1. 威尔逊的“十四点计划”

美国的参战不是一个单纯的军事行动，而是一个政治行为。它标志着美国要向世界表明，美国要以它的价值观、道德准则来设计世界秩序，主宰世界事务。很明显，美国在参战时，就已经开始考虑战后世界秩序的重新安排问题。换言之，美国参战的目的是夺取世界霸权，充当世界盟主。

1917年9月，美国总统威尔逊的顾问豪斯上校组织了一个“调查小组”，为未来和平会议的美国方案做准备，试图以这些方案把美国对一系列国际问题的主张加诸其他国家。1918年1月4日，“调查小组”交给威尔逊一份关于战争目的与和平条件的备忘录，威尔逊以此为依据，于1月8日在国会发表了《世界和平纲领》，即“十四点计划”。

威尔逊发表十四点计划的目的在于三个方面。一是消除俄国布尔什维克争取和平斗争在世界各国的巨大影响；二是破坏俄德之间的谈判，妄图让俄国重新回到协约国方面作战；三是同德国争夺和平的旗帜。十四点纲领的主要内容是：(1) 签订公开和约，废除秘密外交；(2) 海上航行的绝对自由；(3) 消除国际贸易壁垒；(4) 裁军和限制军备；(5) 调整殖民地利益；(6) 帮助俄国进入“自由国家的社会”；(7) 恢复比利时的领土完整和主权独立；(8) 阿尔萨斯和洛林归还法国；(9) 调整意大利疆界；(10) 允许奥匈帝国内的民族自决；(11) 恢复巴尔干各国的领土，其政治独立和领土完整由国际保证；(12) 土耳其境内的各民族自治；(13) 建立独立的大波兰；(14) 建立国际联盟。

尽管威尔逊从主观上说的确期望未来国家间关系从怀疑与冲突转变为和谐与繁荣，正是在这一政治哲学基础上，他提出了和平计划。但是，这一和平计划实际上反映了美国欲按照自己的意愿重新绘制战后的世界地图，反映了美国的霸权主义要求，这是整个“十四点计划”的核心。这对英法等老牌帝国主义是一个挑战。同时，对俄罗斯问题的看法和处置，反映了当时帝国主义国家的反革命愿望，是对新生的苏维埃政府的威胁。十四点中，建立国际联盟是美国的主要目标，这是美国争夺世界和巩固霸权的制度保障。1918年9月，威尔逊把十四点计划的主要内容加以归纳，提出了和平方案的“五原则”，即：民族平等，共同利益，国际联盟，国际经济合作，公开外交。由于美国当时实际上已经掌握了主动权，尤其是在战争结束后，更是掌握了国际政治的主导权，因此，威尔逊的计划成为对德和平谈判的基础。

2.《贡比涅停战协定》

土、保、奥匈投降后，德军陷入了空前的孤立。1918年9月29日，德国军方代表兴登堡和鲁登道夫不得不承认，德军已经无力继续进行战争了，唯一的出路是要求结束战争，签订停战协定。德皇威廉二世不愿退位，宣布改组内阁，任命巴登亲王麦克斯为宰相兼外交大臣，并于10月4日向美国总统威尔逊发出照会，请求在威尔逊十四点纲领的基础上签订停战协定并开始和谈。同时，德国向英法两国发出了照会。对于德国来说，“十四点计划”是可以接受的，因为它在德国问题上相当宽容，没有直接对德国进行惩罚的内容，相反，这一计划对英法则提出了直接的挑战。因此，协约国集团没有理睬德国的停战照会，为迫使德国接受更为苛刻的停战条件，继续进行攻击。但协约国内部对如何处置德国出现了一些分歧，美英等国主张让德国保留一定的实力，以便对付俄国；而法国则坚决主张继续战争，使德国沦为一个二流国家。直到 11 月 5 日，协约国才取得一致意见，同意在“十四点计划”基础上与德国进行谈判。

11 月 11 日，停战协定正式签订。协约国对德国提出的停战条件是相当苛刻的，但德国已经无力拒绝。协定规定：(1) 德军必须在 15 天内从法国、比利时、卢森堡及阿尔萨斯、洛林等地撤出，莱茵河左岸地区由协约国占领；(2) 德国须交出全部潜水艇；(3) 德国必须交出 5 000 门大炮、2.5 万挺机枪、1 700 架战斗机和轰炸机、15 万节车皮和 5 000 台火车头、5 000 辆卡车；(4) 德军全部撤出土耳其、罗马尼亚、奥匈帝国以及非洲殖民地。

停战协定意味着帝国主义第一次世界大战已经结束，帝国主义内部的争斗，将由战场上的厮杀转变到会议桌上的钩心斗角。

三、第一次世界大战的总结：性质及影响

1. 大战的性质

帝国主义是战争的策源地。第一次世界大战是在 19 世纪晚期以来资本主义政治经济不平衡发展过程中，大国争霸和国际均势结构演变的必然结果。在 19 世纪 70 年代之前的几百年时间里，西方大国的争霸逐渐形成了英、法、俄三强鼎立的态势。英国控制着海洋霸权，俄国和法国雄峙欧洲大陆的东西两端。这些国家国力强大，在国际角逐中占尽了优势，其他次强国家在争夺和瓜分殖民地的斗争中无法望其项背。但是，19 世纪晚期以来的国际形势以及各个国家内部的发展变化，使各资本主义国家的实力对比发生了重大变化，发展的不平衡打破了旧有的国际均势结构。原先国际政治中的次强国家德、美、日迅速崛起为新的世界大国，它们逐步走上大国争霸的历史舞台。作为世界大国的后来者，它们强烈要求按照变化了的实力重新瓜分世界，于是导致了两大集团之间旷日持久的军备竞赛。而军备竞赛的不断升级，都使各列强有恃无恐，相信自己的实力足以战胜对手，因此各列强都亟欲诉诸武力。

因此，第一次世界大战是在帝国主义两大军事集团的侵略基础上发生的战争。一战的这个性质是由交战国的掠夺目的所决定的，这是一次帝国

主义国家为重新分割世界而进行的非正义的、掠夺性的战争。但同时，受到奥匈帝国侵略的塞尔维亚，其参战的目的是为了维护国家主权，争取民族解放；受到德国侵略的比利时，也是同样的情况。它们进行的战争则是正义的自卫战争。尽管如此，在整个战争期间，这种战争的民族因素只有从属的意义，不能改变战争总的帝国主义性质。

2. 大战对国际关系的影响

第一次世界大战结束了。大战产生的后果，可以说是毁灭性的，作为其特点的杀戮将影响未来几代人，无论是在个人的、政治上的，还是心理上的。西方史学家指出，“它不是世界末日，但它确实是19世纪末欧洲创造的文明世界的末日。”①那么，第一次世界大战对国际关系产生了什么样的影响呢？

战争期间，各交战国共动员了7 350万人参战，其中阵亡人数超过了1 000万，相当于过去1 000年间欧洲发生的所有战争中死亡的总人数，受伤人数超过了2 000万。协约国虽然是战胜国，但是战斗中牺牲的人数要比同盟国多得多。从单个国家的死亡人数来看，德国最高，达180万人；俄国170万，法国140万，奥匈帝国130万，英国94.7万，意大利61.5万，罗马尼亚33.5万，土耳其32.5万，保加利亚9万，塞尔维亚5.5万，美国48 909人。其中德、俄、法、奥四个国家的伤亡人数占总数的2/3强。这些数字只是战场上的伤亡人数，由战争引起的饥饿、灾难而死亡的人数，则数以千万计，其中俄国达500万，德奥达到800多万。大战的直接和间接的战费达3 311亿美元，比1793—1907年欧洲历次战争开支总和还多10倍。从这些数字来看，第一次世界大战是名副其实的总体战。回顾过去很容易看出，两个势均力敌的联盟在1914年一旦交战，其后果很可能是一场浪费和破坏惊人的消耗战。近代的军事史表明，“如果敌对双方都充满着爱国热情，而且政府也愿意大力动员全国资源的话，那种为期短暂的决定性的战役，则已成为过去。”②

战争是列强实力的真正较量，经过四年的厮杀和较量，大国争霸终见分晓，列强之间的实力对比关系再次出现了变化。如果从世界政治的前因后果来冷静地观察，这次大战虽然在生命和物资方面的浪费和损失是无与伦比的，但却并不是毫无意义的。一个表现是，战争的直接后果使得历史上赫

① 马丁·吉尔伯特：《20世纪世界史》第一卷(上)，第368页。

② 《新编剑桥世界近代史》第12卷，第273—274页。

赫有名的三个封建专制帝国(俄国、奥匈帝国、德国)无可挽回地崩溃了,从而产生了一些新兴国家。俄国的垮台建立了历史上第一个社会主义国家,奥匈帝国的瓦解产生了奥地利、匈牙利和捷克斯洛伐克等国家。三大帝国的瓦解也使得一些古老国家复兴了,比如曾经被俄、奥、普三次瓜分而最终亡国的古老国家波兰,最终得以恢复。另外一个表现是,战前国际关系中无政府状态的灾难性后果,导致了战后的一个大胆试验,即建立国际联盟来捍卫国际正义与和平。至于国际联盟这一组织是否起到了设计它时所应该起的作用,则是另外一回事。

大战对国际政治产生的再一个重大影响是国际政治权力重心的转移。虽然协约国战胜了同盟国,但从另外一个角度来看,所有的欧洲交战国全都是失败者。因为战争的结果使得世界政治的权力中心从欧洲转移到了北美,而近代以来,国际政治的权力重心一直在欧洲。一战后,由于苏俄的崛起,国际政治的权力重心也存在着向苏俄转移的迹象。这两个转移的迹象,一直持续到二战爆发。二战后,权力的转移不仅仅是迹象,而是现实了。国际政治权力重心之所以转移到北美,是因为美国是这次大战的最大得益者。由于这次战争,总共有 19 个国家欠了美国的钱,美国成为世界上最大的债权国。每一个欧洲战胜国都欠下了大笔债务,英国的债务超过了 80 千万英镑,法国达到 60 千万英镑①。因此,英法虽然是战胜国,但实力大大受损,国际政治地位大大下降。主要大国之间力量对比关系的变化和第一次世界大战后出现的革命形势对战后缔结和约产生了重要影响。

思考题

1. 试述第一次世界大战之前欧洲的国际形势与战争的起源。
2. 试从国际关系理论的角度分析两大军事集团形成的原因。
3. 第一次世界大战对国际关系产生了什么样的影响?
4. 试析美国在第一次世界大战中外交政策的变化。

① 马丁・吉尔伯特:《20 世纪世界史》第一卷(下),第 610 页。

第七章　凡尔赛—华盛顿体系的建立

第一次世界大战是人类历史上第一次世界规模的战争，其惨烈程度和给各国造成的损失为世人所震惊。战争改变了原有的世界力量分布格局，原先的强国英、法、德等国家的实力遭到了不同程度地削弱，地位均有所下降。而美国、日本等国家在战争中获益匪浅，跻身于世界强国之林。欧洲不再是世界唯一的政治经济中心，美洲和亚洲同样成为国际关系的中心舞台。第一次世界大战打破了原有的世界格局，世界需要按照新的力量对比建造新秩序。在重建战后的世界新秩序的过程中，“旧强”与“旧强”之间、“新贵”与“新贵”之间、“旧强”与“新贵”之间就不可避免地产生了矛盾和冲突。战后召开的巴黎和会和华盛顿会议力图解决这些矛盾和冲突，重新安排世界秩序。巴黎和会重建了欧洲的秩序——凡尔赛体系，华盛顿会议暂时建立了东亚和太平洋地区的秩序——华盛顿体系，两者合称凡尔赛—华盛顿体系。该体系是各国斗争和妥协的产物，是建立在牺牲战败国和弱小国利益的基础上的，以强权为主导的体系。在巴黎和会上还建立了世界第一个国际组织——国际联盟。尽管这个组织在产生的时候就具有先天的缺陷，在成立后发挥的作用也很有限，但作为第一次组织国际机构的尝试，它为以后建立类似的组织积累了宝贵的经验和教训。凡尔赛—华盛顿体系的不公正性酝酿着它的不稳定性，在仅仅存在了二十几年后，就被德国再次发动的世界大战所打破。巴黎和会的另一个重要议题是如何对付新生的苏维埃国家，并作出了武装干涉的决定。苏联一直被排除在凡尔赛—华盛顿体系之外，世界从此出现了社会主义和资本主义两大并行体系。

第一节　战胜国对战后世界“新秩序”的设想

一、战争对各协约国力量的影响

第一次世界大战的浩劫使约 1 000 万人死亡，2 000 万人受伤，直接用于战争的费用约 1 860 亿美元，间接损耗的费用达 2 500 亿美元，给各交战国造成了惨痛的伤害和无法消弭的影响。然而同一场战争，不光对战胜国和战败国的意义是不同的，而且对于不同的战胜国来说，意义也是不同的。战争使当时列强的实力地位有了很大的变动，欧洲各强国的地位不同程度地下降，而美日等国则大幅度上升，尤其是美国，一跃成为世界最强国。

美国是第一次世界大战的最大受益者。它在战争的末期参战，损失轻微，而在战争早期，欧洲各国对军事物资的大量需求以及在世界市场上竞争力的削弱，给美国工农业生产的发展和商品输出提供了大好机会，美国因其中立国的地位而大发横财。四年战争中，美国的工业总产值由 239 亿美元增加至 620 亿美元，净增近两倍；商品输出额从 23 亿美元增至 62 亿美元；国家和各私人公司出借贷款共约 100 亿美元。美国从战前的债务国变为战后最大的债权国(1914 年前美国的债务为 55 亿美元)，掌握世界黄金储备的 40%以上(近 45 亿美元)，取得了资本主义世界的金融控制地位，逐渐取代英国成为世界的金融中心。战争中，美国的军事力量也发展很快。战前美国军队只有 30 万人，战争结束时，军队人数已达 450 万；军舰的数量和海军的力量也大大增加。雄厚的经济实力以及在战争中增强的军事力量，大大加强了美国的外交主动性，提高了其在国际关系中的地位。英国的经济学家凯恩斯描绘战后的局势说：“美国军队无论在数量方面、训练方面还是装备方面都达到了顶点。欧洲完全依赖美国的粮食供应；在财政方面尤其受美国的支配。欧洲不但没有能力偿还美国的钱，而且需要美国进一步地大量援助，才能免于饥饿和破产。从来没有一个哲学家(指当时的美国总统威尔逊)能掌握这样的武器，可以用来约束全世界的君主们。”[①]剧增的实力

① 齐世荣主编：《世界通史资料选辑(现代部分)》，第 1 分册，商务印书馆 1980 年版，第 33 页。

也膨胀了美国的野心。战争结束后,美国立即提出了建立与世界任何其他一国所拥有最强大海军相当的海军计划,反映了它对世界领导权的谋求。

英国在一战前处于世界第一强国的地位上。战争使英国的实力大受削弱,不得不位居美国之后。英国在战争中军费开支 80 多亿英镑,约三分之一的国民财富被用于战争。战前,美国欠英国债务 20 亿美元,战后英国反欠美国 42 亿美元。英国不仅成为美国的债务国,而且动摇了其世界经济金融中心的地位。英国在战争中损失了约 87.5 万人,70%的船只被击沉,盘踞了 250 年的海洋霸主地位不可避免地丧失掉了。但英国也并非全无收获。它在战争中夺取了德国殖民地的大部分,从土耳其手中夺得了伊拉克、阿拉伯半岛和巴勒斯坦地区,并扣住了几乎全部的德国军舰。英国是战胜国中获战利品最多的国家,并仍拥有世界上最强大的海军力量。而且德国的战败,使英国在世界市场上少了一个有力的竞争对手。英国仍控制着广大殖民地的经济和资源。因此,英国尽管元气大伤,但仍保持为一个庞大的殖民帝国和海军强国。

法国在战争中一直是主要战场,在战胜国中损失最为惨重。法国在战争中死亡的人数达 150 万多人,所占人口比例在所有国家中是最高的。战时全国的物质损失高达 2 000 亿法郎。法国工农业的生产水平严重衰退,战争结束时,工业产量只有战前产量的 57%,农业生产也只有战前水平的 66%。一向以"高利贷帝国主义"著称的法国因战争而负债累累,欠英国 6 亿5 千万英镑,欠美国 40 亿美元,成为一个大债务国。但另一方面,战争扩大了法国的军事力量,法国的世仇和劲敌——德国被打败,法国成为欧洲大陆上最强大的陆军国和世界第二大殖民强国。在世界范围内,法国也仍是英美强大的竞争对手。

意大利是战胜国中实力最弱的一个,在战争中败多胜少,损失也很严重。战争结束时,它共负债 44 亿美元,其中欠美国 19 亿美元,欠英国 25 亿美元。

日本是战争中收益仅次于美国的暴发户。战争期间,日本的经济急剧增长,工业生产总值增加了近四倍,农业生产增加了近两倍,贸易额增加了三倍以上。日本由战前的欠债 17 亿日元的债务国变成出借 5 亿日元的债权国。而且日本趁欧洲各国忙于战争无暇东顾的机会,借对德宣战之机,极力在亚洲和太平洋地区扩张。它占领了原德国在太平洋地区的加罗林群岛、马绍尔群岛和马里亚纳群岛,并夺取了德国在中国山东的权益。日本的商品不仅大量充斥亚太地区，占领了欧洲国家的传统市场，而且开始大量出口欧洲，成为欧美国家的一个强有力竞争对手。

二、威尔逊的"十四点"纲领

战争还没结束时，各协约国就对战后世界的"新秩序"做出了有利于自己的安排，并签订了一系列的瓜分世界的秘密条约。十月革命后建立起来的苏俄公布了这些密约，极大地震惊了世界。为了抵消秘密条约的不良影响，也为了实践自己的"新外交"，1918 年 1 月 8 日，美国总统威尔逊在国会参众两院联席会议上，发表了建立"世界和平的纲领"的演说，史称"十四点"。在"十四点"纲领中，威尔逊提出了解决战后问题的全面方案，着意体现出了"和平"、"自由"、"民主"等原则。"十四点"纲领基本为大多数国家接受，成为安排战后世界秩序的一个重要参考。

这个纲领同时也流露出了美国的称霸世界的野心。美国企图凭借自己强大的实力称霸世界，其霸权计划有三个组成部分：加强和巩固在拉丁美洲的地位，夺取战后欧洲的领导权，谋取在远东和太平洋地区的优势。威尔逊的顾问豪斯在同英国谈判时曾说，"美国人民一旦遭到挑战，就会建立和保持一支比别国更大的海军和陆军。我们有大量的金钱，大量的人力和大量的资源。"

"十四点"的主要内容可以归纳为以下四个方面：第一，包括前五点，主要反映了美国企图凭借实力，在"公正""自由"的旗号下，谋取更多利益。比如威尔逊主张公开缔结和平条约，反对"秘密的国际谅解"，目的主要是为了反对英、法、意、日等国在大战期间缔结的预先分配殖民地的秘密条约，也是对苏俄公布密约一事做出的反应。威尔逊主张"无论战时还是平时，必须保持公海航行的绝对自由"。这一条款主要是为了反对英国对海上航线的垄断，以保护美国在战争中迅速发展起来的海上运输和对外贸易，并进一步建立自己的霸权。再如威尔逊主张"消除一切经济壁垒，建立平等的贸易条件"，这样美国就可以利用自己的经济优势，靠竞争取胜，打入英、法、日等国的传统势力范围，占领新的商品市场和原料产地。其他裁减军备、分割殖民地等条款也都间接反映了美国力图争取更多利益，主导世界的企图。这些是文件的核心部分，并得到参众两院的赞许。

第二，解决俄罗斯问题。威尔逊主张"在解决俄罗斯的一切问题时，世界上的其他国家须保证最良好的最自由的合作”，使俄国能“独立决定自己的政治发展和国家政策”，“进入自由国家的社会”。在这里所指的俄国，不是原俄罗斯帝国的领土，而是各民族分裂后剩下的地区。而且美国官方在对该条文进行解释时，关于解决俄罗斯各少数民族问题已表示应使用“民族自决”的原则。

第三，包括第七至第十二点，主要涉及欧洲十几个国家的领土和民族自决权问题，威尔逊只提出了一些原则和解决办法。这些条款的地位并不重要，美国也可以按照自己的意愿进行灵活解释。

第四，建立国际组织。威尔逊主张“必须成立一个具有特定盟约的普遍性的国际联盟”①。美国把这个国际联盟“作为维持永久和平的头等要素的问题”，是战后各国进行外交的基础。其实是美国希望国际联盟成立后，能取得对国联控制权，使之成为美国控制世界的工具。

“十四点”纲领出台后，在各国引起了强烈反响，尤其是引起了弱小国家和殖民地人民对和平、自由、平等的幻想，德国也把它当成求和的基础。威尔逊本人也因此声望鹊起，被誉为“和平使者”。这“十四点”后来成为美国参加巴黎和会的计划。十四条条款中，威尔逊在给豪斯的信中说，“国际联盟和‘航海自由’是和平纲领的基础”。美国的海上武力论者马汉的“控制海洋者控制世界”的观点，对美国的主要领导者很有影响。由于海上霸权是建立和保持殖民帝国、进行海外贸易的先决条件，所以威尔逊把“航海自由”作为“十四点”的核心之一。美国的“航海自由”主要是针对英、法而言的，旨在打破他们的海上垄断，建立自己的海上霸权。威尔逊给国际联盟规定的职责是，在国联成员中废除一切特殊的贸易协定，在世界经济范围内实行“自由贸易”，公平合理地“分配原料”。国联还对世界殖民地施以“国际调查”和“国际关心”。国联的机制决定了它不得不受大国的支配，所以，美国对于控制国联寄予了很大的希望。

在战后的欧洲事务上，美国反对过分削弱德国。因为德国的破产会使美国失去巨额的债款和利息，“失去一只会下金蛋的鹅”；而且它还需要德国保持一定的实力，用来抗衡英、法和对抗苏俄。在远东，美国主要是限制日本的扩张和对中国的独占，并为此推行“门户开放政策”，力图打破英日同

① 以上“十四点”的引文均引自方连庆、杨淮生、王玖芳：《现代国际关系史资料选辑》(上册)，北京大学出版社1987年版，第10—18页。

盟，改变自己在太平洋地区的不利地位。

英国在一战后的战略目标仍然是世界霸权，所以就不可避免地与美国在世界范围内产生矛盾。它竭力抵制美国推行的“航海自由”、“贸易自由”等原则，以维护其海上强国和最大的殖民帝国的地位，企图独享殖民地带来的丰厚利润。在远东，它借助英日同盟抗衡美国，并换取日本在欧洲事务上对它的支持。在欧洲，英国也不愿过分削弱德国，以防止法国在大陆称霸，打破欧洲大陆的均势，从而危及自己在欧洲的领导地位。

法国的力量在战争中受到严重削弱，战后战略目标的重点主要是放在欧洲大陆上。法国在战后的最重要的外交目标是尽量削弱和肢解德国，重建欧洲大陆霸权。所以法国要求收复领土，分解德国，向德国索取巨额赔款，并在军事上对德国严格加以限制，使其再无复兴的希望。这样，法国就可以永保欧洲霸主的地位。

意大利主要是要求兑现1915年4月26日签订的《伦敦协定》中许给它的领土，其中最主要的是亚得里亚海东岸的一些地区和原属土耳其的一些领土。意大利希望能通过占领这些地方，建立在东地中海的霸权。

日本也是战争的一个获益者，其野心随着实力的增强而不断膨胀。日本在战后的战略计划是使在战争中获得的权益和领土合法化，并以英日同盟为依托，建立在东亚和太平洋地区的霸权。其中最主要的是加紧对中国的压榨。日本的扩张意图不可避免地与美国的计划发生了冲突，两者在该地区的矛盾不断尖锐。

第二节　巴黎和会与凡尔赛体系的建立

一、巴黎和会的召开及列强在和会上的争夺

1. 巴黎和会的召开

德国与协约国集团签订了停战协定后，1919年1月18日，解决战后诸问题的巴黎和会在凡尔赛宫召开。参加会议的有27个国家的代表，还有一些殖民地国家、新成立的国家和一些社会团体的代表。战败国不被允许参加，苏维埃俄国也没有出席会议。

出席会议的各国地位是不平等的，共分了四个等级。第一等级是"享有整体利益"的国家，包括美、英、法、意、日五国。它们各自拥有五名全权代表，有权出席一切会议。第二等级是"享有局部利益"的国家，它们曾在协约国一边对德作战，包括中国、比利时、巴西、塞尔维亚—克罗地亚—斯洛文尼亚、捷克、希腊等国家。它们只能拥有二至三名全权代表，只能参加与它们有关的问题的会议(中国属于两名代表之列)。第三等级是与德国及其盟国断绝外交关系的国家，包括秘鲁、厄瓜多尔等国家。它们只能拥有一名全权代表，并且只在讨论的问题涉及这些国家时才能出席。第四等级是中立国和即将成立的国家，它们必须在美、英、法、意、日五国之一的邀请下才能出席有关问题的会议，就直接有关的问题发言。

整个会议被紧紧操纵在五大国手中。法国总理乔治·克里孟梭被选为和会主席，美国国务卿罗伯特·兰辛，英国首相戴维·劳合·乔治，意大利首相伊曼纽尔·奥兰多和日本首席代表、前首相西园寺公望被选为副主席。

和会的会议共分三种：一是拥有决定一切重大问题权力的"最高会议"。"最高会议"的最初形式是"十人会议"，由五大国的首席代表和第二代表组成。他们召开秘密会议，决定和会的日程和所有重大问题。3月15日后，为了更便于进行秘密磋商，又组成了"四人会议"，由美、英、法、意四国首脑组成。日本首席代表西园寺公望因不是现任政府首脑，而且日本对殖民扩张以外的问题完全不感兴趣，所以没有参加。另由五国外长组成"五人会议"以解决次要问题，协助决策，但其会议结果仍需经"四人会议"审批。在"四人会议"中，由于意大利的实力最弱，在战争中的作用又最小，所以其首相奥兰多在会议中备受冷落，只是一个配角。真正主宰会议的是威尔逊、劳合·乔治和克里孟梭三人，他们被称为"三巨头"，在"密室中决定欧洲的命运"。和约中的重大问题的协议基本上都是他们在幕后事先达成的。

二是"专门委员会"，由有关国家的代表组成。它的主要任务是讨论和审议某些专门问题，预备草案，提供最高会议参考。如国际联盟委员会、战争责任委员会、赔款委员会等。

三是全体大会，由与会各国所有代表参加。它的任务是对最高会议的决议进行表决。但这只是一个形式而已，大会对最高会议通过的决议没有任何影响。而且即便是走形式，这个全体大会在和会长达半年的会期中也不过只召开了七次。

巴黎和会的这种组织形式是强权政治的典型表现，弱小国家在其中完全没有决定权，只是充当了几个大国的陪衬，它们的要求和行动都要受到大国间秘密协定的制约。它们仅仅比德国代表早一天，在5月6日的全体大会上才拿到对德条约的文本①。

2. 列强在和会上的争夺

巴黎和会公开的任务是战胜国制定对战败国的和约，建立世界和平，但实际上各大国都是带着自己的一套瓜分战利品的方案参加和会的。它们都想趁机掠夺战败国，抢占势力范围，为自己谋取最大利益。和会的另一个目的是要策划对付新生的苏维埃政权，防止革命的蔓延。由于各主要大国的目的不同，所以在和会上激烈争吵，互不相让，和会几次陷入崩溃的边缘。围绕不同的议题，列强之间也不断改变着排列组合，既勾结又争夺。这是一个想要实现和平的不和平的会议。列宁不无讥讽地说，"他们像野兽一样彼此斗来斗去，互相撕咬"。

巴黎和会上，列强之间几乎对每一个问题都有争执，其中最主要的也是争吵最厉害的问题有以下几个：

第一，国际联盟问题。和会第一天，列强就为先讨论什么问题陷入了激烈的争吵。威尔逊坚持要先解决国际联盟问题，他强调"美国决定以设置国际联盟的计划作为和会全局的枢纽"，和会应本着这个目标进行工作。其实美国的目的是想先建立国联，取得对之的控制权，然后通过国联来操纵对战败国的处置和瓜分殖民地，从中获取更大的利益。英、法显然不会同意美国的主张，他们反而建议首先讨论处置德国和土耳其的殖民地和领土问题。因为在战争期间，英、法等国已占领了大量德国、奥匈、土耳其的领土和殖民地，它们都想让会议及早讨论和确认它们占领的领土，使之"合法化"。双方争执不下，最后达成妥协：两个问题同时进行。国际盟约作为和约的一部分写入和约的开头，并组成一个专门的以威尔逊为首的委员会负责拟定国联盟约草案。参加该委员会的成员还有美国的豪斯、英国的罗伯特·塞西尔和史莫兹、法国的列昂·布尔热瓦以及意大利总理奥兰多。他们既为盟约的内容争吵不休，也为这一新生事物付出了很多心血。

当会议转入对殖民地问题的讨论时，威尔逊在国联盟约草案中提出了建立国际联盟委任统治制度的思想。他主张通过委任统治制度，国联有权把战败国的殖民地和领土委托给一国或数国代管。委任统治地中实行"门

① C·E·布莱克、E·C·赫尔姆赖克：《20世纪欧洲史》，人民出版社1984年版，第113页。

户开放”原则，国联的成员国在关税和获得原料上“机会均等”。这些规定不利于英、法等殖民国家，并有可能使美国借此制度重新获取殖民地，因此英、法不同意建立委任统治制度。在美国的坚持下，英、法以分配委任统治权作为接受该制度的前提条件，双方达成妥协。同时作为交换，英、法同意在委任统治地内实行“门户开放”原则。

在国联的性质和任务问题上，美、英、法三国也存在着尖锐的分歧。美国想通过国际联盟取消其他国家的联盟，主要是英日同盟和英法协约。为此，威尔逊说：“国际联盟本身就是一个同盟，它不需要其他任何联盟。”①关于维护集体安全的方式，威尔逊和塞西尔都主张依靠道义的力量，而法国认为光依靠道义的力量是不够的，主张在国际联盟下建立一支国际军队，并设立一个驻法的总参谋部，企图利用自己陆军强国的地位控制这支军队，使国联成为法国对付德国和夺取欧洲霸权的工具。法国的设想自然遭到了英美的极力反对。英国希望把国联仅仅作为一个国际咨询机构，对国际上所发生的问题实行大国“仲裁”。英国企图在“仲裁”中居主导地位以操纵国际事务，保持自己的霸权利益。

由于各国对建立国际联盟抱有不同的目的和打算，因此争吵不可避免成为商讨中的主旋律。最终，经过无数次的争执、讨论和修改，由国际联盟委员会拟定的国联盟约草案，在1919年4月28日的全体会议上得以通过。

第二，对德和约问题。对德和约问题是和会的中心问题，也是和会争论最激烈的问题。其中包括德国边界问题、赔款问题、殖民地问题和裁减军备问题等。

关于德国的西部边界，法国除了要求收回阿尔萨斯和洛林，还要求取得德国煤矿丰富的萨尔区，作为对战时遭到破坏的煤矿的补偿。它还以保障安全为理由，提出法德边界应向东推移到莱茵河，在莱茵河的左岸成立一个自治的、由法国保护的莱茵共和国。这个共和国不能拥有武装，也不能同德国合并。法国的要求遭到了英美的坚决反对。克里孟梭强硬地说：“如果不把萨尔交给法国，法国决不在任何条约上签字。”威尔逊则愤怒地表示要退出会议。会议陷入僵局。英国在3月25日提出了一份备忘录，史称《枫丹白露文件》。文件中对法国的要求提出了批评，反对过分削弱德国，将莱茵河的省份与德国其余部分分裂开来。英国提议莱茵河地区仍属德国，但要

① 库达科夫：《现代国际关系史》，世界知识出版社1958年版，第96页。

非军事化；萨尔区不能交给法国，但法国可以享有萨尔的煤矿开采权十年。在英国建议的基础上，法国接受了一项折衷的方案。萨尔的煤矿由法国开采15年，其行政权移交国联代管，15年后举行公民投票决定其归属。莱茵河地区仍属德国，但右岸50公里为非武装区，左岸由协约国占领，并在15年内分批撤出。法国的安全，则由英、美共同作出保证。在德国的东部边界问题上，法国要求建立大波兰国，把德国的大片领土划归波兰。这个要求也没有得到英美的同意。劳合·乔治认为建立大波兰的设想"肯定迟早要在东欧导致一场新的战争"。

德国赔款问题是继边界问题之后的又一轮争论的焦点，主要是赔款的总额及分配。法国力图把战争的损失全都加在德国人身上，提出高达6—8千亿金马克的类似天文数字的赔款额，并要求得到赔款总额的58%，英国得25%。这个数字远远超出了德国的支付能力，劳合·乔治不无讥讽地称它简直是"疯狂与玄妙的幻想"。英国财政专家凯恩斯提出的赔款数额为20亿英镑（约合400亿金马克）。英国提出的分配比例是法国50%，英国30%，其他国家20%。美国认为如果给德国的赔款负担过于沉重，就可能导致德国经济崩溃，赔款义务也得不到正常履行。美国专家戴维斯给出的数字是不超过250亿美元。在分配问题上，威尔逊的调解方案是法国56%，英国28%。由于意见分歧，最终无法确定具体的赔款数额和分配方案，这个问题只得交给赔款委员会去专门研究解决。

殖民地也是各国十分关切的问题和争论的热点。最后美国的意见得到了各国的同意，即建立"委任统治制度"，不把德国和土耳其的殖民地具体归属于哪一个国家，而以国联的名义管理这些领土，再由国联"委任"给某一国家或某几个国家进行治理。

在裁减和限制德国军备问题上，各国都从自己的利益出发提出了不同的设想。英国要求摧毁德国的海军力量，而保留其陆军的实力以维持欧洲大陆的"势力均衡"。法国在要求彻底摧毁德国的军备，使之再没有东山再起的机会。美国则想要保留德国的几乎全部军事实力，以抗衡英法和苏俄。

第三，阜姆问题。巴黎和会上，意大利最关心的是自己在《伦敦协定》中的领土要求和对奥匈帝国的和约。在对德和约问题议定后，意大利终于等到对它的领土要求进行讨论。意大利对和会提出的要求是兑现1915年伦敦密约中英法所作的许诺，以及获得亚得里亚海的重要海港阜姆和达尔马提亚沿海地区。英法不愿看到意大利加强在地中海的地位，不支持意大利对阜姆的要求。威尔逊则声称意大利的要求不符合“十四点”中民族自决的原则，并直接予以拒绝。奥兰多一气之下于4月24日离开巴黎回国，想借此要挟。但他的离开几乎没人理睬，也没有影响到英、美、法三国的立场。后来奥兰多担心在自己缺席的情况下，其他三国签订的和约可能会对意大利更加不利，于是于5月10日悄悄返回了巴黎。但直到巴黎和会闭幕，关于阜姆的问题也没有得到解决。

第四，中国山东问题。中国作为第一次世界大战的战胜国，理应收回被战败国德国所占据的一切领土和权益。然而中国的正当要求与日本觊觎中国领土的野心产生了激烈的冲突。日本代表根据1915年1月中日间的“二十一条”和与英、法、俄等国的密约，要求把德国在中国山东的胶州湾租借地、铁路和德国在山东的一切权益全部转让给日本，并声称这是日德之间的问题。中国代表据理驳斥了日本的无理要求。英法两国由于与日本有密约在先，所以支持日本的要求，而美国开始时担心日本在中国势力过于强大，反对日本的要求。威尔逊指责日本对山东的要求违反了民族自决的原则。但后来日本借奥兰多离席回国之机，用不参加国际联盟和不签署和约的威胁来对威尔逊施加压力。威尔逊考虑到意大利和日本都退出会议会给和会造成困难，而且国联的计划也可能破产，在劳合·乔治的劝说下，最终拿中国的主权同日本作了交易，同意了日本的要求。这样，英、法、美三国都站到了日本一边。

在随后的会议中，中国又提出废除日本强加于中国的“二十一条”，取消列强在华的势力范围，撤退外国军警，归还租界，关税自主等要求。由于这些条件损害了英法等国的利益，他们一概借口“与和会无关”而拒不接受。

整个和会期间，中国代表只有三次机会被允许在“十人会议”或“四人会议”上进行申述。在4月30日的最后一次讨论中国山东问题的秘密会议上，只邀请了日本代表参加，而中国代表被拒之门外。会议在没有中国代表的情况下，竟作出了把德国在山东的权益交给日本的决定，并明文写进了《凡尔赛和约》的第156至158条。

第五，“俄罗斯问题”。“俄罗斯问题”的实质是如何对付十月革命和它所引起的欧洲革命浪潮。“从一开始，俄国革命的巨大阴影就隐隐笼罩着和会”①。温斯顿·丘吉尔说：“它是整个形势的关键，如果处理不好，就既不

---

① C·L·莫瓦特：《新编剑桥世界近代史》第12卷，中国社会科学出版社1987年版，第263页。

会有和平,也不会有胜利。”

早在和会召开的前夕,英、法、美等国就对这一问题进行了讨论。克里孟梭和丘吉尔主张进行公开的武装干涉,协约国军总司令福煦将军更直接地主张组织欧洲十字军东征,彻底摧毁布尔什维克制度。但劳合·乔治认为对俄国的武装干涉已经毫无用处,反而会引起本国无产阶级的抗议和斗争。威尔逊同意他的观点,并表示已没有可能在美国合法征兵。这样,谈判的建议占了上风。但列强并不是真的要与苏俄实现和平,而是想借“和平”谈判的旗号,对苏俄实行外交孤立和经济封锁,缓和苏俄红军在各条战线上胜利进展的攻势,同时支持俄国国内的反革命武装力量伺机反扑,推翻苏维埃政权。所以,当苏俄多次建议双方举行和平谈判时,英、法、美各国均拒绝同苏俄进行任何正式接触。

1919 年 1 月 23 日,威尔逊代表三强国向俄国各派政治势力建议,在马尔马拉海的王子岛召开有各派代表和协约国代表参加的会议。但此建议遭到了法国的暗地反对和俄国境内一些地方的白匪的拒绝,会议还未召开就流产了。此后,2 月底,美国以威廉·布利特为首的代表团秘密赴俄,既是寻求签订停战协议,也是为准备新的武装干涉争取时间。所以当布利特返回巴黎时,几位领导人认为缓兵之计已经达到,拒不承认他同列宁签订的停战协议草案。和会基本就以下两点达成了一致:一方面利用和支持俄国白匪干涉苏维埃政权,不再由各国亲自出兵;另一方面利用巴黎和会签订的和约建立一条“由反苏政府的东欧国家组成的封锁线,以便把西欧同布尔什维克病毒隔离开来”①。

列强经过三个多月的激烈争吵和讨价还价,终于就上述主要问题暂时达成妥协,拟定了对德和约。

二、《凡尔赛和约》

1919 年 4 月 29 日,以外交部长乌尔里希·勃洛克道夫—兰佐为首的德国代表团被召到巴黎去接受和约文本。5 月 7 日,各战胜国代表齐集于凡尔赛宫的镜厅,德国代表团被最后允许进入会场。大会主席克里孟梭代表所有战胜国把长达 260 多页的和约全文交给德国代表团团长,并规定不

① 拉·贝茨:《美国史(1933—1973)》上册,人民出版社 1984 年版,第 24 页。

得进行口头辩论，限期 15 天内作出书面答复。然而勃洛克道夫—兰佐仍然在发言中说："人们要求我们承认我们是战争的唯一祸首，我本人要是这样承认，那就是撒谎。"他的话暗指出要德国单独承担战争的罪责是不公正的。

和约的内容传到德国后，由于其过于苛刻，很快激起了德国人民的强烈抗议，并在柏林举行了示威游行。5 月 29 日，德国代表团向和会提出了长达 400 多页的修正意见书。协约国在答复中坚持原来和约的条款，只对个别地方做了非实质性的微小改动，并要求在 5 天内答复，否则就用武力强制实施。菲利浦·谢德曼政府因拒绝签字愤然辞职，继任的新政府在协约国的军事压力下，被迫无保留地接受了和约。6 月 28 日，德国代表、新任外长赫尔曼·米勒和国务部长约翰内斯·贝尔代表德国在和约上签字。中国代表由于国内"五四"运动的强大压力，没有在和约上签字。这份和约全称《协约及参战各国对德和约》，通称《凡尔赛和约》。

《凡尔赛和约》共分两部分。第一部分是《国际联盟盟约》，占一小部分；主体部分是对德和约。对德和约中共涉及德国疆界、殖民地、军备限制和赔款四个问题。

第一，重划德国疆界。关于西部疆界，法德边界问题基本按前述最高会议上的讨论结果处理。德比边界中，素有争议的莫列斯纳划归比利时；欧本和马尔美第按和约规定，在比利时的主持下进行公民投票表决，结果也并入比利时。普奥在 1864 年对丹麦战争中夺得的石勒苏益格经公民投票后也还给丹麦。关于东部边界，和约承认波兰和捷克斯洛伐克独立。波兰得到波兹南、西普鲁士以及东普鲁士和西里西亚的一部分。出于波兰经济的需要，波兰还取得穿过西普鲁士的所谓"波兰走廊"的狭窄出海口，但泽被宣布为自由市，行政由国联管辖。西里西亚南部地区划给捷克斯洛伐克。默麦尔地区先由协约国占领，后转给立陶宛。德国的疆界经过上述变动，其领土减少了八分之一，人口减少了十分之一。

第二，重新分配德国殖民地。和约规定德国放弃海外殖民地和当地所有德国公私财产，遣返德国人。德国的全部殖民地由主要战胜国以"委任统治"的方式加以瓜分。在非洲的殖民地主要由英、法、比利时获得；太平洋上的岛屿由日本、澳大利亚和新西兰获得；此外，不顾中国的强烈反对，德国在山东的一切特权和租借地转让给了日本。

第三，限制德国军备。和约规定，废除德国普遍义务兵役制，解散德军总参谋部，陆军总数不得超过 10 万人，军官不得超过 4 000 人；德军的任务只限于维持境内治安和边防;条约对德国海军也做了限定,海军总数不得超过1万5千人,军官限额为1 500人;军舰的种类和数量也被做了严格限制。禁止德国制造化学武器和进出口任何武器,不准拥有装甲车、坦克、潜水艇和空军。

第四,赔款问题和其他经济条款。和约宣布协约国及参战国的一切损失应由德国及其盟国承担。赔款总额、偿付的时间表和方式由特设的赔款委员会在1921年5月1日前确定。在这之前,德国必须以黄金、煤炭、商品、船只和有价证券等向协约国先交付200亿金马克的赔偿。

和约还规定,战胜国对德国输入输出的货物不受限制,德国关税不得高于其他国家;易北河、奥得河、尼门河、多瑙河被宣布为国际水道,由国际专门委员会管辖;外国军舰和商船可以自由出入基尔运河。德国境内占领军的全部费用都由德国承担。

《凡尔赛和约》的规定对德国是极其苛刻的,被列宁斥责为"高利贷的和约、刽子手的和约","把亿万人,其中包括最文明的一部分人,置于奴隶的地位"。条约不仅引起德国人的愤怒和怨恨,埋下新的战争的火种,而且它一出台就遭到了许多有识之士的谴责和各国人民的反对。英国经济学家凯恩斯在他的《和约的经济后果》一书中指出,"英法两国人民的代言人用凡尔赛和约去冒德国人开始的毁灭欧洲的危险。凡尔赛条约如果付诸实施,就一定会进一步破坏——它本来是可以恢复的——欧洲已经被战争弄的摇摇欲坠和支离破碎的脆弱而复杂的经济结构。"①

三、国际制度的实验:国际联盟的建立

建立国际联盟是巴黎和会的一项重要任务,也是美国总统威尔逊倾注最多热情、寄予最大希望的事情(为了它,甚至不惜拿中国的主权与日本做交易)。国际联盟是第一次出现的世界性国际组织,被威尔逊称为"和平的可靠保障"。国际联盟盟约被列为《凡尔赛和约》的第一部分。1920年1月10日,《凡尔赛和约》正式生效,国际联盟同时宣布成立。盟约规定国际联盟的宗旨是:"增进国际间合作并保持其和平与安全,承担不从事战争之义

① 方连庆、杨淮生、王玖芳:《现代国际关系史资料选辑》(上册),北京大学出版社1987年版,第68页。

务,维持各国间基于公正与荣誉之公开邦交。”①

根据盟约规定,美、英、法、意、日等32个国家是国联的创始会员国。中国虽然没有在对德和约上签字,但在对奥和约上签了字,所以也属于国联创始会员国。同时还邀请阿根廷、智利、哥伦比亚等13个国家加入。其他一切国家、领地或殖民地,经大会2/3的多数同意可以加入国际联盟成为会员。战败国德国和苏俄最初都被排斥在国联之外;美国因为后来国会没有批准《凡尔赛和约》,所以虽为最初倡议国和创始会员国,但实际上不属于国联国家。国联的会址设于瑞士日内瓦。

国际联盟的主要组织机构有大会、行政院和常设秘书处。大会由所有会员国的代表组成,例会每年一次,时间是每年九月的第一个星期一,紧急时召开特别会议。每个会员国可派代表三人,但只有一票表决权。大会主要讨论和处理属于国联行动范围内的问题和关系到世界和平的任何事件。一般情况下,大会和行政院的决议只有经过出席的会员国的一致同意才能生效。但实际上国联的实权掌握在行政院手中。行政院由九国代表组成,其中美(美国的职位一直空着)、英、法、意、日五国为常任理事国,其他四国则由大会选举产生,任期三年。中国在国联第三届大会上当选为非常任理事国。盟约赋予行政院的职责有:起草裁减各国军备的计划,研究委任国提交的委任统治年度报告,保障会员国领土完整不受外来侵略,调查向国联提出的国际争端等。秘书处由一秘书长领导,是国联的常设事务机关。国联还设立了国际法庭和国际劳工组织。

《国际联盟盟约》是国联的根本法。它规定国联成立的目的是促进国际合作,保证国际和平与安全,但实际上英、法把国联当成了维护凡尔赛和约、维护既得利益,遏制苏维埃俄国的私人工具。由于盟约在条文上就具有重大的缺陷,所以国联在以后的国际社会中作用甚微。

盟约第十条规定,“联盟会员国有尊重并保持所有会员国领土完整及现有政治上的独立,防御外来侵犯的义务,如遇此种侵犯或有任何威胁或危险时,行政院应筹划履行此义务的办法。”②对于违反盟约开战的国家,规定要施加经济、政治和军事制裁。但是,盟约并没有规定侵略的定义和制裁的具体办法,而且还要大会全体一致通过决议才能采取行动,所以制裁很大程度

① 方连庆、杨淮生、王玖芳:《现代国际关系史资料选辑》(上册),第55页。
② 同上书,第57页。

上只是一句空话。

盟约关于裁军的规定也是含糊不清的。它要求各国“必须将本国军备减至最少限度，以足以保卫国家安全和共同实行国际义务为限”；行政院为各国制定缩减军备的计划，“供各国政府参考及决定”。所以盟约的这些措辞只是表明了一种原则，而不是具体措施，对各国没有什么约束力。事实上，各国也各找借口和理由对这些建议置之不理。

国联盟约规定了委任统治制度。威尔逊、史莫兹等人将委任统治制度描述为“对殖民地进行管理直到它有能力实行自治”，认为这是帮助殖民地发展的“文明的神圣任务”，而法国的殖民官员西蒙则毫不隐讳地指出“殖民和委任统治权实际上没有区别”。根据盟约，德国殖民地和土耳其的领地，依据其发达情况和地理位置分作三类，实行国联委任统治。受托国每年应向国联委任统治委员会提出一份管理情况的行政报告。

盟约还规定此后的一切国际条约不得与盟约相抵触，并要在国联登记；部分条款要求为所有会员国维持商务上的公平待遇，并保障交通和运输自由；保障男女工和童工享有人道的劳动条件，监督关于禁止贩卖妇女儿童和贩卖鸦片协议的实施，监督军火贸易等。

国际联盟是建立在各大国相互对立和冲突的基础上的，因此它的一些条款为了调和多数的意见，难免就趋于含糊和中庸，降低了实用性。对国联成立有重大影响的美、英、法三国各有打算。英国想要把国联作为自己外交政策的附属物，法国要使它成为推行凡尔赛和约的有用工具，美国原是倡导国联最热心的国家，但却因为国联的条文在经过巴黎和会的加工后与它原先的设想不符，从而置身于国联之外。他们带有私利的态度也对其他国家产生了影响。由于美国没有参加，国联的领导权从一开始就掌握在英法手中。后来的历史表明，国联在侵略面前几乎完全不起作用，成了一个虚设的机构。但是它毕竟是建立国际制度的一次重大尝试，所起草的国联盟约和各种组织设置都为后来的联合国积累了宝贵的经验和教训。

四、凡尔赛体系的实质及其矛盾

1. 凡尔赛体系的形成

《凡尔赛和约》签订后，战胜国又与德国的盟国奥地利、匈牙利、保加利亚和土耳其分别签订了《圣日耳曼条约》、《特里亚农条约》、《纳伊条约》和

《色佛尔条约》。这些条约都是按照《凡尔赛和约》模式制定的，第一章为国际联盟盟约，其他各章主要是领土、限制军备和赔款问题。

《圣日耳曼条约》规定：禁止德奥合并；匈牙利与奥地利完全分立，成为独立的国家；奥地利把南蒂罗尔、特伦提诺、的里雅斯特、伊斯的里亚、切尔索岛和卢森岛划归意大利；波斯尼亚、黑塞哥维那以及达尔马提亚海岸和沿岸岛屿划归南斯拉夫；波希米亚、摩拉维亚和西里西亚的一部分割让给捷克斯洛伐克；加里西亚割让给波兰；布科维纳并入罗马尼亚。布尔根兰和克拉根福经公民投票表决后仍归奥地利所有。阜姆被宣布为自由港。通过条约，奥地利丧失了绝大部分领土，成为一个单一的民族国家。

和约的军事条款规定奥地利必须废除强迫征兵制，陆军不得超过三万人。赔款条款规定奥地利要承担军事赔款，总额由赔款委员会于 1920 年 5 月 1 日前确定，在三十年内付清。

《特里亚农条约》规定匈牙利废除强迫征兵制，陆军不得超过 3.5 万人，并担负赔款 22 亿金法郎。

《纳伊条约》规定把马其顿的一部分和斯特鲁米察划给南斯拉夫；爱琴海沿岸的西色雷斯划给希腊(保加利亚从而失去了在爱琴海上的出海口)；南多布鲁察的部分地区割让给罗马尼亚。军事条款规定保加利亚取消义务兵役制，军队不得超过 3.3 万人，取消海军；战争赔款为 22.5 亿金法郎。

《色佛尔条约》是一个赤裸裸瓜分土耳其的条约。条约规定土耳其承认汉志和亚美尼亚独立，在国联委任统治的形式下，伊拉克和巴勒斯坦成为英国的殖民地；叙利亚和黎巴嫩成为法国的殖民地；土耳其在欧洲的领土被意大利和希腊等国瓜分，只是有条件地保留了君士坦丁堡。在亚洲本土上的伊兹密尔割让给希腊；摩苏尔石油产区让给英国；安纳托利亚西部和西南部的广大地区成为法国和意大利的势力范围。结果，土耳其丧失了五分之四的领土，留下的只有多山的、贫穷落后的安纳托利亚高原地区。

根据条约，土耳其的财政、铁路、工业和资源都置于协约国的监督之下。黑海海峡地区由国际共管，所有国家的所有船只都可以自由通航。土耳其只准拥有 5 万军队和 13 艘军舰。

土耳其苏丹在拖延了一段时间后，终于签订了这个条约。但后来爆发的凯末尔革命废除了这个强盗般的条约。

以上四个条约连同对德签订的《凡尔赛和约》对战后的世界按照协约国的意志进行了重新划分，建立了与列强实力对比相适应的新的世界秩序，历史上称之为凡尔赛体系。这个体系在战后长期影响着世界，尤其是欧洲国际关系的发展。

2. 凡尔赛体系的实质与矛盾

凡尔赛体系是建立在不平等和约基础上的，在制定和约时就埋下了矛盾和仇恨的种子。巴黎和会召开所选择的时间和地点都具有法国向德国复仇的色彩，1月18日和凡尔赛宫镜厅是普法战争后德意志帝国宣告成立、皇帝威廉一世即位的时间和地点。法国的历史耻辱得到了洗雪，而又把新的耻辱蒙到了德国身上。和约是强加给战败国的，德国虽然强烈反对和约，但在协约国的武力逼迫下不得不签了字。而且和约都具有掠夺的性质。根据和约的赔偿条款，"协约国以'道义'的名义，把一切当时能拿走的德国财富都'拿'走了，一时不能拿走的也要有计划、有步骤地拿走"①。和约使德国的疆域缩小了14.3%，铁矿减少了74.5%，煤矿减少了26%，商船由750万吨减少到50万吨。这对已经饱受战争蹂躏的德国人民来说无疑是雪上加霜。和约对土耳其的掠夺更是触目惊心，简直就是强盗行径。

凡尔赛体系还是一个针对苏维埃俄国的大结盟。威尔逊把布尔什维克革命看做是"违反世界广泛经济政治利益的动乱"，"不建立国际联盟欧洲就可能被革命吞没"。因此国联成为凡尔赛体系的支柱，承担了反苏俄的重任，目的是集合整个资本主义世界的力量以对抗俄国十月革命后兴起的革命浪潮。

对于凡尔赛体系，战胜国中恐怕除了英国外几乎再没有国家对它感到完全满意，战败国就更不用说了。凡尔赛体系中的主要矛盾有：领土变动带来的少数民族问题、没有得到充分保障的法国安全问题、德国对和约的不满问题。这些矛盾表明，凡尔赛和约和精心设计的凡尔赛体系带来的和平是暂时的，是孕育着新的战争的和平。

凡尔赛和约承认了一批新独立的国家，使中欧和东欧的少数民族数量由5 400万人下降到1 680万人。这是历史的一大进步，也是凡尔赛和约的贡献。但旧的问题没有得到全部解决，新的问题又开始出现。尽管有民族自决的原则，大量的民族问题仍然存在并不断涌现。在中东欧，除了奥地利以外，其余国家或多或少地都存在少数民族问题。

波兰总人口3 200万，有将近500万少数民族，其中约100万是德国

① 王绳祖主编：《国际关系史》第四卷，(1917—1929)，世界知识出版社1995年版，第96页。

人。在德国,东普鲁士的近 200 万德国人被"波兰走廊"与德国隔开,但泽的 17 万德国人被迫脱离德国。捷克斯洛伐克总人口 1 430 万人,少数民族多达 460 万人,其中德国人 330 万人。匈牙利的马扎尔人主要分布在罗马尼亚,南斯拉夫有少数民族 170 万人。虽然各国都签署了保护少数民族条约,但仅仅条约是不可能解决复杂的民族问题的。这些少数民族问题与其他矛盾结合在一起,成为日后欧洲纠纷不断的一个重要原因。

法国与德国素有历史积怨,法国的国门数次被德国打破,因此法国对德国总是怀有很大的戒心。此次和约,法国机会难得,在巴黎和会上力图从领土、军事和财政三个方面摧毁德国,想一劳永逸地解决对德安全问题。但由于英、美的极力阻挠,巴黎和会对法国的要求大大打了折扣。作为补偿,英、美分别同法国签订了安全保障共同防御条约。而由于美国参议院最终拒绝批准《凡尔赛和约》,英、美的安全保障也没有得到兑现,法国的安全问题仍然没有保障。法国抱怨说:德国舰队的覆灭使英国免除了受德国攻击的恐惧,美国远隔重洋更可高枕无忧,唯有法国,除了不太起作用的国联外,安全没有一丝保障。因此,和约签订后,法国对英、美一直是不满的。

《凡尔赛和约》对于德国来说,有两点最令他们感到无法接受。一是战争责任问题,二是领土的分割把众多德国人从祖国分离出去。巴黎和会上,劳合·乔治和克里孟梭都坚持协约国有道义上的权利,要求德国偿还协约国所付出的战争代价。这实际上就是把战争的罪责都推卸到德国身上。对于这一点,德国始终是不承认的。德国代表团团长勃洛克道夫—兰佐在接受和约文本时就明确表示,反对"胜利者要求我们承担罪责,像罪犯一样接受惩罚"。为拒签和约而辞职的谢德曼总理在国民议会上强调:"如果认为这种单方面战争责任的论调是错误的,而又要代表德国去签署条约而加以确认,这岂不是违背自己的荣誉和良心吗?"①而德国人民反《凡尔赛和约》的高涨的浪潮更是说明了这一点。

德国原希望通过民族自决解决领土问题,但实际却是大片的德国领土既没有经过公民投票,也不顾居民的实际情况就被分割了出去。"特别是把但泽和东普鲁士与德国分割开来,更引起怀恨在心的德国人的不满"②。而和约禁止德、奥合并的条款,在许多德国人看来根本就是背离了民族自决的

① 卡·埃尔德曼:《德意志史》第 4 卷上册,商务印书馆 1986 年版,第 220 页。
② 同上书,第 155 页。

原则。所以，和约不仅是对德国经济的掠夺，更主要的是极大伤害了德国人民的自尊心。德国因此更滋长了民族主义和复仇主义，一些右翼政党早就喊出了"消除凡尔赛压迫"的口号。所以，德国打破建立在不公正和约基础之上的凡尔赛体系只是时间早晚的问题。

孕育了重重矛盾的凡尔赛体系的建立并不能保证世界的和平，反而很快引发了一场新的世界大战。列宁称"靠凡尔赛和约维系的整个国际体系、国际秩序是建立在火山上的"。德国人民对和约的不满被法西斯分子所利用，并最终摧毁了凡尔赛体系。可以说，是凡尔赛和约自己本身推翻了自己。

五、美国拒绝《凡尔赛和约》

美国参加巴黎和会的一个主要目的就是建立国际联盟，想通过国际联盟来控制世界事务。威尔逊为国联的成立曾煞费苦心，四处奔走，但最终成立起来的国际联盟并不如其所愿。按照国联盟约，美国既不能控制行政院，也不能操纵全体大会，美国的希望落了空。而且，和会的结果对美国也是不利的。中国的山东让给了日本，英日同盟依然存在，美国在远东面临的威胁更严重。德国的力量也被过分削弱，不足以抗衡英法，更不足以对抗苏俄。对殖民地问题的处理，英法还是最大的受益者，美国几乎没有捞着什么好处。因此，与出国参加和会时的盛况截然不同，威尔逊回国后，迎接他的是一片非难声。

美国参议院外交委员会主席亨利·洛奇和孤立派领袖威廉·波拉是反对《凡尔赛和约》的主要代表。他们的主要矛头是对准国联盟约的。当威尔逊把和约文本送到参议院后，他们采取了拖延的办法，迟迟不付诸表决。他们还组织对盟约大加批判，声称"盟约损害美国主权"；"盟约第 10 条把我们作为抵押去保障每一个国联成员的政治独立和领土完整"。与威尔逊的 14 点相对应，他们还提出了 14 条保留条款，主要内容包括不接受国联盟约第 10 条的约束，不接受国联对美国内政的干预，不承认和约关于中国山东问题的决定等。

其实，在威尔逊与洛奇之间并没有原则性的差别，洛奇早在威尔逊之前就鼓吹应建立国际联盟，两人的分歧在于具体条款的措辞不同。威尔逊是一个学者型的带有理想主义色彩的领导者，他不肯向国会让步，坚持不对国联盟约进行任何修改或保留。他发表多次演说，利用一切机会为他的国联立场和主张进行宣传和辩护。为了发动广大人民，他抱着以身殉职的精神，不顾年高体弱，到处巡回演说，在22天中演讲37次，行程8 000英里，直至中途病倒。在总统与和约反对派严重对立的情况下，参议院于1919年11月19日和1920年3月19日对《凡尔赛和约》进行了两次表决，结果两次都没有通过。

哈定总统上台后，分别与德国、奥地利和匈牙利签订了单独的和约。这些和约没有涉及国联盟约，只保留了《凡尔赛和约》中关于美国权利的规定。国会很快就批准了这些和约。

美国拒绝参加国联，在国际上引起很大反响。美国原是国联的主要倡导者，它的退出使国联从开始就被蒙上了一层阴影。而没有美国参加的国联，其领导权一直操纵在英法的手中，成为为它们利益服务的工具。美国没有参加国联，实际上又回到了孤立主义的老路。当欧洲出现法西斯苗头时，美国的中立立场实际起到了纵容侵略的作用。

第三节　华盛顿会议和华盛顿体系的建立

一、华盛顿会议的召开

第一次世界大战前，在远东和太平洋地区进行竞争的国家主要是美、英、法、德、日、俄六国。后来，由于俄国发生了革命，德国战败，两国退出了在这一地区的竞争。而美国和日本的力量却因战争而大幅度增长，因此它们之间的竞争日趋激烈。日本是一战的受益者。它趁欧洲国家忙于战争之机，大力扩张在东亚和太平洋地区的势力，甚至想把中国变成它独占的殖民地。针对日本的企图，美国于1918年10月提出成立国际银行，想用美元垄断对中国的信贷，从而打破日本独占中国的政策。但日本针锋相对提出了“亚洲的门罗主义”，力图保持它在中国的特殊利益。战争结束时，日本在中国对外贸易中的比重几乎占二分之一，而英国屈居第二，美国排名第三。日本的企图与美国的“门户开放政策”是不相符的，对美国的利益也形成最大威胁，因此日美两国相互敌视，甚至公开谈论军事冲突的可能性。与此同时英国仍保持着海上强国的地位，它也要竭力维护自己在这一地区的殖民地和势力范围。这样，在远东和太平洋地区进行竞争的就主要是美、日、英三国。

战后召开的巴黎和会主要解决了战胜国与战败国之间的关系。和会所建立的凡尔赛体系也主要是按照列强新的力量对比重新调整了欧洲的国际秩序。但远东和太平洋地区的秩序仍没有得到解决，反而因巴黎和会部分决议的安排矛盾更加尖锐。日本获得了德国在中国山东的权益和太平洋赤道以北的所有岛屿，加强了它在太平洋地区的优势，而美国的要求既没得到满足，和会决议的安排也没有反映美国新的经济地位。所以美国对日本取得在中国山东的特权一直不予承认，对英日同盟的继续存在更是心存疑惧，一直想要改变巴黎和会所造成的对自己不利的局面。因此战后的东亚和太平洋地区呈现出来的不是和平，反而是一片紧张的扩军备战的气氛，尤其表现在海军军备竞赛上。

一战爆发前，美国威尔逊总统就向国会提出法案，要求建立一支与世界上最强大的海军力量势均力敌的海军。国会批准了威尔逊的计划，但由于第一次世界大战被搁浅。战后，美国重新开始海军建设计划，准备在五年中建造10艘主力舰、6艘巡洋舰和130艘辅助舰。1921年的新的三年计划又准备增造主力舰。美国的海军经费由1914年的1.36亿美元增加到1921年的4.33亿美元。

美国的计划明显让英、日感到威胁。英国和日本很快就作出了反应。英国首相劳合·乔治对豪斯表示："英国宁愿耗尽它最后一分钱，也要对美国或其他任何国家保持海军优势。"战时任海军大臣的丘吉尔更是表示要坚决维护英国的海上霸权。1919年英美两国就海军问题进行了谈判，由于当时英、美之间的海军实力差距还很大（英国军舰的总吨位超过美国的90%），而且由于巴黎和会和谈的需要，美国作出了妥协，同意放弃自己的海军计划，承认英国作为海军强国的特殊地位。巴黎和会以后，两国又开始加紧制造战舰。但由于财政困难，1920年3月，英国宣布放弃海军的"两强标准"，采用"一强标准"①，用以限制美国的海军超过英国。日本从1920年7月也开始实施它的《八·八舰队方案》，准备建立两支配备主力舰与巡洋舰

① "两强标准"是指保持相当于两个海军强国总和的海军力量，英国在一战前与德国进行海军竞赛时采用。"一强标准"即保持与其他国家海军力量相等或稍高的水平。

各八艘的舰队。日本的海军经费直线上升，1913 年为 960 万英镑，1914 年为1 400 万英镑，1918 年为 2 500 万英镑，1920 年为 5 000 万英镑，到 1921 年达 7 500 万英镑，竟占日本政府预算的三分之一。到 1921 年，以美国海军的总吨数为基准，英、美、日三国的海军力量对比是 13.5∶10∶4.9。英国虽然在数量上占据优势，但老化程度高于美国，因此并不占多少优势。

列强间的海军军备竞赛日益加剧，再加上 1920 年至 1921 年的经济危机，各国都有些力不从心。尤其是英国，在美国战债的压力下，更难以为继。日本在战时建立的繁荣也没有持续多长，1919 年后，对外贸易年年入超，经济拮据。一些有识之士发出了日本财政之生杀取决于海军的警告。即便是美国，国内反对海军军备竞赛的呼声一浪高过一浪，纷纷要求加以限制。这样，限制海军军备竞赛的规模就成了各国的共识。

法国在巴黎和会后，致力于欧洲大陆的霸权和对抗德国的反抗，无力像英、美、日那样大规模扩建海军。对于它们三国的海军军备竞赛，法国认为它们可以彼此牵制制约，对自己是有利的。但另一方面，法国也担心海军军备竞赛会使法国的海军与这三国的海军差距拉得更大，从而更加威胁到自己的利益，所以愿意进行限制海军军备谈判。同样，意大利也无暇进行海军军备竞赛，也愿意就限制海军军备进行谈判，以维护意大利现有的海军地位。

1920 年 12 月，美国参议员波拉提议政府举行国际会议，讨论限制海军军备竞赛的问题。波拉的提议得到参众两院的通过，并为哈定政府接受。1921 年 7 月，美国国务卿休斯经与英、法、意、中、日各国联系后，正式宣布召开华盛顿会议。8 月 21 日，哈定总统向上述五国正式发出邀请。葡萄牙、荷兰、比利时因为在远东和太平洋地区有属地或直接的经济利益，也要求正式参加，会议范围遂扩大为九国。会议没有邀请苏俄参加，对此，苏维埃政府提出抗议并表示对会议所审议的一切问题“均保有完全的行动自由”。

1921 年 11 月 12 日至 1922 年 2 月 6 日，会议在华盛顿举行。其主要议程有两个：一是限制海军军备问题；二是远东和太平洋问题。会议为此组成了两个委员会：一个是由美、英、法、日、意五强组成的“限制海军军备委员会”，另一个是由九国代表组成的“太平洋远东问题委员会”，两个委员会分别就不同的问题进行讨论。英日同盟问题虽然没有列入会议日程，但却是重要议题之一。大会选举美国国务卿休斯担任会议主席，表明了美国在这次会议上的主导地位。华盛顿会议为了表示有别于巴黎和会，声明废除秘密外交。但实际上操纵这次会议的是美、英、日三国，大部分决议仍是这三国在幕后作出决定，然后交给大会表决通过。

二、《四国条约》

1911 年的第三次英日同盟将于 1921 年 7 月期满，因此借机废除这个同盟是美国召开华盛顿会议的主要任务。会议上，三国首先关于英日同盟的保留问题展开了激烈的外交斗争。

英日同盟当初的成立主要针对的是俄国和德国，一战后，原先的目标失去了意义，而同盟的存在对美国的利益形成了最大的威胁，因为这意味着美国在东亚和太平洋地区的扩张时遇到的将是英、日的联合力量。而且，如果英国和日本的海军力量联合起来，就会大大超过美国的海军力量。美国海军部指出，“假如英日同盟继续存在，美国要维护安全，就必须拥有一支相当于英日海军联合起来的力量”。因此，美国把英日同盟看做是这一地区的“最危险因素”，对解散它持相当坚决的态度。会议前，美国就与英国接触，在解散英日同盟问题上初步达成了谅解。

日本是该同盟的最大受益者，当然不会同意解散同盟。自 1902 年以来，英日同盟一直是日本在东亚和太平洋地区进行扩张的国际支柱，而且日本想要建立该地区的霸权，更离不开英国的支持。所以，在条约即将期满的前一个月，日本就派出皇储裕仁到英国进行访问，争取续约。

英国对此问题的态度是矛盾的。英日同盟的存在对英国有好处，它可以对抗法俄同盟和俄国在远东地区的扩张，还可以保障印度和其他亚洲殖民地的安全。但英国也看到了日本独占中国的野心，已威胁到了英国的利益，而且，英日同盟的存在有可能使英国卷入一场美日间的战争。在 1921 年 6 月的英帝国会议上，加拿大和南非总理都反对续约，而澳大利亚和新西兰总理则主张续约，认为同盟可以约束日本的扩张。最后，英国只得求助于华盛顿会议，希望能找出一个两面都不得罪的办法。

为解决这一问题，出席华盛顿会议的英国枢密院院长贝尔福提出了以美、英、日三国同盟代替英日同盟的方案，声称既可以使美国成为同盟中一员以消除其疑虑，又可以不伤害日本的感情，并且为英国今后的活动留有余地。但美国对这个方案提出了异议，认为这是变相的英日同盟，英日可以在同盟中联合起来对付美国；而且这个协定的适用范围只包括太平洋各岛屿，不包括中国。因此，美国主张邀请也拥有太平洋岛屿的法国加入，改为四国协定。这样，法国的参与可以牵制英国，也加强了美国与英日抗衡的地位。经过英、美、日三国的秘密协商，英国和日本基本同意了美国的方案，于是，由美国出面邀请，法国加入同盟，组成了"四国同盟"。

1921 年 12 月 13 日，美、英、日、法四国签订了《关于太平洋区域岛屿属地和领地的条约》(简称《四国条约》)。条约规定：(1) 缔约国"相互尊重它们在太平洋区域内岛屿属地和岛屿领地的权利"；(2)"如上述权利遭受任何国家侵略行为的威胁时"，缔约国应"进行协商，以便达成协议，联合或单独地采取最有效的措施"；(3) 条约有效期为 10 年；(4) 从条约开始生效起，英日同盟宣告终止①。

《四国条约》达到了拆散英日同盟的目的，它的签订无疑是美国的重大外交胜利。四国同盟不是英日同盟的简单扩大，而是为保护共同的殖民利益而进行的合作。英国对条约的签订是满意的，因为新条约既保持了英日友好关系，又开始了与美国的合作。日本尽管失去了英国这个盟友，但它在所获得的太平洋岛屿上的权益得到了西方列强的承认，因此，日本最终也改变态度，称赞四国条约是华盛顿会议的一大成功。

《四国条约》的签订调整了美、英、日三国在太平洋地区的关系，缓和了美日之间的矛盾，为华盛顿会议的顺利进行奠定了基础。会议的结果也是实力外交的体现，美国对日本既有遏制又有合作。

三、《五国海军条约》

《四国条约》签订后，会议议程转为对限制海军军备问题的讨论。这是会议的主要目的，也是争论最激烈的一个问题。

会议第一天，美国国务卿休斯就提出了限制海军军备的四项原则：(1) 在今后 10 年内，不得建造任何主力舰，正在建造中的也必须停止；(2) 废弃一定数量的旧军舰；(3) 注意有关各国现有海军力量的比较；(4) 用主力舰的吨数来计算海军力量，辅助舰也应按此规定比例。休斯还参照现有海军力量，为美、英、日三国提出了具体缩减方案，确定美、英、日、法、意五国海军主力舰的比例是 5∶5∶3∶1.75∶1.75。并且规定今后建造的主力

① 《国际条约集(1917—1923)》，世界知识出版社 1961 年版，第 736—739 页。

舰，每艘不超过三万五千吨。美国方案的目的是为了争取美英海军平等，同时限制日本海军的发展。而且美国缺乏足够的海军基地，所以它希望降低军舰的建造速度。另外，由于作为美国重要航道的巴拿马运河不能通过三万五千吨以上的船只，所以美国要限制英、日建造吨位比自己大的军舰。

英国由于财政困难，维持现有的庞大舰队已经十分费力，在会前就已经放弃“两强标准”，默认美国的海军力量可以与英国的对等，所以对休斯的方案基本表示同意。日本海军省的既定方针是“进攻舰队对迎击舰队必须保持50％以上的优势兵力，而防守舰队则必须对假想敌国的舰队保持相当于该舰队70％以上的兵力”①。所以日本代表起初强调自己岛国的“特殊需要”，坚持英、美、日三国之间的比例应为10：10：7。但日本的要求遭到了各国的反对，美国代表指出，“日本只需一洋舰队，美国须有两洋舰队。”②并威胁说如果日本坚持己见，则日本每建造1艘军舰，美国就将建4艘作为回答。迫于英美的联合压力，日本只得接受了美国的方案，但以在太平洋西部海域不得建立或扩建新的海军基地和要塞为条件。

在辅助舰方面争论最激烈的是潜水艇问题。美国建议英美潜水艇的吨位各为九万吨，日本五万四千吨。但英国由于在一战中受过德国潜水艇的威胁，所以它提议裁减陆军，完全取消潜水艇。其目的是想削弱它在欧洲的主要对手法国的力量。法国代表则利用与会各国的反苏心理，强调为了防范布尔什维主义，拒绝裁军和取消潜水艇。日本和意大利也反对取消潜水艇。由于意见分歧严重，潜水艇问题没有达成协议。法国的主力舰的吨位降到了意大利的水平，而它却有众多的殖民地需要保护，所以法国对英美等国很有意见。

经过长达三个月的讨价还价，1922年2月6日，美、英、法、日、意五国在美国方案的基础上签订了《关于限制海军军备条约》，也即《五国条约》。这个条约在“致力一般和平之维持”，“减轻军备竞争之负担”的名义下，规定五个国家主力舰的吨位是：英国52.5万吨，美国52.5万吨，日本31.5万吨，法国17.5万吨，意大利17.5万吨，即5：5：3：1.75：1.75的比例。条约还规定禁止建造排水量超过3.5万吨的主力舰；各缔约国航空母舰的总吨位是：英美各13.5万吨，日本8.1万吨，法意各为6万吨；禁止建造排

① 信夫清三郎编：《日本外交史》下册，商务印书馆1980年版，第475页。

② 周守一：《华盛顿会议小史》，上海中华书局1933年版，第89页。

水量超过 2.7 万吨的航空母舰。

《五国条约》的签订是美国外交的胜利，它意味着英国海上优势的结束，日本也受到一定的打击，被迫承认海军居于第二位的地位。而英国得以维持海军的“一强标准”，主要战略目的也已达到。但日本争取到美国在阿留申群岛、菲律宾、关岛等接近日本区域，英国在香港及东经 110 度以东区域内均不建立或扩建海军基地的保证，这限制了英美向太平洋地区扩张，对日本是很有利的，日本海军在太平洋地区仍占有利地位。

《五国条约》只是列强在海上实力对比问题上的暂时妥协，实际上并没有消除它们之间的矛盾。从条约内容来看，它只规定了主力舰和航空母舰的吨位比例，对巡洋舰和潜水艇都没有作任何限制，因此并不能真正起到限制海军军备竞赛的作用。相反，条约给各国进行新的海上竞争留有充分的余地。随着争霸斗争的发展和战略形势的变化，违反条约的军备竞赛在暗中不断进行，并最终走向了公开。

四、《九国公约》

华盛顿会议的另一个重要议题是远东与太平洋问题，其核心是中国问题。实质上也是列强对中国控制权的争夺。美国召开会议的一个重要目的就是压制日本独占中国的野心，推行自己的“门户开放政策”，扩大美国在中国的势力。

在 11 月 16 日的“远东和太平洋问题”全体委员会上，中国北洋政府出席华盛顿会议的首席代表施肇基提出了解决中国问题的十项原则，作为讨论的基础。其主要内容为：尊重中国领土完整和政治独立；“中国既完全赞同所称门户开放或又称有约各国工商业机会均等之原则”[①]，并表示自愿承认该原则；以前中国政府给予外国的一切特权，应予以废除；各国缔结有关中国和远东的条约时须通知中国；中国在司法、政治、经济和行政上所受到的限制应立即取消。其中第二条特别声明“赞成门户开放和机会均等”实际上完全是迎合美国的需要，希望能依赖美国维护自己的权益，但结果只能是导致对主权的更严重的破坏。

① 程道德等编：《中华民国外交史资料选编（1919—1931）》，北京大学出版社 1985 年版，第 103 页。

11月21日，在委员会第三次会议上，美国代表鲁特受委托提出了决议草案的“四点原则”：(1)尊重中国主权与独立以及领土和行政的完整；(2)给予中国完全无碍之机会，以发展维持一个有力巩固的政府；(3)各国在中国商务实业机会均等；(4)不得利用中国的现状，谋取特别权利，以削减其他国家权利，也不得赞助有损于别国安全的行动。① “鲁特四原则”被会议作为解决中国问题的指导原则。

根据“鲁特四原则”，中国代表提出了一系列具体要求：把德国在山东的一切权利归还中国，要求日本放弃“二十一条”，撤退外国在华军警，撤销外国的领事裁判权，取消在华势力范围，归还租借地，要求关税自主等。中国原希望能得到美国的支持，以解决巴黎和会上遗留下来的有关中国的问题。但美国关心的只是它的门户开放政策和商业利益，根本不可能同意废除列强已取得的特权。大会主席休斯提出了关于实施门户开放的具体建议：今后各国对华投资必须按门户开放的原则办理，并在中国设立一个审议局，对过去与中国签订的条约及达成的协议是否符合门户开放原则进行审议。英、法、日等国碍于美国的实力，表面上都对门户开放原则表示同意，但坚决反对对过去的条约进行审议，因为这会触动它们的既得利益。它们在大会上采取了一种消极敷衍的态度，凡是空洞的，不涉及具体内容的条文都表示同意，但一旦涉及自己既得的具体利益，就马上跳出来进行反对或进行拖延。

10月30日，中国代表在远东和太平洋问题委员会上提出了废除“二十一条”和收回山东主权的要求，这也是中国人民最为关注的问题。美英由于不满日本对中国的独占，所以原则上支持中国的要求。日本声称这是中日之间的事，并且属于既成事实，不应列入大会议程，要求在会外通过中日双边谈判解决。中国代表据理驳斥了日本的无理要求，并拒绝与日本进行直接谈判。面对双方的坚持，美英担心由此问题引起的争端会给大会增加新的困难，影响其他问题的谈判，所以基本上同意了日本的意见。但为了能保证对中日谈判施加影响，美英坚持要以观察员身份列席参加。

12月1日，中日会谈开始。谈判中，双方争论最激烈的是胶济铁路问题。中国坚持要收回所有德国在山东的特权，赎回胶济铁路。而日本则提

① 程道德等编：《中华民国外交史资料选编(1919—1931)》，北京大学出版社1985年版，第104页。

议胶济铁路由中日公司合办，企图通过控制公司达到控制铁路的目的。日本的提议遭到了中国的拒绝。日本看到美英两国都不支持自己，退而同意中国赎回铁路，但拒绝中国用现款支付，要求中国借用日款赎回，借款在45年内还清，其目的仍是想通过借款对中国施加影响。在英美的干涉下，中国接受了这一折衷方案，中日双方就胶济铁路问题达成妥协。

1922年2月4日，中、日签订了《解决山东悬案条约及附约》。条约规定："日本应将胶州湾德国旧租借地交还中国"[①]，中国则允诺将该地全部开为商埠，准许外国人居住和经商；原驻青岛、胶济铁路及其支线的日军应立即撤退；青岛海关归还中国；胶济铁路及其支线交还中国；中国应将上述铁路产业之现值以国库券偿还日本，在清偿前，运输和会计仍由日本人管理；前德国享有开采权的煤、铁矿山由中日合资经营。

从条约内容来看，日本将山东归还中国附加了很多条件，这些条件使日本在山东仍保留了不少权利。但是，中国毕竟收回了山东主权和胶济铁路及其沿线的权利，修改了《凡尔赛和约》中关于山东条款的规定，是中国取得的一项重大外交成果。从美日争夺远东霸权的角度来看，这一条约也意味着美国外交的胜利和日本外交的失败。

关于废除"二十一条"的问题，日本起初态度十分强硬，其代表币原威胁说，如果该条约予以废除，"必开一极危险之先例，其结果将影响亚洲、欧洲及其他各地国际关系之安定"[②]。日本的强硬立场遭到会内外舆论的一致谴责，迫于压力，币原不得不表示愿意放弃某些次要条款：放弃在南满及蒙古东部建造铁路借款的优先权，以及以这两地的各种税款作担保的借款权让予以美国为首的四国银行团；放弃在南满聘用日本顾问和教官的优先权；撤回对"二十一条"中第五项的交涉保留权。中国代表不满意日本的声明，认为"二十一条"与华盛顿会议的原则不相符合，但会议没有继续讨论。中国声明保留今后相机解决此案的权利。

1922年2月6日，与会九国签订了《九国关于中国事件适用各原则及政策之条约》(简称《九国公约》)。条约以"鲁特四原则"的核心内容为第一条，规定"尊重中国之主权与独立，及领土与行政之完整"，"发展并维持一有力巩固之政府"，"切实设立并维持各国在中国全境之商务实业机会均等之

---

① 《国际关系史资料选编》上册(第二分册)，武汉大学出版社1983年版，第508页。

② 周守一：《华盛顿会议小史》，上海中华书局1933年版，第202页。

原则”,“不得因中国状况,趁机营谋特别权利,而减少友邦人民之权利”。这些内容相互矛盾,只是列强玩弄的文字游戏。条约的第二、三、四、七条从不同角度规定了各国不得侵犯或妨碍中国的“门户开放”和“各国商务实业机会均等”,实际上是在保证第一条能够得以实现。第五条重新确定了“门户开放”和“机会均等”原则。第六条规定各缔约国应“完全尊重中国中立之权利”,中国则应声明“愿遵守各项中立之义务”①。第八条是未签字国要求加入本条约的规定。至于中国的其他正义的要求,诸如取消治外法权、关税自主、收回租界等,都被敷衍塞责,不予解决。

在美国的操纵下,《九国公约》打击了日本独占中国的野心,在中国确立了“门户开放”的原则,使中国又恢复到几个帝国主义国家共同支配的局面。美国认为《九国公约》是他们在华盛顿会议上取得的重要成绩之一,因为它改变了巴黎和会的某些决议所造成的美国在远东和太平洋地区的不利局面,使美国在与日本的较量中重又占据了主导地位。

五、凡尔赛—华盛顿体系的内部矛盾

华盛顿会议是巴黎和会的继续。华盛顿会议所缔结的一系列条约是凡尔赛体系的补充和修正。它们在承认美国占优势的情况下,解决了巴黎和会所未能解决的战后列强在远东和太平洋地区的矛盾,暂时确认了列强之间海上力量之间的对比,建立了以美国为主导的远东和太平洋地区的新秩序,即“华盛顿体系”。美国是华盛顿体系的主要设计者和组织者,它在拒绝了《凡尔赛和约》和国际盟约之后,通过华盛顿会议的一系列条约,又变成了凡尔赛体系和国际联盟的支持者。美国的国际影响因此而进一步扩大。“华盛顿体系”与“凡尔赛体系”一起,构成了战后资本主义世界在政治、经济、军事等各方面的新秩序,即凡尔赛—华盛顿体系。

凡尔赛—华盛顿体系代表的是战胜国和殖民地宗主国的利益。它建立在对战败国进行掠夺,镇压各地民族解放运动,奴役殖民地和半殖民地人民的基础上,并以反对苏俄为重要目标。这是一个各大国暂时相互妥协的体系,它只是缓和了列强间相互争夺的尖锐的矛盾,并没有消除它们之间根本的利害冲突,所以,“凡尔赛—华盛顿体系不过是帝国主义上一轮争夺的总

① 《国际条约集(1917—1923)》,世界知识出版社 1961 年版,第 765—769 页。

结，下一轮争夺的开始”①。随着各国实力对比的变化，体系所蕴含的矛盾必将会更加尖锐地暴露出来，使旧的均势体系土崩瓦解。

凡尔赛—华盛顿体系的内部矛盾是多方面的，其中最突出的是英美矛盾、英法矛盾和美日矛盾；另外，德国对《凡尔赛和约》的抗拒和各地民族解放运动也对凡尔赛—华盛顿体系形成很大的冲击。

英美矛盾主要表现在对海上霸权的争夺和经济领域的竞争。《五国条约》签订后，英美的海军军备竞赛暂告一段落，而经济领域的竞争却愈加激烈。在争夺原料产地和商品市场方面，美国凭借强大的经济实力，不断向英国的势力范围渗透。比如美国资本大量渗入中东和印度尼西亚、委内瑞拉等世界主要的石油产地，打破了英国对中东石油的垄断。在许多传统上属于英国的贸易区，美国也都逐渐取代英国成为主要的商品供应商。甚至在许多资本主义国家内部，都有美国人投资开设的工厂。对于美国的节节进逼，英国十分不满但却无可奈何，因为美国的经济实力远远超过自己，而且美国的门户开放政策已经得到绝大多数国家的承认，美国所有的经济行为都是在门户开放、公平竞争的旗号下进行的。

英法矛盾是战后欧洲国际关系的主要矛盾，并支配了其他矛盾的发展。在巴黎和会上，英国执行的是欧洲大陆的均势政策，而法国奉行的是“安全政策”，这就决定了两国在许多问题上持不同观点，意见相互对立。巴黎和会上英美对法国的安全保证由于美国没有批准《凡尔赛和约》而告吹，法国只得采取了广泛联络大陆上小国的结盟政策，以防止德国的重新侵略。在战后的几年中，法国分别与比利时、波兰、捷克斯洛伐克、罗马尼亚和南斯拉夫等国缔结同盟条约，建立了一个从战略上对德国形成包围之势的完整的安全体系。法国的行为与英国的均势政策是相违背的，英国为了平衡法国的势力，更加采取“扶德抑法”的政策，与法国关系不断交恶。英国的政策客观上也为德国的东山再起提供了有利的机会。

美日矛盾是战后最突出的一对矛盾，它并没有随着华盛顿会议的召开而结束，相反，会议后两国更加紧了军备竞赛和对新战争的准备。华盛顿会议结束后，日本国内对会议的结果大加挞伐，《读卖新闻》和《国民新闻》等有影响的报纸都评论说日本在华盛顿会议上毫无所得。这种不满情绪随着日本的经济地位和政治地位的上升而不断增长，两国间的摩擦也不断发生。

① 方连庆主编：《现代国际关系史(1917—1945)》，北京大学出版社 1990 年版，第 93 页。

美国海军部制定的1922—1924年的战争计划报告都把英、日当作能与美国争夺制海权的国家,但对日战争是第一位的。为此,美国海军部应把包括12艘最新型战舰的主力舰队布置在太平洋侧,而把6艘旧型战舰及辅助舰的多数配备在大西洋侧。海军部还以日本为假想敌制定了一系列作战计划。而日本以美国为假想敌的作战计划早已做出。

美、日也没放弃对中国的争夺。1922年4月中国爆发的直奉战争实际上就是美日两国的较量。受英美支持的直系军阀曹锟、吴佩孚打败了由日本支持的奉系军阀张作霖,张作霖被迫退往关外,直系军阀取得了北京政权。这意味着美国在同日本争夺在华政治势力的斗争中取得了巨大的胜利。日本不甘心失败,仍大力扶植张作霖,企图卷土重来,与美国的矛盾也愈演愈烈。1923年4月14日,在美国的要求下,1917年11月2日缔结的承认日本在中国有特殊利益的"兰辛—石井协定"被废除。这给了日本很大打击,因为日本再也不能以在中国的特殊利益者自居了。1924年5月15日,美国国会通过了排日的移民法。日本外交当局为此向美国多次提出抗议,并在日本掀起了反美风潮。大量反美的小册子、传单和书籍在日本发行并流传。1924年9月,日本扶持的军阀卢永祥兵败逃往日本,其传统势力范围上海也被英美攻破,上海由日本一国独霸变成了几国平分天下。这些事件都证明了美日之间的矛盾绝不是轻易可以消除的,而只会随着对中国的争夺而更加激烈。

战胜国与战败国、战胜国与殖民地和半殖民地之间的矛盾自始至终都没有消失过。凡尔赛和约签订后,其执行遭到了德国各种形式的抵制和抗拒。关于战争责任的问题,德国一直认为由自己承担全部的战争罪责是不公正的,想以此为突破口,修改和约。德国的要求得到了协约国的一致否决,其中又以法国的态度最为鲜明。但是,由于德国的抵制,《凡尔赛和约》的一些条款实际上并未得到执行或仅流于形式。比如对战争罪犯的审判,原先规定的德皇和一些主要的战犯都未得到惩治,只有六个人出席审判;在裁军问题上,德国转而大力发展警察组织,使警察部队变成了变相的军队;德国还隐瞒了大量的军用物资,没有交给协约国;驻扎在德国领土上的协约国军队与德国也不时爆发冲突和矛盾。德国与战胜国,尤其是法国的矛盾日益尖锐。德国还利用英法矛盾,同法国展开了明争暗斗。

列强的侵略和争夺给中国人民和其他被压迫民族带来了深重的灾难,不断高涨的民族解放运动有力地冲击着维护殖民体系的凡尔赛—华盛顿体系。在中国，孙中山改组国民党为国共合作的革命统一战线的组织形式，通过了反帝反封建的宣言，着手收回被帝国主义侵占多年的权益，沉重打击了帝国主义在华的统治。工农红军和革命根据地的创建，更是星星之火，终成燎原之势，最终将帝国主义彻底赶出了中国。中国革命与20世纪20年代蓬勃发展的亚非拉民族解放运动汇合成巨大的革命力量，成为威胁凡尔赛—华盛顿体系的最大力量。

思考题

1. 为什么说凡尔赛—华盛顿体系是当时各国力量对比的反映？
2. 一战后美国的对外战略是什么？
3. 有人说一战后世界的中心发生了转移，你是怎么认为的？
4. 从理想主义的国际关系理论角度分析国际联盟产生和失败的原因。
5. 试分析一战与二战之间的关系。

第八章　德国问题与欧洲安全

由于德国问题是一个事关欧洲安全的大问题，因此，一战的战胜国召开的巴黎和会，其原初的出发点就是为了解决战败的德国问题，从而建立一个新的欧洲安全体制。通过斗争和妥协，战胜国签订了《凡尔赛和约》，建立了一个有别于以往的新的国际关系体系，即凡尔赛体系。这一体系的压倒一切的目的是要严厉惩罚和削弱德国，使之不具备复兴的潜力和力量，因此使德国处于被掠夺受屈辱的地位。然而，凡尔赛—华盛顿体系根本没有能力解决德国问题，反而某种程度上成为德国东山再起的外在条件。在德国问题中，最为棘手的问题当属战争赔款问题，它不仅折磨着德国，也折磨着战胜国(尤其是法国)。战争赔款是德国必须承担的义务，但是和约订定的关于德国的赔偿条款却引起了激烈的国际斗争，最终使得赔款不了了之，从而有利于德国的复兴。

在处理德国问题上，英法之间出现了严重分歧，这是战后初期欧洲政治的主要特征，也是促使德国重新复兴的重要因素。英国由于对形势认识不清楚，在心理上比较同情德国，尤其是出于其自身利益的考虑，它依然奉行已被“威尔逊主义”冲击得七零八落的“均势”外交手法，因此，外交政策发生了由惩罚德国向同情安抚德国甚至扶持德国的转变。法国虽然是第一次世界大战的战胜国，是大战表面上的最大赢家。但是，战后法国的外交政策是一种防御性的政策，由于国力衰弱和外交无能，在当时欧洲政治的现实面前步步退却，最后变成一个瘫痪的衰弱的国家而被迫听命于英国。

普遍裁军是战后和约与国际联盟为确保和平而明确规定的任务。和约极大地裁减和限制了德国军备，是普遍裁军的滥觞，但是，当裁军触及英、美、法、日、意等战胜国时，问题就变得复杂化和艰巨化了。从理论上说，裁军只是消极的和平措施；从方法和技术上说，裁军存在着很多难以解决的困难。正因为这样，裁军运动最终变成变相的军备竞赛运动。

第一节 德国赔款问题

一、列强在德国赔款问题上的分歧

围绕战后德国赔款问题，战胜国英、法、美同战败国德国之间，以及战胜国英、法、美内部都存在着尖锐的矛盾和激烈的斗争。这一问题不仅事关列强的经济利益，而且牵涉到各方的安全利益，从而导致德国赔款问题在战后相当长一段时间里成为国际关系领域中的一大难题。

早在1919年巴黎和会上，战胜国就因分歧太大而未能就彻底解决德国赔款问题达成协议。《凡尔赛和约》仅规定会后组织一个赔款委员会专责处理该事宜。这个委员会由英、法、意、比四国组成，法国代表担任主席。1920年7月，该委员会首先就赔款的分配比率达成一个协议，规定各国应得的赔款额度为：法国52%，英国22%，意大利10%，比利时8%，其余归由希腊、罗马尼亚和南斯拉夫等国。1921年4月的伦敦会议确定德国的赔款总额为1 320亿马克，并规定德国在第一年应偿付的10亿马克必须在5月底前交清，此后每年须付20亿马克。这一方案以最后通牒的方式送交德国政府，如果德国不予接受，协约国将出兵占领鲁尔工业区。5月31日，德国维尔特政府如期偿付了10亿马克赔款，但却造成国内急剧通货膨胀，马克大幅贬值，德国财政赤字和贸易收支赤字居高不下，德国履行赔款的财源枯竭。

尽量地掠夺战败国的财富，是战胜国的共同愿望。但是，由于各战胜国之间存在着利害冲突，它们在德国赔款问题上又不能取得一致态度。法国在半个世纪内两次遭德国入侵，教训惨痛，它希望从德国手中获得最大限度的赔款，以尽量削弱德国，从而树立法国在战后欧洲的霸主地位。因此，当1922年7月德国正式要求缓付是年尚未缴交的现金赔款，并附带考虑减少1923—1924年支付额度时，法国普恩加来政府坚决不同意。同年11月，谋求向西方借款的德国维尔特政府受挫倒台，法国即照会继任的古诺政府，扬言如果德国不履行赔款，法国将出兵占领鲁尔，法德关系趋于紧张。

与法国不同，英国并不希望过分削弱德国。英国认为，如果德国经济由于赔款而一蹶不振，将不利于战后欧洲的经济复兴，也不能给英国的工业带来巨额利润。其次，地处中欧的德国如果能在经济上得到某种程度的复兴，那将有助于平衡咄咄逼人的法国力量。再者，德国经济的衰落和伴随而来的工人运动的兴起，也使得英国担心德国可能因此转而倒向苏俄。这并非空穴来风，1922年4月德国政府就曾私自与苏俄签订了令西方十分不满的《拉巴洛协定》，如果在赔款问题上过分压制德国，将可能促使德国与苏俄进一步接近。为此，英国劳合·乔治政府曾屡次提出削减德国赔款总额，但遭到法国的激烈反对。

美国由于其国会没有批准《凡尔赛和约》而未能参加赔款委员会。但是，大战期间英法等国曾向美国巨额举债，战后它们则都将战债与赔款两问题联系在一起，即准备用所得的赔款来偿还战债。这样，美国在德国赔款问题上也有利益关联。1922年8月，英国政府曾提议将赔款与战债同时取消，以体现美国对参加大战应尽的义务。这个建议当然遭到美国的反对。法国也不同意，因为法国所分配的赔款额比其所欠的战债要高得多。

美国关心赔款问题其实还有另外方面的考虑，即趁机插手欧洲经济事务。由于赔款问题而导致的德国经济窘境以及英法意见分歧给美国提供了这一机会。美国洞悉德国的大部分先进工业设备在大战中并未受损，它所缺少的只是流动资金，而美国的资本力量则是最为雄厚的。如果美国以其经济大国的地位，将资本输入德国，使德国经济活跃起来，为德国履行赔款提供物质条件，则不仅有助于加强美国对欧洲的经济渗透，而且可以将德国赔款问题的主导权从英法手中夺过来。为此，1922年9月，美国代表以观察员的身份参加了赔款委员会，国务卿休斯在会上提议召开国际专家会议研究德国赔款问题，但遭到法国的反对。

1922年12月31日，德国总理古诺在汉堡发表演说，称德国因经济困难而难于履行巨额赔款，要求修改赔款委员会在伦敦会议上确定的支付方案，削减赔款总额，恢复德国的国民经济自由。这一呼吁再次被法国拒绝。1923年1月2日，普恩加来在与英国新首相鲍纳·劳会晤时表示，德国赔款不能减少一文，也不允许延期偿付。1月9日，赔款委员会以法比意3票赞成，英国1票反对通过决议，谴责德国蓄意不履行向战胜国赔偿的有关规定，声称协约国将依凡尔赛对德和约有关条款的规定对德实施制裁。法国据此决定出兵鲁尔。

二、鲁尔危机

1923年1月11日，法国借口德国不履行赔偿义务，联合比利时出动约4万军队侵入鲁尔工业区。法比军队在占领区内接管工矿企业，将鲁尔区出产的煤和焦炭强行运往法国和比利时。占领当局在鲁尔区下达戒严令，对不予合作的德国人可处军法制裁。法比占领者的行为引起鲁尔区和全德人民的强烈反对。抗议、罢工和示威活动此伏彼起。

德国对法比占领鲁尔的行为采取消极抵抗的政策。德国政府指责法比两国违反《凡尔赛和约》的规定，因此声明将停止向两国履行赔偿义务，但并未与法比断交或中断与赔款委员会的接触。为了抗议对鲁尔的占领，德国政府责成当地的德国公务人员拒绝遵守占领军的一切规定，并呼吁德国工人统一行动展开“消极抵抗”，拒绝为占领者办事。

英美对法国久据鲁尔区甚为反感。英国在赔款委员会中是唯一反对制裁德国的国家，但它又不愿与法国决裂。因此，英国希望能联合美国，对法比的占领行为进行干预。1923年1月，英国首相鲍德温访问美国，在鲁尔问题上，双方协调了立场。4月23日，英国外交大臣寇松就鲁尔危机发表声明，表示赞成美国国务卿休斯关于建立专家委员会的建议，明确提出赔款问题应交由专家委员会解决。但是，这一建议再次被法国拒绝。

法比对鲁尔区的占领加重了德国经济的困难，马克币值急剧跌落，物价急剧上涨。由于占领当局的掠夺和压制，鲁尔地区居民的生活条件日趋恶化，反而促成了德国工人运动的高涨。法国方面也由于出兵鲁尔而得不偿失。其军费和占领费开支与日俱增，成为法国政府的一大负担。由于遭到德国的消极抵抗，法国掠取鲁尔工业区资源的成本上升，因而未能达到它的预期目的。事实上，法国占领鲁尔的行为使得德法两败俱伤。法国国内舆论也普遍厌战，反对进一步加剧与德国的冲突。法国的工人群众纷纷举行游行示威，抗议占领鲁尔。面对内外压力，法国政府对德态度趋软。6月8日，普恩加来托请比利时政府向英国建议，由协约国出面劝说德国放弃消极抵抗，之后法国将考虑分阶段从鲁尔撤军。这表明，法国政府已有意结束鲁尔危机。8月12日，德国古诺政府宣布辞职。新上任的总理斯特莱斯曼决定寻求英美的支持，以对法国施加压力，促使法比从鲁尔撤军，而德国则同意停止消极抵抗。

英美两国出于对德国经济陷于崩溃并造成革命危机的担心，同时对德法两国施加压力，以求尽快结束鲁尔危机。9月26日，德国政府发表《告德国人民书》，宣布停止一切消极抵抗。长达9个月的鲁尔危机遂告结束。法国则同意召开国际专家委员会，重新评估和处理德国赔款问题。鲁尔危机结束后，法国丧失了其在德国赔款问题上的主导权。

三、《道威斯计划》

1923年11月，赔款委员会决定召集两个专家委员会，研究德国资源状况和支付能力。第一委员会负责研究稳定马克和平衡德国预算问题，由美国银行家道威斯担任主席；第二委员会负责审议德国外流资本数目以及回收办法，由美国银行家马肯南担任主席。法国实际上接受了美国在此前的主张，只是为了保持外交上的体面，才要求以赔款委员会的名义来召集专家委员会。

1924年8月，英、法、美、意、日等国在伦敦召开国际会议，正式通过了以道威斯为首的专家委员会提出的关于德国赔款问题的方案，即《道威斯计划》。该计划的主要内容是：(1) 协约国为德国筹集8亿马克贷款，以确保德国通货稳定和经济恢复，并在此基础上向德国索取赔款；(2) 对德国赔款总额和支付年限未予确定，但在该计划生效的第1年内德国应支付10亿马克，以后逐年增加，从第5年起，每年应支付25亿马克；(3) 赔款的主要来源是关税，企业利润和对糖、烟、酒等消费品所征收的间接税；(4) 成立一个国际委员会，监督德国的国家预算、货币、对外支付以及缴纳赔款等。后来，美国代表担任了这个委员会的事务总管，美国从而将德国赔款问题的主导权从英法手中夺了过来。此外，伦敦会议还规定，今后各国若对有关德国赔款问题发生意见分歧，应由一国际仲裁委员会公断。这一机构由3人组成，美国公民担任主席。根据会议决议，法比两国应从鲁尔区撤出，1年内完成。

《道威斯计划》的签字与实施，有利于德国工农业的恢复，它得到德国工业资本家和容克地主的支持。由于当时只有美国具备雄厚的资本实力，《道威斯计划》中所规定的8亿马克贷款大都依靠美国提供。美国资本由此大举进入德国，渗透至德国工业各部门。根据《道威斯计划》，德国于1924—1929年间偿付85亿马克的赔款，却获得总额约135亿马克的外国投资和借款(主要来自美国)，德国经济由此迅速复兴，其工业产量每年以7.9%之速增长，经济年增长率为6%，此期间号称为德国的“黄金20年代”①。

《道威斯计划》是对《凡尔赛和约》的重大修改。计划的实施对战后国际关系产生重要影响。德国经济得到迅速恢复和发展，从而为它进一步摆脱《凡尔赛和约》的束缚提供了物质基础。法国在德国赔款问题上丧失了主导权，并日益被英美所排挤，其国际地位急剧下降。英国则实现了抑法扶德的目标，其均势政策取得了一定的效果。最主要的是，美国通过《道威斯计划》建立了利用美国贷款扶植德国经济，德国在此基础上偿付给英法等国赔款，而英法等国再将赔款所得向美国偿还战债的循环。这使得美国不仅在经济上得以迅速打入欧洲，而且重新在政治上对欧洲事务取得了较大的发言权。

四、《杨格计划》

《道威斯计划》的实施使英、法、美和德国在赔款问题上达成了暂时的妥协，但它并未完全解决德国赔款问题。随着时间的推移，到1928年时，德国出于多方面的考虑，要求进一步修改赔款计划。首先，德国认为它根据《道威斯计划》一直偿付着赔款，但协约国却仍然坚持对德国的财政实施监督，德国政府对此十分反感。其次，德国解除了武装，并在1926年9月根据《洛迦诺公约》加入了国联，同其他国家享有平等地位，但协约国仍然在莱茵区维持驻军，德国政府企图以履行赔款为条件要求外国军队撤出。再次，德国借口经济困难希望进一步减少在1921年4月伦敦会议时确定的1 320亿马克的赔款总额。

1928年9月，英、法、美等战胜国与德国一致决定组织一个专家委员会，以草拟德国赔款的最后解决方案。到1929年6月，这个以美国银行家杨格为主席的专家委员会提出了一份新的赔款计划，即《杨格计划》。该计划在1930年1月经有关各国批准。

《杨格计划》的主要内容是：(1) 德国赔款总额减少至1 139亿马克，但须在59年内付清。前37年内每年须偿付20亿马克；后22年每年15亿马克。(2) 每年交付的赔款分为无条件赔款和有条件赔款两类。前者款额6亿马克，在任何情况下均须交付，不得拖延。后者14亿马克，在德国经济情况不佳时经债权国同意可以延期交付，但最多只可延期2年。(3) 规定以

① 彭滂沱：《德国问题与欧洲秩序》，三民书局1998年版，第32页。

货物抵交赔款的数量应逐年递减，并在10年后完全取消，以减轻来自德国商品竞争的压力。(4)取消对德国财政的国际监督，并专门成立一个国际清算银行处理赔款事宜。

《杨格计划》减少了德国赔款额，撤销了协约国对它的财政监督，德国又一次获得了胜利。《杨格计划》批准后，英法等国陆续从莱茵区撤出军队，从而结束了德国在战后的半占领状态，为德国进一步摆脱《凡尔赛和约》的限制创造了条件。美国则通过它对国际清算银行的操纵，进一步扩大了它对欧洲政治和经济事务的影响。

五、胡佛《缓债宣言》与洛桑会议

《杨格计划》虽然被德国政府接受，但1929年10月，一场空前严重的世界经济危机首先从美国爆发，并迅速席卷包括德国在内的整个资本主义世界，使得德国赔款问题和战债问题双双面临巨大危机。

战后德国的经济复兴严重仰赖于以美国为主的外国资本。经济危机来临时，这些国外资金纷纷撤离德国市场，德国经济由此深遭其害。在经济危机袭击下，德国工业生产和对外贸易急剧下降，通货膨胀十分严重，失业人口大幅上升。1931年6月5日，德国总理勃朗宁呼吁协约国关注德国日益恶化的经济形势，并同意德国延期偿还赔款。6月20日，德国兴登堡致电美国总统胡佛，竭力强调德国因财政困难而无力交纳赔款，请求美国给予支持。

当时美国自身的经济危机正不断扩大，工业生产下降，失业人口居高不下。但是，美国经由《道威斯计划》在德国存在大量投资，德国业已成为美国的一个重要出口市场，倘若德国因支付赔款而引起经济崩溃，势将进一步加重美国的经济危机。于是，胡佛在接到兴登堡急电的当天即发表了一个《缓债宣言》，其要点是：(1)美国政府建议，各国政府间的债务、赔款的本息均停付一年；(2)德国的赔款问题是一个欧洲问题，与美国无关；(3)其他国家对美国所欠战债不能取消。英意等国赞成胡佛的宣言，但法国却表示反对，因为法国的应得赔款大大超过它须偿还的战债。经过反复磋商，美法两国在7月6日达成协议：德国仍须支付无条件赔款；法国将所得无条件赔款借贷给德国铁路公司；德国缓付的赔款及其利息应自1933年起分10年偿还。在此基础上，7月下旬，美、英、法、意、比、日、德7国召开伦敦会议通过了胡佛的《缓债宣言》。

然而，赔款和战债问题并未就此了结。1932 年，世界经济仍未克服危机，大萧条到处蔓延，工业生产和国际贸易都跌至最低点，全球失业人数屡创新高。在全球经济恶化的条件下，不但德国无力继续履行巨额赔款，而且英法等国也对偿还战债深感重负。于是，1932 年 6 月 16 日，英、法、意、比、日、德等国代表在瑞士洛桑举行会议，再度讨论德国赔款问题。美国政府惟恐各国要求它取消战债，因此只派观察员列席会议。会上，德国代表借口经济极端困难而要求取消赔款，但为了取得美国的支持，又提出赔款与战债两问题分开讨论。英、法、意、比等国都反对将两问题分开。英国代表主张将赔款与战债都一笔勾销；法国由于可获得的赔款多于战债，便主张只取消战债而保留赔款。经过反复争论，与会代表在 7 月 9 日最终达成了一个《洛桑协定》，规定德国最后赔款总额定位 30 亿马克，这 30 亿马克在缓付 3 年后，应于 37 年内全部付清，其中一部分作为国际基金，一部分付与美国。但是德国政府后来连这笔赔款也未如数偿付。1933 年希特勒上台后，干脆完全取消了赔款义务。

洛桑会议期间，与会各国还达成了一个各国放弃赔款应以美国放弃战债为条件的“君子协议”。这意味着，如果美国不能就战债问题于英法等国达成一项圆满解决的方案，它们就不会批准《洛桑协定》。对此，胡佛在再次当选美国总统后于 1932 年 11 月 23 日的一篇声明中再次否定战债与赔款之间的联系。但是，洛桑会议之后，德国已基本上不再支付赔款，协约国在战债问题上也便出现赖债的局面。从 1932 年 10 月起，法国带头停止还债，英国在 1933 年偿还当年应付债款后也开始停止还债，其他国家纷纷仿效。美国对此大为不满。1934 年 4 月，美国国会通过《约翰逊法案》，禁止向未还清战债的国家提供贷款。战后德国赔款问题和战债问题遂不了了之。

第二节　欧洲安全问题

一、欧洲安全保障问题的提出

第一次世界大战结束后，围绕建立欧洲安全保障机制问题，西方各国曾经展开激烈的外交角逐，这不仅反映了协约国与德国的矛盾，而且反映了协约国内部争夺欧洲霸权的斗争。

欧洲安全保障的要求最先由法国提出。早在巴黎和会期间，法国元帅和煦就向巴黎和会提交了一个报告，要求德国放弃对莱茵河左岸的主权，以保证法国的安全，但是英美对法国的要求都不予支持。法国后来又提出莱茵地区摆脱德国独立，由法、英、美三国共同占领，亦遭到拒绝。最后，法国联合比利时说服英美，同意在莱茵河左岸建立非武装区，禁止德军进入；一旦德国再度发动侵略，英美将对法国提供军事保障。这项协议曾写进《凡尔赛和约》的相关条款，它同建立国际联盟作为战后欧洲集体安全的基石，一道成为法国在巴黎和会上寻求安全保障的两大成果。法国的如意算盘是，通过安全保障的名义来削弱德国和防止德国东山再起，以维持战后法国在欧洲大陆的霸主地位。

但是，巴黎和会结束后，美国国会拒绝批准《凡尔赛合约》，美国也因此未参加国联，法国谋求的上述军事保障遂告落空。在这以后，法国便将外交活动的重点转向德国周边的各个小国。为此，1920 年 9 月，法比两国军方签订了对德侵略共同行动的秘密军事协定。1921 年 2 月，法国与复国不久的波兰签订同盟条约。至 1921 年 4 月，法国又推动东欧的捷克斯洛伐克、南斯拉夫和罗马尼亚结成了一个具有军事同盟性质的“小协约国”集团，并将他们纳入其“安全保障”体系之中。可是，无论是比利时、波兰或“小协约国”各成员，其力量毕竟十分有限。1923 年，法国曾借口德国不履行赔款义务而出兵鲁尔，但最终反而丧失了在赔款问题上的主导权。及至《道威斯计划》通过并实施后，法国面临的国际环境日益严峻：德国经济力量不断发展壮大，英国与法国争霸欧洲；美国在经济上与德国打得火热。法国惟恐昔日的对手德国重新崛起并对法国安全构成威胁，因而迫切希望签订一个保障法德边界安全和东欧盟国安全的条约。

1923 年 9 月，第四届国联大会曾讨论过一个互助条约草案，该草案规定侵略战争为国际犯罪，其缔约国应对被侵略国给予援助，并可签订相互援助协定。法比两国积极支持该草案。但是，英国联合北欧诸国反对在欧洲地区签订相互援助协定，排斥欧洲区域的同盟体系，而只主张利用仲裁手段解决争端。该条约草案遂告流产。1924 年 10 月，英国工党的麦克唐纳政府曾与法国方面达成妥协，促使第 5 届国联大会通过了《日内瓦议定书》，即《和平解决国际争端议定书》。议定书规定，一切国际争端均需接受国联的仲裁手段予以解决，国联理事会将对侵略国家实施包括经济、政治和军事各种手段在内的制裁，国联并保证维护《凡尔赛和约》规定的领土现状。法国对此十分满意，率先在议定书上签了字。但事过不久，英国工党在大选中失利，新上台的鲍尔温保守党政府对《日内瓦议定书》持批判的态度，它尤其反对英国在欧洲大陆承担不必要的保障义务，要求一切推倒重来。这样，法国谋求安全保障的努力再次失败。

后来，英国政府在安全保障问题上改变原先的冷淡态度。这很大程度上归因于德国对外政策走向的影响。德国政府在战后一贯奉行利用战胜国之间以及它们与苏俄之间的矛盾，在夹缝中求得生存和发展的政策。1922年4月的热那亚国际经济会议上，德国曾撇开英法单独与苏俄签订了《拉巴洛协定》，令英法等国十分恼火。鲁尔危机结束和《道威斯计划》实施后，德国要求进一步摆脱《凡尔赛和约》的束缚，不但要在军事上获得重新武装的权利，而且要在政治上争取与其他列强的平等地位。1924年12月，斯特莱斯曼开始担任长达6年的德国外交部长职位。斯氏是一个国家主义者，对捍卫德意志民族的利益不遗余力，其近期目标是收复在《凡尔赛和约》中所丧失的领土，如波兰走廊、上西西里亚、莱茵区等，远期目标则为整合聚居东南欧的讲德语人民，建立以德国为中心的“欧洲政治经济共同体”①。在策略上，斯氏决心充分利用英、法、美之间以及它们同苏俄之间的矛盾，通过展开外交攻势来达到德国的目标。

英法等协约国十分害怕德国与苏俄接近。英国尤其担心苏德联合反对西方将对凡尔赛体系构成严重威胁。英国认为要防止德国倒向苏联，并利用德国来反苏，就必须对德国做出某种妥协，而不是一味地对其打压。况且，这也不符合英国在战后奉行的扶德抑法的均势外交路线。1924年9月，德国政府提出加入国联和协约国军队从莱茵撤出的要求，英国政府遂考虑通过在安全保障问题上制定一项条约，既在一定程度上满足德国的要求，又可修复一下自鲁尔危机以来日趋恶化的英法关系。于是英德两国开始了频繁的外交接触，着手酝酿一项国际公约，以对法德边境提供安全保障为条件，促使法军撤出莱茵区，并推动德国加入国联。1925年2月9日，斯特莱斯曼正式向法国提出，有关欧洲国家应签订一项莱茵保障公约，内容为德国保证执行《凡尔赛和约》关于莱茵非军事化的义务，有关国家则共同保障莱

① 彭滂沱：《德国问题与欧洲秩序》，三民书局1998年版，第30—31页。

茵区领土现状不可侵犯。5月12日，法国外长白里安将德国的建议送交英国征求意见。英国在与意大利磋商后同意召开一次国际会议来确认德法、德比之间的边境现状不可改变，并愿意为此提供军事保障，但是，对于德国的东邻边界，英意两国不愿提供保证，而只愿意缔结仲裁条约。法国政府不愿再次失去机会，最终决定作出妥协。

二、《洛迦诺公约》

1925年10月5日，英、法、德、意、比、波、捷七国在瑞士的洛迦诺举行会议。出席会议的代表有英国外交大臣张伯伦、法国外长白里安、德国外长斯特莱斯曼和意大利首相墨索里尼等。美国虽未派出代表，但表示支持英国的立场。与会各国代表经过激烈的争论，于10月6日缔结了《洛迦诺公约》，该公约经过各国立法机构的批准后，于次年9月生效。

《洛迦诺公约》包括《最后议定书》和其他8个文件，主要内容有：(1)英、法、德、意、比5国签订相互保证条约，规定维持德法、德比边界现状，德国同法比之间的一切分歧应和平解决，在任何情况下不得诉诸战争，英意两国以保证国的身份承担援助被侵略国的义务。(2)德国与法、比、波、捷四国分别签订仲裁条约，规定双方发生的一切分歧如不能通过正常的外交途径解决，应提交仲裁法庭或国际常设法院裁决。(3)法国与波捷两国分别签订相互保证条约，规定法波或法捷受到德国侵略时，彼此应给予支持和协助。(4)各协约国同意德国加入国联，并担任常任理事国。

洛迦诺会议及其公约的签订，对第一次世界大战后欧洲国际关系的变化产生了深远的影响。英国利用鲁尔危机以来法国力量连遭削弱的机会主导了这次会议。《洛迦诺公约》的签订在一定程度上实现了战后英国在欧洲大陆推行的均势外交的目标——扶德抑法反苏，使英国从此得以发挥左右欧洲局势的“平衡手”的角色。法国通过公约使德国在事实上承认了《凡尔赛和约》所规定的西邻边界，这不无意义。通过法波、法捷条约的签订，法国也多少扩大了它在中东欧的影响。另一方面，公约的签订标志着法国丧失了它在鲁尔危机前可对德国任意处置的能力，它自身的安全尚需要英意的保证，它同德国在政治上已处于完全平等的地位。

《洛迦诺公约》是斯特莱斯曼在外交上对西方发起“和平攻势”的具体成果。德国从《洛迦诺公约》中获得最多好处。它利用英法之间和协约国与苏联之间的矛盾，几乎没做出什么让步，就实现了它的大部分目标。首先，德国以西方一员的身份参加会议并缔结公约，这表明德国恢复了它与其他列强的平等地位和国家尊严，在国际关系中获得了相当大的自由。这为德国进一步冲破《凡尔赛和约》的束缚创造了条件。其次，根据《洛迦诺公约》，德国于 1926 年 9 月顺利加入了国联，并成为常任理事国。德国借口日后履行国联盟约第 16 条义务的需要①，敦促协约国于 1926 年 1 月撤出了在科隆的驻军。同年 12 月，协约国又通过了取消对德军事管制的决议。这样，德国就获得了不受监督的重整军备的机会。最后，《洛迦诺公约》的条款经不起推敲。根据《洛迦诺公约》，英意两国只愿保证德国西邻边界，而不愿保证德国东邻边界。尽管法国与波、捷两国签订了相互保证条约，但假如德国进犯波兰或捷克斯洛伐克，提供援助的法军只好越过法德边界才能制止德国，而这样又会破坏 5 国相互保证条约。因此，公约的签订实际上是为德国日后向东扩张埋下了伏笔。

洛迦诺会议结束后，西方世界沉浸在“以和解代替强制”的所谓“洛迦诺精神”之中。洛迦诺公约似乎给予当代欧洲人和平的喜讯，但却被后代史家评为“绥靖主义的先驱”②。其原因在于：(1)《洛迦诺公约》为德国取得了英法撤离莱茵区的承诺，恢复德国领土主权，英法放弃以国联名义监控德国的军事发展，从此无法钳制德国的军备扩张；(2) 英国认为《洛迦诺公约》可以满足法国的安全要求，在外交上不再偏袒法国，而对德国极其宽容；(3) 英法在洛迦诺会议上默许德国可以变更东部边界，为德国日后的扩张种下隐患。

三、国际联盟的裁军活动

20 世纪 20 年代初至 30 年代中期，列强在国际联盟范围内进行了一系列的裁军活动。但是，由于各国分歧很大，这些裁军活动均流于形式，未能达成什么实质性协议。

---

① 国联盟约第 16 条规定，国联会员国尊重并保持各会员国领土完整及政治独立不受侵犯。如遇此种侵犯，其他所有会员国在经行政院的裁决后可对侵犯行为施以包括武力在内的制裁行为。参见《国际条约集》(1917—1923)，世界知识出版社 1961 年版，第 266—270 页。

② 彭滂沱：《德国问题与欧洲秩序》，三民书局 1998 年版，第 16 页。

国联的裁军活动源于国联关于裁军的有关规定。国联盟约第8条规定，联盟会员国为维持和平起见，必须裁减各自军备，国联理事会则应根据各国具体情况，准备减缩军备的计划①。这项规定在现代国际裁军史上具有相当意义。但是，盟约同时又规定，各国减缩军备的前提是要在“适合保卫国家安全以及履行国际义务”的条件下进行，而且，国联理事会所制定的减缩军备计划“仅供各国予以考虑和实施”②。这就说明，列强为了实现各自的侵略和霸权目的，并不愿意实现真正的裁军。后来的事实证明，每当讨论某项具体的裁军计划时，列强总是借口“保卫国家安全”的需要，谋求有利于本国军备扩张的目的，同时限制其他国家的军备发展。

根据国联盟约，国联理事会于1920年5月成立了一个由各理事国陆海空3军代表组成的陆海空问题常设咨询委员会，负责从事各国裁军问题的研究。但是，这个委员会的研究工作从一开始就遭到英、法、日等军事大国的抵制。因而未能提出一个具体的裁军方案。1921年2月，国联又在该委员会的基础上成立了一个混合委员会，增补了一些对于政治、经济和社会问题有研究造诣者参与研究裁军问题。这个混合委员会曾于1922年讨论过一项由英国人埃雪拟订的旨在裁减欧洲国家陆军的计划，即《埃雪计划》，但由于该计划支持法国维持一支庞大的陆军，英意等国遂表示反对。1924年10月，第5届国联大会通过了《和平解决国际争端议定书》，即1924年《日内瓦议定书》，这个议定书熔仲裁、安全保障和裁军等内容于一炉，但同样由于英国政府不予以批准而成为一纸空文。

1925年《洛迦诺公约》签订后，同年10月召开的国联理事会第32次会议配合鼓吹所谓的“洛迦诺精神”，决定成立裁军会议筹备委员会，并邀请美国、苏联和土耳其三个非会员国参加。该筹委会为召开国际裁军会议，从1926年到1930年共召开了7次会议，充分说明国际裁军谈判之艰难。在这些筹备会上，各国代表对陆海空军军备、军费的限制、裁军公约的监督等问题展开了激烈的争论。在限制陆军方面，由于英美希望限制法国庞大的陆军，而法国坚持必须保证其陆军的优势，以至未达成任何具体限制办法。在限制海军方面，英美想对各类舰别都规定限制，但海军力量相对较弱的法意只希望限制总吨位，最后各国决定兼采总吨位限制和舰别限制两种办法，

① 《国际条约集》(1917—1923)，世界知识出版社1961年版，第266页。

② 同上。

供裁军会议继续讨论。在限制空军方面，各国代表仅拟定就飞机架数和总马力两个方面予以限制。加入国联后的德国提出各国权利平等，并要求协约国履行它们在巴黎和会上曾提出的裁军承诺，否则德国将重整军备。法国则坚决反对德国拥有军备平等权。

1927年11月召开的第4次筹备会上，苏联代表第一次出席会议，代表团团长李维诺夫提出了立即普遍彻底裁军的原则，建议解散全部陆海空军，销毁一切武器和弹药，停止一切军事训练，取消全部海空基地等，产生了强烈的国际影响。苏联的提案引起了列强的激烈反对，它们指责苏联政府的做法宣传性多于可行性，将会阻挠裁军的进展，结果苏联提案遭到否决。苏联政府为了揭露列强扩军备战的真面目，于1928年3月召开的第5次筹备会上又提出了一个局部裁军草案，主张将进攻性武器和防御性武器区分开来，要求大量裁减进攻性武器，如轰炸机、重型坦克和巨型舰艇等，同时提出大国裁军一半，小国裁军1/3或1/4，裁军在两年内分阶段进行。苏联的提案表明了苏联执行和平外交政策的主张，并得到了中国、土耳其等国的支持，但由于它和当时列强实行军备扩张的政策背道而驰，这个提案最终亦被否决。

筹委会经过长达7年的准备后，于1932年2月2日在日内瓦正式召开第一次国际裁军会议。参加会议的除了国联成员国以外，还有美国、苏联、土耳其、埃及等60多个国家。时值世界经济危机肆虐西方各国，英、法、美德日等列强围绕国际贸易、国际货币和国际投资诸领域的斗争正酣。为了争夺海外销售市场、原料产地和投资场所，以克服严重的经济危机，它们纷纷走上了国民经济军事化和扩军备战的道路。这就注定了国际裁军会议不能取得什么实质性成果。

会上，各国纷纷端出有利于自己的“裁军方案”。法国提出国联要组建一支国际部队来掌握各国的巨型战舰、远程轰炸机和潜艇，企图通过英法所操纵的国联来建立霸权。法国继续反对裁减陆军，却主张大量裁减战列舰和巡洋舰，同时又要求保持潜艇，以限制英美的海军优势。英美则宣称潜艇是进攻性武器，主张予以取消，以对付因法意日等国大力发展潜艇而对它们构成的威胁。英国为了阻止美国的海军扩军计划，还要求削减战舰的吨位，但遭到美国的反对。日本当时正在大肆侵略中国，却也声称同意裁军。日本以自己在太平洋所处的地位特殊为借口，要求修改《华盛顿条约》和1930年签订的《伦敦海军公约》对其发展海军的限制。德国在裁军会议上则主张各国都应把军备裁减至德国的水平,并要求德国能取得与其他国家军备平等的地位。法国坚决拒绝德国关于"军备平等"的要求,认为这实际上是要求重新武装。

苏联代表李维诺夫继续主张全面裁军的原则,同时提出了一个部分裁军方案,该方案要求销毁一切大规模杀伤性武器,如坦克、远程大炮、巨型战舰、重型轰炸机等。但苏联的提案却遭到大多数国家的反对。

由于法国竭力阻挠德国获得军备平等权,德国关于"军备平等"的提案因而未能列入7月3日通过的决议草案。德国对此十分不满。7月26日,德国陆军部长施来歇尔声称,如果拒绝承认德国的军备平等权利,德国将自己考虑本国的安全问题。11月初,裁军会议开始第二阶段会议,德国借口列强不承认其拥有军备平等权而拒绝出席。于是,美英等国向法国施加压力,迫使法国承认德国享有军备平等权利,德国才重返裁军会议。但不久之后,希特勒在德国通过欺骗手段上台,他将国联的裁军活动视为德国军备扩张政策的巨大障碍。1933年10月,德国先后退出了国际裁军会议和国联。至此,裁军会议已宣告破产。1934年6月11日,裁军会议在举行了最后一次会议后宣布结束。会议除了给予德国重新武装的权利和提出一系列内容空泛的提案之外,没有取得任何实质性成果。30年代中期后,由于德、意、日法西斯国家不断扩大侵略,国联范围内的裁军谈判遂被彻底埋葬。

四、《非战公约》

《道威斯计划》和《洛迦诺公约》签订后,法国在欧洲的地位遭到严重削弱,外交上也处于孤立地位。其世敌德国日益崛起并力图摆脱《凡尔赛和约》的限制;英国继续推行扶德抑法的政策并与法国争夺欧洲霸权;美国挟其雄厚实力插手欧洲事务并有联合英国制衡法国的趋势。对此,法国迫切希望通过外交努力改变这种被动局面。除了与英国加强欧洲事务的磋商之外,法国也有意同美国修好。

法美之间素无严重的利害冲突,两国的传统友谊却源远流长。从北美独立战争、南北战争、美西战争直至第一次世界大战,法国无不站在美国一边。作为和平主义的倡导者,法国外长白里安格外重视这一"不可磨灭"的法美友谊。为此,当1927年4月6日庆祝美国参加欧战10周年来临时,白里安向美国人民发去一封热情洋溢的贺信,称法国政府愿与美国缔结任何友好条约。6月20日，白里安又照会美方，提议法美两国应缔结一项永久性友好条约——《非战公约》，其中规定谴责用战争解决国际纠纷，废弃用战争作为国际政策的工具，两国之间的一切争端须用和平方式解决。

最初，美国政府对白里安的建议并无多大兴趣，一来美法之间本来发生战争的可能性很小，签订这样的条约并无多大价值；二来国内有人认为白里安是在作“外交秀”，其建议中宣传成分很大。但如果美国明言拒绝此和平建议，则有失去“道义”之虞。为此，美国政府经考虑后，决定拔高法国的建议，将反战列为一项国际行为准则提出，并供世界各国进行讨论。美国意图让《非战公约》突破美法双边条约的形式，成为一个由它所发起的、所有各国都参加的多边条约，以便能够同英法操纵下的国联分庭抗礼，借此提升美国的国际地位。于是，12月28日，美国国务卿凯洛格正式照会法方，表示美国政府可签订《非战公约》，但认为它不应仅仅限于在美法之间签订，而是希望世界各国都能接受《非战公约》的约束。

美国的照会有违法国的初衷。法国本意要通过法美之间缔结双边友好条约来密切两国关系，以制衡德国和英国，它并无意与其他各国，尤其是德国共同担当非战的义务。法国认为，它是《国联盟约》、《洛迦诺公约》和其他许多欧洲保证条约的签字国，这些条约最终都不排除使用武力的可能性，如果接受美国的主张，将会影响上述条约的作用。因此，法国在次年1月6日的复照中只强调美法先行签订条约，之后再劝导其他国家加入。此后，法美两国围绕该公约是否应取多边形式的问题进行了多次谈判，但双方难于达成一致。

在美法谈判陷入僵局的情况下，美国于4月13日同时照会英、法、德、意、日5国，称述美法之间的分歧，征求各国对签订《非战公约》的意见。德国乐于见到美法产生分歧，因而最先表态支持美国的主张，借此博得爱好和平的美名，同时掩盖其军备扩张的行径。英国不愿担当破坏和平的罪名，也表示同意签订。但是英国在答复美国的照会中提出它在某些具有特殊利益的地区应“保持行动自由”。法国最后也勉强承认了美国提出的《非战公约》草案，但表示公约的实施应在不侵害其自卫权以及现有国际条约范围之内进行。意日两国尽管都在积极准备侵略战争，但均虚伪地表示接受《非战公约》草案，同时也提出了若干保留。

在此基础上，1928年8月27日，美、英、法、德、意、日等15个国家在巴黎举行了《非战公约》的签字仪式。这项公约亦称《巴黎公约》或《白里安—

凯洛格公约》。同一天,美国政府又向中国等 33 个国家发出了加入该公约的邀请。11 月 27 日,中国南京政府代表在华盛顿签字加入该公约。至 1933 年加入该公约的共有 63 国。

《非战公约》的正式名称为《关于废弃战争作为国家政策工具的一般条约》,内容共 3 条:第 1 条声明各缔约国斥责用战争解决国际纠纷,并声明放弃以战争作为推行国家政策的工具;第 2 条规定各缔约国之间发生的任何争端或冲突,只能以和平方式解决;第 3 条规定各国加入该公约的手续。《非战公约》在字面上冠冕堂皇地要禁止战争,但是英、法、美、意、日等列强在签约时都附有保留条件。如英国声称它要在世界上某些特殊地区继续保持行动自由;法国提出《非战公约》不得损害法国的合法防御权,也不得影响法国在过去所签订的条约中所承担的义务;美国也强调各国有权在需要时诉诸战争以实行自卫。可见,列强在签订《非战公约》时所提出的各种保留条件,实际上是为了方便它们日后可以借口保卫自身利益而对殖民地附属国或其他国家进行镇压活动或侵略战争。这就注定了该公约只能沦落为一纸空文。《非战公约》既不能制止不久之后日本对中国发动的侵略战争,也不能制止意大利对埃塞俄比亚发动的侵略战争,更无法阻止第二次世界大战的爆发。

由于当时苏美两国尚未建交,苏联最初未被美国邀请加入《非战公约》。苏联对此表示不满,它一方面谴责西方国家把苏联排除在外,另一方面表示苏联愿意加入该公约。1928 年 9 月 5 日,苏联在法国的邀请下最终也签字加入《非战公约》,但苏联也对公约提出保留条件,即拒绝承认其他国家对该公约的任何保留条件。

五、《伦敦海军公约》

1922 年召开的华盛顿会议规定了英、美、日、法、意海军 5 强在主力舰发展上的限制。但华盛顿会议结束后,列强并未结束海军军备竞赛。它们纷纷把扩张海军的重点放在发展非主力舰上,尤其是巡洋舰、驱逐舰和潜水艇。至 1927 年,英日两国分别拥有已建和正在建造中的巡洋舰 54 艘和 25 艘,而美国为 15 艘。在巡洋舰的总吨位上,英日也超过美国。日本当时拥有 68 艘潜水艇,分别超过美国的 59 艘和英国的 45 艘。美国则在排水量较小的驱逐舰建造方面超过英日两国。法国为对付英国庞大的舰队,大力发展非主力舰，尤其是潜水艇。意大利在墨索里尼上台后，也拼命扩张海军，力图维持它在地中海上与法国的均势。面对各大国迅速发展非主力舰的局面，美国于 1927 年 2 月 10 日分别照会英日法意 4 国，首先倡议召开一次 5 国海军会议，讨论限制各国非主力舰的发展。

美国发起这次裁减海军军备会议的目的，是要把华盛顿会议上关于主力舰的比例原封不动地推广到非主力舰上来，以限制英日非主力舰的发展，同时保持美国海军的优势。但是，其他 4 国对限制非主力舰问题却有各自的打算。英国表示，应当认真考虑英帝国的特殊地理因素，为了保卫本国及其漫长的海上交通线的安全，英国需要各种类型的非主力舰。日本在复照中则说，海军比例并非永远不可改变，它要考虑有关国家国防上的需要。法意两国海军实力本来不强，裁减非主力舰只会更加削弱它们的海上力量，因此干脆拒绝正式参加会议，只派出观察员列席美、英、日 3 国于 1927 年 6 月 30 日在日内瓦召开的海军会议。会上，英美在裁减巡洋舰问题上分歧很大。英国只愿将华盛顿会议上 5∶5∶3 的比例适用于万吨级以上的巡洋舰，小型的则不愿按此比例。美国坚决反对，因为美国海外基地不多，它需要建造的是更多的大型巡洋舰；如果同意英国的主张，英国的舰队就会超过美国的舰队。由于日本站在英国一边反对美国的主张，这次海军裁军谈判遂陷入僵局。8 月 4 日，三国会议破裂，会后美、英、日三国仅发表一项共同宣言，无非是分别陈述各自在会上的立场。

1927 年日内瓦会议结束后，列强的海军军备竞赛有增无减。1929 年 2 月，美国参议院通过一项法案，准备建造 6 艘万吨级以上的巡洋舰，并由柯立芝总统签署生效。日本同年决定建造 4 艘万吨级以上的巡洋舰。英国也相应制定了一项建造巡洋舰的计划，并在太平洋地区扩建新加坡海军基地。但是，相比美国而言，英国的财力毕竟有限，它担心长此下去将被美国超过。1929 年 7 月，英国首相麦克唐纳在国会发表演说，表示愿意同各国重开海军谈判，愿意根据平等原则与美国相互达成谅解。美国因受 1929 年秋爆发的经济危机影响，也有意通过裁军谈判来减低财政压力。这样，英美两国开始就海军军备问题协调立场。10 月 7 日，英国外交大臣翰德逊向美日法意 4 国发出举行海军会议的邀请照会，其中说明英美两国已就限制海军军备问题部分达成一致，两国均承认英美之间海军力量相等的原则，而且均主张废除潜水艇。日法意 3 国都复照表示愿意参加。

1930 年 1 月 21 日，5 国海军会议在伦敦召开。会上，日本对英美背着日本协调立场的做法深为不满。日本代表坚持要求它有权拥有的非主力舰总体实力与英美之间的比例应为 7∶10,并联合法意两国拒绝英美关于废除潜水艇作战的倡议。法国表示它拥有大块殖民地和庞大的国际贸易,必须有强大的海防。它还要求缔结一项有英美参加的地中海国相互保证公约,否则将拒绝削减其海军建设计划。但英美都不愿提供这类保证。墨索里尼掌权的意大利重提其海军力量应与法国保持相等水平,但再次遭到法国的拒绝。法意两国后来均表示不愿承担限制本国海军军备的义务。

经过长期的讨价还价,5 国在 4 月 22 日签订了《伦敦海军公约》。公约重申英、美、日三国在华盛顿会议上对限制主力舰发展所规定的比例;规定在重巡洋舰方面,英、美、日三国的比例亦为 5∶5∶3;在轻巡洋舰方面,三国的比例应为 5∶5∶3.5;在潜水艇方面则完全相等。此外,公约还规定五国今后建造的潜水艇不能超过 2 000 吨,舰炮口径不能超过 5.1 英寸。

通过《伦敦海军公约》,英国的海军实力相比美国来说有所削弱。美国在主力舰和非主力舰上都取得与英国相等吨位,英国只在巡洋舰的艘数上多于美国。日本从中取得非主力舰与美国成为 7∶10 之比,这为日本在亚洲太平洋地区的进一步侵略扩张创造了有利条件。不过,即便是这项妥协而成的限制海军军备条约,也不能阻止列强日后肆无忌惮地扩充军备。《伦敦海军公约》和此前的《非战公约》一样,不过是列强在当时军备竞赛愈演愈烈背景下的粉饰太平之作。

第三节　20 世纪 20 年代苏联对外关系的发展

一、苏俄粉碎帝国主义的武装干涉

1918 年《布列斯特和约》的签订使苏俄得以退出第一次世界大战,并获得和平的喘息时机。苏俄政府利用这段宝贵的时间调整了国民经济,发展和壮大了红军,使无产阶级政权得到进一步巩固。这一切使协约国和各国反动势力十分不安。它们视新生的苏维埃政权为洪水猛兽,惟恐欧美各国工人和士兵起而效仿,因而必欲除之而后快。

从苏维埃政权存在的第一天起,国际帝国主义就积极策划对苏俄的武装干涉。早在1917年12月初，英、法、美三国的代表就在巴黎专门召集的一次会议上，决定了组织武装干涉苏俄的任务分配问题。首批参与武装干涉的英、法、美军队1万人于1918年3月占领了俄北方的摩尔曼斯克和阿尔汉格尔斯克，并计划向彼得格勒和莫斯科推进。4月5日，日本海军陆战队在远东的海参崴登陆。不久，英国和美国的军队也陆续在该地登陆，从而使远东的美、英、日武装干涉者达到9 000多人。5月24日，协约国策划捷克斯洛伐克军团在伏尔加河中游、乌拉尔和西伯利亚地区发动反对苏俄政权的叛乱。这个军团约达5万人，原系大战期间被俄军俘虏的奥匈帝国战俘，起初协约国曾打算把他们调到西线同德军作战，苏俄退出战争后，他们被允许绕经西伯利亚返国，却在途中受协约国策动而叛乱。叛军在5月底控制了上述大部分地区。8月份，英国又出兵占领了南高加索和巴库。英、法、美等帝国主义还提供金钱和武器支持俄境内的高尔察克、邓尼金、尤登尼奇和弗兰格尔等白卫军。此外，帝国主义又与俄国的保皇党人、孟什维克、社会革命党人及其他反革命分子勾结在一起，阴谋策划颠覆苏维埃政权。这样，苏俄在建国之初就面临着国内外敌对势力的大包围，处于极度困难之中。摆在苏俄面前的首要任务，就是要全力击退帝国主义的武装干涉。

英、法、美等帝国主义势力为发动大规模进攻，争取准备时间，曾施展外交阴谋，玩弄和谈骗局。1919年1月16日，巴黎和会召开前夕，协约国曾召开10人会议，商讨解决所谓"俄罗斯问题"。1月22日，美国总统威尔逊受10人会议的委托，代表协约国发出呼吁书，建议俄国"一切政治团体"，包括高尔察克白卫军，实行停战，然后派代表在马尔马拉海的王子岛召开有协约国代表参加的会议，讨论"俄国恢复和平问题"。但在同一天，协约国就与高尔察克缔结了一项全面协助他对苏维埃政权作战的协定。苏俄政府没有接到会议通知，但为了揭露帝国主义外交和谈的假面具，仍于2月4日通电美、英、法、意、日政府，表示愿意参加会议。苏俄政府还提出谈判的具体建议，表示愿意承认以前历届政府所欠的外债，准备偿付旧利息，并可以向某些国家提供租让权，甚至可以在领土上作出让步，交换条件是外国军队必须立即从苏俄领土撤出。但协约国根本不愿撤出军队，得到协约国支持的高尔察克等白卫军也反对。召开王子岛会议的骗局就此收场。

为了争取时间，以便把军队从对德战场上调来干涉苏俄，美英又协商派出席巴黎和会的美国代表团团员布利特赴莫斯科与苏俄"和谈"，作为缓兵之计。谈判于3月18日始举行。布利特提出的主要条件是：(1) 各战场停止军事行动；(2) 保存各地在事实上存在的政府；(3) 协约国公民可以自由进入苏俄境内；(4) 赦免双方全部政治犯；(5) 恢复俄国与外界的贸易；(6) 俄国军队复员后，一切协约国军队撤离俄国。上述条件的实质是要苏俄承认国内存在的所有反革命政权，释放一切反革命分子并解除苏俄武装。对此，苏俄外交代表契切林、李维诺夫等在原则上表示同意，但又提出了实质性修改意见，要求解除对苏俄的经济封锁；协定签字后一切外国军队应撤出俄国；停止对白卫军的任何支援等。尽管这个协议不利于苏维埃政权，但列宁强调："即使是缔结对我们最不利的和约，也会获得更多的好处，因为在和平时期，我们会逐月强大几十倍。"[①]这样，苏维埃政府与布利特迅速达成协议，双方签订了条约草案。起初，威尔逊和劳合·乔治都声称同意签署。就在此时，高尔察克在西伯利亚的军事准备就绪，并在3月中旬开始发动进攻。协约国认为这次进攻有把握取胜，于是公开撕毁了布利特与苏俄达成的协议。此后，在国际帝国主义的支持下，国内外反动势力对苏俄发起了三次大规模的武装干涉。

1919年3月至8月，协约国对苏俄发动了第一次武装进攻。早在协约国玩弄召开王子岛会议的外交骗局时，它们就与盘踞在西伯利亚的原沙皇海军上将高尔察克签订了为消灭苏俄政权而联合作战的协定。此后，协约国为高尔察克的30万白卫军提供武器弹药，并派出美、英、法、日干涉军10万人驻扎在贝加尔湖以东，准备直取苏俄的心脏——莫斯科。1919年3月4日，高尔察克的军队在乌拉尔地区发动了猛烈进攻，迅速占领了乌法，直扑伏尔加河流域。但4月底，苏俄红军在伏龙芝的指挥下反攻，至8月份，红军解放了整个乌拉尔地区。红军还粉碎了西北部尤登尼奇白卫军对彼得格勒的进攻。协约国组织的第一次对苏俄的武装干涉以失败告终。

1919年9月至1920年3月，协约国又组织了对苏俄的第二次武装干涉。这次干涉不再由协约国出面，而是通过武装苏俄西南部的邓尼金白卫军、西北部的尤登尼奇白卫军以及波罗的海沿岸小国来反对苏俄。1919年10月，在协约国支持下的邓尼金部队15万人推进到距离莫斯科仅100公里的图拉城。俄共(布)发出了"大家都去同邓尼金作斗争"的口号。苏俄人民奋起抗击邓尼金。至1920年初，红军击溃了邓尼金部队，解放了乌克兰和高加索。1920年2月至3月，红军又击溃了进攻彼得格勒的尤登尼奇白

① 《列宁全集》第31卷，人民出版社1957年版，第424页。

卫军,先后解放了北方的阿尔汉格尔斯克和摩尔曼斯克。在对白卫军进行军事斗争的同时,苏俄还坚持和平外交政策,于1920年4月至10月,分别与爱沙尼亚、立陶宛、拉托维亚和芬兰签订了和平友好条约,从而瓦解了协约国利用这些波罗的海沿岸小国包围进攻苏俄的计划。

1920年4月至11月,协约国又组织了第三次对苏俄的武装干涉。这次,不甘心失败的协约国把希望主要寄托在波兰军队对苏俄的进攻上。英、法、美等帝国主义通过提供大量的金钱和武器弹药,策动波兰军队于1920年4月25日向苏俄发动了进攻,占领了乌克兰和白俄罗斯的大部分地区。盘踞在克里木半岛的弗兰格尔白卫军也在英美的帮助下乘机向北进犯。苏俄动员全部力量击退波兰军队和白卫军的进攻。4月,红军组织对波兰军队的反攻,收复被占领的基辅,之后向波兰首都华沙推进。10月12日,苏俄与波兰在里加签订了停战协定,苏方同意将西乌克兰和西白俄罗斯划归波兰,双方同意彼此应尊重国家主权,保证不支持针对另一方的敌对行动。苏波战争遂告结束。同年11月,红军挺进克里木半岛,消灭了弗兰格尔军队。

至此,帝国主义国家组织的三次武装进攻均被粉碎。苏维埃政权在经历血与火的考验后得到巩固。此后,苏俄国家同帝国主义列强之间开始出现和平共处的局面。

二、热那亚国际经济会议

20年代前半期,是苏俄国家对外政策史上的重要转折时期。经过激烈的军事较量后,苏俄与西方列强之间关系经历着从战争到和平,从被封锁到相互贸易,从外交孤立状态到普遍建交的过渡。而1922年召开的热那亚国际经济会议,则对这一过渡起了极大的推动作用。

在粉碎了帝国主义的武装干涉后,苏俄开始进入和平发展时期。由于此前战乱频仍,苏俄国民经济当时处在崩溃的边缘。1920年的工业产量只有战前的14%,粮食产量只有战前的50%。1921年3月,俄共(布)第10次代表大会决定废除国内战争时期的战时共产主义政策,实行新经济政策,允许租让制和国家资本主义在一定范围内存在,以加快国民经济恢复的进程。在对外关系上,苏俄为了获得和平建设的国际环境,积极采取措施摆脱外交孤立局面,打破帝国主义的经济封锁。

当时西方列强尽管与苏俄没有建立外交关系,但却普遍存在发展同苏俄贸易往来的愿望。英国在这方面表现尤为积极。这是因为英俄之间存在着传统的贸易关系。大战之前英国所需木材的50%、小麦的20%、大麦的42%都是从俄国进口。从俄国进口的石油也占英国进口石油的第二位。重新打开俄国市场对英国这个资源不足的岛国来说十分重要。加上1920—1921年间资本主义世界发生了严重的经济危机，英国迫切希望获得俄国的传统市场。结果，在西方各大国之中，英国率先于1921年3月16日同苏俄在伦敦签订了《临时贸易协定》，规定两国建立通商关系并互派实际享有外交特权的商务代表，而其他有关争议（如债务问题）留待将来缔结全面和约时解决。这一协定的签订标志着苏俄打破列强对它实行经济封锁的开端，此后不久，德国、挪威、奥地利、丹麦和捷克斯洛伐克等国相继与苏俄签订了贸易协定。

苏俄也争取与法美两国签订贸易协定。但是，它们都反对与苏俄缔结这类协定。法国是个高利贷国家，战前曾对沙俄贷款高达150亿法郎，它坚持要苏俄偿还一切旧债，否则拒绝谈判。美国政府则长期敌视苏俄，它提出极苛刻条件，要求苏俄恢复私有制，发还美国在俄国的企业和财产等。法美两国还攻击英国同苏俄签订贸易协定是“背叛”行为。

1921年夏，苏俄发生大灾荒，全国有3 000万居民陷于饥饿。苏维埃政府成立了救济灾民委员会，动员国内全力救灾并向国外呼吁支援。但灾荒却成了帝国主义国家干涉苏俄的借口。10月6日至8日，20个资本主义国家在比利时布鲁塞尔召开所谓“援助苏俄”的特别会议。会议建议各国政府应在苏俄承认偿还外债、发还外国在俄企业财产和“恢复正常经济生活”的条件下，才可向苏俄提供救灾贷款。

苏俄政府为消除帝国主义挑起反苏新浪潮的重要借口——债务问题，决定有条件地承认俄国所欠外债（战债除外）。12月18日，苏俄政府照会美、英、法、意、日5国政府，表示愿意对其他国家及其国民承认1914年以前沙皇政府所借的外债，条件是必须给予苏俄政府以优惠条件以确保它有能力偿还外债；必须停止威胁各苏维埃共和国及友邦远东共和国的安全；必须与苏维埃国家缔结全面和约，承认苏维埃政府。为了解决彼此提出的要求，并研究有关建立欧洲和平与经济合作的问题，苏俄建议召开一次国际经济会议①。

① 《列宁文集》第4卷，人民出版社1958年版，第147页。

1922年1月6日，协约国最高委员会在法国戛纳召开会议，讨论欧洲经济问题。戛纳会议建议1922年二、三月间在意大利热那亚举行欧洲经济会议，邀请包括苏联在内的所有欧洲国家参加。戛纳会议还提出6项条件：(1) 任何国家不得将本国的制度强加于别国；(2) 外国资本、外侨财产及权利和利润不应受到侵犯；(3) 凡希望得到外国贷款的政府，应明确宣布承认一切外债，承诺归还一切外国人财产或补偿外国人财产因被没收所蒙受的损失；(4) 保证财政货币流通，以利贸易往来；(5) 不得进行敌视别国的宣传；(6) 各国保证不对邻国发动进攻。协约国表示可以承认苏联，但必须以苏俄接受上述条件为前提。戛纳会议决议表明，协约国一方面在事实上承认了苏维埃政权的存在，不得不和苏维埃代表坐在一起讨论欧洲的经济恢复问题；另一方面又企图利用奴役条件和外交压力迫使苏俄作出让步。

1月7日，意大利向苏俄发出参加热那亚会议的正式邀请。苏俄政府认为，协约国邀请苏俄参加这一国际经济会议标志着社会主义和资本主义两个体系的关系和斗争从战场转向外交和经济领域，从而有利于国际形势进一步缓和。因此，苏俄政府在次日即复照意大利表示愿意参加。列宁说，苏俄参加会议的实际目的是试探外国资本家的要求，扩大贸易，"我们不是以共产党人的身份，而是以商人的身份到热那亚去"①。为实现各苏维埃国家的外交联合，以抵制列强结成反苏统一战线或支持白匪参加会议的可能，俄罗斯、白俄罗斯、乌克兰、远东共和国等9个苏维埃共和国代表于2月22日在莫斯科签订了一项协定，授权苏俄代表在热那亚会议上维护它们的共同利益并签署可能达成的一切协议。

列宁十分重视苏俄参加热那亚会议的方针和策略。他把出席热那亚会议视作两种社会制度国家和平共处的一次重大实践，同时也是利用各帝国主义国家之间的矛盾，争取打破帝国主义反苏营垒的一次极好机会。他判断会内外存在三个派别的力量。第一派是协约国中的英法等大国。它们在贷款、债务和私有财产等问题上态度强硬，企图通过会议迫使苏俄接受奴役性条件。英法于1921年底曾在伦敦炮制一份"复兴俄国"的纲领，其中要求苏俄偿还180亿卢布外债，赔偿被没收的外国企业损失，取消对外贸易国家垄断等。但是，英法之间也不是铁板一块，其中英国渴望与苏俄扩大贸易，而法国则坚持苏俄偿还一切债务。对此，列宁要求苏俄代表坚决拒绝帝国

① 《列宁全集》第33卷，人民出版社1957年版，第231页。

主义的奴役性条件。第二派是协约国中的中小国家和战败国。它们与苏俄没有巨大的利害冲突,希望与苏俄通商,希望会议取得成功,因此是苏俄代表在会上应极力争取的对象。尤其是战败国德国,它不满于《凡尔赛和约》规定的现状,苏俄很可能在德国身上找到突破外交孤立的口子。第三派是和平主义分子。他们大多是持和平主义态度的资产阶级政客以及第二国际的头面人物。“这一阵营企图坚持几项和平主义的建议,并确定类似和平主义的政策。”[①]列宁认为苏俄代表应努力迎合资产阶级中的这一翼,欢迎同他们签订贸易协定,甚至是政治协定。对于这三种派别,列宁认为苏俄的策略就是要提出开展贸易的广泛计划,利用矛盾,孤立企图奴役苏俄的死硬派,吸引希望与苏俄发展经济联系的集团。1922 年 4 月 10 日,热那亚会议正式开幕。参加会议的有欧洲 29 个国家的代表。英国的自治领澳大利亚、印度、加拿大和南非也派代表参加了会议。美国拒绝参加,只派观察员列席会议。

会议刚开始,各国的矛盾就显露出来。意大利首相法克塔和英国首相劳合・乔治鼓吹与会各国平等,没有敌我之分,大谈各国通力合作以复兴欧洲。德国却一心希望协约国修改《凡尔赛和约》,其总理维尔特在发言中只字不提德国赔款义务,而是一味诉苦,竭力使人相信德国处境艰难。法国外长巴都对此十分不满,他警告德国不许讨论修改《凡尔赛和约》中的任何一项条款。苏俄代表契切林在发言中主张两种社会制度和平共处,建议西方与苏俄之间发展通商,并要求各国裁减军备以消除战争威胁。英法等国表示反对,声称裁军问题不在会议的讨论范围之内。

西方国家同苏俄在债务和私有财产问题上的严重分歧使热那亚会议的谈判长期陷入僵局。关于债务问题,西方各国要求苏俄偿还全部外债,即战前与战时俄国所积欠总额为 180 亿卢布的债务,其中战前债务 90 多亿卢布,战债 80 多亿卢布。苏俄认为,战债是反动的旧政府进行罪恶的大战和内战而借的,一律不还。何况,大战期间俄国与协约国共同作战,生命和财产损失严重,但苏俄并未索取分文赔款,因而更无理由偿付战债。至于战前债务问题,苏俄愿意通过谈判解决。苏俄代表同时提出一项反建议,即要求赔偿外国武装干涉给苏俄造成的约达 390 亿卢布的损失。关于被苏俄国有化的外国企业问题,西方各国要求归还这些私有财产,并赔偿外国资本家所

---

① 《列宁全集》第 33 卷,人民出版社 1957 年版,第 231 页。

受的损失。苏俄则认为，这些企业是苏俄的全民财产，西方各国不能损害苏俄的国家主权。4 月 14 日，英、法、意、比、俄 5 国代表开会，讨论上述问题，英国表示同意取消战债，企图造成英国免还美国战债的先例，但要求苏俄放弃反建议，并承认战前债务，归还被没收的外国企业。法国则仍坚持苏俄偿还一切债务，并以中断会议相威胁。4 月 15 日，英法发出最后通牒，要求苏俄接受协约国建议。苏俄代表坚持原则立场。协约国与苏俄之间的谈判从此陷入僵局。苏俄代表开始将工作重点转向德国，以图突破帝国主义的反苏营垒。

三、《拉巴洛协定》

德国与苏俄之间并非就不存在矛盾。战前德国在俄投资高达 18 亿马克，均由于苏俄国有化政策而颗粒无收。因此，德国在热那亚会议上同协约国一道，也力图让苏俄在归还没收财产方面作出让步。另一方面，德国又存在与苏俄接近的强烈倾向。一则由于德俄之间有传统贸易关系，战前俄国进口机器设备的 2/3 来自德国，俄国出口的 30%也输往德国。二则作为战败国的德国与协约国尤其是法国之间有尖锐矛盾，德国不满于《凡尔赛和约》对它的惩罚，它在战后总是力图通过与苏俄接近来压协约国作出某些让步。

早在热那亚会议召开之前，德国就与苏俄展开了会谈。至 4 月 1 日，苏俄代表团在赴会途经柏林时，双方几近达成协议。不过，当时德国并不急于签字，而是企图在热那亚会议时，既通过打“苏俄牌”来与协约国讨价还价，又通过与协约国联合来压苏俄作出更大让步。但在热那亚会议期间，协约国并不重视德国，不仅德国要求修改和约，减少赔偿的要求被拒绝，而且策划开发俄国的国际银行团也有意排斥德国。由于德俄双方均遭到刻意轻慢，两国决意联手突破外交孤立。4 月 16 日，德国撇开协约国，在热那亚近郊的拉巴洛与苏俄签订了《拉巴洛协定》。

《拉巴洛协定》规定：(1) 苏俄和德国互相放弃要求赔偿战争费用和战争损失；(2) 德国放弃因苏俄国有化而引起的财产赔偿要求，但苏俄也不得给予第三国以同类赔偿；(3) 两国立即恢复外交和领事关系；(4) 两国根据平等互利和最惠国原则建立贸易和经济关系。

《拉巴洛协定》的签订使德国和苏俄都在一定程度上摆脱了战后以来在外交上的孤立地位。该协定的签订对于协约国来说却意味着反苏统一战线的破产。这使英、法、意等国十分震惊。它们纷纷谴责德国对协约国不忠实，违反了戛纳会议的决议，并粗暴地要求废除《拉巴洛协定》，又把德国开除出热那亚会议的政治委员会以示惩罚。但德国经过与苏俄磋商后宣布，《拉巴洛协定》对其他国家与苏俄的关系并无影响。

《拉巴洛协定》签订后，协约国同苏俄之间的谈判更加举步维艰。由于双方在债务问题上各持己见，不愿作出妥协，热那亚会议于 5 月 19 日宣告结束。此后，热那亚会议的各参加国(除德国和冰岛外)于 6 月 15 日至 7 月 20 日在海牙又举行了专家会议，负责研究苏俄与各国之间的悬案，并为各国提供咨询和草拟报告。由于苏俄代表坚持原则立场，帝国主义在债务、贷款和私有财产等问题上的奴役计划始终未能实现，海牙会议遂无果而终。

热那亚会议是苏俄参加的第一次重要国际会议。一向被协约国媒体妖魔化的苏俄被邀请与会，作为平等一员的身份与各国进行谈判，说明苏俄政权作为事实上的存在已被承认。会上，苏俄代表积极宣传了社会主义的和平外交政策。通过施展灵活的外交策略，苏俄与德国签订了《拉巴洛协定》，从而既沟通了两国的贸易，又突破了帝国主义的反苏营垒，为苏俄进一步发展与其他资本主义国家的经济和外交关系创造了良好的开端。

四、苏俄对华政策与 1924 年《中苏协定》

十月革命前的沙俄是个对外侵略成性的国家。自鸦片战争以来，沙俄与其他列强相勾结，利用武装侵略和外交讹诈等卑鄙手段，强迫中国清政府先后签订了《中俄瑷珲条约》、《中俄天津条约》、《中俄北京条约》、《中俄伊犁条约》等一系列不平等条约，鲸吞中国东北、西北地区 150 万平方公里的领土。

十月革命胜利后，苏维埃政府于 1918 年 7 月通知北京政府，表示苏俄愿与中国进行谈判，废除沙俄在华特权，取消不平等条约，在新的基础上建立两国外交关系。但在帝国主义的操纵下，当时由皖系军阀段祺瑞所控制的北京政府对苏俄的建议置之不理。

为了让中国人民了解苏维埃政权的性质及其新的对华政策，苏俄政府于 1919 年 7 月 25 日发表了《苏俄政府对中国人民和中国南北政府的宣言》，即第一次对华宣言。宣言表示：(1) 废除沙俄与中国和沙俄与第三国缔结的旨在奴役中国的一切不平等条约和密约；(2) 放弃沙俄在中国的租界、领事裁判权和其他一切特权;(3)放弃庚子赔款的俄国部分;(4)建议两国的全权代表就其他一切问题展开谈判,以便早日恢复两国正常关系。但北京政府一来害怕十月革命对中国革命产生影响,二来慑于帝国主义的压力,不但不打算与苏俄政府举行会谈,而且封锁消息,直至1920年3月才公布此宣言。同年8月,苏俄代表尤林率领使团赴北京谈判,北京政府在会谈后决定中止对前沙俄使节的承认,但没有恢复两国邦交问题。

1920年9月27日,苏俄政府又发表了《致北京政府外交部备忘录》,即第二次对华宣言。宣言重申了第一次对华宣言的原则,同时提出了一些具体建议:(1)废除沙俄与中国缔结的一切条约,放弃沙俄在中国侵占的一切领土与租界;(2)两国迅速建立正常的贸易和经济关系;(3)中国政府不给俄国反革命的个人或组织提供任何支持,并且不允许他们在中国境内活动;(4)居住在中国境内的俄国侨民不得享有治外法权,应该服从中国的法律;(5)苏俄放弃庚子赔款的俄国部分,但中国政府不得将此款拨给帝俄领事或其他任何人;(6)两国缔结协定后,中国即断绝与帝俄代表关系,并与苏俄建立外交和领事关系;(7)两国另行签订使用中东铁路办法的条约。但是,北京政府在帝国主义列强的压力下仍然不敢与苏俄谈判。

1921年12月12日,苏俄政府派出以菲克斯为首的商务代表团来北京与中国谈判,但北京政府反应冷淡,认为菲克斯没有足够的权限谈判解决两国悬案。1922年7月26日,苏俄任命越飞为全权代表使华。8月15日起,双方在北京开始进行谈判。苏俄方面希望在两次对华宣言的基础上,尽快实现两国建交。中国方面则要求苏俄军队从外蒙撤军,并以此作为谈判的先决条件。此外,北京政府还希望将中东铁路及利益无偿归还中国。双方在外蒙古问题和中东问题上出现意见分歧,谈判因此陷入僵局。

外蒙古历史上曾是中国领土的一部分。蒙古族也是中华民族的成员之一。但自18世纪以来,沙俄便不断入侵外蒙古。沙俄采用经济和文化侵略、收买王公贵族、扶植亲俄势力等卑劣手段,策划外蒙古从中国独立出去。1911年10月,沙俄利用辛亥革命爆发,中国政局混乱之机唆使外蒙古的封建主驱逐清政府的官吏和军队,并于12月1日宣布成立"独立"的"大蒙古国"。1912年11月3日,沙俄与外蒙古签订了一项《俄蒙协定》,取得了"监护"外蒙古内政和外交的一系列特权,将外蒙古变成了沙俄的殖民地。十月革命胜利后,苏俄和远东共和国的军队为追击白匪军,于1921年7月5日攻入了外蒙古的库伦,外蒙古则于7月11日建立了君主立宪政府。同年

11 月 5 日，苏俄与外蒙古签订了《苏蒙友好协定》，苏俄“承认蒙古人民政府为蒙古的唯一合法政府”，并互换外交代表与领事①。在中俄谈判中，北京政府提出苏俄放弃蒙古独立并从蒙古撤兵，但苏俄借口其国家安全需要，不同意中国的要求。

中东铁路则是根据 1896 年的《中俄密约》，由沙俄在中国东北建筑的。沙俄不仅控制了中东铁路的行政权，而且占领了铁路沿线 217 万亩土地。此外，沙俄还取得了在哈尔滨、海拉尔等城市的行政权，强取了铁路沿线各地的警察、邮政、司法、教育等权力，在东北一带驻扎了近 10 万军队。十月革命后，苏俄将中东铁路沿线的军警、司法等权力均交还中国，但不愿完全放弃中东铁路的行政权，而只提出中东铁路由两国共管。

1922 年 12 月 30 日，苏维埃社会主义共和国联盟宣告成立，这标志着苏维埃政权得到进一步巩固。当时许多资本主义国家也已同苏联建立了贸易和经济关系。为了发展同东方各殖民地半殖民地国家的关系，尤其是解决与中国建交的问题，苏联政府于 1923 年 9 月 2 日派出了外交人民委员加拉罕赴华继续谈判。北京政府则任命王正廷为中苏交涉督办，与加拉罕展开谈判。1924 年 3 月 14 日，双方拟定了《中苏解决悬案大纲协定》、《暂行管理中东路协定》等草案，准备呈报各自政府签署。但就在这时，北京政府外交总长顾维钧等人认为草案既未声明取消苏联与外蒙古的条约，又未明确苏联军队应无条件从外蒙古撤军，因而拒绝承认草案有效。直至 1924 年 5 月 21 日，北京政府才正式与苏联签订了《中苏协定》。

1924 年《中苏协定》包括《中苏解决悬案大纲协定》、《暂行管理中东路协定》及 7 个声明书、2 件公函。其主要内容是：(1) 废除帝俄与中国或与第三国所订的一切有损中国主权及利益的条约；(2) 苏联承认外蒙古是中华民国的一部分，尊重在该领土内中国之主权；(3) 苏联放弃在华租界及在租界内的特权；(4) 苏联取消在华治外法权及领事裁判权；(5) 苏联放弃庚子赔款之俄国部分；(6) 中东铁路纯系商业性质，除营业事务外，所有涉及中国主权的各项事务均由中国政府办理；(7) 苏联同意中国以中国资本赎回中东铁路及该铁路所属的一切财产；(8) 协定签字后，两国应恢复外交和领事关系。

1924 年的《中苏协定》是中国自鸦片战争以来与外国签订的第一个平

① 《国际条约集》(1917—1923)，世界知识出版社 1961 年版，第 716—718 页。

等条约，它受到了中国人民的热烈欢迎。这一条约的签订，推动了中国人民废除其他不平等条约的爱国运动的发展。当然，《中苏协定》也具有一定的局限性。如该协定虽然承认外蒙古为中国之一部分，但却没有明确表示应废除承认外蒙古为独立国家的《苏蒙友好协定》，而且苏军仍然驻扎在外蒙古，致使中国政府未能在事实上行使对外蒙古的主权。此外，有关中东铁路的条款规定，苏方在中东铁路各级管理机关的人员配备上占据着优势地位，苏联因而仍然控制着整个中东铁路的行政大权。

五、资本主义国家承认苏联的高潮

热那亚会议之后，西方资本主义国家与苏俄的关系总体上趋向缓和。由于苏俄政权坚持其原则立场，帝国主义国家的奴役计划始终未能得逞。同时，随着与苏俄经济贸易往来的增加，各国国内要求正式承认苏俄，并与之建立正常外交关系的呼声却越来越高。及至1924年，西方各主要资本主义国家纷纷承认苏联，在国际上掀起了一场同苏联建交的热潮。这就彻底打破了十月革命以来苏联遭受外交孤立的状态，开辟了苏联同各资本主义国家和平共处的新阶段。

资本主义国家之所以纷纷转向承认苏联，其原因是多方面的。首先是由于苏联实力的增强和国际威望的上升。苏维埃政权在成立后的短短几年之内，在军事上粉碎了外国武装干涉，壮大了红军力量；在经济上迅速恢复了国民经济，开始大规模的社会主义建设；在政治上于1922年底成立了苏维埃社会主义共和国联盟，国内局势进一步稳定；在外交上坚持和平外交政策，积极改善与资本主义各国的关系，支持亚非拉国家的民族解放运动，深得世界各国人民的赞誉。其次，战后初期，苏俄与资本主义各国都面临着恢复与发展国民经济的问题，双方都离不开各自的传统市场，需要发展经济贸易关系。但发展贸易的政治基础是承认苏联。在一些资本主义国家内部，执行反苏政策的内阁越来越不得人心。1924年，英国的鲍纳·劳、法国的彭加勒先后下台，代之以英国的麦克唐纳工党政府和法国的赫里欧左翼联盟内阁，而它们获胜的重要原因是在竞选中主张承认苏联并与之建交。最后，苏联在与资本主义国家的交往过程中，采取了较灵活的策略，对于非原则问题善于妥协退让，并妥善解决一些历史遗留问题，使之不致妨碍双边关系的发展。

英国是1924年第一个与苏联建交的资本主义大国。英国本来是最早与苏俄签订贸易协定的国家。但后来由鲍尔温和寇松掌控的保守党政府采取了敌视苏联的政策，并于1923年掀起了一股反苏逆流。1924年1月，以麦克唐纳为首的工党在英国大选中获胜，他在竞选中曾表示要与苏联建交。然而，工党上台后却企图有条件地承认苏联，这遭到英国工人群众的反对。直到2月1日，麦克唐纳政府才宣布承认苏联，但又宣称只承认"原属俄罗斯帝国而现在仍归其管辖的领土上的合法政府"，并认为对苏联政府的承认将"自动使两国在俄国革命前所签订的所有条约自动生效"①。苏联政府为尽快实现与英国关系正常化，采取了既维护苏联根本利益的原则立场，又避免同英国进行无休止争论的灵活策略。苏联政府在2月8日的复会中对英国政府在法律上承认苏联表示满意，但强调"苏联政权已在原俄罗斯帝国全部领土上普遍建立，经苏联政府同意分离出去并成为独立国家的地区除外"，同时建议英苏两国"就已经废止的或因战后事态的发展而失去法律效力的旧条约达成一项协议"②。这样，苏联政府既维护了国家主权和独立，又否认了两国旧条约自动生效的说法。

英苏建交后，两国接着讨论解决历史遗留的问题。1924年8月8日，两国签订了一般性条约和通商条约。前者规定，在英国提供贷款的条件下，苏联政府将部分满足英国债权人对战前债务的要求；关于偿还沙皇和临时政府向英国的借款问题则与苏联就外国武装干涉造成的损失提出的反要求联系在一起"留待日后解决"。后者则规定英国承认苏联对外贸易国家垄断；两国互相给予最惠国待遇。不过，同年10月上台的鲍尔温保守党政府拒绝批准英苏条约。尽管如此，它并不等于英国取消承认苏联，只不过是两国关系的进一步发展受到了干扰。

英苏建交揭开了资本主义国家"与苏联建交热"的序幕。1924年2月7日，墨索里尼控制下的意大利也与苏联建交并签订了通商条约。此后几个月内，挪威、奥地利、希腊、瑞典、中国、丹麦、墨西哥等相继与苏联建立了外交关系。10月28日，左翼联盟执政的法国彭加勒政府宣布与苏联建交并决定互派大使。1925年1月，日苏两国也建立了外交关系。至1925年初，已有23个国家承认了苏联。在资本主义大国中，只有美国继续采取顽固的

① 王绳祖主编：《国际关系史》第四卷，世界知识出版社1995年版，第252页。

② 同上。

反苏政策，拒不承认苏联。

思考题

1. 战后德国赔款问题最终为什么会不了了之？
2. 20 世纪 20 年代列强为促进欧洲安全作出了哪些努力？为什么均以失败告终？
3. 苏俄政府在热那亚会议前后如何利用了西方国家的矛盾而打破自身的孤立地位？
4. 围绕德国问题，英、法两国的外交政策有些什么样的调整？

第九章　第一次世界大战后的民族解放与民族独立运动

第一次世界大战后，亚洲、非洲、拉丁美洲的民族解放运动风起云涌，沉重地打击了帝国主义的殖民统治。

这次民族解放运动出现高潮的原因主要有以下几个方面：一是第一次世界大战爆发后，帝国主义各国的殖民地卷入了战争之中，为宗主国出钱、出力、出兵、出物资，遭受了严重的损失，对宗主国极为不满；二是战争结束后，战胜国各国经济陷入困境，变本加厉地压迫和剥削殖民地。第一次世界大战之后，英、法、比利时等重新瓜分了德、奥等国的殖民地，同时加强了对老殖民地的掠夺性统治，从而引发了各地区的殖民地的民族运动。三是战争期间，殖民地的经济有了飞速的发展，民族资本主义的力量壮大起来。民族资产阶级羽翼渐丰之后，其独立意识进一步增强，积极地扮演了民族运动的领导阶级和代言人的角色。四是十月社会主义革命为民族解放运动的开展创造了有利的国际环境，加速了马克思主义在亚、非、拉的传播；苏俄政府还对土耳其等国的民族运动提供了道义和物质上的援助。

这次民族解放运动，在地理范围上主要集中在以下几个地区：中东地区，包括土耳其、巴勒斯坦和北非；中国及其周边地区，包括中国、印度、朝鲜和越南等国家和地区；拉丁美洲地区，涉及墨西哥、尼加拉瓜、阿根廷等中南美洲国家。

第一节　中东地区的民族独立运动

一、土耳其民族解放战争

随着东方问题的发展和演变，奥斯曼土耳其帝国的地位迅速跌落，到19世纪末、20世纪初事实上已逐渐沦为欧洲列强竞相宰割的殖民地。1914年土耳其统治集团把自己捆绑在德国的战车上，参加了第一次世界大战。这一抉择给土耳其带来了灾难性的影响。战争期间，300万士兵为德、奥卖命，死伤约100多万。国债累累，瘟疫流行，粮食产量锐减，物价飞涨，经济也处于崩溃的边缘。

1918年10月，土耳其由于战败，被迫和协约国签订停战协定，规定土耳其开放海峡，允许协约国军舰进入黑海；协约国有权占领土耳其任何战略据点；土耳其的铁路、交通、电讯部门由协约国进行军事管制；解散军队，交出全部军舰，等等。随后，英、法、意等国军队占领了土耳其的许多重要领土，包括两海峡地区和安纳托利亚西部沿海地区。1919年，希腊军队占领了土耳其重要港口伊兹密尔。1920年8月协约国又强迫土耳其签订色佛尔条约，规定土耳其将本土的大部分割让给英、法、希腊等其他国家，解除军队武装，由协约国监督其财政，并享有领事裁判权，等等。土耳其在西亚和北非的属地，也遭到瓜分。这是一个使土耳其亡国灭种的条约。

早在1918年协约国武装进入土耳其本土之后，土耳其人民就拿起武器，自发地开展了反对外国占领军的游击战争，打击进入土耳其的希腊军队和法国军队。资产阶级和进步军官则建立了许多诸如护权协会之类的民族主义的组织。1919年5月，土耳其资产阶级独立运动的代表人物凯末尔在安那托利亚开始组织反对帝国主义侵略的民族解放战争。同年7月，土耳其民族主义组织护权协会第一次代表大会召开，成立了以凯末尔为主席的代表委员会，决定开展武装斗争，捍卫土耳其的民族独立。会后，凯末尔开始组建国民军。

随着民族解放运动的风起云涌，苏丹逐渐失去了对国内形势的控制，被迫在1920年1月召开了奥斯曼帝国议会。议会通过了凯末尔起草的《国民公约》，规定土耳其应完全独立和自由，其本土不可分割，海峡地区的开放不应侵犯土耳其的领海，等等，成为土耳其的独立宣言和指导土耳其民族解放斗争的纲领性文件。为了镇压土耳其国内日益高涨的革命运动，英国向苏丹施加压力，通过苏丹解散了议会，并组织军队向国民军进攻。

1920 年 2 月，凯末尔在安卡拉召开了土耳其大国民议会，筹建国民政府，担任国民军总司令，武装反抗苏丹政府和帝国主义的侵略军。安卡拉政府通过外交努力，获得了苏维埃俄国的支援。1920 年 6 月，苏俄政府承认土耳其革命政权，1921 年 3 月，又同土耳其签订了苏土友好条约，并使法国及意大利停止了对国民军的战争。土耳其民族解放斗争还获得了广大伊斯兰世界的声援和帮助。1922 年 9 月，国民军打垮了希腊侵略军，活捉了希腊军队的总司令。同年 11 月，大国民议会通过决议，废除了苏丹制度，实行政教分离。英、法、意也开始与国民政府在瑞士的洛桑进行谈判。

1923 年 7 月，洛桑条约签订，原来订立的色佛尔条约作废。土耳其确保了本土的统一，取消了帝国主义在土耳其的领事裁判权等司法特权和土耳其对协约国的赔款，并规定协约国军队从伊斯坦布尔撤军，尽管土耳其在海峡问题上也有所让步，但该条约基本上维护了土耳其的领土完整和国家主权。

1923 年 10 月，土耳其共和国成立，定都安卡拉，凯末尔当选为第一任总统。为了巩固刚刚获得的独立地位，凯末尔政权进行了多项资产阶级民主改革，包括：铲除哈里发制度和宗教审判制度，取消伊斯兰教的国教地位；保护和发展民族资本主义工商业，改革农村税制，以及用拉丁字母代替阿拉伯字母、建立世俗学校、禁止一夫多妻制等文化教育和社会生活方面的改革。

后来，到了 1931 年，凯末尔的革命纲领被概括为六大原则，即所谓的凯末尔主义：实行资产阶级共和统治的“共和主义”；维护土耳其民族独立和国家主权的“民族主义”；主权在民和法律面前人人平等的“平民主义”；实现本国民族经济自给与独立的“国家主义”；正教分离和取消伊斯兰教国教地位的“世俗主义”，以及进行政治经济等各项改革的“改革主义”。

二、北非地区民族解放和民族独立运动

北非地区的殖民地斗争是中东民族运动的重要组成部分，具有代表意义。资产阶级组织起来，成为运动的领导阶级。资产阶级的政党组织，如埃

及的华夫托党、阿尔及利亚的“北非之星”、摩洛哥的“摩洛哥行动委员会”，等等，起了很大作用。

这其中，埃及的独立运动最为突出。

第一次世界大战爆发后，1914 年 12 月，由于土耳其加入了德、奥阵营，英国趁机宣布埃及脱离土耳其并受英国保护，从而将埃及沦为英国的保护国，成为向英国供应战略物资、兵员和税收的变相的殖民地。英国在埃及驻扎大量军队，对埃及实行军事管制，禁止工会活动，剥夺了埃及人民的集会、言论、结社和出版自由。英国的资本垄断了埃及的制糖、制烟、采矿等工业企业，控制了埃及的铁路和港口，并通过低价收购埃及棉花，迫使埃及接受条件苛刻的贷款等手段，牟取暴利。

另一方面，战争使埃及进口的工业品大量减少，同时出口大幅度增加，促进了埃及民族资本主义经济的发展。埃及民族资产阶级通过对外输出棉花和军需产品，壮大了自己的力量。随着民族资产阶级经济力量的迅速增强，他们开始提出政治要求，企图摆脱英国统治，获得民族独立。代表其利益的华夫托党准备与英国进行谈判，要求取消英国对埃及的保护。

然而，大战结束后，英国仍然拒绝结束对埃及的保护。1919 年 3 月，殖民当局逮捕了华夫托党的几名主要领导人，并颁布了一系列镇压埃及人民的法令。埃及开罗的学生开始游行、工人罢工、农民抗捐抗税，反对殖民统治的斗争很快全国化，并发展成武装起义。4 月，起义被英国镇压。

1919 年 6 月的巴黎和会确认了埃及作为英国保护国的地位。埃及人民又一次开始反英运动和暴动。英埃当局被迫提出了安抚埃及资产阶级的“米尔纳方案”，提出双方签订“同盟条约”，承认埃及独立，但英国可以在埃及驻扎军队并掌握埃及的外交大权。埃及人民拒绝了米尔纳方案，继续开展轰轰烈烈的反英斗争。

1922 年 2 月，英国不得不宣布放弃对埃及的保护，承认埃及的独立，但要求由英国负责埃及的国防。1922 年 3 月，埃及获得了形式上的独立。1923 年 4 月，在英国的操纵下，埃及公布了宪法，宣布埃及是自由独立的国家，实行君主立宪制度。1924 年，华夫托党在国会大选中获胜，其领袖扎格鲁尔担任第一任首相，但是，埃及作为英国保护国的地位实际上并没有改变。此后，围绕取消英国特权问题，华夫托党和埃及人民与英帝国主义又进行了长期的斗争。

摩洛哥人民也掀起了抵制和反抗西班牙和法国殖民统治的起义斗争。

1911 年,法国出兵侵占了摩洛哥的部分领土。第一次世界大战之前,摩洛哥沦为法国的保护国。1912 年,法国和西班牙签订条约,将摩洛哥北部沿海地区和南部地区划为西班牙的"保护地"。但是,摩洛哥人民的坚决斗争使殖民者不能对摩洛哥的大部分地区实施有效的统治。

战后,法国和西班牙继续在摩洛哥扩充地盘,遭到摩洛哥人民坚决抵抗。北部的里夫地区矿藏非常丰富。1921 年,西班牙出动两万四千大军,征剿里夫地区,遭到惨败。起义者成立了里夫共和国,建立了正规军,制定了自己的宪法,要求西班牙必须承认里夫政权的独立,撤出军队。1924 年 8 月,里夫军民又击败了 10 万西班牙军队,收复了绝大部分西班牙占领区。西班牙军队只能龟缩在沿海少数防守坚固的城市里,在摩洛哥的统治面临着全面崩溃的危险。法国在摩洛哥的统治也面临着威胁。1925 年,里夫军队解放了大片法属领土。同年,法国和西班牙签订军事同盟条约,30 万联军对里夫共和国发动疯狂进攻。1926 年 5 月,里夫共和国最后遭到失败。

三、巴勒斯坦问题的由来和发展

巴勒斯坦位于地中海东岸,靠近苏伊士运河,具有重要的战略地位和经济地位,历来是大国逐鹿的地区。公元前 12 世纪后,犹太人进入这一地区并建立了国家。此后,巴勒斯坦地区屡次遭到周边大国的侵犯,几经沉浮。公元 1 世纪前后,罗马帝国征服巴勒斯坦地区,犹太人被赶出巴勒斯坦,流散到世界各地。公元 7 世纪后,巴勒斯坦被纳入到阿拉伯帝国的版图之中,其居民的绝大部分为阿拉伯人。16 世纪后,巴勒斯坦又成为奥斯曼土耳其帝国的一部分,直到第一次世界大战。

巴勒斯坦问题的核心是犹太人与阿拉伯人对巴勒斯坦的争夺。19 世纪末,欧洲各国统治阶级出于各种原因鼓吹排犹主义,不断掀起排犹运动,残酷迫害犹太人民。欧洲的奥地利、德国和俄罗斯等国家兴起了犹太复国主义运动,鼓吹各地犹太人是单一的民族,具有一致的民族利益,有权利返回巴勒斯坦,重建犹太国家。

犹太复国主义运动初期最著名的领导者是西奥多·赫尔兹,1897 年他在瑞士组织了首次犹太复国运动代表大会,并成立了"世界犹太复国主义组织"。大会确定了犹太复国运动的目标是:"在巴勒斯坦为犹太民族建立一个由公共法律保障的犹太人之家"。该组织在所有犹太人国家都设立分支机构，并设立了募集基金的“犹太国民基金会”，以便实施向巴勒斯坦移民的计划。

犹太复国运动最初受到了英国的支持。第一次世界大战爆发后，英国为了利用阿拉伯力量来对付土耳其，曾宣称支持阿拉伯人的独立运动，允诺在战后帮助阿拉伯人建立一个独立的国家。大战结束时，英国占领了整个巴勒斯坦地区。战后，经1922年的国际联盟会议的批准，巴勒斯坦沦为英国的殖民地。英国对巴勒斯坦的政治、经济和军事的反动的殖民统治激起了巴勒斯坦人民的强烈反抗。巴勒斯坦人民要求实现阿拉伯民族的独立。英国为了巩固自己在巴勒斯坦地区的地位和统治，镇压阿拉伯民族的民族解放运动，开始积极支持犹太复国主义运动。

1917年11月2日，英国外交大臣阿瑟·贝尔福代表英国政府通知犹太复国主义组织：“英王陛下政府赞成在巴勒斯坦建立一个犹太人的民族之家，并将尽最大努力促成这个目标的实现”，同时避免“损害巴勒斯坦现有的非犹太社团的公民权利和宗教权利”。这就是所谓的“贝尔福宣言”，是一战后英国对巴勒斯坦政策的基础。贝尔福宣言的原则在1918年还得到了美国和法国的承认，并全文列入了对土耳其的色佛尔条约之中。

在英国委任统治巴勒斯坦时期(1922—1948)，大批犹太人移居巴勒斯坦，建立居民点，占有土地，开办工厂。1929年，“犹太复国主义建国协会”成立。1931年，巴勒斯坦的犹太人由1922年的8万多人发展到17万多人。犹太复国主义运动损害了阿拉伯人在巴勒斯坦的政治经济地位。阿拉伯人与犹太人之间的矛盾越来越严重。阿以之间的冲突和流血事件随之不断爆发。

第二节　中国及其周边地区的民族解放斗争

一、中国反帝革命运动

鸦片战争后，中国逐渐沦为帝国主义的半殖民地。辛亥革命后，帝国主义控制了中国的财政和经济命脉，操纵和支持各派军阀相互混战。第一次世界大战爆发后，英、法、俄、德互相拼杀，暂时放松了对中国的侵略。日本和美国趁机加大了掠夺中国的力度。日本帝国主义直接出兵占领了青岛，攫取了德国在山东的权益和地位。同时，日本利用袁世凯企图称帝的野心，企图迫使袁世凯接受灭亡中国的二十一条。袁世凯死后，日本又支持皖系军阀段祺瑞和奉系军阀张作霖，作为侵略中国的工具。美国则通过签订"九国公约"等外交手段，阻止了日本独霸中国的企图的实现，使中国一定程度上又回到了由帝国主义共同支配的局面。帝国主义对中国的争夺，进一步加剧了中国的民族危机。

第一次世界大战期间，帝国主义放松了对中国的经济侵略，为中国民族资本主义的发展创造了极好的机遇，迎来了所谓的民族经济的黄金时代，特别是纺织业和面粉业的发展最有成效。随着民族资本主义的发展，中国的工人阶级的力量也壮大起来，到 1919 年，中国的产业工人达到了 200 万人。

1919 年战胜国召开了巴黎和会，美、英、法、日等国操纵了和会，他们不考虑中国作为战胜国的情况，拒绝了中国提出的取消二十一条、废除帝国主义在华特权、收回德国在山东侵占的权益等要求，反而决定将德国在山东的权益转交给日本。消息传来，群情激愤，引发了五四运动。五四运动展现了中国人民彻底的、不妥协的反帝反封建姿态，成为中国新民主主义革命的开端。

1921 年，中国共产党在上海成立。中共二大提出了彻底的新民主主义革命的纲领，确立了打倒军阀和推翻帝国主义压迫这两大目标。1923 年的中共三大又确定了国共合作、建立革命统一战线的方针。

旧民主主义革命的失败迫使孙中山寻求和中共的合作。1924 年，在中共的帮助和参与之下，孙中山召开了国民党一大，毛泽东、李大钊等中共党员参加了大会。会议正式确定了联俄、联共、扶助农工三大政策，并对三民主义进行了重新解释，使之发展成为新三民主义，后者与中共的反帝反封建的民主革命纲领基本相同，成为国共合作的思想基础。大会还对国民党进行了改造，使它超越了狭隘的资产阶级政党的局限。国民党获得了新生，发展成为工人、农民、小资产阶级和民族资产阶级的革命联盟，成为国共合作的组织基础。

在中共的推动下，共产党和国民党两大党的力量结合起来，并肩作战，掀起了轰轰烈烈的大革命。大革命的冲击波，主要通过三组画面表现出来：

首先是工人运动一浪高过一浪。1922 年开始，在中共的领导下，爆发了第一次全国性的工人运动高潮，至 1923 年 2 月，罢工 100 余次，参加罢工的工人 30 万以上，包括香港海员大罢工、安源路矿工人大罢工，以及京汉铁路的“二七”大罢工。1925年，中国工人又掀起了五卅运动的高潮。这些罢工矛头直接指向帝国主义和封建军阀，是大革命的重要组成部分。

其次是农民运动势不可挡，包括彭湃领导的广东海陆丰农民运动、毛泽东领导的湖南农民运动等。到1927年初，全国已有200多个县成立了农民协会，农会会员达1 000万以上。农民运动的大潮从根本上动摇了帝国主义和封建主义的统治基础。

第三是北伐战争。统一战线建立后，中共党员以个人身份加入了国民党，帮助国民党创建了黄埔军校和广东国民政府。1926年，中共确立了通过北伐战争夺取全国革命胜利的战略。在中共的推动下，1926年7月，广东国民政府发表北伐宣言，组织国民革命军出师北伐。北伐军兵分三路，不到半年时间，就打垮了军阀吴佩孚和孙传芳的主力，将革命势力由广东推进到长江流域，沉重打击了帝国主义和封建军阀的反动统治。为了阻止革命洪流的发展，独吞革命的果实，国民党内部的右派与帝国主义相勾结，连续发动了中山舰事件、整理党务案事件和四·一二政变，清党反共，使轰轰烈烈的大革命遭到失败。大革命失败后，中共从城市退往农村。毛泽东提出了“工农武装割据”的思想，从此，中国革命进入了以农村包围城市的新阶段。

二、朝鲜民族解放斗争

1910年，日本强迫朝鲜签订了“日韩合并条约”，吞并了朝鲜。此后，朝鲜人民遭受了日本的残酷压迫和剥削，陷于水深火热之中。日本统治者实行残暴的军事警察制度，剥夺了朝鲜人民的一切民主权利；强占了朝鲜的大片土地和森林，控制了朝鲜绝大部分矿产资源，向朝鲜人民征收繁重的捐税；通过颁布公司法限制朝鲜民族资本主义的发展，规定日本在朝鲜的总督有权解散任何公司，而且朝鲜人民组建股份公司必须经过总督的批准；还将日语定为朝鲜的国语，禁止朝鲜人办学校，禁止学校讲授朝鲜的历史和地理，将朝鲜语列为学校的“外国语”，企图消灭朝鲜的民族文化。

1907年，前朝鲜国王李熙被日本废黜，遭到长期幽禁。1919年1月，李熙突然死去，传说是被日本殖民者毒死的。这个消息迅速传遍了整个朝鲜，成为引发朝鲜人民反日斗争的导火索。朝鲜的资产阶级的代表们起草了朝鲜“独立宣言书”以及致日、美和巴黎和会各国代表的请愿书，希望通过和平请愿和外交的手段实现朝鲜的独立。3月1日，汉城发生了大规模的群众集会和示威游行，参加罢工、罢课、罢市的工人、学生和商人达30万人。由于殖民者用武力对示威群众进行镇压，和平示威转变为起义，群众袭击汉城的警察署和宪兵队，使日本在汉城的殖民统治机构瘫痪。汉城的独立斗争迅速向全国蔓延。到了5月份，朝鲜全国218个郡中有211个郡爆发了示威和起义，参加斗争的群众达200多万人。日本殖民当局调集军队和警力，杀害了7 700多起义者，终于在7月份将朝鲜人民的反抗斗争镇压下去。

三、印度反抗英国殖民统治的斗争

印度是英国殖民统治链条中的重要一环。第一次世界大战爆发后，英国强征印度大批人力、物力和财力，以维持其在欧洲和近东的战争。仅从印度运走的粮食就达500万吨，搜刮军费1亿英镑；有150万印度人被征入伍，为英国充当战争炮灰，阵亡者达70万人。还有25万印度工人在前线做苦工。大战使印度同英国的矛盾进一步尖锐化，印度各阶层人民的反英情绪日益高涨。

战争期间，英国减少了对印度的商品倾销，同时却增加了对印度的军需品的订货，再加上印度对外实行高关税政策，这些都刺激了印度民族资本主义的发展，特别是纺织、钢铁、采矿和农产品加工业，甚至出现了像塔塔公司这样的垄断资本主义联合组织。但是，战争结束后，英国重新加强了对印度的商品倾销，这些有利条件迅速消失，印度民族经济的状况恶化。此外，民族资产阶级的自治要求在大战结束后，英国也没有给予满足，激起了印度民族资产阶级的不满。

英国政府企图通过改良和怀柔的政策缓和英、印的民族矛盾。1918年7月，为了安抚印度人民，英国提出了一个改革方案，方案规定成立两院制立法机构，其决议总督有否决权，成员部分由选举产生，部分由总督指定；各省政府的次要部门，如卫生教育部门，其厅长可由印度人担任；中央政府各部，以及省政府的重要部门的领导职务，则需由英国人担任。这个方案遭到了印度各个阶层人民的反对，国大党多数派和穆斯林联盟都表示反对。

同时，英国又加强了对印度的控制，通过了扩大和加强行政和警察机构非常权限的法案，称为罗拉特法案。法案规定殖民当局可以随时宣布戒严，有权搜查监视和逮捕任何所谓的不忠诚的印度人，有权驱散群众集会和示威游行，并授权法官对政治案件可以不经陪审即可判案。

罗拉特法案的颁布使印度人民的怒火像火山一样喷发出来。1918年底，孟买12万纺织工人举行总罢工，喊出了打倒英帝国主义和印度独立等口号。伴随着工人罢工的是农民的暴动和士兵的骚乱。

在广大人民反英斗争潮流的推动下，印度资产阶级也行动起来。在第一次世界大战期间，印度民族资产阶级曾积极号召印度人应召入伍，支持英国的战争，幻想以此换取印度的民族独立。罗拉特法案的颁布使印度民族资产阶级极为失望，他们的代表、国大党的领袖甘地决定对英国的残暴统治施行非暴力抵抗。1919年3月，甘地号召印度人民进行绝食和祷告，以非暴力的方式抵制罗拉特法案。但是，群众的反抗运动很快冲破了非暴力的束缚，并愈演愈烈。

英帝国主义对反英运动进行了残酷的镇压。1919年4月，英军对阿姆利则城集会群众疯狂射击，当场打死约1 000人，打伤约2 000人。这一大屠杀进一步激起了印度人民的仇恨。50多个城市和地区爆发了民族起义。

1920年，印度人民的反英情绪更加高涨。9月，印度国大党的加尔各答特别会议通过了甘地的非暴力不合作计划，以对付英国高压政策，并以和平合法的手段实现印度自治的目标。不合作行动的主要内容是：印度职员辞去所担任的职位，拒绝参加政府举行的各种会议；印度学生退出英国办的学校；抵制英国法庭；抵制英国输入的商品，提倡家庭手工业；抗税，等等。决议通过后，殖民政府中的印度职员拒绝工作，学生罢课，工人罢工，农民拒绝缴纳捐税，群众则拒绝购买英货，甚至焚烧英货。许多城市的工人和学生组织了爱国的“国民义勇团”，执行各种不合作活动。在运动中，国大党和哈里发委员会结成联盟，从而使印度教徒和伊斯兰教徒团结起来，并肩行动。

但是，由于殖民政府的疯狂镇压措施，印度人民很快突破了不合作计划的框框，许多地方出现了大规模的群众集会和游行示威，甚至是发动武装起义。1922年2月4日，在乔里乔拉事件中，由于警察向示威的群众开枪，愤怒的农民包围了村警察所，烧死和打死了22名警察。甘地对人民群众的暴力行为深感痛心。2月12日，国大党决定在全国停止不合作运动。由于国大党的后退和英国的血腥镇压，1918—1922年的印度人民的民族解放斗争最后失败。

第三节　拉丁美洲人民的反美斗争

一、墨西哥维护国家资源的斗争

第一次世界大战前后，美国加紧了对拉丁美洲的经济渗透和军事干涉。一方面美国在拉美各国扶植反动独裁政权，镇压各国的民族民主运动；另一方面，美国资本也源源不断地涌入各国，加强了对拉美人民的剥削。美国对拉丁美洲的贸易总额，1913 年为七亿四千万美元，到了 1919 年就猛增到三十亿美元。

墨西哥的国家资源和经济命脉主要控制在美国资本手中。美国在墨西哥所拥有的地产占所有外国人拥有的地产的一半以上；美国企业控制了外资石油工业的一半以上，以及矿业投资的百分之七十五。

1910—1917 年，墨西哥爆发了资产阶级民主革命。1917 年 2 月，墨西哥国会通过了具有反帝反封建性质的新宪法。针对外国在墨西哥占有大量土地、矿山和油田的情况，新宪法对这种占有进行了限制，并规定境内土地的所有权属于国家。3 月，卡兰萨当选为墨西哥总统。1918 年 2 月，卡兰萨政府根据新宪法，宣布石油为墨西哥国家不可转让的国家资源，将外国垄断资本对墨西哥油田的所有权改为租让权，之后又提高了开发石油资源的租费，并表示将用武力迫使外国公司遵守墨西哥的有关法律。

美国在墨西哥的企业、公司抗拒墨西哥的这些举措和法令，通过美国政府向墨西哥施加压力，并策划反对墨西哥政府的叛乱。美国与墨西哥的关系趋于紧张。

1920 年，墨西哥国内形势发生变化。奥夫雷贡将军发动政变，夺取政权，于 1920 年 12 月就任墨西哥总统。由于奥夫雷贡政府坚持 1917 年的反帝革命宪法，因此遭到了外国垄断资本主义势力的反对。英国和美国的大企业通过削减石油产量的手段，使大批墨西哥工人失业，经济形势恶化。

在美国的压力下，1923 年 5 月，奥夫雷贡政府被迫同意赔偿美国人被没收的土地，并宣布 1917 年宪法中限制外国人使用墨西哥资源权利的条款，不适用于在宪法生效前已经取得所有权的外国公司。

二、美国武装干涉尼加拉瓜

西属美洲殖民地爆发独立运动之后，1821 年尼加拉瓜摆脱了西班牙的统治。1823—1838 年，尼加拉瓜与洪都拉斯、危地马拉等国家建立中美洲联邦。1839 年，尼加拉瓜建立独立国家。

美国在抛出门罗宣言之后，随着自己羽翼的丰满，也不断加紧对中美洲的侵略。1914 年，美国迫使尼加拉瓜签订《布里安—查莫罗条约》，将尼加拉瓜沦为美国的保护国。

1925 年，尼加拉瓜内部出现了亲美的保守党政府与反美的自由党政府相对立的分裂局面。1926 年 12 月，美国海军陆战队在尼加拉瓜登陆，对尼加拉瓜的内部事务进行干涉。尼加拉瓜人民坚决反对美国的武装干涉。在桑迪诺领导下，尼加拉瓜的反美爱国者组成了游击队，开展了艰苦的武装斗争。游击队不断袭击美军和反动政府的军队，并多次粉碎美军发动的围剿行动。在 7 年的抗美斗争中，游击队进行了 500 多次战斗，曾控制了尼加拉瓜的 8 个省的地区，并最终在 1933 年迫使美国从尼加拉瓜撤出了自己的军队。

美国撤军后，仍然借刀杀人，通过培训和支持尼加拉瓜反动政府的“国民警卫军”的手段，加紧对桑迪诺游击队的镇压。1934 年 2 月，桑迪诺被暗杀。1936 年，尼加拉瓜的政权落入到亲美的索莫查家族的手中。

三、泛美会议

在拉丁美洲独立运动期间，独立运动的领导人为了维护独立运动得来不易的成果，粉碎西班牙和欧洲的其他帝国主义重新对拉美进行殖民的阴谋和企图，就曾提出了将美洲的所有国家联合起来、建立美洲国家联盟的主张，这是泛美会议得以召开的最初缘由。

其实，委内瑞拉的革命家弗兰西斯科·米兰达早在 1797 年就提出了建立一个“大美洲联盟”的计划。1813 年，委内瑞拉革命家西蒙·玻利瓦尔主张先将委内瑞拉、哥伦比亚与厄瓜多尔联合为一个国家。1815 年，玻利瓦尔在《牙买加来信》中正式提出建立一个统一的美洲国家的理想。1826 年玻利瓦尔又提出了《关于巴拿马大会的设想》，他的设计是：用一个法律将所有美洲国家联合在一起，当缔约国之一遭到外敌攻击时，其余各国将全力给予救援。1826 年 6 月，巴拿马大会召开。中南美各与会国商定：建立一个永久性的同盟，以维护各国的主权和独立，抵御外来侵略。大会通过的特别协议规定：各成员国都提供军队，以建立一支 6 万人的陆军和海军。然而，由于种种原因，巴拿马大会的协议并没有落实。

导致泛美会议召开的另一个因素是美国因素，即美国企图使之成为排斥欧洲列强、保证美国独霸美洲的工具。美国独立不久，财政部长亚历山大·汉密尔顿就提出要把南北美洲组成一个"美国大体系"。1820 年，美国国务卿亨利·克莱也提出了类似的主张。1823 年，美国的门罗宣言出笼。宣言明确将欧洲和美洲规定为两个不同的国家体系，其中欧洲体系不得干预美洲体系的内部事务，从而实际上将整个美洲划为美国的势力范围。门罗宣言问世后，美国逐渐加大了侵略美洲国家的力度。19 世纪 40 年代后期，美国夺走了墨西哥一半的领土。50 年代相继入侵尼加拉瓜、乌拉圭和巴拉圭。1865 年哥伦比亚又遭到美国的侵略。

除了用军事手段侵略和干涉拉美国家内政外，美国还企图以多边外交的方式，加强对拉美的经济渗透。于是，19 世纪 60 年代以后，美国利用了拉美国家建立美洲联盟的理想，两次提议美洲国家召开会议，研究在美洲的内部"防止战争的办法"。实际上，是企图借此机会，扩大美国在美洲地区的贸易。

1889 年，第 1 次泛美会议（美洲国家会议）在华盛顿召开。美国原计划通过这次会议，统一成员国的关税和度量衡制度，并建立一个仲裁法庭以解决各国之间的冲突。但这两个目标都没有达到。

1901 年，泛美会议第 2 次会议在墨西哥城召开，主要讨论签署海牙公约的问题。此后，在 1906 年和 1910 年又召开了第 3、4 次泛美会议。

第一次世界大战结束后，在 1923 年，第五次泛美会议在智利召开，会议通过了一些增进彼此商业往来的协定。

罗斯福就任美国总统之后，美国改变了过去对待拉美各国的"大棒政策"，用所谓的睦邻政策取而代之。其主要内容是尽量避免对拉美各国动用武力，同时大力发展与拉美各国的经济往来。1934 年，美国撤出了在海地、尼加拉瓜和多米尼加的占领军，与各国分别订立了互惠贸易协定，扩大了美国对拉美的商品倾销和资本输出。在这种背景下，为了对付欧洲的法西斯势力的威胁，1936 年，在美国的提议下，在阿根廷召开了泛美会议特别会议,在预防法西斯势力对美洲侵略方面,起到了一定的作用。1938 年,在秘鲁又召开了泛美会议第 8 次会议,会议主要讨论美国提出的设立西半球外长协商机构的问题,实际是为建立西半球军事政治同盟做准备。

思考题

1. 第一次世界大战后的民族解放与民族独立运动产生的原因主要有哪几方面? 在地理范围上主要集中在哪几个地区?
2. 在土耳其、中国和印度的革命运动中,民族资产阶级的代表人物及其组织发挥了什么样的作用?
3. 美国对拉美的侵略,其手段有哪些? 与过去西班牙对拉美的侵略有什么不同?

第十章　全球性资本主义危机对国际秩序的冲击

1929年，美国首先爆发了金融危机，并迅速波及到整个资本主义世界。这场史无前例的大危机使各资本主义国家之间的矛盾迅速激化。它结束了20世纪20年代后半期虚假的繁荣和虚幻的和平，破坏了国际经济。但是，全球性经济危机不仅仅给各个国家经济和国际经济造成了重大破坏，还带来了一系列深重的政治后果，恶化了国际关系，最后导致了世界范围内的大战，使人类再一次陷入了灾难的深渊。为摆脱经济危机，各国都采取了一系列只有利于本国利益而不顾他国利益的措施，经济民族主义大大加强，从而出现了各国之间的关税战、贸易战和货币战，严重地损害了国际经济的正常秩序，并导致金本位体系瓦解。

美国通过实施罗斯福新政使自己渡过了经济的难关，实现了经济的复兴。英法在经济危机期间，竭力维护既得利益和现有的国际关系秩序，并不惜与法西斯势力妥协，绥靖政策开始出现。

经济危机使一些国家国内发生政治上的两极分化。代表极右势力的法西斯政党在许多国家出现。危机特别严重的德国和日本，则分别走上了通过扩军备战和对外侵略来摆脱危机的道路。在德国，纳粹党首领希特勒的上台和对外扩张政策的制定，以及一系列重整军备的活动，标志着欧洲战争策源地的形成。在日本，军部法西斯专政的建立以及对华侵略的开始，标志着亚洲战争策源地的形成。他们的一系列行动不仅对一战后的凡尔赛—华盛顿体系构成了严重的挑战，而且使整个世界面临法西斯主义的威胁。

第一节　资本主义世界金融体系的危机及影响

一、金融危机的爆发及其特点

随着垄断资本主义的继续发展，资本主义世界的矛盾也更加深化。1929—1932年，资本主义世界终于爆发了史无前例的经济大危机。这场经济危机是有史以来持续最长、范围最广、为害最烈、影响最深的一场大危机。

危机首先从美国开始。美国是在一战中获益最多，也是一战后经济最繁荣的国家。20世纪20年代中期以来，美国国内形势相对稳定，经济繁荣。然而在一派繁荣的景象中，出现了盲目扩大生产和财富过度集中的现象，而群众的消费能力却相对不足，从而形成了生产和消费的矛盾；另一方面，经济繁荣导致投机之风盛行，尤其在证券市场上股票投机十分狂热。因此，20年代末期，当生产开始出现衰退的迹象时，社会上就出现了一种恐慌心理，大家竞先抛售股票，导致股票价格下跌，并一发而不可收拾。1929年10月24日，纽约证券交易所出现股票价格的暴跌，29日，再现抛售狂潮，股票价格狂跌①。股票价格是经济运行状况的晴雨表，股票价格暴跌标志着当时经济崩溃的开始。

当时的资本主义世界已经是一个全球性的体系了，而美国正处于这一体系的中心。凭借其雄厚经济实力，世界金融中心的地位已经逐步从英国转到美国，并且美国已成为欧洲各国最大的债权国。因此，美国经济危机的爆发迅速波及到西欧、日本、加拿大等国，形成了全球性的资本主义危机。

这次1929—1932年资本主义经济危机有以下特点。第一，有史以来持续时间最长，危机从1929年10月开始，到1932年达到高潮，1933年开始进入萧条时期，持续时间长达四年。但是，在经济还没有完全复苏的情况下，1937年又爆发了新的经济危机。第二，波及范围最广，不仅波及到所有资本主义国家，而且涉及所有的经济领域。第三，为害最为严重，给世界经济造成了破坏性的影响，资本主义世界损失惨重。在四年危机中，整个资本

① 具体情况参见福克讷：《美国经济史》下册，商务印书馆1964年版，第365页。

主义世界的工业生产下降了40%以上,大约倒退到19世纪末、20世纪初的水平,以1932年的工业产值和1929年相比,主要国家的产值都只有1929年的一半左右①。第四,影响最为深远,这场从经济领域开始的危机,最终引起了政治上的危机,并导致第二次世界大战的爆发。

二、经济民族主义的加强与金本位体系的瓦解

1. 经济民族主义的加强与关税战、贸易战、货币战

1929—1932年严重的经济危机直接导致了西方各国经济民族主义的加强。各国都想为危机寻找出路,以尽量减少危机对本国经济的冲击,为此甚至不惜采取牺牲别国利益的措施,从而出现了国际贸易领域的关税战、贸易战和国际金融领域的货币战。

国际贸易领域的关税战和贸易战的表现是各国或竞相提高关税,或实行限额,以限制进口,保护本国市场不为外国商品所侵占。率先提高关税的是美国。1930年5月,美国国会通过了臭名昭著的《霍利—斯穆特法》,将原本就高于他国的税率又大幅度地提高,使美国的进口平均税率高达53.2%。美国这种以邻为壑的做法引起了各国的不满和指责,并促使他们决定采取报复性关税措施。这样德国、法国、比利时、日本、英国等西方国家都大幅度提高了自己的关税,关税战由此开始。各国关税壁垒高筑,严重损害了国际贸易的正常进行。

除了以提高关税来保护本国的市场外,各国政府还采取限额控制、建立贸易圈等非关税措施来保护本国市场。法国率先于1931年8月对某些商品实行进口数量控制。英国于1932年7—8月,在加拿大的渥太华举行的英联邦成员国的帝国会议上,规定帝国内各成员国实行贸易互惠的"帝国特惠制"。相应地,美国也于1933年12月,在第七届泛美会议上与拉美国家签订了贸易互惠协定。日本也与中国东北地区建立了所谓的"日满经济圈"。这些排他性集团的建立,导致国际贸易额锐减,加深了经济危机。

国际贸易的锐减又导致各国为了扩大出口和占领国际市场,以十分低廉的价格进行商品的互相"倾销",从而出现了"倾销战"。为配合倾销,各国还采取让本国货币贬值的方法来促进本国商品的出口,从而出现了国际金

① 参见莫瓦特编:《新编剑桥世界近代史》第12卷,中国社会科学出版社1987年版,第84页。

融领域的“货币战”。1931 年 11 月，已放弃金本位制的英国率先在英联邦和一些与英镑密切的国家之间，组成英镑集团，集团内以英镑结算，并与英镑保持固定汇率。由于这些国家都放弃了金本位制，所以又被称为“非金集团”。1933 年，法国与一些仍然坚持金本位制的国家则组成了与之相对立的“金集团”，1934 年美国也联合一些国家组成了“美元集团”。这些排他性集团在国际金融相互对抗，使经济危机的形势更加严峻。

2. 货币战与金本位体系的瓦解

货币战的爆发直接导致了金本位体制的瓦解。美国是在一战中获利最甚的暴发户，并且又是在战后将大量资金借给急需经济复兴而资金匮乏的欧洲各国的最大的债权国。一战后的国际金融中心已经从英国转移到了美国，美元取代英镑成为世界货币。但是，美国经济危机一旦爆发，就急从欧洲抽回资金，使得欧洲的经济基础产生了动摇，并导致了欧洲金融危机的爆发。

1931 年 5 月，欧洲金融危机的风暴首先从严重依赖国外资金的奥地利开始刮起。奥地利与德国曾拟建设德奥关税同盟，以共同应付经济危机。此举遭到了法国的坚决反对，法国还从奥地利收回短期贷款。1931 年 5 月 11 日，占奥地利银行业务近 2/3 的奥地利信贷银行宣告破产，欧洲金融危机由此出现。奥地利金融危机很快波及到邻近的德国，导致德国资金的大量外流。7 月 13 日，德国三大银行之一的达姆斯达特银行宣布倒闭。中欧国家的金融危机引起其他欧洲国家的恐慌，尤其是英国。英国曾经是世界金融体系的中心，不仅其首都伦敦是世界贸易和金融的中心，而且英镑也是重要的世界货币。尽管一战后英国的金融中心地位已为美国所取代，但是英国仍然在世界金融体系中有着一定的影响力。然而，随着战后英国对外贸易的锐减，以及美国资金的外抽，英国的财政状况陷入困境，这就动摇了人们对英镑的信心。欧洲金融危机爆发后，英镑兑现黄金和黄金外流的情况十分严重，迫使英国政府于 9 月 21 日宣布放弃金本位制，实行英镑贬值和禁止黄金出口。英国放弃金本位制极大地震动了世界金融市场。随后，英国的自治领、日本以及一些拉美国家等也纷纷放弃了金本位制。但是，出于自身利益的考虑美国和法国仍然坚持金本位制。于是，国际金融领域出现了金集团与非金集团的对抗。

非金集团的货币贬值，如英镑贬值 25%、日元贬值 65%等，大大提高了这些国家商品出口的贸易竞争力，反过来影响了美国商品的出口，加深了美国的经济危机。在1933年初，当美国总统罗斯福上台前，美国已经有很多银行纷纷倒闭。于是，3月份上任后的罗斯福立即宣布放弃金本位制，禁止黄金出口，实行美元贬值。1936年9月，难以为继的法国也最终宣布放弃金本位制。这样，以金本位制为基础的所谓金本位国际金融体系就瓦解了。

3. 1933年世界经济会议

随着关税战、贸易战和货币战的日益白热化，西方主要大国的经济危机也日益加深。在这样的情况下，西方各大国为缓和彼此矛盾，调整国际经济关系，决定召开一次世界经济会议以进行协商。1933年6—7月，世界经济会议在英国伦敦召开了，包括苏联、美国在内的64个国家参加了这次会议。会议的主题是确保国际贸易的顺畅进行和国际金融局势的稳定。但是，由于各国参加会议所抱的目的和企图不一，各强调本国和本民族的利益要求，导致会议上矛盾重重，最终没能达成任何有效的协议。会议主要在以下几个方面进行了讨论。

首先，关税问题是一个迫切需要解决的问题。美国从其实力出发，主张普遍削减关税，实行自由贸易，并由美国代表国务卿赫尔提出了各国按同等水平全面降低关税的方案。但是，美国提出的自由贸易方案对英国排他性的帝国特惠制是不利的，并且美国的普遍削减关税方案仍然有利于税率较高的美国。因此，英国提出了自己的方案，主张各国应降低关税到同等水平。法国和日本都对关税问题持有自己的态度。因此，关税问题在会议上没有取得一致的意见。

其次，在稳定金融的问题上，各国态度也莫衷一是。由于美国放弃了金本位制，导致美元大幅度贬值，并且持续下跌。这给英法等国的对外贸易带来了极大冲击，因此稳定美元成为英国和法国的迫切要求。6月，英、法、美三国的中央银行在伦敦达成了稳定美元的协议。但是，美国总统罗斯福不仅拒绝了这一协议，而且还于7月向会议发出了一份电报，指出会议的目的是稳定金融而非稳定美元。罗斯福的这一举动迫使会议陷入停顿的状态。7月底，世界经济会议正式宣布休会。罗斯福的这封电报后被人称为“爆炸电报”。

1933年的世界经济会议最终因为各国狭隘民族主义心理的作用而导致失败。会议之后，各国之间的经济斗争就更加激烈了。各主要大国各自为政，建立以自己为中心的经济圈，进行彼此对抗。经济上的不可妥协最终会带来政治上的矛盾，并对国际关系的发展产生深远的影响。

三、战债问题和洛桑会议

世界经济危机使各国政府间的债务问题突出起来。一战的战时需要和战后的经济建设，使欧洲各国都欠下了大量战债，而其债权国主要是美国。第一次世界大战结束时，各参战国债务达到215亿美元，加上战后的借款，两项在1923年达到280亿美元①。战后德国经济复兴的基础和支付赔款的来源主要是美国的贷款，而各协约国从德国所得的赔款又主要用于偿还欠给美国的战债。因此，美国的贷款对战后的欧洲来说，有着至关重要的作用，并且对美国本身来说也可以获得一举多得的好处。但是，美国经济危机的爆发，迫使美国从欧洲尤其是德国大量抽回贷款。这导致原本已经千疮百孔的德国经济更加困顿。德国开始出现生产急剧下降，失业人数大为增加，资金外流速度迅速加剧等现象。在德国经济形势日益恶化的情况下，1931年6月19日，德国总统兴登堡紧急电告美国总统胡佛，要求延付战争赔款等。因为赔款与战债之间的特殊关系，如果德国无法支付战争赔款，那么欧洲各协约国也无法清还美国的债务，这自然有损美国利益，也是美国所不愿意的。此外，美国也担心德国经济一旦崩溃会引起欧洲政局的再次动荡。因此，6月20日，美国总统胡佛发表了《债款延付宣言》，建议在各国间的债务、赔款等延付一年。这是一项不得已而为之的应急措施，但在欧洲财政状况危急之时发布，当然受到欧洲各国尤其是德国的欢迎。但是，对法国而言，因为所得赔款多于战债的关系，而反对该宣言。在美国的从中斡旋下，法国于7月6日才表示同意。

但是，胡佛延债宣言并没有阻止欧洲经济的继续恶化和德国资金的继续外流。7月13日，德国三大银行之一的达姆斯达特银行宣布倒闭，德国金融体系面临崩溃。8、9月份后，金融风暴重心转移到英国，黄金又大量从伦敦流失。9月21日，英国终于放弃了金本位制，让英镑贬值。这标志着以金本位为基础的世界金融体系的危机。

到了1932年，世界经济危机更加严重，出现了全球性大萧条的局面。工业生产和国际贸易达到了最低点，全世界失业人数猛增。不仅德国，而且其他欧洲国家的经济危机也都十分深重。这样，战债和赔款问题就再度成

---

① 参见杨子竟：《两次大战期间的战债纠纷》，《世界史研究动态》，1985年第7期。

为一个需要重新考虑的问题。1932 年 6 月 16 日，英、法、意、比、德等国在洛桑召开了会议，商讨战债和赔款问题。7 月 9 日，各国签订了《洛桑协定》。该协定使德国的赔款基本上被取消了，但德国应将 30 亿马克的债券存于国际结算银行，三年后由该行低价售出，未售出的则在日后作废。然而，会议上与会国之间达成了以美国放弃战债为《洛桑协定》生效的前提条件的"君子协定"。12 月，美国以赔款与战债性质不同为由而否定了两者之间的关系。因此，《洛桑协定》实际上并未生效。

但是，此后德国不再支付赔款，而英法等国也停止还付战债。为此，美国国会于 1934 年 4 月通过了《约翰逊法》，规定美国不再给没有清还债务的国家贷款。这一举措进一步加深了美国与债务国之间的矛盾，并且此后债务纠纷不断，一直拖到二战的爆发。

四、经济危机对西方大国的政治影响

1. 法西斯主义的泛滥

经济危机带来了政治危机。世界经济危机在政治领域的突出表现是国家权力的增强和法西斯主义的泛滥。1929—1932 年经济危机给国际政治带来了严重的影响，各国政府在干预经济问题和解决政治问题的过程中，国家权利得到进一步垄断，从而出现了国家垄断资本主义。同时，各国政府在保护本国经济的过程中，大大加强了民族主义思想。这些都为法西斯主义的发展和泛滥提供了良好的社会基础。法西斯主义的主要特征是信奉所谓"国家利益高于一切"的宗旨，主张摒弃议会民主制度，信奉领袖崇拜和独裁统治。"法西斯学说尽管是机会主义的，但却有一个核心，它是以下列概念为基础的：即国家有一种现实和存在，这种现实和存在是高于组成国家的个人的。"①在当时的特殊情况下，这种主张正迎合了垄断资产阶级的统治要求，并获得了他们的青睐。于是，法西斯主义者被垄断资产阶级选为理想的代理人，而西方传统的民主主义则遭到了他们的摈弃。

德国、日本和意大利都在经济危机最为严重的时候，建立了法西斯专政的独裁政府。此外在其他许多国家内，也建立了各种形式的独裁政权。这样，在欧洲，将近三分之二的国家建立了独裁政权，在 27 个欧洲国家中，只

① C·E·布莱克、E·C·赫尔姆赖克：《20 世纪欧洲史》，人民出版社 1984 年版，第 324 页。

有10个国家仍然保留民主政体①。即使在一些仍然保持民主政权的国家中，法西斯主义思潮也十分强烈。像在英、法、美等民主国家，法西斯力量也在发展。据统计，1938年，美国有250个法西斯组织，至少与500万人有联系②。

法西斯主义成为当时一种普遍的国际现象，法西斯主义的膨胀最终导致了世界大战的爆发，并使国际局势变得不可收拾。法西斯国家的对外政策主要是以民族扩张主义为其基础的，所以它们又是与侵略战争联系在一起的。尤其是日本，侵华战争和法西斯化是一个相辅相成的过程。东西方两个战争策源地的形成，是世界经济危机直接的政治后果。

2. 各国对外政策的调整

当西方各资本主义国家各自为经济危机问题所困扰的时候，苏联及时地调整了自己的对外政策，采取一系列有利于发展经济和扩大外交关系的措施，以促进自己的社会主义建设。从当时的形势来看，一方面，西方各国为了摆脱危机和获得国外市场，有与苏联改善关系的要求；另一方面，苏联的第一个五年计划(1928—1932)刚刚开始，也有对国外的资金、技术设备等迫切需要的要求。由于符合各自利益的相互需要，使西方与苏联的经济往来大大增多，经济关系也获得长足的进步。因此，苏联在这一时期得以引进大量的技术设备，也吸收了大量的国外资金，有效地促进本国的经济建设。在西方国家中，经济危机中受损较为严重的美国和德国则是向苏联提供技术援助的主要国家。

美国虽然在外交上不承认苏联，但由于苏联极富潜力的市场对美国商人具有很大的吸引力，因此在经济上美国一直与苏联保持着密切的关系。经济危机爆发后上任的美国总统罗斯福，其对外经济政策的重要内容就是积极寻求能够扩大对外贸易的途径，以推销国内大量积压的商品。美国注意到如能打开苏联市场，对缓解危机将会有很大的帮助。于是美国就开始积极谋求改善与苏联的关系，并开始进行外交接触。在此背景下，1933年11月16日，美国和苏联实现了建交。受此影响，其他一些资本主义国家也先后与苏联实现了建交。苏联与美国等国家的建交扩大了苏联的外交空间，对苏联更加有效地在世界舞台上发挥自己的作用具有积极的意义和深

---

① 参见帕尔默、科尔顿：《世界近代史》，纽约1978年版，第789页。

② 黄绍湘：《美国简明史》，三联书店1953年版，第362页。

远的影响。

德国和奥地利作为战败国，既负有大量的战债，又严重依赖国外资金的贷款。因此，经济危机一旦爆发，受到的打击就特别严重。为了减少危机的冲击和保护有限的国内市场，两国于 1931 年 3 月，签订了建立德奥关税同盟的草案。这项草案除了具有加强两国经济联合来共同对付经济危机的意义外，还体现了在政治上进一步联合的可能性。但是在法国等国的强烈反对下，该同盟最终没能实现。随着经济危机的日益深重，德国最终选择了法西斯侵略道路作为摆脱危机的途径。

英国和法国受到经济危机的打击相对小些，同时他们也是一战的既得利益者。面对经济危机的日益深化和法西斯主义的日益盛行，他们也对自己的对外政策做了一些调整。

在经济方面，英国首先放弃了金本位制，采取贸易保护政策的“帝国特惠制”，以维护自身的利益；在政治方面，英国则坚持维持欧洲大陆均势的传统政策，实行“扶德抑法”的对策，目的是为了维护自己的既得利益，尽量避免现有国际秩序的瓦解。因此，在欧洲，面对德国纳粹势力的日益抬头，英国主张部分修改《凡尔赛和约》，以缓和德国的民族主义复仇情绪；在远东，虽然日本的法西斯行为日益嚣张，但由于当时英国仍将注意力主要放在自己国内和欧洲大陆，同时出于希望日本充当对付苏联的远东宪兵的不良用心，因此使英国选择了对日妥协的政策。

法国是一战的胜利者和获益者，因此维护既得利益和既有秩序是法国的主要目标。经济危机爆发后，法国是少数坚持金本位制的国家之一。同时，为防止德国再起以威胁自身的安全，法国既反对德奥关税同盟，也反对取消德国赔款。但在面对德国纳粹势力日益强大的情况下，法国的对外政策也进行了一定的调整。一方面本着“德法和解”的精神，采取了一定的让步措施，如接受胡佛延债宣言，提早从莱茵地区撤军等，试图以此缓解和阻止德国民族主义复仇情绪的发展。另一方面，为加强自身的安全，法国与苏联改善关系，并于 1932 年 11 月签订了法苏互不侵犯条约。

当 1933 年 1 月希特勒正式上台后，欧洲大国为求得相互妥协，由英国、法国、德国、意大利四国于 7 月在罗马签订了《四国公约》。这份由意大利独裁者墨索里尼牵头，得到英国响应的公约，其主要内容就是和平修约，即试图通过修约来缓解德国的民族主义情绪，使德国与欧洲三大国合作，从而不至于破坏现有的欧洲大国间的均势局面和国际秩序，维持既得利益者的现有利益。但是这份公约遭到欧洲各小国的强烈反对,并且也未能得到各缔约国的正式批准,因此没有实际生效。在整个缔约过程中,苏联始终被排除在外。英国其中所表现出来的对德妥协和对苏孤立的态度,标志着英国绥靖政策的开始。这一政策对日后欧洲局势的变化有深刻的影响。随着自己在欧洲影响力的逐步下降,法国日益成为英国绥靖政策的伙伴。意大利则追随德国成为法西斯专政的独裁国家,参加到法西斯侵略战争中去了。

第二节　罗斯福新政外交

一、新政经济外交

1. 金融危机的解决和对华白银政策

1933年3月4日,当富兰克林·罗斯福就任美国总统之机,正是美国经济危机最严重的时刻。上台伊始的罗斯福采取了一系列措施来拯救美国的经济,被称为罗斯福“新政”。新政在进行国内改革的同时,还注重经济外交的开展。罗斯福试图通过经济外交的种种手段,来促进金融危机的解决和对外贸易的扩大,以最终实现转嫁本国危机和复兴本国经济的目的。

美国的经济危机是从金融危机的爆发开始的。当罗斯福就任总统的时候,美国的金融危机更加严重,大批银行倒闭,信贷体系瓦解。因此,解决金融问题成为刻不容缓的任务。为此,罗斯福首先宣布进行银行整顿,并通过使国会通过紧急银行法等措施,恢复了信贷体系的重新运作。其次,罗斯福宣布放弃金本位制,禁止黄金出口,通过实行通货膨胀,以及以高于国际市场价格收购黄金使金价不断上涨等办法使美元不断贬值。此后,美元持续下跌。美元的大幅贬值大大加强了美国商品的国际竞争力,促进了美国的对外贸易,但是也加强了美国和英法等其他资本主义国家之间的矛盾。

罗斯福的金融政策有效地缓解了美国的金融危机。但是,美国收购黄金和使黄金价格不断上涨的做法引起了来自美国产银州的所谓“白银集团”的国会议员们不满,他们要求提高银价,并制造舆论说银价上涨可以提高使用白银最多的国家中国的购买力,从而可以扩大美国的商品在中国的出口,促进美国的经济复兴等等。在他们的压力下,也为了取得他们对自己新政的支持，从1934年开始，罗斯福政府采取了以高价在国内外收购白银、国内白银国有、禁止白银出口等一系列措施，导致白银价格狂涨。当时中国是世界上最大的以白银为货币的国家，银价上涨导致中国白银大量外流，已经开始侵略中国的日本趁机利用白银走私为自己牟取暴利。因此，美国的对华白银政策在客观上损害了中国的经济，助长了日本法西斯的侵略势力。中国政府迫于银价上涨的压力，于1935年11月宣布币制改革，放弃银本位制度，而发行"法币"，实行依附于英镑集团的汇率制度。在日本侵略势力不断嚣张而威胁美国的远东利益，以及英镑集团与中国接近之际，美国不得不重新审视自己的白银政策。而这个时候罗斯福新政已经取得了一定的成效，罗斯福也具有了排除白银集团的政治压力的能力。于是，从1935年底开始，美国停止收购白银，银价大跌。白银走私因而停止，但是法币币值的稳定又出现了危机。1936年5月，中美经过谈判达成了《中美白银协定》，美国向中国购买白银以稳定中国法币币值，而中国法币不与任何货币挂钩。这样，美国疏远了中国货币与英镑的接触，而加强了自己对中国货币的控制。事实上，美国的对华白银政策是迫于白银集团的压力而采取的措施，充其量只是满足了美国国内一小部分人的利益而已，对于国内金融危机的解决并没有起到任何积极的意义，并且由于损害了中国的经济利益和助长了日本法西斯的侵略势力而损害了自己在远东的利益。

2. 互惠贸易政策

经济危机爆发后，美国的出口贸易大大下降，国内商品大量积压。因此，解决对外贸易问题、调整国际经济关系也是罗斯福新政经济外交的另一大课题。为保护国内市场，前任总统胡佛于1930年实行了大幅提高关税的《霍利—斯穆特法》，由此引起其他各资本主义国家纷纷仿效，竞相提高关税，而引起了国际关税战的出现。罗斯福上台后，调整了对外经济政策，提出了关税休战的要求，并且依据自己经济实力相对强大的情况下，提出了各国普遍降低关税，拆除关税壁垒，实行自由贸易的主张。当时的国务卿赫尔就是有名的自由贸易的鼓吹者。在罗斯福的支持下，美国国务卿赫尔在1933年的世界经济会议上提出了各国以同样的水平普遍削减关税的方案。这样的方案对关税本来就高于其他国家的美国明显有利。因此，该提案未能得到其他国家的接受。不过，在美国国内，还是于1934年6月通过了《互惠贸易协定法》，规定美国可以在互惠的基础上与其他国家签订降低关税的协定。依据这一规定，美国先后与一些拉美国家签订了互惠贸易协定。

1938 年，美国还与英国签订了互惠贸易协定，从而打破了英国的帝国特惠制的封锁。所以说，这一互惠贸易协定为美国促进对外贸易和复兴美国经济还是起到了重要的作用。

总之，罗斯福的新政经济外交，为美国渡过了经济难关和复兴经济起到了一定的作用。但是，不可否认的是美国在复兴经济的过程采取了一些损人利己做法。

二、睦邻政策与美洲国家关系的发展

睦邻政策也是罗斯福新政外交的一个重要内容。多年来，美国对待拉美国家的政策，不论是“大棒政策”还是“金元政策”都是十分粗暴的，体现了美国一意要在美洲称霸的企图。但是，罗斯福上台后，却提出了一条温和的政策路线，即“睦邻政策”。这是由当时具体的历史条件所决定的。

在当时的情况下，一方面，经济危机的爆发需要美国去国外寻找更多的商品市场和原材料市场。因此，改善与拉美的关系，并打开和扩大拉美市场就成为当务之急。另一方面，在世界经济的关税战、贸易战和货币战中，英国实行帝国特惠制，建立排他性的经济集团的措施，对美国来说不啻是一个沉重的打击。因此，建立与之抗衡的经济集团成为美国的必要，而邻近的拉美就成为美国的首选。但是，当时的拉美各国对美国长期以来称霸美洲的野蛮行径深感不满，对立情绪十分严重。出于解决美国经济危机和复兴美国经济的需要，罗斯福顺应时势地提出了与拉美亲善睦邻的政策。

睦邻政策在经济上的成就是与拉美国家实行了互惠贸易制。1933 年 12 月，第四次泛美会议在乌拉圭首都蒙得维的亚召开。会议上，美国在政治上提出了不干涉其他拉美国家内政的原则，在经济上则提出了互惠贸易协定的主张。美国的亲善态度取得了拉美国家的好感，并使他们接受了美国的建议。会议后，美国与古巴、巴西、哥伦比亚、海地等国都签订了互惠贸易协定，睦邻政策的成功大大加强了美国与拉美国家之间的经济和政治联系。

睦邻政策在政治上的成就则是加强了在法西斯面前的泛美联盟。在 20 世纪 30 年代以后，随着法西斯主义的泛滥，一些法西斯国家大力向拉美国家进行经济的和政治的渗透。纳粹德国不仅在拉美有大量的投资，而且与拉美的贸易额也呈现不断上升的趋势。并且，在进行经济活动的过程中，德国和意大利有大量移民进入拉美，有利于法西斯主义思想在拉美的传播。

纳粹德国还在拉美致力于进行培养亲纳粹政府的培植等活动。所有这些都威胁着拉美的安全。拉美是美国的后院，拉美的安全与美国本身的安全有着息息相关的关系。此外，为了维护门罗主义和西半球的安全与和平，也要求美国与拉美国家在政治上团结起来。1936 年 12 月，泛美特别会议在阿根廷首都布宜诺斯艾利斯举行，达成了在西半球和平遇到威胁时，应该举行泛美共同会议进行协商的协定，并重申了 1933 年泛美会议中规定的不干涉他国事务的原则。这次会议使得美国的睦邻政策有了与拉美之间进行政治合作的新内容。

第三节　欧洲战争策源地的形成

一、希特勒上台及其对外扩张政策

1929—1933 年经济危机给德国以特别沉重的打击。作为一战的战败国，德国已经失去了海外殖民地，而且还背负着大量的战争赔款。经济危机爆发后，不仅外国资本大量从德国抽回，而且各主要大国各自为政建立排他性的经济集团，使德国所面对的国内外经济形势十分险恶，导致德国经济迅速崩溃。到 1932 年，德国的经济状况已经跌落谷底，退回到了 19 世纪末—20 世纪初的水平，整个工业生产降低了 40%强，外贸总额减少了 60%强，金融信贷体系将近瓦解，失业人数急剧增加。

在经济危机期间，德国的中下层民众的生活十分悲惨。德国魏玛政府在危机期间的主要任务是竭力维护垄断资本家和容克地主等统治阶级的利益，而不顾普通民众的困苦。他们一方面大量裁减雇员，削减工资，增加税收，另一方面却给垄断资本家和容克地主以大量的资助。这些向人民转嫁危机的措施使德国工人大量失业，农民和手工业者大量破产。生活的困顿使他们对当局政府产生了极大的不满，他们不断起来反抗，要求改变现状和得到国家的有力保护。

在这样的社会状况下，当时德国的统治阶级垄断资本家和容克地主，也想通过取消资产阶级议会民主制度和建立一种新的独裁政权，来实现对内控制中下层民众的不满和镇压民众反抗，对外摆脱凡尔赛体系的束缚和实行对外扩张以摆脱经济危机的双重目的。

作为一个战败国，当时德国上下普遍拥有一种共同的情绪，那就是对《凡尔赛和约》所给予德国严厉惩罚的不满，并对此深感屈辱。经济危机发生后，德国经济的崩溃进一步加深了这种不满情绪，要求打破凡尔赛体系的愿望更加强烈了。此外，德国传统的军国主义势力还有很大的影响，他们鼓吹复仇主义，并伺机建立军事独裁政权。

当时德国民众的心理状况为阿道夫·希特勒推行法西斯主义提供良好的社会土壤。希特勒领导的"德国国家社会主义工人党"，即"纳粹党"打着民族主义和社会主义的旗号，蛊惑人心，并且对人民群众和统治阶级实行两面派的手法来谋取他们对自己的支持。希特勒一方面大肆攻击魏玛政权和民主政体，向中下层民众宣传独裁政权会给他们带来国家保护的好处，从而吸引了大批民众的加入和支持纳粹党，使之成为1930年国会中的第二大党和1932年国会中的第一大党；另一方面，希特勒向垄断资本家和容克地主所组成的统治集团大力鼓吹建立军事强权、夺取新的生存空间、奴役劣等种族和建立日耳曼新帝国等荒谬理论，由于这些思想迎合了统治集团对外扩张势力范围的需要，而获得了他们对纳粹党的大力支持；并且他们对希特勒善于笼络广大下层民众的能力也深为欣赏，因此将之视为理想的代理人。1933年1月30日，在垄断资本家和容克地主的代表的要求下，德国总统兴登堡任命希特勒为内阁总理。执政后的希特勒立即着手建立法西斯独裁政权。

同年2月27日，在希特勒的亲信戈林的一手策划下，制造了国会纵火案，并诬为共产党所为，借机大肆逮捕和迫害共产党人和国际工人运动活动家。紧接着，希特勒政府就颁布法令废除魏玛宪法给予公民的基本权利；3月，强迫国会授权内阁制定法律的权利，从而立法权和行政权都集中在希特勒一人手中，资产阶级民主议会制被取消。此后，纳粹党通过取缔共产党和解散其他政党等方法，在德国实现了自己的一党专政。1934年8月，兴登堡总统去世后，希特勒取消了总统的职衔，并自任为国家元首兼总理，从而正式确立了纳粹党的独裁专政。

希特勒对外扩张政策的两大理论基础是种族理论和生存空间理论。希特勒的种族理论是一种荒谬的理论，他认为种族有优劣之分，优等民族是文明的创造者，而劣等民族是文明的破坏者，为了使优等民族免受劣等民族的排挤，必须限制和消除劣等民族。在他看来，日耳曼人是世界上的优等种族，其中德意志民族又是最优秀，而犹太人则成为劣等民族。因此，德意志人有权利向外扩张，去消灭劣等种族，并建立一个日耳曼人的大德意志帝国，甚至统治整个世界。生存空间理论认为国家领土的发展必须与人口的发展相协调，人口的增长必须伴随着领土的扩大，而德国的“人口过剩”正需要德国人去寻求新的生存空间。这是德国帝国主义为了夺回和争取更多海外殖民地的一个荒谬的借口，早在一战前就曾被德帝国主义应用过。希特勒继续利用这一理论鼓吹德国应该向外夺取新的生存空间，并为此制定了对外扩张计划。

除了这两个理论外，希特勒还利用德国上下对《凡尔赛条约》的不满，来煽动德国人民的民族主义复仇情绪，诱导他们走上对外扩张的道路。由于纳粹党的这些理论既能有效地将人民群众与垄断资产阶级之间的国内矛盾转移到国外，又满足了垄断资产阶级对外扩张势力范围的要求，因此获得在当时的德国发展和实践的机会。

希特勒的对外扩张政策简而言之就是“先大陆，后海洋”的策略。这是有其现实考虑的。首先，一战后的德国不仅失去了海外的军事基地，海军力量也严重受挫，海军发展也受到限制。因此向海洋发展缺乏相应的实力。其次，当时的英国控制着主要的制海权，但英国本着维持欧洲大陆“均势”的传统，推行扶德抑法的外交政策。如果德国首先向海外发展，那么无疑会立即招致英国强大海军的打击，并且会使英国采取反对德国的立场，这样就会使德国在外交上处于不利的境地。最后，欧洲大陆的主要大国主要关注的是海外殖民地，而对本土防御不甚重视，使德国有机可乘。

基于这样的考虑，希特勒制定了先在中欧建立以大德意志为中心的帝国，然后征服法国和苏联，建立欧洲大陆的霸权，最后才是挑战英美，进而称霸世界的对外扩张政策。希特勒的这些思想和计划在他的自传《我的奋斗》一书中都有所反映，并在日后德国的侵略行动中得到充分的体现。希特勒野心勃勃的扩张计划，成为国际关系紧张的新因素，对当时欧洲的国际政治秩序构成了严峻的挑战和威胁。

二、德国的扩军备战活动

军事实力是实现对外扩张的前提条件。因此，希特勒上台后，就积极着手重整军备和扩军备战的活动，而摆脱国际条约和组织对德国扩大军事规模的束缚就成为纳粹德国的首要任务。

1932 年 2 月 2 日，世界裁军会议在日内瓦召开。这次会议的主旨是通过裁减军备，以维护世界和平，加强国际联盟。但是，帝国主义各国在国际竞争日益加剧的情况下，是不可能真心实意地进行裁军谈判的，更不可能实行真正裁军。因此，会议中更多的只是关于裁军和和平的空谈，并且成为各国加紧军备竞赛的有利幌子。在会议上法国和德国的矛盾十分突出，法国维持现状的“安全”要求与德国“军备平等”的要求可谓针锋相对。最后，在 1932 年底，各大国勉强同意德国“在将为一切国家提供安全的体系中享有平等权利”。德国和法国的矛盾暂时在表面上得到了解决。

1933 年 1 月希特勒上台后，就代表德国政府参加了在日内瓦举行的世界裁军会议，并提出了具体实现“军备平等”原则的要求。为了取得国内外的支持，希特勒利用他惯用的两面派伎俩，发表和平演说，欺骗世界舆论。1933 年 3 月英国首相麦克唐纳提出了建议法、德、意、波等欧洲主要国家的陆军最高限额为 20 万的计划，各国可以在 5 年内减少或增加至这一限额。6 月，该麦克唐纳计划在裁军会议上得以通过。这样，德国陆军就可以从目前的 10 万扩大到 20 万，与欧洲其他主要国家享有同等数量的兵额。但是，这与纳粹德国扩大军备的目标仍然相去甚远。

当时希特勒正在德国国内积极筹建独裁政权，议会民主制度被废除，犹太人也开始遭到迫害。这些现象都引起了国际舆论的注意，尤其是法国的警觉。于是，法国提出将麦克唐纳计划从 5 年延长至 8 年，并建立军备监督制度和裁军制度的建议。这样，德国到 1941 年才能达到与法国一样的兵额，并且还会受到法国等国设置的种种限制。该建议的提出得到了英国和美国的支持。1933 年 9 月，国际联盟以英、美、法、意四国名义向德国提出一项新的公约草案，建议德国在 8 年内分两阶段实施裁军计划。但是，德国政府认为这是国际联盟对德国实施的差别待遇。10 月，德国政府以裁军会议没有满足德国军备平等的要求为由退出了裁军会议和国际联盟。

12 月 18 日，德国政府在给法国政府的备忘录中提出恢复裁军谈判的条件，主要有允许德国征兵 30 万，拥有其他国家所拥有的所有武器，民用航空不受限制，半军事组织应被视为非军事组织，以及萨尔立即归还德国等等。但是法国认为德国返回裁军会议和国联才是谈判得以进行的先决条件，并随之拒绝了德国所提出的条件。英国政府希望能够劝说德国返回裁军会议，并试图在欧洲各大国之间签订一项限制军备的公约，以限制德国的无限扩军。

但是，希特勒除了打出恢复裁军谈判的幌子外，是不可能有任何实际行动的。希特勒既然已经达到了摆脱国际组织和国际会议束缚的目标，那么就更加快了重整军备的步伐。

在参加裁军会议的过程中，纳粹德国从没停止扩军计划的实施，反而紧锣密鼓地进行着，军费支出在当时国民生产总值中已经占有相当的比重。退出裁军会议后军费支出就更加多了，扩军计划也不断增长。根据希特勒公布的1933—1934年度的国家财政预算中，军事预算比前一年度竟增加了90%。

1933年底，纳粹德国的陆军扩军计划是一年内达到和平时期兵力为30万人，战时可以扩展到63个师，空军计划是在1935年10月前使军用飞机增加到1 600架。但是希特勒很快就对自己的计划不满，他的目标是实现以普遍义务兵役制为基础的大规模的军队建设，以满足将来进行大规模战争的需要。这样就必须突破《凡尔赛条约》所给予德国的束缚，于是德国开始了一系列军事冒险活动。

德国拥有军用飞机是《凡尔赛条约》所明确禁止的。但是希特勒不仅确定了大规模发展军用飞机的方针，并授权航空部长戈林组织设计和制造军用飞机的活动。戈林不仅秘密筹办军用飞机的研制工作，还以航空体育协会作伪装，训练空军飞行人员。

由于德国实行的是"先大陆，后海洋"的扩张计划，因此对陆军和空军相对比较重视。但这并不是说德国就忽视了海军的建设。希特勒对海军拨款也有大量的增加，到1934年已将近5亿马克，到1935年更多达6.5亿马克。德国还开始建造2.6万吨级的巡洋舰队，大大超过《凡尔赛条约》所规定的1.6万吨级的规定。

1935年3月10日，德国航空部长戈林通过英国记者向英国透露了德国正在建设空军的消息，以试探英国的反应，而英国当局对此反应并不强烈。于是，3月13日，德国政府宣布不再受和约禁止德国拥有军用飞机的束缚。3月16日，德国政府公布了《普遍义务兵役法》，宣布德国实行普遍义务兵役制，和平时期的陆军为12个军36个师。5月，德国又颁布《国家防御法》，宣称德国武装部队取代以前的国防军成立，由陆、海、空三军组成，希特勒为最高统帅。11月7日，德国第一批适龄青年应征入伍，约有60万人。

纳粹德国重整军备的一系列活动标志着德国对《凡尔赛条约》的公然破

坏。在进行冒险活动的同时，纳粹德国积极对英国开展外交活动，以谋求与英国的“和解”。英国只想维护自己的既得利益的思想，以及维持大陆“均势”的传统政策的作用等等原因，使得英国没有对德国的行动采取强硬和果敢的措施，反而在德国的“友好”外交下与之达成了妥协。6月，双方签订了《英德海军协定》，据此协定德国可以拥有英国海军吨位35%的军舰和45%的潜水艇。英国的行为无疑是对德国毁约扩军的认可，是对德国冒险成功的肯定。于是，德国在国际上的扩军备战的活动就更加公开化了。

根据《凡尔赛条约》的规定，德国将萨尔区的煤矿所有权转交给法国，萨尔区的行政则归国联管理，为期十五年，期满后将根据当地公民表决来决定该地区的前途命运，即继续为法国所有，或继续实行国际管制，还是重新返回德国。

随着期限的日益临近，德国收回萨尔的心情也日益迫切，并加紧进行收回的准备活动。一方面，德国政府与法国政府举行了若干次的谈判，试图无条件地收回该地区，但遭到法国的拒绝。另一方面，德国的一些纳粹分子还利用宣传、暴力等手段，来影响萨尔民众的投票意向。1935年1月13日，在国联任命的“三人委员会”的主持下，在英国、意大利、荷兰、瑞典等国部队的监督下，在萨尔举行公民投票表决的活动。根据投票结果，约90%的投票者要求将萨尔区重归德国。这样，萨尔区就将于该年3月1日归还德国。根据先前的德法谈判，德国将付一定的赎金作为收回萨尔地区的代价。

萨尔区蕴藏着丰富的煤矿资源，铁矿的蕴藏量也很客观。该地区的收回对德国经济、军事实力的加强起到很大的作用。同时，此次投票结果的巨大成功，也极大地鼓舞了德国的极端民族主义者和纳粹政府，增加了他们收回所有失去土地的信心。

第四节　亚洲战争策源地的形成

一、日本军国主义势力的加强及其扩张政策

1929—1933年的世界性经济危机给远东的日本以沉重的打击。日本

是一个岛国，国内市场狭小，资源匮乏，经济基础脆弱，国外的原材料和消费市场对日本的经济发展具有极为重要的意义。经济危机的爆发严重影响了日本的工业生产和对外贸易。1931 年，日本经济跌落最低点。与 1929 年相比，工业总产值下降 1/3，农业总产值和对外贸易额下降 2/5。生产和外贸的下降，导致大批中小工厂、企业倒闭，失业工人高达 400 万。生丝是日本重要的出口项目，经济危机爆发后出口锐减，导致 2/3 蚕农的生活陷入了困境。经济危机的打击引起了国内阶级矛盾的激化。大批工人罢工，农民也纷纷起来反抗，工农运动出现了高潮，并鼓舞了日本殖民地人民起来进行解放斗争。朝鲜和台湾都发生了大规模的反日大起义。

经济危机的打击和民众的不满，使日本的垄断资产阶级、右翼势力和军部等急欲进行对外扩张，以转移国内的阶级矛盾和转嫁经济危机的影响。但是，日本的统治阶级内部也因为利益的不同而存在着激烈的矛盾和斗争。当时的滨口雄幸内阁是大垄断资产阶级利益的代表，他采取了一系列有利于国家垄断资本主义的措施，但并没有改善中小资产阶级和封建地主等的境况。因此，遭到新财阀和以封建地主为社会基础的陆军的反对。陆军中以少壮派军官为代表的法西斯分子和社会上的右翼势力乘机相互勾结，组织法西斯组织，阴谋发动武装政变，建立军部独裁政权，加快发动对外侵略的步伐。这股法西斯势力利用日本传统的军国主义思想和武士道精神来武装自己，大大加强了日本法西斯的军国主义色彩。1930 年 11 月，首相滨口雄幸遭到日本法西斯分子的刺杀。1931 年 3 月，法西斯组织“樱会”在军部支持下阴谋政变未遂。在建立军部独裁政权的目的暂时未能达到的情况下，军部法西斯分子决定先发动对外侵略战争，通过战争的进行来攫取政权。

日本军国势力首先将侵略目标放在了中国的东北。中国东北一直是日本所觊觎的目标，并曾为争夺中国东北而发动了日俄战争，但在战争中获得胜利的日本并没有获得对中国东北的控制权。1927 年 6—7 月，日本政府为制定新的对华侵略政策，在首相田中义一的主持下召开了“东方会议”。会议的一个重要成果是制定了将满蒙从中国肢解出去的“满蒙分离政策”。会后，田中将此决策拟奏天皇，奏折中公然提出“惟欲征服支那，必先征服满蒙，如欲征服世界，必先征服支那”的侵略谬论。这就是著名的《田中奏折》。

当时日本曾试图笼络控制着东北地区的奉系军阀张作霖，使之成为在日本统治东北的傀儡。但是在国内反日运动高涨的情况下，张作霖未敢答应日本方面的一些苛刻要求。但是，深感不满的日本关东军竟然在皇姑屯车站附近，炸毁了张作霖的专车，张被害，这就是“皇姑屯事件”。这一事件的发生，促使张学良将军在1928年底宣布东三省易帜，服从亲英美的蒋介石南京政府的领导。由此，中国东北的形势变得更加不利于日本实行满蒙分离政策。但是这也促使日本军部加快军事侵略的步伐。1931年6月，日本军部制定了《解决满洲问题方策大纲》，进一步明确了军事侵略中国东北的方针。

二、“九·一八”事变及其对中国侵略的开始

1931年9月18日晚，日本关东军炸毁了沈阳北郊柳条湖附近南满铁路的一段路轨，反诬中国军队所为，随后就向沈阳发动了突然袭击，进而占领了南满铁路沿线的主要城镇。这就是震惊中外的“九·一八”事变。

“九·一八”事变之后，日本政府和军部之间就事变的处理略有分歧。以外相币原喜重郎为代表的日本政府于9月19日召开内阁紧急会议，通过了不扩大事态和以外交方式解决事变的方针。军部对此方针除了表面上敷衍外，没有任何实际措置，反而支持和鼓励关东军所为。当时的日本政府之所以提出不扩大方针，一方面是担心日本当时的国力不济，不足以发动大规模的侵略战争；另一方面是担心日本陆军的过激行为会引起英美等国的反对，从而使自己陷于外交孤立。事实上，代表大垄断资产阶级的日本政府也希望通过对外扩张来摆脱国内的经济危机。因此，日本政府并没有真正贯彻不扩大政策，而是采取或明或暗的支持，跟在军部后面从事侵略活动。

中国方面由于蒋介石政府要求张学良将军采取不抵抗政策，结果在短短的四个多月内，日军就占领了整个东北。外交上，蒋介石还将解决事变的权力完全交给了国联。

“九·一八”事变的爆发是日本军国主义者对一战后的凡尔赛—华盛顿体系的公然破坏。英国和法国是国际联盟中起主要作用的大国。由于当时的英国的注意力主要集中在解决国内的经济危机和维持欧洲大陆的均势，并且英国的在华利益主要在南方，日本在北方的行动对英国利益的触动并不大。另外英国还抱有利用日本在远东进行反苏的不良动机等等，使得英国并不想对日本的侵略采取实质性措施进行干预。法国的态度与英国差不多，在华利益主要在华南，与日本当时在东北的侵略活动更没有直接冲突，

并且同样抱着利用日本反苏的不良动机。因此，1931 年 9 月开始在他们主持下的国联会议，除了进行一些空洞的讨论和提出毫无力量的希望外，不敢有任何实质性的强硬措施出台。12 月，国联理事会决定派出一个所谓的调查团前往远东调查中日关系，其实这只是英法给自己找台阶下而已。

美国与日本之间的关系比较复杂。一方面，他们在争夺亚太地区的霸权方面有着严重的对立，另一方面他们又在联合反苏方面有着共同的立场。并且当时的美国也正忙于解决国内的经济危机问题。因此，一开始美国对待日本侵略东北的态度比较消极，没有采取什么行动。但是，随着日本侵略东北的程度日益加深，美国感到日本对自己在远东利益的威胁日益严重时，才提出一些比较积极的反对意见。1932 年 1 月 7 日，美国政府照会中日两国政府，其主旨是美国政府不承认日本通过暴力手段所获得的权利和中日之间有可能达成的破坏现存的远东国际秩序的任何协议。这就是美国的“不承认主义”。虽然美国的“不承认主义”是为了维护美国的在华利益，在没有武力干涉的保证下也只能流于空泛，但是却在道义上否认了日本的侵略成果。

日军侵略中国东北对苏联来说是一个严重的威胁，加上英、法、美等国试图让日本充当反苏的“远东宪兵”的企图，都对苏联构成了不利形势。但是，由于当时苏联正在集中精力进行第一个五年计划的建设，希望有一个相对和平的国际环境。因此，苏联虽然对日本的侵略进行了谴责和对中国表示了同情，但只是宣布严守中立政策，而没有给予中国实际的支持。

由于国际上这些因素的综合作用，为日本进一步侵略中国打开了方便之门。在完成侵占中国东北的事业后，日军决定向中国的最大的城市，也是作为经济重镇的上海发起进攻。1932 年 1 月 28 日，日军在上海闸北发动进攻。中国军民奋起抵抗，使日军原以为四个小时就能攻下上海的计划遭到破产。由于上海是中国的经济中心，与各列强都有着密切的利益关系，因此，这一次英美和国联等都向日本提出了强烈的抗议，要求恢复上海的原状。这样，日本被迫同意谈判。5 月 5 日，中日两国签订了《上海停战协定》。由于国民党当局一心求和，对日本妥协甚多，竟然使协定中规定中国军队不能在上海布防，而日军以维持治安的名义有权在上海驻军等。这样就使中国的主权受到了严重的侵害。

在此期间，日本在中国东北积极策划建立伪满洲国。1932 年 3 月 1 日，伪满洲国正式宣布成立。9 日，清朝废帝溥仪就任伪满洲国“执政”。这样，日本帝国主义的一个傀儡政府就成立了，中国东北成为日本独占的殖民地。

三、日本退出国联和废弃海军裁军条约

1931年12月，国联理事会做出了派遣调查团前往远东调查中日关系的决定。1932年1月，就成立了以英国驻国联代表李顿为团长的调查团。调查团一行于2月初出发，先后到达日本和中国东北进行调查。经过半年时间的调查后，调查报告于9月由李顿完成，10月由国联发表。

调查报告一方面承认东北是中国领土不可分割的一部分，认为日本占领东北违反了《国际盟约》和《九国公约》；另一方面则认为日本在东北有“特殊利益”，中国东北应当在实行包括日本之内的“国际共管”之下实行“高度的自治”等等。该报告明显地暴露出西方列强不希望日本独占东北，而企图与日本勾结瓜分中国东北的险恶用心。

1932年12月，国联召开了审议报告书的特别会议。1933年2月，国联以多数表决制通过了该报告书，宣布不承认伪满洲国的合法性。为此，3月27日，日本政府正式宣布退出国联。

在此期间，日本已经开始了大规模侵略中国华北的行动。1933年1月，日本攻占了山海关。3月，日军又攻陷了热河。接着又占领了长城各口，并进逼平津。5月31日，国民党政府与日本签订了卖国的《塘沽协定》，承认了日本所占大片领土的合法性。这是蒋介石坚持“攘外必先安内”方针，与日军妥协的结果。1935年6月，日本政府又迫使国民党政府签订了《何梅协定》和《秦土协定》，使冀察两省为日本所实际控制。接着，日本开始着手所谓实现“华北自治”的活动。

日本在中国华北的一系列活动严重威胁到了英美等国的在华利益，引起他们的极大不安和不满。日本在中国实行排挤英美的经济侵略，也使彼此之间的矛盾大大加深。与此同时，日本大力发展海军力量，为进一步发动太平洋战争做准备，这使得彼此的矛盾日趋尖锐，从而引起了日本与英美之间的海军军备竞赛。1934年12月29日，日本政府正式宣布日本将于1936年12月31日终止《华盛顿海军条约》。1935年12月9日，英、美、日在伦敦举行海军裁军会议，由于会上英美拒绝日本拥有同等造舰限额的要求，于是日本就于1936年1月15日，宣布退出海军裁军会议。摆脱了海军裁军

条约的束缚后,日本更加肆无忌惮地发展自己的海军力量。于是,日本的海军与陆军一样,也走上了扩军备战的道路。

随着日本侵略规模的不断扩大,日本军部的法西斯势力也变得更加强大。1936 年 2 月 26 日,一批少壮派陆军军官,率领官兵发动了武装政变。政变虽然未能成功,但是日本政府在军部的强烈要求下成立了广田弘毅内阁,使内阁实际上为军部所控制,从而实现了军部法西斯专政的独裁统治。日本的国家体制变成了战时体制,整个国家也由此被纳入了战争的轨道。

日本在国际上退出国联和废除国际海军裁军条约,在国内建立军部法西斯专政,都说明亚洲战争策源地已经在日本完全形成了。

思考题

1. 试述 20 世纪 20—30 年代的全球性资本主义危机的特点及其给西方大国所带来的政治影响。
2. 试述罗斯福新政的内容及其作用。
3. 欧亚战争策源地是如何形成的?

第十一章　法西斯侵略扩张加深与各国的对策

从20世纪30年代中期开始，德、意、日公开对国际秩序进行挑战。然而英、法、美等国的反应却十分软弱，它们或实行绥靖政策以息事宁人，或实行孤立主义以避免惹祸上身。它们的态度使法西斯国家更加咄咄逼人。这一方面说明了这些国家自世界经济危机爆发后，战略地位的空前虚弱；另一方面也说明它们缺乏一个始终如一的能明确其国家利益之所在，并加以指导的大战略。苏联摆脱了20世纪20年代的困境，在30年代积极地活跃在国际舞台上。苏联清醒地意识到，它必须联合西方民主国家实行集体安全政策，才能避免法西斯国家对它可能造成的危害。但是英法对它的猜忌防范使苏联的集体安全政策还是破产了。苏联再没做进一步的努力以建立反法西斯联盟，转而寻求自保战略。这说明苏联的战略也是极其短视的。这使法西斯德国在第二次世界大战前的英、德、苏战略三角关系中处于主导地位。德国在二战初成功地避免了两线作战。第二次世界大战已经不可避免了。

第一节　德、意、日侵略扩张的加深

一、意大利侵略阿比西尼亚

在德、意、日三大法西斯国家中，意大利“牙齿是虫蛀的，胃口却不小”，意大利一直想称霸地中海，为了达到这一目的，它需要在北岸控制多瑙河流域和巴尔干地区，而在南岸则须控制北非、东北非，这样就可以使地中海变成“意大利湖”。

意大利最初的战略考虑是首先控制地中海北岸，但是阻力太大，英国和法国都不能允许意大利在中欧和巴尔干地区确立优势，因为这将威胁到英、法自身的安全和它们在欧洲的优势地位。这也是1919年巴黎和会上，英法违背自己在一战中向意大利许诺的只要它加入协约国作战，胜利后就可获得地中海北岸的大片土地的根源所在。同时，德国也决不同意由意大利来控制中欧，在奥地利问题上，德意矛盾更是尖锐异常。

这样一来，意大利被迫把自己的战略重点转向地中海南岸，特别是阿比西尼亚。意大利对阿比西尼亚所怀的不良企图由来已久，早在1895年，意大利就曾大举入侵阿比西尼亚，但却在1896年被阿比西尼亚打得一败涂地，遭受了这次丢脸的失败，意大利被迫缩回了自己的手。现在意大利国力雄强，国内狂热的民族主义情绪，也使墨索里尼相信得到了公众的支持。此外，阿比西尼亚国小力弱，是一个处于无政府状态的封建国家，没有一个有效的中央权威，这也使墨索里尼相信他将非常容易获得成功。1933年世界经济危机爆发后，意大利经济处于严重困境中，大批企业倒闭，工人失业，促使意大利加快入侵步伐。1933年至1934年，意大利将大批士兵、武器和供给派往东非。1934年12月5日，发生阿比西尼亚和意属索马里边境的瓦尔瓦尔地区的一个边境事件，给意大利采取行动提供了一个借口，意军占领瓦尔瓦尔，并无理要求阿赔偿损失并向意大利国旗致敬，阿比西尼亚予以拒绝，并于1935年1月3日向国联提出控诉，以制止意大利的侵略，然而英法态度却十分暧昧。

对于意大利向阿比西尼亚扩张，英国是恼火的，阿比西尼亚控制着塔那湖，它是尼罗河的水源，如果意大利占领了它，那么地处尼罗河下游的苏丹和埃及的水利灌溉系统就会受制于人，从而对英国在东非的殖民利益产生严重威胁，更重要的是意大利就会控制欧亚咽喉红海，从而威胁到19世纪以来，英国一直无比珍惜的英帝国通往印度的海上生命线，英国又是国联主要支柱，维护国联的形象和威信，也是英国的重要利益所在。英国国内日益上升的反意舆论，也促使英国内阁不能无动于衷，但另一方面，英国的欧洲政策是德国问题，英国的主要战略考虑是实现英德和解来达到欧洲和平，英国对意政策应服务于此战略。

1935年6月，以殖民部常务次官约翰·马菲爵士为首的专门委员会，就意阿冲突对英国利益的影响提出一份秘密报告。秘密报告认为，英国没有任何的利益受到牵连，英国不值得为此而战，对英国的威胁是“遥远将来的事”。这加强了内阁的信念，不采取任何足以招惹意大利对抗并促使其投入德国怀抱的决定，英国的参谋长们也主张避免卷入战争，因为担心其海军力量会受到损害，从而影响到英国在全球的战略平衡，所以英国决心实行所谓“同意大利协商和忠于国联”的政策。

法国的态度比英国要更进一步，自1933年法西斯在德国掌权以后，法国一直以惴惴不安的心情看待德国，为了有效对付德国的威胁，法国把加强同意大利关系作为其对德战略的有机组成部分，1935年1月法国外长赖伐尔访问罗马与墨索里尼达成《罗马协定》，在意大利表明对法国在奥地利和国际裁军问题所持立场的支持后，法国在东北非边境对意大利作了重要让步，除了将11万平方公里有重要战略价值的土地割让给意大利外，还将深入到阿比西尼亚心脏，掌握着其经济命脉的吉布提—亚的斯亚贝巴铁路的一些股份出让给意大利。赖伐尔甚至暗示，只要不见诸文字，可以让意大利在阿自由行动。法国甚至还怀疑英国干预过多，这种情绪影响了英国。英国于1935年6月派国联事务大臣艾登访问罗马，然而英国试图说服意大利放弃军事占领而接受某种经济利益和部分阿比西尼亚的计划却遭到了失败，这使英国对意大利不满情绪增加，英国外交大臣霍尔在1935年9月11日国联第16次全体会议上，宣称：“国联的所有成员国共同遵守整个条约，尤其是坚定地共同抵御各种无缘无故的侵略行径”的重要性①，但是英国的外交强硬姿态也到此为止，因为“为了奏效并避免和意大利发生纯属两国之间的冲突起见，英国所能采取的行动无论就其范围或速度来说，都不能超过法国所赞成的程度，因为法国在地中海地区陆、海军方面给予合作被认为是十分重要的”②。然而法国却并不配合，此前，法国反德顶峰之作的“法苏条约”，由于英德海军协定和法国国内政治力量的分裂已遭到破坏，因此，赖伐尔以及他领导下的法国政府更是把和意大利亲善作为他的外交政策的基石，决不会冒与意大利为敌的危险，暗地里赖伐尔向墨索里尼作了与国联会员国的义务不相符的保证。墨索里尼表示，他指望靠法国使其免于制裁，法国的姿态使墨索里尼充分相信法国会故意阻挠国际联盟通过决议，所以当

① 马丁·吉尔伯特：《20世纪世界史》第二卷，陕西人民出版社2000年版，第72页。

② C-L·莫瓦特编：《新编剑桥世界近代史》第十二卷，中国社会科学出版社1981年版，第960页。

1935年9月18日英、法、波、西、土组成的五国委员会提出，阿比西尼亚由国际共管，意大利断然拒绝，墨索里尼甚至对法国大使说："就是你把整个阿比西尼亚放在银盘子里送给我，我也要拒绝收下的，因为我已经决定要用武力去占领它。"①

1935年10月3日，意大利正式进攻阿比西尼亚，面对意大利明目张胆的侵略行为，国际联盟做出反应，宣布意大利为侵略者，并予以制裁。这虽然令墨索里尼感到意外，但他并没有担忧，因为许多重要的物资如石油、煤炭、钢铁等都不包括在制裁清单上。表面上，英国外交大臣霍尔在英国下院宣布："我很高兴地告诉诸位，国联的机器运转正常，其成员国绝大部分都在发挥作用。"②然而实际上，由于法国的不合作，正如后来墨索里尼对希特勒所说："如果国际联盟把对意大利的经济制裁扩大到石油方面，那我一周后就只好退出阿比西尼亚，这样就会酿成一场奇灾大祸。"③因此这样的制裁注定要失败。早在战争爆发前，英法就达成秘密谅解，不管发生什么情况，也不能使墨索里尼走向公开对抗，因此军事制裁、海上封锁以及封闭苏伊士运河的举措都不被采取，由于英法的态度，这种只能说是半心半意的制裁也得不到有效实行。1935年12月9日，在赖伐尔的劝诱下，霍尔同赖伐尔拟定了一个所谓和平解决意阿争端的"霍尔—赖伐尔计划"，该计划提出把整个欧加登大部分割让给意大利，并将阿比西尼亚整个南部国土作为意大利"经济发展和居留区"。这个计划令"支持国联的强硬立场，反对意大利入侵的国家对条约的冷言冷语感到震惊"④。国际舆论的强烈谴责，使霍尔和赖伐尔相继辞职，"霍尔—赖伐尔计划"虽未实现，墨索里尼已经相信"英国是一条搁浅的鲸鱼，从它的身上割取脂肪是毫无危险的"。然而在战场上，意军却遭到了阿比西尼亚的顽强抵抗，提格雷前线装备精良的意军屡被装备低劣的阿军所败，直至1936年5月，意军才依靠毒气攻占阿比西尼亚首都亚的斯亚贝巴，阿比西尼亚皇帝赛拉西逃亡，阿比西尼亚被意大利吞并，随着战争的结束，英国财政大臣尼维尔·张伯伦立即在6月10日宣布取消对意大利的经济制裁，因为制裁是"疯狂透顶"的事，可能在欧洲引起战争，接

---

① 王绳组主编：《国际关系学》第3卷，世界知识出版社1993年版，第147页。
② 马丁·吉尔伯特：《20世纪世界史》第二卷，陕西人民出版社2000年版，第81页。
③ 库达科夫：《现代国际关系史(1917—1945)》，世界知识出版社1958年版，第384页。
④ 同注②，第72页。

着法国也宣布它将同意国联做出的任何决定。7 月 4 日，国联决定，停止对意大利的制裁，表决结果是：23 票反对，25 票弃权，尽管英法在战后立即开始修补同意大利的关系，在 1937 年 1 月 2 日，英意还缔结君子协定，双方保证地中海现状，相互尊重地中海利益，但是这场战争对国际关系已经产生了深远的影响。

首先，国际联盟由于对意大利制裁的软弱无力，无可挽回地对自身声誉造成了巨大的伤害，因而，在国际事务中的作用变得越来越弱。

其次，意大利吞并阿比西尼亚后，其东非殖民地连成一片，对苏伊士运河—红海—亚丁海这一“欧洲通往东方的海上要道的威胁态势已经形成，从而加深了意大利同英法之间的矛盾”。

再次，英法与意大利间的矛盾给了德国以机会，在希特勒看来，这无疑是个福音，因为墨索里尼陷身于非洲则无暇顾及奥地利，如果墨索里尼取胜，则会和英法对抗，墨索里尼势必求助于德国，希特勒向墨索里尼明确表白他对阿比西尼亚毫无兴趣，而且，在整个国联制裁期间，德国一直表示支持意大利，并向意大利提供煤炭，这些友好姿态给墨索里尼以深刻印象，德意关系迅速好转，欧洲国际关系格局出现了重大变化，正如邱吉尔所说：“德国已不再孤立，欧洲四个强国，以前是三比一，现在却变成二比二了”①。

最后，英法在意大利侵阿事件上所表现出来的优柔寡断的外交反应，大大激发了德日这些法西斯国家的情绪，德国对“意大利进行战争时那种似乎是高效率的无情的方式惊叹不已”，认为这是“大不列颠的彻底失败”，英国的泰晤士报也承认“墨索里尼在阿比西尼亚的冒险行动既然得到认可，就必然践踏了国联并为希特勒敞开了大门”②。

二、德国进占莱茵河区

莱茵非军事区是受到《凡尔赛和约》和《洛加诺公约》双重保证的。《凡尔赛和约》规定莱茵河左岸由协约国分区占领，右岸 50 公里为非军事区，《洛加诺公约》规定，如果德国在非军事区内集结军队将被看做对《凡尔赛和约》的破坏，缔约国可以采取军事行动。

① 丘吉尔：《第二次世界大战回忆录》第 1 卷，伦敦 1961 年版，第 163 页。

② 颜声毅：《现代国际关系史（1917—1945）》，世界知识出版社 1984 年版，第 247 页。

对于希特勒来说，莱茵非军事区的存在是一个严重的问题，因为这会导致德国西部防线空虚，不仅阻碍德国进一步扩张，而且使德国在与法国对抗中，心理上处于弱势，希特勒一直渴望解决这一棘手问题，意大利对阿比西尼亚的侵略受到英法的姑息，增强了希特勒解决这一问题的冒险欲望。1936 年 2 月，久拖不决的《法苏互助条约》终于在法国国民议会获得通过，这给了希特勒一个借口，他声称《法苏互助条约》破坏了《洛加诺公约》对德国安全构成严重威胁，为此希特勒指示国防部长勃络姆堡作好进占莱茵区的军事准备。但是在 1936 年 3 月 2 日的内阁会议上，德国外交部长、经济部长、国防部长都表示反对希特勒的决定。认为从外交、财政、军事上都相当冒险，德国无力抵抗法国的反进攻，对此希特勒的回答是"法国不会移动一英寸"①。

虽然希特勒夸下海口，但是他并不自信，当时德国大规模扩充军备工作刚刚开始，同法国相比处于明显劣势，希特勒后来自己也承认："在进军莱茵区以后的 48 小时，是我一生中神经最紧张的时刻。如果当时法国人也开进莱茵区，我们就只好夹着尾巴撤退，因为我们手中可利用的那点军事力量，即使是用来稍作抵抗，也是完全不够的。"②然而令人惊奇的是，事实居然验证了希特勒的预言，德国的行动并没有遭到抵抗。从 3 月 7 日开始，法国政府一连举行了三天内阁会议，会上，争论的核心是：要不要对德国的行动展开制裁，争论反映了法国国内政治形势的紧张。其时，法国国内经济一片萧条，国内党派之间，阶级之间矛盾尖锐，内阁改组频繁，法国军费一再削减，法国对自身的军力信心不足，因而，内阁最后决议是在国联未做出决定之前，法国不采取任何行动，这样，法国就把未来行动的决定权交到了英国手里。英国政府对希特勒的冒险举动持超然态度，英国虽然对希特勒的行动感到不满，外交大臣艾登认为"德国军队占领莱茵区是对条约的神圣性的一个重要打击"，但是，"我们没有理由假定德国目前的行动有引起敌对行动的危险"③。英国的外交考虑是尽可能缓和国际紧张气氛，以努力解决严峻的国内经济困难，并迎合浓厚的和平主义情绪，英国提议《洛加诺公约》的参加国召开会议予以讨论，由于英国和意大利都反对采取经济和军事制裁，会议

① 马丁·吉尔伯特：《20 世纪世界史》第二卷，陕西人民出版社 2000 年版，第 114 页。

② 威廉·夏伊勒：《第三帝国的兴亡》，纽约 1960 年版，第 293 页。

③ 让-巴蒂斯特·迪罗塞尔：《外交史》，上海译文出版社 1992 年版，第 203 页。

无果而终，随后举行的国联理事会伦敦会议，虽然宣布德国的行动违反了《凡尔赛和约》和《洛加诺公约》，但丝毫没有提到制裁的事。面对国联的软弱"决议"，希特勒一面不予理睬，一面又狡猾地提议德法、德比和德英分别签订《互不侵犯条约》，有效期各为25年，当法国提出以德军撤出莱茵区为谈判先决条件时，希特勒对此断然拒绝。

德国在未受任何制裁下，实现了对莱茵区的占领，这使得德国国内外形势都发生了重大变化，首先，希特勒在国内的政治地位大大提高，这个胜利加强了他的声望和权力，达到了过去没有一个德国统治者曾经达到的高度，因而也大大助长了希特勒的侵略野心，希特勒野心勃勃地开始着手一场军事冒险。其次，法国的战略地位从此严重削弱，法国对德的政策更加依赖于英国，法国的盟国对此产生了失望的情绪，比利时因此退出法比联盟，严守中立，其他盟国也逐渐脱离法国。最后，英国因拒绝给法国支持，其声望也下降，从此，英国对欧洲外交的主导作用日趋削弱了。

三、武装干涉西班牙

1936—1939年的西班牙内战爆发，由于德意联合起来进行武装干涉，其他大国也纷纷做出反应，从而使这场内战意义远远超过西班牙本身，对国际关系产生了深远影响。西班牙内战的根源来自于西班牙社会制度，1931年以前西班牙还是一个落后的半封建君主国家，其社会基础支柱是农业大庄园制和天主教会，由于地主和教会的压迫很重，国内政治生活一直处于紧张状态。1929年的世界经济危机，使西班牙内部矛盾爆发，其结果是西班牙成为资产阶级的共和国，由于政治经济基础没有发生大的变化，特别是反共和的保皇派在军队中仍占有主导地位，因此，社会矛盾继续激化。1934—1935年，西班牙右翼纳鲁政府上台执政，亲德意的法西斯分子也应邀入阁，这引起了国内民众的不满，纳鲁政府对共和国初年所进行的社会改革的取消或修改，更激发了民众的怒气，国内抗议活动遍及全国，政府危机频繁爆发，从1934年10月—1936年11月，先后更换了37届内阁。1936年1月，西班牙共产党、社会党和左翼共和党组成人民阵线，并在2月国会大选中获胜，并立即开始包括土地改革、给各少数民族自治在内的广泛改革，西班牙新政府的改革激起了右翼势力的极端仇视，西班牙法西斯政党开始策划叛乱，并受到德意的有力支持。1936年7月18日，圣胡尔霍、佛朗哥等右翼将领利用其右翼领导人卡尔沃·索特洛被暗杀事件发生叛乱，由于西班牙大部分人民和海、空军站在共和国一边，因此在7月下旬，叛军形势就已经岌岌可危了，因此当佛朗哥(叛军首领圣胡尔霍飞机失事身亡)向德意求援后，德意就决定亲自出马干涉西班牙。德国成立了"W"司令部，意大利则成立"赴西班牙作战委员会"，在德意军队和"志愿兵"的支持下，西班牙形势急转直下，至8月份，西班牙北部和南部都为叛军所占。德意对西班牙的武装干涉有其政治、经济、军事和战略方面的考虑。

第一，从政治上讲，人民阵线在西班牙的胜利，引起了德意的恐惧和不安。担心西班牙的革命带来连锁反应，而且，西方国家普遍对共产主义充满敌意，德意也可利用这一点，实现自己在欧洲进一步扩大法西斯势力和阵地的真实意图。

第二，西班牙及其西属摩洛哥资源比较丰富，其水银、黄铁矿开采量均居世界第一，而且，也出口大量铜、钨、铅、锰等军事工业资源，这对正在紧张扩军备战的德意来说是十分重要的。

第三，西班牙处于极为重要的战略地位，为德意所注目，西班牙扼地中海通往大西洋的咽喉，对英、法、意、德四大国的战略态势都有重要的影响。对意大利来说，其刚刚吞并阿比西尼亚，使它在控制苏伊士运河—红海的通道上，也就是在控制地中海的东部出海口方面占了有利地位，如果再能控制西班牙，这对于渴望地中海变成"意大利湖"的墨索里尼来说，是一个很重要的战略步骤。对德国来说，当德国和法国算总账的时候，德国可以通过英法侧翼，形成对英法的战略包围，并使法国腹背受敌。对英国来说，通往中东和亚洲的海上要道是英国的海上生命线，失去了西班牙就会对这条生命线造成直接威胁，为了控制地中海，保护航道安全，英国在直布罗陀建立了军港，而法国国防部专门召开的最高参谋会议认为，西班牙具有极为重要的战略意义，对地中海、比利牛斯边境都有极其重要的影响。

第四，德国有意把西班牙作为其未来发动大规模战争的演习基地，戈林说"无论如何要提供支持，首先是为了阻止共产主义在西班牙的进一步蔓延，其次还可以利用这个机会考验一下我们的年轻的空军各方面的技术"，德军在接受"实战训练"。

第五，有利于希特勒的备战外交，希特勒希望西班牙的内战尽可能延长，希特勒在纳粹党首脑会议上说，"从德国观点看，佛朗哥百分之一百的胜利并不好，我们目前关心的是继续和保持地中海区域的矛盾"，这样，一方面能转移英法的注意力，有利于德国的扩军备战；另一方面，也想以此转移意大利在中欧的视线，使其陷于西班牙而无暇顾及奥地利，有利于德奥合并，而且保持意大利和英法不合与敌对，可以巩固德意的友谊。

四、西方的“不干涉”政策

西方国家尤其是英法对德意武装干涉怀有极为矛盾的心情，一方面它们对德意插手西班牙感到不满，忧虑这将使西班牙法西斯得以上台，从而对西方国家特别是英法形成战略威胁；另一方面西方国家对共产主义的厌恶，又使他们本能地对有共产党人入阁的共和政府抱有敌意，所以英国外交大臣艾登说：“无论哪一方获胜，我们的前景都必然是令人不安的，因此我们必须经常考虑直布罗陀的最终地位问题。①”结果英法决定采取“不干涉政策”来应付这个棘手的局面。

这个建议首先是法国提出来的，法国的建议是其国内政治危机的产物。1936 年上台执政的法国人民阵线政府面对国内强大的右翼势力的压力，使得法国政府不敢支持西班牙的共和政府，因为这将冒公开分裂甚至爆发内战的危险，而英国又不给予支持，英国海军部甚至认为佛朗哥是一个优秀的西班牙爱国者，知道如何对付墨索里尼和希特勒，英国的决定对法国产生了很大的影响。

1936 年 7 月 25 日，法国总理、社会党人勃鲁姆访问伦敦后宣布法国政府将在这场冲突中保持中立，并于 8 月 2 日提议英、法、意三国达成“不干涉”西班牙的正式协议，并希望所有国家遵守不干涉西班牙事务的政策。英国对此抱以积极的态度。8 月 15 日英法互换照会，约定禁止向西班牙输出武器和军用物资。同时经过酝酿，正式于 1936 年 9 月 9 日在伦敦成立“不干涉西班牙委员会”。

不干涉委员会包括了国际社会的各种力量，除了英法外，德、意、苏联也参加了不干涉委员会，虽然法、英希望通过自己的行动“将促进其他大国也讲信用，遵守诺言”，但是对于德、意来说，它们加入不干涉委员会纯粹是应付国际压力，因此根本无意执行，英国外交家杰·汤姆森说：“德国的袖珍战列舰‘德意志号’和驱逐舰向佛朗哥和意大利人提供侦察资料，为其轰炸机

① 《艾登回忆录·面对独裁者》，伦敦 1962 年版，第 422—423 页。

指引目标。这些军舰都悬挂着'不干涉委员会'带有相应标记的专用旗帜。我们一直在想,发明这一标记的人一定是有相当无耻的幽默感。"①艾登后来自己也承认,"对于独裁者们做出这种姿态是危险的,他们很可能曲解我们的用意,而根本不会仿照我们的作法。"②对于苏联参加不干涉委员会,苏联外交人民委员李维诺夫说"尽管苏联认为,中立原则对于叛乱分子反对合法政府是不适用、并且是同国际法准则相矛盾的"③,但苏联希望尽力结束西班牙内战,才决定参加不干涉协定。苏联认为,如果任何外国都不插手西班牙的内部事务,共和政府很容易平息叛乱,因此苏联对于德、意、葡公然破坏不干涉决议的行动极为不满,苏联特意于1936年10月7日照会"不干涉委员会"主席,表示苏联绝不能同意"使不干涉协议变成某些参加国对叛乱分子提供军事援助的屏幕"④,苏联决定恢复向西班牙政府提供武器。

苏联的立场不仅受到德意的攻击,而且也受到英法的指责,英法指控苏联违反不干涉决定,认为"有些国家比德意更应该受到责备"。

由于英法的宽容,德意感到"只要采取强有力的行动,便可进行任何冒险,而且可望成功"。1937年8月后,意大利潜水艇隐匿身份,频繁出动,甚至威胁到英法军舰,在此背景下,英、法、苏等国于1937年9月10—14日就对付地中海上的海盗行径达成尼斯协定,但西班牙共和政府的船只被排除在外,理由是保护西班牙船只,可能被认为是对西班牙内战的干涉。《尼斯协定》生效后不久,意大利就停止了偷袭行为。这个事实表明:只要英法采取有力措施,德意侵略行为就会受到限制。

美国没有参加不干涉委员会,但由于美国国内孤立主义情绪盛行,以及美国中立法的通过,所以美国宣布积极支持英法的"不干涉政策",但美国的中立法有很大漏洞,因为它不禁止德意从美国获得武器再转运给西班牙叛军,因此佛朗哥曾感激涕零地说:"罗斯福总统的行动像一个真正的君子。他的中立法是我们永远不会忘记的姿态。"⑤

这样,除了苏联站在共和政府一边,并给予有力支持外,西方国家消极旁观,德意全力以赴支持叛军,这使佛朗哥在军事上占了优势。为了保卫年

① 威廉·麦克尔韦:《英国的艰苦年代(1918—1940)》,伦敦1962年版,第255页。
② 威廉·夏伊勒:《第三共和国的崩溃》上卷,南海出版公司1990年版,第380页。
③ 李维若夫:《为和平而斗争》,莫斯科1938年版,第123页。
④ 苏《真理报》,1936年10月8日。
⑤ 库达科夫:《现代国际关系史》,世界知识出版社1959年版,第399页。

轻的西班牙共和国反对法西斯，法国、苏联、中国、美国、英国等50多个国家的人民组成国际旅开往西班牙，协助西班牙人民作战。尽管他们信仰不尽相同，有的信仰共产主义，有的信仰自由主义，但他们仍不畏牺牲与叛军进行殊死斗争。因为“西班牙共和国政府是在抵抗破坏世界文化、文明和人类正义的德意法西斯和西班牙的卖国贼们。①”

1938年以后，英法绥靖态度更加明显，当法国面临意大利警告，如果法国开放边境向共和政府运送军事物资，意大利就在西班牙领土向法国宣战后，法国即关闭了曾短暂开放的边境，而意大利却加紧向西班牙输送军用物资，派遣军队。1938年10月，在英法的主持下，国际旅战士全部从西班牙撤出，次年2月，英法在共和政府尚存情况下，即承认佛朗哥为西班牙政府首脑，断绝了同西班牙共和国的外交关系。

1939年3月28日，马德里在内有叛乱、外有叛军情况下陷落。西班牙共和国的失败，使西南欧又出现了一个法西斯国家，这使欧洲的战略态势更加不利于英法。不过由于西班牙国力羸弱，佛朗哥一直不敢把西班牙拖入世界大战中去，西班牙在二战中一直保持对德意的善意中立。

五、日本的全面侵华和中国的抗日战争

1. 日本全面侵华

“二·二六”事变后成立的广田弘毅内阁，恢复了陆、海军大臣必须由现役将官担任的旧制，由于陆、海军大臣一旦辞职，内阁就要解散的规定，内阁没有得到军部许可就不能成立，成立后稍与军部意见不合就要垮台。在军部推动下，广田内阁进行全面右翼的政治经济变革，政治上缩小议会权限，加强内阁核心层权力，由首相、外相、陆相、海相、藏相组成“五相会议”，来决定日本内外政策，经济上，优先考虑军事工业发展。在1937年的预算中，仅直接军费一项就增加40%以上，军事预算占总支出80%以上，为此大幅度增加税收6亿日元，成为日本历史上空前规模的增税方案。

1936年8月7日，“五相会议”在综合了陆、海军两种意见基础上确立了一个决定日本基本国策的纲领性文件，《国策基准》规定“帝国当前应该确立的根本国策，在于外交和国防互相配合，一方面确保帝国在东南亚大陆的

① 《解放》第一卷，第四期。

地位，另一方面向南方海洋发展①”。以此确立日本的国防、外交方针。

大陆政策基本方针是“在于希求满洲国的健全发展，具体实现日、满、华三国紧密合作，以促进我国的经济发展”。海洋政策的基本方针是“对南方海洋，特别是对外南洋方面，努力促进我国民族的经济发展，一面避免刺激他国，一面以渐进的和平手段扩张我国势力……力求国力的充实和加强”②。基本国策首次确立，苏联和美国并列为日本首要假想敌，并决心控制中国，以此为基地，积蓄力量，以对抗苏、美。

此后，日本按照《国策基准》有关要求，一方面作军事准备，大力进行扩军，其总兵力至 1937 年已达 107.6 万，比 1934 年增加了 1 倍；一方面作外交准备，加强同德国、意大利的友好关系，签订《反共产国际协定》。在对华方面施以和平烟幕，采取某些缓和的外交步骤，以求得对中国作战的突然性。

1936 年至 1937 年春，日军除增兵华北外，还开始加紧军事演习，中日武装冲突危险性迅速增加。侵华战争已一触即发。1937 年 6 月 30 日近卫文磨内阁成立，鉴于西安事变以后，中国抗日统一战线已逐步形成，日本决定立即扩大侵华战争，“日本进攻中国的时机业已成熟了。”

1937 年 7 月 7 日，日本在卢沟桥附近演习时，借口一名士兵失踪，要求进入宛平县城搜查，被中国驻军拒绝，日军随即炮轰卢沟桥，中国驻军奋起还击，第二次世界大战亚洲战场从此开始。

7 月 11 日，日本内阁开会，决定从中国东北、朝鲜和日本本土抽调军队，扩大侵华战争，8 月 13 日日军大举进攻上海，上海守军顽强抗击日军 3 个月之久，日本采取恐怖手段的“膺惩战”来摧毁中国的抵抗意志，使用极端野蛮的大屠杀。仅南京一地，被屠杀的中国军民就达 30 多万。日军的血腥屠杀连德国政府都认为其是“兽类的集团”。

日本的法西斯暴行不但没有吓倒中国人民，反而让人们认识到当亡国奴将会有什么样的悲惨下场，全国各族人民，除了极少数汉奸以外，都投入到这一神圣的抗日斗争中去。

中国共产党自“九·一八”事变以来就一直呼吁组成抗日统一战线。卢沟桥事变后第二天，中国共产党即发出通电“平津危急！华北危急！中华民

①② 日本外务省编：《日本外交年表和主要文书（1840—1945）》下卷，原书房 1969 年版，第 344 页。

族危急！只有全民实行抗战才是我们的出路!”日本侵华战争的爆发不仅激化了日本同西方国家之间的矛盾，而且也导致中国国内各政党、团体、军队政治态度的重大变化。强敌当前，共御外侮，成为各种政治力量的共同心声，组成中国抗日统一战线成为全国人民共同的要求。7 月 15 日，中国共产党派周恩来等与蒋介石谈判并向国民党送交《中国共产党为公布国共合作宣言》的文件，国民党表示承认陕甘宁边区政府，8 月 14 日，中国外交部发表抗战声明表示“中国决不放弃领土之任何部分，遇有侵略，惟有实行天赋之自卫权以应之”。这表明国民政府已决心转变此前的不抵抗政策，这种转变有利于中国的抗战。8 月 22 日，中国红军被改编为国民革命军第八路军。9 月 22 日，国民党中央通讯社发表《中国共产党为公布国共合作宣言》。次日，蒋介石发表谈话，承认共产党合法地位，国共开始携手抗日，全国抗日民族统一战线形成。

2. 中国抗战初期各国的对日态度

抗战前期，各大国中只有苏联对援华抗日态度最为积极，苏联不仅在国联会议上谴责日本的野蛮侵略，并呼吁组织对日本的侵略给予集体回击，而且还向中国提供大量物资援助，仅 1938、1939 两年就先后提供 2.5 亿美元贷款。中国用这些贷款向苏联购买军火、燃料和其他物资。苏联空军飞行员还以志愿者身份来华作战，近 200 名飞行员献出了自己的生命，苏联还同中国缔结《中苏互不侵犯条约》，双方保证互不侵犯主权，互不使用武力，一方遭到第三国侵略时，另一方不得直接间接向第三国提供任何援助。苏联对援华抗日持积极态度的原因是欧洲国际形势越来越紧张，纳粹德国咄咄逼人的态势与英法绥靖态度使苏联的安全承受着越来越大的压力，日本军国主义同样对苏联抱以强烈敌意。1938 年张高峰事件和 1939 年诺门坎事件使苏联希望中国能死死拖住日本，给中国援助有助于实现苏联这一战略目的。诚如斯大林对派往中国担任蒋介石军事顾问的崔可夫将军说：“你的任务，我们驻华全体人员的任务，就是要紧紧束缚日本侵略者的手脚，只有当日本侵略者的手脚被捆住的时候，我们才能在德国侵略者一旦进攻我国的时候避免两线作战。”①日本全面侵华战争直接损害了西方各国在华特权和利益。尤其是日本大举进攻上海、华中、华南这些西方在华利益最集中的地区，越来越打破了凡尔赛—华盛顿体系所确立的远东国际格局。

① 瓦·崔可夫：《在华使命——一个军事顾问的笔记》新华出版社 1980 年版，第 31 页。

1937年9月，日本宣布全面封锁中国海岸（青岛、辽宁除外），日本军机还扫射英国驻华大使许阁森的座车，致其重伤，停泊在长江口的美国军舰帕奈号被炸沉。

对此，英、法、美等西方国家与日本的矛盾急剧加深。但他们一开始并没有采取什么有效措施来制止日本侵略，只是伴随着局势日趋恶化才逐步强硬起来。

美国在中国抗日战争爆发后不久，即由美国国务卿赫尔出面发表《关于国际政策基本原则的声明》，要求双方保持克制，空谈“维持和平”、“切戒在推行政策中应用武力”、“切戒干涉他国之内政”。这项声明调子极其温和，它既没有点日本的名，也回避对日本侵略的谴责。以至于日本也对此表示完全赞同。8月27日，美国驻日本大使格鲁给赫尔密电说美国对中日政策是“避免卷入，极力保护美国人的生命财产和权利，在保持完全中立的同时，维持我们对交战双方的传统的友谊”。赫尔表示同意，这样美国对日态度比“不承认主义”还要后退一步。美国的这种外交姿态与美国国内的孤立主义思潮密切相关。当时美国国内相当一部分公众对政府有可能使美国卷入国际冲突的反应持有强烈的警惕性，虽然他们很多人对中国抗战表示同情。但当1937年罗斯福总统发表著名的“防疫隔离演说”，不指名地谴责日本发动的侵略战争是正在蔓延的“瘟疫”，主张西方民主国家应对法西斯国家侵略采取联合行动，防止战争的继续蔓延时。国内一片哗然，由于美国的孤立主义势力强烈反对，罗斯福急忙发表声明说“制裁”是一个“可怕的字眼”，应该“扔到窗外去”。美国对日态度的软弱还同美日贸易有关，作为美国仅次于英国和加拿大的第三大出口市场，日本对美国的经济恢复和发展有着重要意义。从1937年到1939年，美国对日出口总额为7.41亿美元，占其对亚洲出口总额46%以上，因此美国不愿制裁日本。虽然“美国的废铁在远东战争中扮演重要角色，日本人用过去的废铁播下死亡，其枪炮、炸弹和军舰都是越过太平洋运来的数量日增的废钢铁制造的”①。随着日本对华侵略的不断扩大，美国在华利益越来越受侵犯。1937年12月，美国军舰“帕奈号”被日本击沉引起美国震惊，美国总统罗斯福亲自口授抗议书，指示赫尔通过日本驻美大使向天皇本人抗议，要求“美国在华侨民的生命、权益和财产今后不再遭受日军的攻击，以及日本军宪的任何非法干涉”。但日本

① 赫伯特·菲斯：《通向珍珠港之路》，普林斯顿大学出版社1950年版，第11页。

并没有停止打击、迫害英美公民和利益的行为。美国驻华使馆人员被日本殴伤、传教士被杀消息不时传出，日本还通过成立特种专卖公司汇兑统制、海关封锁、限制航运、走私贸易等，排挤英美在华势力，美国在1938年7月对日“道义禁运”，停止向日本提供飞机和飞机主要部件。1938年12月29日，美国提供中国2 500万美元贷款，中国三年内以桐油出口偿还，美国对华政策由消极“中立”逐步走向援华抗日。

虽然英国在华利益远远超过美国，1937年英国在华投资总额已达12.5亿美元。但英国对待日本侵略中国一直持妥协态度。主要是英国在欧洲面临德意的严重挑战，英德矛盾日趋尖锐，受此牵制，英国在远东的实力和地位不断下降。因此在处理对日关系上，它一方面承认根据辛丑条约，日本有权驻军华北；另一方面它又想联合美国对日本施加压力，依靠美国来打击日本，英国张伯伦宣布，没有美国的支持，英国决不对日本制裁，但美国对英国的意图抱有警惕，对于英国多次提出的联合行动建议，美国都予以拒绝。张伯伦抱怨说：“对美国人的最好的和最可靠的指望，是除了空话之外，别再指望任何东西。”①英国驻日大使克莱琪主张英国应对中日双方维持友好关系，“拖延时间，期待中日双方终于完全精疲力竭”，然后由英国“帮助实现这个悲剧冲突的合理解决”②。

英国希望通过“国际干涉”来解决中日军事冲突。1937年10月，在中国的吁请下，国联召开会议讨论日本入侵中国，在英国支持下，国联对日本的侵略行径给予谴责。并呼吁各国扩大对中国援助，不采取足以削弱中国抵抗力量的行动。但国联没有给中国以任何实际支持，只是主张召开九国公约会议来讨论中日战争问题，英国希望由美国领头在华盛顿召开，由于美国反对，会议被改在布鲁塞尔召开，会议上各大国都表示只有别国对日制裁，本国才会采取行动，因此会议无果而终。

英国决定同日本进行谈判，并努力策划召开远东国际会议来促成中日议和，1938年夏英日即开始谈判，但由于日本拒绝考虑英国在华权益，会议3个月后即破裂，欧洲慕尼黑会议结束以后，英国再次考虑酝酿国际会议来解决中日战争。1939年英国驻华、驻日大使分别同蒋介石和日本外相有田

---

① 罗伯特·达莱克：《罗斯福与美国对外政策(1932—1945)》，纽约：牛津大学出版社1979年版，第149页。

② 王绳祖主编：《国际关系史》第5卷，世界知识出版社1995年版，第9203页。

八郎进行谈判。其时日本虽然陷在中国战场上，但处在其军事胜利的最高峰，中国华北、华中、华南的大中城市几乎全部沦陷，蒋介石对是否能抵抗到底产生严重的动摇。因此对于英国的斡旋，蒋介石表达了欢迎的姿态，认为"太平洋国际会议是有益于中国的。这不是什么'慕尼黑'，这是复兴中国的步骤！"日本也表示了欢迎的姿态。英国与日本谈判达成了《有田—克莱琪协定》，英国承认日本侵华战争所造成的"中国之实际局势"，这个协定反映了当时张伯伦政府企图通过妥协退让来稳定远东国际局势。但国际形势已不容许英国这种意愿实现，一方面以中国共产党为代表的中国广大人民强烈谴责和反对"东方慕尼黑"阴谋，从而使蒋介石对远东国际会议态度日趋消极；另一方面，日本由于此前已发表近卫对华三次声明，汪精卫已公开投靠日本当了汉奸，日本已能依靠汪精卫建立傀儡政权，不再对远东国际抱有热心，同时美国也不支持召开远东国际会议，所以太平洋国际会议始终未能召开。

法国在华利益不是很大，国内政局动荡加上对西班牙内战的关注，又牵制了其很大精力，所以它对华政策是跟在英美后面，它所关心的只是日本对其印度支那属地的威胁，因此它要求英美一旦法国为支持中国，向其提供军火过境便利而遭到日本报复时，英美要给予支持。

德国的态度与英美相反，与中国先密后疏，20 世纪 30 年代初，德中政治、经济、军事关系都比较密切，德国军工产业的许多重要战略原料如钨、锑等都从中国进口，德国派出大批军事顾问辅助蒋介石，政治上蒋介石对希特勒的一套政治理念、治国思路也比较欣赏，德中官方往来频繁，德国曾长时间拒不承认伪满洲国，表示支持中国"反抗日本霸权"。英国报纸说"同其他列强关系相比，中国同德国关系更加密切，无论在经济、政治上，还是军事关系上，德国人都独占鳌头"①。卢沟桥事变后一段时间，德国对中国抵抗日本侵略持同情态度，德国继续向中国输送军火，德国军事顾问为中国政府服务，德国向日本表示"不要期望德国会赞成日本的行动"。但到了 10 月份以后，形势开始发生变化，日本对德国的对华援助感到不满，一再发出要废除《反共产国际协定》的威胁，与此同时希特勒召见德军高级将领，在 1937 年 11 月 5 日绝密会议上，希特勒决定德国准备打世界大战，考虑到英国和法国是德国主要的敌人，为此希特勒权衡利弊，决定改善德日关系，对华援助

① 英《泰晤士报》，1935 年 11 月 27 日。

开始放缓。但德国也不愿意日本独占中国，因此德国希望通过扮演“中介人”的角色来达到中日和平。德国驻华大使陶德曼奔走于中日之间，由于日本提出苛刻条件，并不断随日军进展而提高，国民政府不敢答应日方提出的条件。1938年初，中日召回大使，断绝外交关系。陶德曼调停失败。1938年2月，希特勒对德国政府改组，一大批支持中国的高级官员被赶出政府，出于德国自身战略需要，外交政策向日本方面倾斜，德中关系发生重大逆转，同年2月德国承认伪满洲国，5月停止对华出售武器并撤回军事顾问，德中关系日趋冷淡。

第二节　大战前各大国的对外政策

一、英法的“绥靖政策”

1. 绥靖政策及其根源

绥靖政策，主要是指“二战前，英法统治集团对德、意、日法西斯侵略扩张所采取的姑息退让，以牺牲弱小民族利益换取大国之间的‘和平’，避免武力冲突和对抗的一种外交政策”①。英法的绥靖政策曾让世人迷惑，因为法西斯德日强调复仇主义、沙文主义，实行国民经济军事化，要求打破现存的国际体系，首当其冲的正是国际体系最大受益国英法自身。英法对此并非没有警惕。

希特勒上台不久，英国国防需要委员会就发出警告，“德国是最大的潜在敌人，我们的长远防御政策必须针对这个敌人”②。然而事实是英法对德国一再妥协退让，甚至不惜损害自身利益，这并不能完全归罪于张伯伦、达拉第个人，虽然他们的懦弱、麻木和惊人的短视加剧了严峻的形势。绥靖政策有极其复杂的国内外背景和社会根源。

第一，产生绥靖政策的一个社会背景是和平主义思潮的泛滥。第一次世界大战历时四年，由于大战主战场在欧洲核心地区，因此亲自经历了一次

① 陈乐民：《西方外交思想史》，中国社会科学出版社1995年版，第209页。

② 基思·米德尔马斯：《绥靖战略》，上海译文出版社1978年版，第54页。

大战的一代人对大战的严酷性记忆犹新，厌战、反战情绪强烈，尤其是英国，大战后，英国国力开始衰落，虽然表面仍维持着日不落帝国的风光，但实际生活的困苦和折磨使人们对战争极其失望，即使20世纪30年代纳粹德国开始疯狂扩军备战后，也是如此，英国著名和平主义作家尼利尔斯说："就让我们失去我们的帝国吧，如果这是一种必然，就让德国人来统治我们吧，如果德国人想要如此。"[①]同时英国对德国还怀有一种负疚心理，他们认为一战责任确实不应单纯由德国承担，一战前英国欺骗了德国，使德国作出了错误的决断，而意大利在凡尔赛没有得到他们想得到的，也是英国欺骗的结果。因此英希望尽可能地宽容对待德意。而对于法国来说，一战几乎摧毁了法国东北部最发达的工业区，死亡40万人，民间厌战情绪逐步成为社会主导情绪，认为不能花钱每二十年给世界提供一个马恩河之战，尽管法西斯德国已开始整军备武，法国人的神经仍麻木不仁。

第二，英法的衰落是导致其采取绥靖政策的根本原因。第一次世界大战耗尽了英法的国力，使其走向衰落。1929年以后世界性的经济危机更是严重动摇英法等国的经济基础。与19世纪20年代英国经济占整个资本主义世界50％，法国占20％相比，到1930年英国下降到只占10％，法国占8％的地步，然而面临的困境是经济实力削弱了，负担却有增无减。一战后，英法的殖民地都扩大了，不时需要采取的警察行动分散了英法的力量和对欧洲事务的注意力。此外法国自身的困难也造成了它的软弱。法国自1870年第三共和国成立以来，政局就一直不稳，党派林立，内阁频繁变动，但在对外政策特别是对德政策方面，法国举国上下万众一心，民族主义情绪强烈，对德抱有强烈复仇之心，一战胜利后，法国这种情绪得到满足，长期被民族主义情绪压制的阶级和社会矛盾开始暴露出来，法国左右派之间的对立非常尖锐。西班牙内战爆发，又导致了法国舆论的分化，这使法国政府在作出决策时左右为难，时常顾虑其决策有可能导致国内分裂，法国军界的因循守旧、麻木不仁更加重了其心理瘫痪状态。法国越来越把自身安全寄托在英国支持的基础上，这样就把英法关系变成了骑士与马的关系，严重束缚了法国自己的手脚。

第三，欧洲传统外交惯例是造成绥靖政策的重要因素。第一次大战，如果没有美国的加入，欧洲已无法保持自身的平衡，这一点法国看得是比较清

① 马丁·吉尔伯特：《20世纪世界史》，第二卷，第116页。

楚的。法国在美国参议院否决凡尔赛和约，从而失去英美军事支持后，即努力与东欧国家加强联系，以确保德军两线作战。但法国的这一努力却遭到英国反对，英国历来奉行确保欧洲大陆势力均衡，而英国自身则充当均势仲裁者角色。因此在一战以后很长时间，英国把法国而不是德国作为自己的防范对手，因此英国在欧洲的外交政策是扶德抑法。洛迦诺公约就是一个典型事例。此外，欧洲大国外交传统使英国非常厌恶东欧诸小国。虽然这些小国是凡尔赛和约的产物。但英国心理上却鄙弃它们。认为它们缺乏民主传统，任性自私。英国对这些国家承担义务只能使英国卷入无谓的冲突。英国的态度使德国向东扩张的道路得以畅通，而且迫使法国从此开始缓和对德政策。

第四，对苏联的敌视态度促使这些国家采取绥靖政策。第一次世界大战结束以后，国际关系格局出现了根本改变，根本改变的原因就是社会主义苏联的出现。由于意识形态的敌对，英法均对苏联抱有强烈的敌意，法西斯在德意执政，对于英法来说虽然不是好事，但与共产主义制度相比，纳粹制度不会给现存的社会秩序造成危害，尽管这种看法荒唐可笑，但确确实实在很长一段时间内，对英法外交政策的实施产生了重大影响，美国驻英大使在谈论英国外交大臣哈里法克斯说："哈里法克斯先生有这样一种看法，如果这场战争继续打下去，那就意味着布尔什维克将要征服整个欧洲。"①如果说英国超然的地理形势使英国安全有一定保障，对苏联的敌视尚不足以对它造成致命的危害的话，法国置反共意识形态于国家安危之上就不可理喻了。法国的东欧盟国基本都国小力弱，如果要抵抗德国非借助苏联力量不可，实际上普法战争后，法国就认识到只有法俄联合才能对抗德国。为此资产阶级的法国同专制的沙皇俄国携起手来，没有俄国的支持，法国就无法维护自身的安全，这对许多法国有识之士来说是不言自明的，正是在法国外长巴都的顽强努力下才有了法苏联盟。可惜的是，法国目光短视的右翼势力出于对国内革命的极端恐惧，从而奉行一项背弃国家利益的外交政策，约翰·惠勒一贝内特在分析达拉第时说："他恨共产主义，也恨战争……他怕一场取胜的战争只会将法国断送在极左势力手中，归根到底，法国面临一场抉择，和德国取得谅解，或是逐渐为俄国所统治，在这两者之间，他毫无困难

① 张继平：《历史的反思——第二次世界大战的战略与策略》，时事出版社 1990 年版，第 128 页。

地作出了选择。”①

2. 张伯伦的绥靖战略

英国的外交政策在麦克唐纳和鲍德温政府时，虽然已向绥靖方向发展，但总体来说还是就事论事的。而且英国国内反绥靖运动力量也在逐步强大，这多少对英国的绥靖倾向产生了制约。1937 年 5 月，随着尼维尔·张伯伦接替鲍德温出任首相，形势陡然发生了变化，绥靖政策成为英国的基本政策，最终使英国的政治领导和外交政策变得臭名昭著。

张伯伦出身于名门望族，其父兄做过殖民大臣和外交大臣，在这个家庭里他被认为缺乏政治才能，因而他曾长期经商，只是由于家庭背景，他才得以走上仕途。

自 30 年代初，他进入麦克唐纳内阁担任财政大臣后，就极力鼓吹绥靖主义，张伯伦的思想带有典型的商人般的势利和斤斤计较。他认为集体安全、禁止侵略已徒劳无益，相信欧洲境内的少许领土变更可以满足希特勒的欲望，认为希特勒可以成为现有秩序的维护者。为此他反对重整军备，认为这只会引起恐慌的多此一举，张伯伦宣称："我不认为战争已迫在眉睫。我想运用小心谨慎的外交活动可以防止战争，也许可以无限期地防止。"②张伯伦希望他能通过单方面必要的让步达到和德意改善关系友好合作，进而能保持欧洲稳定的目的。

为达这一目的，张伯伦认为可以牺牲中东欧小国的利益。只要德国保证不在欧洲提出进一步的领土要求，并保障西欧边界安全，就可允诺"德国按照和平演变的途径"实现这种变更。张伯伦称自己的战略是"绞尽脑汁找到的一种灾难临头时避免灾难的办法"，然而这种战略充分反映英国外交可怕的麻木和卑俗，张伯伦的外交战略完全是建立在他对俄国潜力的低估上的，这种低估是对共产主义的一种情绪化厌恶，以及对东欧弱小民族国家极度的轻视，对法国的窘境缺乏同情和对德意力量过高估计之上，这位被希特勒称作"小毛虫"的英国首相的外交政策是如此卑俗、懦弱，"以至于他不仅无法使英国避免灾难，反而加速了战争的到来"。

1937 年 10 月，张伯伦派掌玺大臣哈里法克斯访德。在哈里法克斯访德期间，就奥地利、捷克斯洛伐克苏台德地区、波兰但泽地区以及凡尔赛和

---

① 约翰·惠勒一贝内特：《慕尼黑——悲剧序幕》，纽约 1962 年版，第 235 页。

② 基思米德尔马斯：《绥靖战略》，上海译文出版社 1978 年版，第 94 页。

约殖民地问题与希特勒进行了讨论。面对德国咄咄逼人的态势，哈里法克斯表现得软弱无力，他虽然没有达成任何具体协议，却向希特勒表明英国的绥靖国策，这使张伯伦深感满意，认为"哈里法克斯的德国之行在我看来是一个很大的成功，因为它达到了它的目的，就是创造一种能和德国讨论有关欧洲问题为解决的实际问题的气氛"①。希特勒也完全了解了英国的战略意图和立场。他明白"东进路上已无障碍，可以对奥地利和捷克斯洛伐克动手了"②。

二、美国的孤立主义与《中立法》

1. 孤立主义的重新抬头

一战结束后，美国曾一度表达其参与并主宰世界政治的浓厚兴趣，这是因为美国的实力已显著增强，它希望走上世界舞台并扮演主角，威尔逊总统提出的十四点和精心策划的国际联盟，就是这种思想的反映。然而由于威尔逊的个性，他同参议院外交委员会主席洛奇发生了严重对峙，洛奇并不是孤立主义者，但是他坚持美国至上，并给美国加入国联附加了一系列条件，却遭到威尔逊拒绝，参议院内孤立主义势力趁机占了上风。参议院否决了《凡尔赛和约》，并拒绝加入它一手策划的国际联盟。这说明虽然美国的物质实力已经傲视全球，但其称霸全球的思想准备还未完全成熟。

在整个 20 年代，虽然因威尔逊的挫折，对后几任总统哈定、柯立芝、胡佛产生了"照顾孤立主义者情绪"的向内收缩效应，但美国的利益要求它更多地介入国际政治活动中去，在远东，在美国的主导下建立了华盛顿体系。在欧洲，美国凭借优越的经济力量在关系欧洲安全与稳定的德国赔款问题上发挥了至关重要的作用。

但是到了 30 年代以后，美国孤立主义思潮又重新抬头，其原因一是 1929—1933 年的空前严重的经济危机，使美国人的注意力完全集中到国内经济复兴和就业问题上，罗斯福在第一次总统就职演说时，甚至都没有提到国际事务，而且美国公众还有一种"受骗"心理，认为美国将大量金钱投入欧

① 威廉·夏伊勒：《第三帝国的兴亡》(上)，世界知识出版社 1979 年版，第 426 页。

② 李巨廉、王斯德：《第二次世界大战起源历史文件资料集》，华东师范大学出版社 1983 年版，第 89 页。

洲,而欧洲人却赖债不还。为此,1934 年美国参议院通过《约翰逊法》,规定美国人不得向拒绝偿还美国政府和公民债务的国家贷款或购买其债券,这样就有意疏离同欧洲国家的财政关系,以避免卷入欧洲事务。二是一战后美国国内和平主义思潮兴起,美国公众同当时许多欧洲国家公众一样,对一战惨祸记忆犹新,因而极度憎恶战争,他们本能地相信凭借美国优越的地理位置,只要不主动介入旧大陆的国际政治,就不会使美国被拖入战火。因而"为了和平,付出什么代价都值得"。而且跟旧大陆在一起,"无论美国战败也好,战胜也好,在和平会议上,美国总要上当吃亏。"①1934 年 2 月,美国参议院外交委员会设立奈伊调查委员会,对美国参加一战的原因进行调查。调查表明,美国卷入一战是受到少数利益集团的左右。这加强了美国国内的孤立主义情绪。这种情绪造成的一个后果是美国军事力量严重不足,美军人数甚至少于福特汽车厂工人,这反过来又导致美国对日趋严重的国际局势无力作出反应。

2.《中立法》的颁布

罗斯福上台伊始,受孤立主义情况的影响,以及面临紧迫的国内经济危机,罗斯福对国际危机持冷淡态度,"前任总统胡佛的决定,罗斯福赞成的虽然不多,但是拒绝与英国联名谴责日本侵略满洲却是其中之一"②。到了 1935 年,形势开始有所变化,一方面罗斯福新政已取得显著成果,经济危机已基本平息,另一方面国际局势也日趋紧张,以致罗斯福在记者招待会上说"今天真正重要的消息是关于国外局势的"③,美国开始面临或中立或结盟的政策抉择,由于美国国内孤立主义思潮的强大影响,也由于美国希望让欧洲的德国、英法和苏联这三种力量相互影响和牵制,美国可从中获取政治经济利益的战略考虑出发,希望能推行中立政策。在这种背景下,美国国会开始考虑制订一部能防止美国卷入另一场战争的中立法。对于国会的态度,罗斯福没有反对。他和国务院都认识到孤立主义情绪势必"在相当一段时期内影响整个外交政策"④,而"美国的首要目标是避

① 威廉·曼彻斯特:《光荣与梦想——1932—1972 年美国实录》,商务印书馆 1978 年版,第 178 页。

② 同上书,第177 页。

③④ 罗伯特·达莱克著:《罗斯福与美国对外政策(1932—1945)》上册,商务印书馆 1984 年版,第 158 页。

免被卷入战争”①。

从1935年4月起，美国国会围绕中立法案的制订展开了一场旷日持久的大辩论，争论的焦点是制订一个什么样的中立法才最符合美国的利益，孤立派认为应制定一部严格的中立法，禁止出售武器和贷款给所有交战国，这样美国就可以避免卷入战争，中立派则认为美国应避免卷入欧洲战争，但不能完全孤立于世界事务之外，为了保持灵活的中立政策，应该授权给总统以决定何时援引中立法，而反孤立派则认为，只要采取中立姿态即可，不必采取禁运或干涉措施，以罗斯福为首的行政当局支持中立派，罗斯福表示他支持中立法，但交换条件是他取得“实际禁运的自由处置权”，这遭到参议院拒绝。由于国际上意阿局势日趋紧张，美国国会遂匆忙于1935年8月31日表决通过中立法案。法案规定“两个或两个以上外国之中间，发生战争或战争在进行中，总统应宣布此项事实，宣布之后，凡以军械、军火或战备，自美国之任何地方或其属地之任何地方，输出而运至该交战国或运至任何交战国所利用之任何中立国港口者，均为违法”②。罗斯福虽然对于中立法没有给予总统以灵活处置权而感到不满，但是他还是颇为勉强地签署了。因为当时罗斯福出于对战争的厌恶使他也渴望尽量避免使美国卷入战争，而且罗斯福新政正进入关键期，一些重要法案有赖国会通过，美国国内对总统权力日益扩大所表现出的担心也不能不使他谨慎。

3.《中立法》的后果

美国国会通过中立法的目的是想避免战争，从短期内来说，它是做到了这一点，但是在国际局势紧张复杂的情况下，这种独善其身的政策实际上是一种变相的绥靖政策。它的后果和英法绥靖政策一样，纵容了德、意、日的侵略扩张。加剧了世界的紧张局势，最终也无法避免战争。

1935年10月5日，在意大利发动对阿战争后2天，美国宣布对意阿禁运，由于禁运不禁止输出原料和战备物质，因此它有利于有着较发达工业基础的意大利，而不利于农业国阿比西尼亚，美国国务卿赫尔后来也承认“同交战国贸易的问题远较武器运输的总是为大……当一个像意大利这样能够自己制造武器的国家，为制造炸药而进口棉花，为制造军事装备而进口钢

① 帕特森编：《美国外交政策中的主要问题》第2卷，马萨诸塞，多伦多1984年版，第170页。
② 《现代国际关系史参考资料》(1933—1939)，高等教育出版社1958年版，第186页。

铁，为海军之需而进口石油，不是比进口机关炮和炮弹更为重要吗？"[①]由于国际舆论的强烈要求，美国在同年11月宣布实行"道义禁运"，规定向交战国出售物资数不得超过平时贸易数，但没有有效执行。11月当月，美国对意石油出口等于平时3倍。不仅如此，赫尔还对意大利驻美大使罗梭说："公开谴责意大利是侵略者的，是国联而不是美国，力图援助阿比西尼亚的是国联而不是美国；对意大利的输入实行禁运的，是国联而不是美国。"[②]美国在意阿战争中所起的作用显然比英法还要糟糕。

1936年2月，美国又对到期的中立法作了修改，这次修改增加了两条：(1) 禁止贷款给交战国；(2) 武器禁运不适用拉丁美洲，这反映了美国孤立主义只是针对美洲地区以外而言的。

1936年7月西班牙内战爆发，美国没有参加英法的不干涉委员会，但支持不干涉政策，当时，罗斯福正面临竞选连任的压力，他竭力表明其反战决心，这赢得了国内普遍赞赏。1937年1月6日，国会以近乎全票通过了对西班牙内战双方进行武器禁运的决议。4月份，国会第三次修改中立法，这次中立法的修订有三个特点：一是不确定有效期；二是明确了发生大规模内战的国家适用于中立法；三是提出"现购自运"，即美国可以同交战国进行非军火贸易。条件是须付现款，且不得由美国船只运输。美国的永久中立法显然有利于反共和政府的佛朗哥集团。因为叛军的武器主要来自于德意，由于德意是所谓中立国，这样它们不仅可以从美国直接购买大量武器援助叛军，而且还帮助佛朗哥从美国购买石油和燃料并运送回去。

在30年代，美国实施了两次中立法，但这两次中立法都没有起到预期效果，反而加重了国际局势的紧张，这说明美国缺乏一个能确认其国家利益之所在，并有效加以指导的大战略。罗斯福总统开始重新思考美国的中立政策。1937年7月7日，日本侵华战争爆发。罗斯福没有对中日实施中立法，原因是中日间没有宣战。由于中国没有远洋运输力量，又处于日本海上封锁中，能同美国做军火交易和购买战略物资的只有日本，因而不实施中立法比实施中立法还糟糕。但是罗斯福之所以不实施中立法同他对国际局势的重新思考密切相关，他已经越来越敏锐地认识到孤立主义正在损害美国利益，"伟大的领导人必须是个教育者，贯通他自己的远见同一般欲见之间

---

① 《赫尔回忆录》第1卷，纽约1948年版，第415页。

② 同上书，第439页。

的鸿沟,然而,他也必须甘愿独自前行,使其社会能够追随他所选择的道路。"[①]罗斯福开始了坚苦卓绝的设法使美国公民摆脱孤立主义的工作。1937年10月5日,罗斯福在芝加哥发表著名的"检疫隔离"演说。他说:"世界上无法无天的瘟疫正在蔓延,看来这是不幸的事实,每当一场侵害人身健康的瘟疫暴发时,社会上都会赞成并实行隔离病人,以防止瘟疫蔓延。我们决心置身战争之外,可是我们不能保证我们不受战争的灾难性影响和免于卷入战争的危险。我们正采取使我们卷入的危险减至最小限度的一些措施,但是在一个信任和安全已经遭到破坏的无秩序的世界里,我们不能得到完全的保护。"[②]这篇演说发表后孤立主义者大哗,舆论对他猛烈抨击,迫使罗斯福不得不表示"制裁是一个肮脏的字眼",应该把它扔到窗外去,罗斯福后来暗地告诉一个朋友,"你一心想领导人们前进,回头一看,跟着的却一个也没有,真可怕啊!"[③],但罗斯福还是成功利用美国军舰帕莱号被日军飞机炸沉事件,说服国会拨款重整海军军备,这是美国孤立主义开始退潮的一个表现。

1938年慕尼黑危机时,罗斯福对慕尼黑持暧昧态度,一方面他不愿意由于谈判破裂,导致欧洲战争爆发,从而把美国也卷进去,为此他没有理睬捷总统贝奈斯所提出的不要抛弃捷克斯洛伐克的呼吁,并以个人名义促请墨索里尼出面促进问题和平解决。另一方面,罗斯福对法西斯越来越强烈的憎恶,以及法西斯的侵略扩张所造成的对美国民主制度、价值观念的危害使他对中立法对他的束缚感到愤慨,慕尼黑协定签署后不到一个月,他不点名公开谴责蓄意使用战争或威胁使用战争作为政策工具的国家。两个多月后,他公开指责这样的国家正是德日意。在1939年1月4日,罗福斯致国会咨文中说:"有许多除战争以外的方法可以用来帮助被侵略的受害者,最重要的一项就是取消《中立法案》的禁运条款。"[④]罗斯福越来越坚定地同孤立主义者作坚决的斗争。以努力废除武器禁运。在罗斯福的领导下,美国开始积极同反法西斯国家进行合作,反对德、意、日法西斯国家。

---

① 基辛格:《外交》,西蒙·舒斯特公司1994年版,第282页。

② 泽文编:《无所畏惧:富兰克林·罗斯福1932—1945年演说选》,纽约1946年版,第114—115页。

③ 威廉·曼彻斯特:《光荣与梦想——1932—1972年美国实录》,商务印书馆1978年版,第250页。

④ 同注②,第165页。

三、《慕尼黑协定》及其后果

1. 吞并奥地利

希特勒在《我的奋斗》第一节里曾写道，德奥合并是一个“我们一辈子要用各种方法来实现的任务”。为此他上台伊始，即想吞并奥地利。他组建由几千人组成的奥地利军团，并接济奥地利纳粹分子武器和炸药来炸毁铁道、发电厂，暗杀政府官员以造成一种恐怖局面，这种情形到1934年7月发展到极点。在希特勒策动下，奥地利纳粹党徒杀害了总理陶尔菲斯。希特勒企图趁机吞并奥地利，但遭到英、法、意的强力阻挠。墨索里尼立即谴责对杀害陶尔菲斯负有直接责任的人，并下令4师意军驰奔意奥边境。法国总理、英国外交大臣也相继致电奥地利政府“维护奥地利独立”。面对强大阻力，希特勒不得不退缩，对陶尔菲斯遇刺表示“谴责和遗憾”，并更换了驻奥公使。希特勒的冒险失败说明吞并奥地利的时机还不成熟。从国际因素看，《凡尔赛和约》和《圣日耳曼和约》都明文规定奥地利为独立国家，禁止德国和奥地利合并，并指定英法为保证国。当时英法都没有完全实行后来对德国所采取的绥靖政策。尤其是法国，对德国竭力摆脱《凡尔赛和约》束缚的行动一直持警惕态度。在1930年世界经济危机期间，为了阻止德奥建立关税同盟，法国不惜采取外交财政压力，甚至不惜促使奥地利爆发金融危机。意大利为了确立中欧霸权，也对德国吞并奥地利企图采取敌视态度。意大利不仅多次邀请奥总理访意，强调双方在维护奥地利独立上达成完全谅解。不仅如此，意大利还在1934年2月17日与英法发表联合公报，表示在根据有关条约保持奥地利的独立和完整方面三国持有共同的看法。9月27日，英、法、意重申2月17日宣言仍为三国共同政策依据。这说明德国外交地位极为孤立，在奥地利问题上，面临大国一致反对。从国内因素看，德国刚从经济危机的打击中缓慢恢复过来，国力仍很疲惫，希特勒的扩军备战计划刚刚开始，无力对外作出强硬反应。而且，德国国内局势也不十分稳定，总统兴登堡危在旦夕。希特勒希望在陆军支持下接掌德国最高权力，不得不对外采取谨慎姿态。

到了1936年，希特勒开始重新着手准备吞并奥地利。他一方面同奥地利签订条约，重申承认奥地利的主权，另一方面又下令总参谋部秘密拟订武装占领奥地利的计划，1937年6月，这个计划被批准并命名为“奥托方案”。

11月5日，希特勒召集军政首脑秘密开会，希特勒明确宣布“我们的第一个目标，必须是同时摧毁捷克斯洛伐克和奥地利，以便在可能对西方进行的战争中解除我们侧翼的威胁”①。他不可变更的决心是：最迟在1943—1945年时期解决德国的生存空间问题。希特勒此时决定对奥地利动手，主要是他认为国际国内形势都发生了有利于德国的变化。首先，以前最坚决支持奥地利独立的意大利在历经意大利侵阿战争、西班牙内战之后，态度已经发生明显变化，德、意矛盾不仅大为缓和，而且实质上向同盟关系方向发展，墨索里尼向里宾特洛甫表示，他对为奥地利独立站岗感到厌倦，他说：“让（奥地利的）事情听其自然发展罢”②。而英法对德国重整军备、进军莱茵区等一系列事件的反应让希特勒感到放心，张伯伦上台后所实行的绥靖政策更让希特勒相信，英国也许还有法国，很可能已经悄悄地将奥地利和捷克都一笔勾销了。

从1937年底开始，德国通过奥地利纳粹党徒，不断制造事端，准备发动反政府叛乱，1938年2月，希特勒邀请奥地利总理许士尼格访问德国，许士尼格要求德国保证尊重奥地利独立与主权，希特勒满口答应，表示德国只打算与奥地利讨论“误会”与“分歧”，但实际的讨论却是一场风暴，希特勒极其粗暴地指责奥地利内外政策，里宾特洛甫向许士尼格递交最后通牒，取消对奥地利纳粹党禁令，释放所有纳粹分子，任命纳粹分子赛斯—英夸特担任主管警察和保安的内政部长，另一个纳粹分子霍尔斯特瑙为国防部长，同德国交换100名军官等等。在德国的威逼下，许士尼格被迫屈服，德奥合并的危险已摆在眼前，许士尼格试图反抗，3月9日许士尼格宣布将于3月13日举行全民公决来决定是否保持奥地利的独立，希特勒勃然大怒，他担心全民公决会导致不良后果，于是一面电令许士尼格取消全民公决并辞职，由赛斯—英夸特接任总理；另一方面准备用武力解决问题，许士尼格再次屈服了。当继任的赛斯—英夸特还没有电请德军入境时，德军就已迫不及待地开进了奥地利境内。3月13日，德奥正式合并，独立的奥地利不复存在，成为德国的一个省。

本来禁止德奥合并是由《凡尔赛和约》和《圣日耳曼和约》规定的，但是英法对此采取了默许态度，英国驻德大使向希特勒表示他赞成德奥合并，英

① 参见威廉·夏伊勒：《第三帝国的兴亡——纳粹德国史》，世界知识出版社1979年版。

② 同上书，第425页。

国国防协调大臣英斯基普甚至对里宾特洛甫说："奥地利问题如果按照德国心愿解决，不列颠内阁不会作出任何军事干涉决定。"[①]当德军开进奥地利之际，正在伦敦的里宾特洛甫向外交大臣哈里法克斯表示："德国希望为生活在其东部边界，即奥地利和捷克斯洛伐克的 1 000 万德意志人争取自决权。世界上没有任何力量能够阻挡事态朝着德国观点发展的必然趋势。"[②]哈里法克斯表示理解，因为英国外交的基本政策是必须尽一切可能同德国友好相处，法国在奥地利危机发生时，正处于无政府状态，勃鲁姆试图联合左右派成立一个联合政府，却没有成功，法国无力应对危机，只能追随在英国后面，象征性地与英国一起发了个抗议照会，却没有任何相应的行动。希特勒根本就没把这种照会放在眼里，干脆地予以拒绝。苏联的态度比较积极，当时德国越来越显示出对苏联的敌视，因此，苏联外交人民委员李维诺夫在 1938 年 3 月 17 日发表声明，谴责德国入侵奥地利，认为这不仅危及与侵略者毗邻的国家，而且危及全部欧洲国家。苏联准备"立即同其他国家在国联内外讨论为当前形势所要求的实际措施，事情拖到明天可能就已经晚了，但是只要所有国家，尤其是各大国对集体拯救和平问题采取坚定的、毫不含混的立场，那么今天还为时不晚"。但英国以"这对欧洲和平的前景未必会产生好的作用"[③]为由加以拒绝。英、法、美随即承认了德对奥合并。

这样，德国不费一弹，就吞并了奥地利，德国面积扩大了 17%，人口增加 31%，德国因此控制了中欧战略要地，形成了对捷克斯洛伐克的战略包围，加强了德国经济军事实力，提高了希特勒在国内的威望，也更加强了希特勒的野心。

2. 五月危机

德奥合并的成功使希特勒迅速把矛头指向了捷克斯洛伐克。捷克斯洛伐克原是奥匈帝国一部分，作为国家产生是凡尔赛和约的产物，它位于欧洲中心，西邻德国，东近苏联，北连波兰，南通巴尔干，战略地位极其重要，德国无论是进攻苏联将其作为基地，还是向西进攻法国消除侧翼威胁，消灭捷克斯洛伐克都是必须的，更何况捷克斯洛伐克同法国、苏联签有互助协定。此

① 维戈兹基等著：《外交史》第 3 卷，莫斯科 1965 年版，第 717—718 页。

② 李巨廉、王斯德著：《第二次世界大战起源历史文件资料集》，华东师范大学出版社 1985 年版，第 131 页。

③ 同注①，第 719 页。

外，捷克斯洛伐克拥有丰富的资源，并具有发达的工业(奥匈帝国80%的工业集中于此)尤其是军事工业，如果德国能夺取它，将能有效加强其军事潜力。

为了取得世界舆论的支持，希特勒挑起捷克斯洛伐克国内的民族纠纷，在捷西部边境的德意志族人聚居的苏台德地区制造争端。本来苏台德地区一战前属奥匈帝国，从来不是德国领土，该地区有300万德意志人，总体来说他们和捷克斯洛伐克人和平相处，没有大的民族纠纷，他们在议会也有自己的代表。1935年在苏台德地区立法选举中，受德国扶持的以康拉德·汉莱因领导的"苏台德德意志人党"占据了优势地位，但一直到1937年9月，汉莱因提出的要求都没有超出捷克斯洛伐克宪法的要求，德奥合并后，这种形势发生了明显变化，1938年4月24日，汉莱因提出了旨在使捷克斯洛伐克中央政府无法接受的八点纲领。包括在苏台德区建立"自治"政府，允许自由接受纳粹思想等要求，"这8条要求的实质是所有德意志人必须按照纳粹主义的原则来生活"。捷克政府当即就拒绝了8点纲领。但也表示会满足各少数民族的合理要求。然而5月1日，汉莱因明确表示这是最低要求，无法让步，形势开始危急起来。作为法国和苏联的盟国，捷克斯洛伐克同两国有互助条约。条约规定一旦捷克斯洛伐克的独立和完整受到威胁和侵犯时，法、苏应给予援助，只不过苏捷互助条约上多了一条，只有法国给受攻击的一方援助时，这项条约才生效。这样法国的举动就格外引人注目，不幸的是刚刚担任法国总理的达拉第和他的外交部长庞纳都主张对德采用绥靖政策，虽然在1938年4月28日至29日法英会谈时，法国要求英国政府同意此前苏联政府所建议的，由三国向捷克斯洛伐克提出共同保证，但英国予以拒绝。法国妥协了。从此在苏台德问题上法国亦步亦趋地跟着英国。5月7日，英法驻捷公使拜访捷外交部长，要求捷克斯洛伐克政府以"谅解精神"同汉莱因的党举行直接会谈，尽管捷克斯洛伐克予以拒绝。但它意识到日后这种压力还会不断接踵而来。英法的绥靖政策使德国的胆子变得更大了，5月19日，德军4个摩托化师向德捷边界集结，意图为全面侵捷做准备，面对德国的挑衅，捷克斯洛伐克开始部分动员，德国拒绝通过妥协来解决问题，使英法感到极度不安，它们决心对德施加压力，以迫使德在英法可接受范围内行事，法国表示，如果德军侵捷，法国将履行《法捷互助条约》义务。英国大使则展开疲劳轰炸式的外交压力，三番五次造访德国外交部，询问德军调动情况并告诫德国外长，英国无法保证在法国介入的压力下不会介入，苏联最高苏维埃主席加里宁则宣布“互助条约不禁止每一方提出援助，无须等待法国”。捷德边界的对峙引起了欧洲局势的高度紧张，五月危机达到最紧张时刻，由于欧洲英、法、苏三大国出于抵制德国采用武力威胁小国，破坏欧洲和平与稳定的共同利益，采取了强硬姿态，迫使德国在没有做好充分战争准备的情况下后退。5 月 23 日，德国外交部通知捷公使，德国对捷没有任何侵略意图。5 月 26 日，汉莱因奉希特勒之命恢复了同捷政府的谈判。然而紧接着 5 月 30 日，希特勒就签发了入侵捷克斯洛伐克的“绿色方案”的新指示，这个指示开头第一句话就是：“我的不可变更的决心就是在最近即以军事行动粉碎捷克斯洛伐克。”“务必保证‘绿色方案’最迟在 1938 年 10 月 1 日能够付诸实施。”①

3. 伯希特斯加登和戈德斯堡会谈

五月危机的缓和并不代表英法的绥靖政策起了变化，实际上在危机高潮时，英国驻法大使就向法国外交部长递交英国照会，照会要求法国政府不要对英国政府可能采取的态度存在任何幻想。英国不可能为了捷克斯洛伐克而打一场欧洲战争。英国的态度削弱了法国的信心，法国外长庞纳甚至背着总理告诉捷克斯洛伐克总统贝奈斯，不应指望法国会单独进行干涉。

英国政府在 7 月份开始了新的行动，即派伦西曼勋爵去调停，不过这个调停行动不是为了阻止希特勒的侵略，而是逼迫捷克斯洛伐克政府向希特勒让步，“对苏台德日耳曼人的友好姿态越来越多，对捷克政府的要求也越来越多，苏台德人要什么，就要捷克政府给什么。”9 月 5 日，捷克政府忍痛作出让步，同意八点纲领的七点要求，但这时已不能满足希特勒的欲望了，希特勒已充分了解英法的底细。9 月 12 日，希特勒在纽伦堡发表演说，声称苏台德德意志人正在受折磨，捷克斯洛伐克政府正是帮凶，如果他们无法自卫，德国就必须保卫他们，希特勒虽然没有提出合并苏台德地区，因为绿色方案确认 10 月 1 日为越过捷克边境的日子，但这已使英法开始惊慌起来，9 月 12 日，法国内阁开会，外长庞纳认为法国和捷克斯洛伐克军事实力加在一起也不如德国，与德国作战毫无希望，这是根据法军总参谋长甘末林的报告得出的结论，但事实是甘末林报告认为法捷军事实力强于德国，尤其是在坦克方面，如果德发动战争，其结局是西方民主国家将按自己的意愿决

① 李巨廉、王斯德著：《第二次世界大战起源历史文件资料集》，华东师范大学出版社 1985 年版，第 208 页。

定和平的条件。不幸的是庞纳外长脆弱的神经已经被第二天苏台德地区纳粹分子的武装叛乱摧垮了。按照英国驻法大使的话说他“已经完全垮了”。虽然这场叛乱仅仅两天就被捷克政府平息了。在庞纳的影响下，法国政府认为事态极为严重，总理达拉第紧急约见英国驻法大使，要求张伯伦首相直接和希特勒接触。当晚张伯伦就给希特勒发去急电要求和他会晤，喜出望外的希特勒立即予以同意，两天之后，在伯希特斯加登，张伯伦和希特勒举行了会谈，希特勒咄咄逼人地要求将苏台德地区割让给德国，而张伯伦则表示他个人同意苏台德地区脱离捷克斯洛伐克，他希望回到英国报告他个人态度，并且取得政府的批准。

9月16日下午，张伯伦一回到伦敦就开始忙着争取他的内阁成员和法国人同意他的投降政策，张伯伦没费多大力气就实现了这一点。9月18日，英法两国一致同意，不惜一切代价避免战争。9月19日，英法两国向捷政府发出照会，要求把凡居民半数以上为日耳曼人的领土全部割让给德国。“法英两国政府明白为了和平事业，要求捷克斯洛伐克政府作出何等巨大的牺牲，但是由于这一事业既关系到欧洲全体，也关系到捷克斯洛伐克本身，它们认为，它们有责任一起坦率提出获致和平所必需的条件”。这份照会引起了捷克斯洛伐克举国上下的震动和愤怒。捷政府拒绝了英法照会，认为接受这个建议将使捷“迟早置于德国的完全统治之下”。复照还提醒法国应遵循法捷互助条约义务。但9月21日凌晨两点一刻，英法公使粗暴地把贝奈斯从床上叫起来，要求他收回拒绝英法建议的照会，并且威胁说，如果他不撤回这一照会，捷克斯洛伐克将单独对德作战，苏联政府表示支持捷克斯洛伐克，信守苏捷互助条约，然而苏捷互助条约规定，“苏联人只有在法国出兵支援的条件下才能出兵，而法国人这时已经背约了。”①9月21日下午，捷克斯洛伐克政府屈服了，“捷克斯洛伐克政府为时势所迫……只好以沉痛的心情接受英法两国的建议……这些建议是在事先未征求它同意的情况下提出来的”②。

9月22日，张伯伦带着建议到戈德斯堡去同希特勒会晤时，希特勒又提出了新的要求，德意志族人占50%以上的地区由德国直接占领，德意志

① 威廉·夏伊勒：《第三帝国的兴亡——纳粹德国史》，世界知识出版社1979年版，第546页。
② 李巨廉、王斯德著：《第二次世界大战起源历史文件资料集》，华东师范大学出版社1985年版，第324页。

人不占多数的地区，应由“公民投票”决定其归属，同时，捷克斯洛伐克还要满足匈牙利和波兰提出的领土要求，并且捷克人必须从 9 月 26 日上午 8 时开始撤退，到 9 月 28 日撤退完毕，并且所有物品应保持现状，对于希特勒的出尔反尔，张伯伦既吃惊又迷惑不解，不过骨子里浸透绥靖政策的他还是把这些苛刻条件转交给捷克斯洛伐克，而希特勒也作了一点“让步”。容许捷克人撤退期限延长至 10 月 1 日，这个他本来预定进兵捷克的日子。并表示这是他对欧洲最后一块领土要求。

希特勒的苛刻条件引起各国一片哗然，捷克当即拒绝戈德斯堡备忘录，并宣布全国总动员，法国政府 9 月 25 日宣布将履行法捷条约义务，27 日法国开始部分动员，甚至英国内阁成员都表示愤懑。海军大臣库珀坚决反对张伯伦的政策，甚至外交大臣、“绥靖号大副”哈里法克斯也说：“如果首相要我带头，我就坚决赞成拒绝希特勒的条件。”苏联也表示，只要捷克斯洛伐克奋起反击，苏联就给予军事援助，苏联还向西部边境派出 30 个师，并命令空军、坦克部队进入战备状态，苏联还警告波兰不得入侵捷境，否则苏联将废除苏波互不侵犯条约，这样张伯伦不得不通知希特勒，如果法国履行对捷克斯洛伐克的义务，英国也将予以支持。

4.《慕尼黑协定》

形势似乎在朝着不利于希特勒的方向发展，甚至美国总统和瑞典国王都出来告诫希特勒如果战争爆发，德国是唯一要对此负责的国家，许多德国将领也反对鲁莽从事，准备一旦战争爆发就逮捕他。悲剧是希特勒早已洞悉英法色厉内荏的本质，一方面希特勒在 9 月 26 日发表演说疯狂叫喊：“如果到 10 月 1 日，苏台德区还没有交给德国，我希特勒将亲自作为第一个小兵，同捷克斯洛伐克作战。”他坚持 9 月 28 日下午两点以前，捷克斯洛伐克必须作出最后答复，否则德国将发动进攻。与此同时，他又拼命向英法摇动橄榄枝。9 月 27 日夜，希特勒用急电拍给张伯伦一封语调温和的信，他否认德军到了分界线以后会继续前进，表示将和捷克人举行谈判，并给予捷克斯洛伐克剩余部分以正式的保证。张伯伦立即抓住了这根救命稻草，表示“我确信你可以不必打仗，而且不用等待就会得到一切主要的东西”①。他建议邀请捷法意的代表一起到德国讨论有关移交的各项安排，张伯伦还马上发了一封电报给捷总统贝奈斯，表示“波希米亚将受到德国军队的蹂躏，

① 威廉·夏伊勒：《第三帝国的兴亡——纳粹德国史》，世界知识出版社 1979 年版，第 564 页。

另外一个或几个国家不论做什么，都不能挽救你的国家和你的生命免于这种命运。不论世界大战的结果如何，都一定是这样”①。

9 月 28 日是希特勒的最后通牒到期的日子，然而布拉格丝毫没有任何接受戈德斯堡建议的迹象，这使希特勒极为不安。上午 11 时，墨索里尼同意调停，希特勒松了一口气，就此下台阶，邀请英、法、意三国于第二天来慕尼黑开会解决捷克斯洛伐克问题。

9 月 29 日，张伯伦、达拉第、希特勒、墨索里尼在慕尼黑举行四国首脑会议，这就是臭名昭著的慕尼黑会议。捷克斯洛伐克代表只能等在隔壁房间而没有资格参加会议，墨索里尼提出一个书面建议，这个建议是德国代拟而以意大利名义提出来的。却得到了张伯伦、法拉第的赞同。令人作呕的是，张伯伦竟然声称，他本人也想到过一个同这个建议相似的解决方法，9 月 30 日凌晨，四国签订了《关于捷克斯洛伐克割让苏台德领土给德国的协定》(简称《慕尼黑协定》)。协定规定，苏台德地区与捷南部同奥地利接壤地区割让给德国，捷克斯洛伐克必须从 10 月 1 日开始 10 天内自上述领土撤退完毕，德军分区占领日耳人居住地区，其他不能确定日耳曼人占多数地区则成立一个国际委员会来确定归属，英法将保障捷克斯洛伐克新国界不受无端侵犯。

协定签订后，张伯伦和达拉第向捷克斯洛伐克代表宣布了协定内容，责令他们遵照执行，“由于协定已被认为是接受了，并不期望他们有什么意见或答复”②。捷克斯洛伐克政府于 9 月 30 日上午被迫接受慕尼黑协定，10 月中旬英、法、德、捷组成的国际委员会，决定干脆取消在不确定日耳曼人占多数地区实行公民投票的决定。将凡是德国所要求的地区都划给了它，匈牙利和波兰的领土要求也得到了满足。

9 月 30 日，张伯伦同希特勒单独举行会谈，希特勒欣然同意了张伯伦的提议，签署了《英德宣言》宣称：“我们一致认为英德关系的问题对两国和对欧洲都具有最大的重要性，我们把昨夜签字的协定和英德海军协定看成是我们两国人民再也不想彼此交战的愿望的象征。我们决心以协商的办法处理任何其他涉及我们两国的问题的办法，我们决心继续努力，消除可能引

---

① 威廉·夏伊勒：《第三帝国的兴亡——纳粹德国史》，第 562 页。

② 约翰·惠勒·贝内特：《慕尼黑——悲剧的序幕》，北京出版社 1978 年版，第 186 页。

起分歧的原因，从而有助于确保欧洲的和平。”[1]12 月 8 日，法德也签订了类似宣言。宣称两国将保持和发展“和平和善邻的关系”，“庄严地承认两国之间目前所划定的疆界是确定的疆界”。

慕尼黑协定的后果是极其深远的，在某种意义上它导致了第二次世界大战的爆发。

对捷克斯洛伐克来说，它丧失了将近 1/5 的领土，近 1/4 的人口和 1/2 的工业生产能力，而且它的国防工事也遭到破坏，本来，捷克斯洛伐克在该地区有大量坚固的工事，构成了欧洲仅次于马其诺防线的防线。

对德国来说，捷克斯洛伐克所失即为它所得，德国获得 11 000 平方英里土地，280 万日耳曼人和强大的工业。这对德国来说不但大大加强了经济和军事实力，而且大大提高了希特勒的个人声望，在短短六个月内，德国增加了一千万人口和大片领土而不曾牺牲一个德国人性命，这造成了“元首是一位征服者、英雄式的人物”的形象，而德国内部原来曾有一部分人由于担心希特勒的冒险会给德国带来灭顶之灾，准备在战争爆发就采取措施逮捕他，现在由于希特勒的显赫成功而无法再反对他。

对于英法来说，表面上慕尼黑协定避免了战争，《英德宣言》、《法德宣言》加强了英法国内的这一乐观态度，张伯伦和达拉第回国时，为此受到公众热烈欢迎。然而历史证明，正是英法领导人的麻木和愚昧加剧了本已十分严重的国际危机。他们的懦弱并没有带来和平，相反慕尼黑协定后，希特勒就和墨索里尼商量好，时候一到就对英法开战。“他们孝敬我们越多，我就越是要架子十足地向他们提出更多的要求”。慕尼黑协定签订后，希特勒就决定清算捷克斯洛伐克。

里宾特洛甫在 1938 年 10 月访问罗马时说过“在慕尼黑的一切发生以后，轴心国处在特别有利的地位。甚至有利到我们国内有些人完全不能理解的程度”[2]。丘吉尔在 1938 年 10 月 5 日，发表演说时说：“我们未经战争就遭到了一次可耻的失败，其后果将对我们有着深远的影响……不要以为这种事会从此结束，这不过是算账的第一步，只不过是以后几年还要递给我

① 《国际条约集》(1934—1944 年)，世界知识出版社 1961 年版，第 211—212 页。

② 李巨廉、王斯德著：《第二次世界大战起源历史文件资料集》，华东师范大学出版社 1985 年版，第 375 页。

们的苦酒的第一口，第一次尝尝味罢了。"①丘吉尔对张伯伦说："让你在战争与耻辱之间作一抉择，你选择了耻辱，而你将来还得进行战争。"②而对法国人来说这更是一场大灾难，法国人认识到自己的安全利益之所在，却不敢坚持，这使它在欧洲大陆地位受到彻底动摇，法国的同盟国大失所望，从此法国苦心经营的同盟体系逐步瓦解。

慕尼黑对苏联的外交政策产生重大影响，苏联作为捷克斯洛伐克的盟国却被摒弃于慕尼黑会议之外，这就加深了苏联对英法的猜疑，英法同苏联矛盾加深，苏联开始考虑修正自己原来的集体安全政策，去制订新的外交政策。

四、苏联的集体安全政策

在整个20年代，苏联几乎被排斥在国际政治舞台之外。苏联的艰难处境使它把与德国的关系看成是反对英法帝国主义霸权的重要战略措施。

随着1929—1933年资本主义世界空前严重的经济危机的爆发，整个国际关系和国际基本力量发生了重大变化。曾长期同苏联保持友好关系的德国，自希特勒上台执政后，双边关系日趋恶化，3月2日，希特勒在柏林体育馆发表了对苏联空前激烈的攻击的演说，国社党外事局局长罗森堡，公开建议德意联合进攻乌克兰和高加索。1933年出席世界经济会议的德国代表胡根堡主张让"缺乏生存空间"的人去支配，并暗示可以通过损害苏联的利益来获得，1933年秋，希特勒公开表示"恢复德俄关系已属不可能"。而陷入经济危机窘境的西方国家则因为面临日益严重的国际政治经济危机开始逐步调整对苏政策。

这种调整首先是从美国开始的，自苏联成立以来，美国出于意识形态、债务等因素一直拒绝承认苏联。到30年代，这种政策已难以为继，从政治角度看，日本对华侵略扩大已严重威胁到美国利益，欧洲动荡的局势也让美国揪心不已，作为欧亚大国的苏联不能不成为美国对外政策需要认真考虑的因素，诚如《纽约时报》所言"苏联是对付侵略的屏障，它在一个大陆上对

① 特尔福德·泰勒著：《慕尼黑：和平的代价》，新华出版社1984年版，第1518页。
② 同上。

付军国主义的日本，而在另一个大陆上对付希特勒德国”①。从经济角度看，美国的经济危机要求美国必须寻找新的市场，而庞大的苏联市场显然使资本家很感兴趣，美国国内公众同情苏联的情绪也不断增长，要求同苏联建交的呼声越来越高，而且苏联作为一个大国，始终无视其存在也是不现实的。

1933年5月16日，罗斯福向世界各国发出公开呼吁书，要求所有政府共同努力，以确保日内瓦裁军会议成功。这份呼吁书也送给了苏联最高苏维埃主席团主席加里宁，加里宁复函表示完全同意，它意味着美国准备承认苏联。10月份，由罗斯福倡议，美苏建交谈判“从厨房移到客厅”，双方互致信函同意举行正式建交谈判，11月初苏联外交人民委员李维诺夫同罗斯福总统与赫尔国务卿举行会谈达成协议。关于宗教信仰问题。双方同意在苏联，美国公民有举行宗教仪式权利，苏联予以保障。关于两国财产债务问题。苏联向美国支付7 500万到1.5亿美元以解决双方债务问题，苏联放弃要求美国对西伯利亚进行武装干涉所造成的损失进行赔偿。

双方还明确承诺：(1) 相互尊重领土主权和不干涉内政。(2) 不破坏对方国家安宁、幸福和安全。(3) 双方不允许意图推翻对方国家的团体、组织在本国存在和活动。

苏美建交对国际关系产生了重要影响。斯大林在评论美苏建交时说：“问题不仅在于这件事增加了维护和平事业的机会，改善了两国之间的关系，加强了两国之间的贸易联系，打下了相互合作的基础，问题在于这件事在新旧两个时期之间立下了界标，在旧时期中，各国把美国当作一切反苏趋向的堡垒，而在新时期中，这座堡垒已经自愿拆除以适应两国双方的利益。”②在这以后又有一批国家同苏联建交。

苏联提出集体安全政策和加入国联。国际局势的急剧变化使苏联认识到其外部环境已发生了显著变化，法西斯德国和日本已成为苏联最直接最严重的威胁，苏联清醒地认识其力量有限，苏联必须团结爱好和平力量来同法西斯对抗，美苏建交给了苏联以巨大信心。而西方民主国家面对法西斯的威胁也对改善同苏联关系有着浓厚兴趣，尤其是法国，先后同苏联签订了法苏互不侵犯条约和法苏贸易协定，甚至主张建立联盟，这表明建立反法西

① 〔美〕《纽约时报》1933年10月21日。

② 斯大林：《列宁主义问题》，人民出版社1972年版，第522页。

斯统一战线是可行的。

1933年12月12日，联共(布)中央通过开展为争取集体安全而斗争的决议，主张用集体安全力量反对法西斯国家侵略行动以维护和平。苏联外交部根据此决议在答复法国政府采取何种联合措施以反对德国备战行动时，拟订了一项建立欧洲集体安全体系建议，得到联共(布)中央同意。它包括：(1)参加国际联盟；(2)在国联内缔结区域性相互保护协定；(3)比利时、法国、捷克斯洛伐克、波兰、立陶宛、拉脱维亚、爱沙尼亚、芬兰或其中某些国家参加上述协定，但法国和波兰必须参加。缔约国在遭到未曾预见到的军事进攻时，保证相互提供外交、道义和可能的物质援助。此前苏联还提出了一个与此类似的由日、苏、美、中参加的区域性太平性公约。

在法国的倡议和推动下，1934年9月15日，法英等30个国联成员国联名向苏联发出邀请。9月18日，国联大会举行表决，以39票赞成，3票反对，同意苏联加入国联并担任常任理事国。苏联代表李维诺夫发表声明，保证遵守国联会员国应负的一切国际义务和决定，但是对苏联参加国联之前，国联所作出的决议一概不负责任，苏联加入国联后，一再呼吁只有通过集体努力和集体的物质保证，和平才能建立。

苏联认为现实的途径是应通过反法西斯侵略的双边和多边互助条约来保证和平，为此，苏联积极支持筹划缔结《东方条约》。这和一批富有远见的法国政治家看法相同，尤其是法国外长巴都，巴都虽然在国内实行反共政策，但他深知法国的主要威胁是德国，巴都“相信红军胜过相信意大利军队，在他看来，东方条约显然是一个建立真正的法苏联盟的特别手段”①。巴都为此提出了《东方条约》草案，他建议签订两个相互联系形成一个体系的条约。第一个条约由苏联、德国、波兰、捷克斯洛伐克、爱沙尼亚、芬兰、拉脱维亚互助公约，第二个公约是法苏互助公约，缔约各方不得给予任何侵略以任何支持，苏联成为洛迦诺公约保证国，法国成为东方公约保证国。对之苏联给予了积极支持，虽然德国、意大利、波兰都拒绝接受，英国也有保留地支持，但它显示了建立真正法苏联盟的可能性，因而法国舆论和明智的政治家都表示赞成。法国国民议会外委会主席、老资格的政治家赫里欧说：“只有一个国家是我们所需要的平衡力量，它能够在战时建立第二战线，这就是苏联，法国必须与苏联结盟。”不料，1934年10月巴都在马赛迎接南斯拉夫国

① 让—巴蒂斯特·迪罗塞尔：《外交史》，上海译文出版社1992年版，第182页。

王亚历山大时，两人同遭暗杀。继任的赖伐尔在国内舆论和大部分政界人士催促下，于 1934 年 12 月 5 日，同苏联外长李维诺夫在日内瓦签订了《法苏关于东方公约的议定书》，声称两国在外交上合作，加强相互信任，不进行旨在缔结妨碍东方条约所包含精神的双边或多边谈判。1935 年 5 月 2 日，在苏联的建议下双方在巴黎缔结了互助条约，条约规定，“当苏联或法国成为任何一个欧洲国家侵略威胁和侵略危险的对象时，法国和苏联彼此保证相互立即进行协商，以便采取关于遵守《国联盟约》第 10 条规定的措施。”如果苏联或法国成为“任何一个欧洲国家无端侵略的对象时，双方保证立即相互进行支援和协助。”①5 月 16 日，苏联又与捷克斯洛伐克签订了互助条约，内容相似，只不过附加了一个条件，即只有法国援助捷克斯洛伐克时，苏联才有义务援助，因为捷克斯洛伐克不愿把自己政策的方向由西方转到东方。

法苏、捷苏条约的签订是苏联集体安全政策的积极成果，从当时欧洲力量对比看，法国、苏联是欧洲大陆力量最强大的两个国家，如果两国能同心协力。那么，德国如果发动战争就会遭到两线夹击。而希特勒自己都认为如果陷入两线作战。那么对德国来说犹如一场噩梦，可惜的是，后来决定法国对外政策的赖伐尔、达拉第之流都是鼠目寸光之辈。保罗库邦说赖伐尔“即使在发生必须加以制裁的事件的时候。他对人仍然彬彬有礼，给人造成一种一切照旧的感觉。”②由于法国后来追随英国实行绥靖政策，因此拒绝苏联关于签订相应的军事协定，以补充互助条约具体内容的合理要求。因此，法苏条约实际上没有起到多大作用。

第三节　大战前夕的国际关系

一、德意军事同盟的建立

希特勒上台伊始，德意关系并不十分融洽。一方面是墨索里尼的野心与希特勒的野心产生了碰撞。另一方面是德国把改善同英国的关系放在首

① 《苏联对外政策文件集》第 4 卷，莫斯科 1946 年版，第 30 页。

② 让—巴蒂斯特·迪罗塞尔著：《外交史》，上海译文出版社 1992 年版，第 184 页。

要位置上。希特勒曾鼓吹英德合作，希望能借助英国抑制法国，并争取它支持德国扩军。在相当长的一段时间，英国确实以很宽容的姿态看待德国。然而英国的宽容毕竟是有限度的。它不能容许法西斯国家对国际秩序产生根本性的挑战。而对德国来说，“缔结同盟的目的如果不包括战争，这种同盟就毫无价值。我们缔结同盟只是为了进行战争。”因此，希特勒很快就把视线转移到了同样对凡尔赛和华盛顿体系不满的意大利和日本身上。由于德国在意大利侵阿战争中给了意大利以有力支持，对意大利起了雪中送炭的作用。这使德意关系迅速好转起来。意大利认识到它争夺殖民地和势力范围的主要对手是英国和法国，野心虽然大实力却不足，这就必须借助德国的支持，德意在干涉西班牙的过程中更加密切了它们之间的关系。1936 年 10 月，意大利外长齐亚诺访问柏林，双方达成秘密协议。德国承认意大利兼并阿比西尼亚，双方承认佛朗哥政权并给其援助。并在重要国际问题上采取一致立场。希特勒在接见齐亚诺时，赞扬墨索里尼是世界第一流政治家。谁也比不上他，并且第一次提出了建立一个以反对布尔什维主义为幌子，实际针对英法等国的联盟，11 月 1 日墨索里尼在米兰发表演说，说：“柏林会晤的成果是两国在某些问题上取得谅解……这个谅解是——这条柏林—罗马垂直线并不是一层隔板……这是一个轴心，可以在这个轴心周围团结所有愿意进行合作和维护和平的欧洲国家。”①这样德意就达成协定，把多瑙河地区从意大利势力范围划入德国势力范围，柏林—罗马轴心形成。

在欧洲德国与意大利接近时，德国也加强了同日本的交往，德日关系和德意关系一样，一开始也是困难的，因为日本毕竟是一战战胜国，其在一战中收益都是从德国手中所得，德国在中国山东权益与德属太平洋岛屿一战后归日本所有。另外，德中关系也相当密切。但是有两点因素使德日关系好转有了基础，一是德日两国都是通过自上而下的改良路线进入强国行列的。国内的军国主义传统有强大的势力，民主制度没有在两国扎根，因而一战后，德国根本没有反省自己，只是一味对凡尔赛—华盛顿体系表示不满，而日本则对这个体系没有满足其独占远东的意图同样感到不满。二是意识形态因素，希特勒上台后对共产主义极为仇视，敌视苏联，这和日本相同，因此 1934 年后，德日关系开始逐步改善，此外德日的战略重心分别是欧洲、中东和亚洲太平洋地区，这也使双方的利益暂时不会发生碰撞。

① 让—巴蒂斯特·迪罗塞尔著：《外交史》，第 209 页。

1935年5—6月间,日本驻德大使馆武官大岛浩开始和里宾特洛甫秘密接触。德国向日本提出缔结《反共产国际协定》,日本军部予以赞同,但外务省表示了顾虑。日本二·二六事件后,军部独裁体制建立,把国防、外交放在消除苏联威胁,阻止赤化发展上,这使德日谈判进展顺利,1936年11月25日,《德日反共产国际协定》签订,要求缔约国"对共产国际的活动相互通报,并协议关于必要的防卫措施",为此"紧密合作"。除正本外,还有一个针对苏联的秘密附件,"遇缔约国一方无故遭受苏联进攻或进攻威胁时,不采取任何有利于苏联的行动。并应立即着手讨论保护共同利益的措施。"①德国《反共产国际协定》表面上是反共的,但正如里宾特洛甫所说:"形式上我们还要把苏联当作主要敌人,然而实际上,我们完全应该把英国当作主要敌人。"②1937年9月25日墨索里尼访问德国,受到隆重接待,此后意大利也加入《反共产国际协定》,一年后意大利也退出了国际联盟。

由于《反共产国际协定》没有规定明确的军事义务,因此德、意、日从1938年起开始商讨建立军事政治同盟谈判。谈判是从德国和日本开始的。为了加强气氛,德国在1938年2月承认了伪满洲国,并撤走德国在华军事顾问。然而德日谈判依旧不顺利,主要原因是:(1)日本不愿放弃在中国及太平洋属地上的独占利益。德国希望在中国获得"较任何第三国更为有利的地位"。日本不仅没有满足这一要求,而且在日占区同排斥英美企业一样排斥德国企业。(2)德国要求归还其太平洋属地更使日本不安,德国驻日大使就日本在太平洋属地的态度向柏林报告说:"日本对于南海地区委任统治地的政策是绝对清楚的。日本在任何条件下,甚至冒着失去德国友谊的风险,也不会退出太平洋岛屿。"(3)日本内部有分歧,德国的目的是这个同盟既针对苏联,又针对英美,并规定一旦缔约国之一卷入战争,其他缔约国将予以援助,日本陆军大臣板垣对军事同盟持积极态度。认为这样可以有助于牵制英美势力,并防止苏联卷入中日战争。但海军和外务省却持反对态度,海军对同英美开战缺乏把握,外务省也认为日军主力正陷入中国战场,如同德国结盟将树敌过多,缺乏外交回旋余地,因此主张同盟只限于针对苏联。外务省主张得到天皇支持。日本的主张遭到德国的反对,德国已秣马厉兵准备向波兰开战,因此主张当前主要敌人是英法,倾向于暂时缓和

① 《国际条约集》(1934—1944年),世界知识出版社1961年版,第111页。

② 三宅正树著:《日德意三国同盟研究》,南窗社1975年版,第124页。

同苏联关系，双方反复协商的结果是无法达成妥协。1939 年 4 月谈判破裂，德国转而致力于同意大利谈判，德意起初谈判也很不顺，因为《英意协定》刚刚签订，英国对意大利作出重要让步，承认了意大利吞并阿比西尼亚，意大利不愿迅速与英国疏远。此外意大利经济对美国依赖性很大，在意大利不清楚日本的立场情况下，它不愿成为美国的敌人，慕尼黑协定签署以后，西方民主国家虚弱显露无遗，意大利决心向德国靠拢，墨索里尼致信希特勒"我们决不能建立一个单纯防御性的同盟，这种同盟没有任何必要，因为没有人想要进攻极权国家。我们希望建立一个同盟，目的是改变世界"①。1939 年 5 月，德国外长和意大利外长在罗马签订《军事同盟条约》，即《钢铁盟约》。此条约规定："如果缔约一方的安全或其他重大利益受到外来的威胁时，缔约另一方将给予受威胁一方充分的政治上和外交上的支持，以消除该威胁。""一旦爆发战争，双方应以全部军事力量在地面、海上、空中互相给予支持。"②双方还确定组成常设委员会以加强相互协调。

德意军事同盟条约明确规定相互承担军事义务，以推翻现存国际体系，夺取欧洲和世界霸权。它的签订被齐亚诺称为"真正的烈性炸药"。新的世界大战逼近了，不过由于意大利的圆滑，在会谈中，也提到了意大利三年内尽可能避免冲突的想法。因而二战爆发时，意大利临战脱逃了。

二、英法反德阵线形成

慕尼黑协定后，英法所幻想的和平局面的到来很快被证明是一场虚幻。1939 年 3 月 15 日，德军长驱直入残存的捷克斯洛伐克。这使英法大为震惊。虽然在此前，英法情报机关的材料已表明德国即将进攻西方而不是东方，但是德军进占捷克斯洛伐克还是给予张伯伦以震动，他终于认识到希特勒是一个食言背信之人，"他是一个无法无天的人"，认为希特勒"如果以为我国由于认为战争是一件无谓残酷的事情，因而已失尽血性，以至在受到挑战的时候也不会尽其全力来同其他国家一起予以抵抗，那就是大错特

① 李巨廉、王斯德：《第二次世界大战起源历史文件资料集》，华东师范大学出版社 1985 年版，第 378 页。

② 《国际条约集》(1934—1944 年)，世界知识出版社 1961 年版，第 219 页。

错了"①。

为了应付急剧变化的形势,1939 年 3 月 15—21 日,英法领导人在伦敦展开磋商,两国外长一致认为在对德作战中波兰有着特殊意义,双方互换照会,规定了战时相互支援的义务,英法还开始着手实行义务兵役制,开始向东欧各国和土耳其提供援助以争取它们站到英法一边。可惜除了土耳其考虑到海峡安全,并且由于英国的帮助,法国将有争议的亚历山大勒塔归还给土耳其,因而使土耳其宣布站在英法一边以外,其他东欧国家或表示中立,或明确宣布站在德意一边,这无疑是慕尼黑协定的后果。它们对英法的援助顾虑重重,甚至不抱希望,这样波兰的作用就格外显现出来,因为波兰是东欧最强大的国家,而且也是法国的盟国,如果德意入侵英法,波兰必定会站在德国的对立面,使其处于两线作战之境,法国也不能再允许这个重要盟国落入德国之手,这样法国对德包围体系就会彻底崩溃,德国下个目标很可能会轮到法国,英国同法国持有相同立场。

德国虽然决心消灭波兰,但还企图通过不流血方式取得成功。早在慕尼黑协定签订后不久,德国外长里宾特洛甫在会见波兰驻德大使时就提出,波兰应把但泽划归德国,德国穿过"走廊"建造一条属于德国的公路和一条享有治外法权的双轨铁路,波兰在反共产国际协定基础上同德国执行共同对苏政策,德国则以乌克兰部分领土回报,并延长德波互不侵犯条约十至二十年,但遭到波兰拒绝。因为波兰对德国和苏联实行等距离外交政策,不想完全倒向德国,而且一战后才复国的波兰民族自尊心很强,不想对德国作出领土让步。希特勒随即在 1938 年 11 月 24 日下达绝密命令,决定闪电袭击占领但泽,但不占领波兰,1939 年 3 月德军占领捷克斯洛伐克以后,又占领了立陶宛的默麦尔,包围波兰。面对德国入侵威胁,波兰迅速召集后备兵,并向但泽周围增兵,与此同时,波兰驻德大使以书面备忘录形式向德国表示,可以在一些技术性问题上进行讨论,但关键性的问题不让步,这使德国外长勃然大怒,他警告大使,波兰对但泽的任何侵犯都被视作对德国的侵略,波兰应注意"可能的后果"。而波兰的答复是由德国或者由纳粹控制的但泽参议会改变这个自由市现状的任何企图都将被波兰认为是开战的理由。

德波关系的恶化使英国与波兰的关系显著加强了,3 月 31 日张伯伦在英国下院宣布"如果一旦发生显然威胁到波兰的独立的行动,而波兰政府认

① 威廉·夏伊勒:《第三帝国的兴亡——纳粹德国史》,世界知识出版社 1979 年版,第 635 页。

为必须全力予以抵抗，英王陛下政府将认为自己有责任立即给予波兰政府以全力支持，法国政府已授权我明白表示，它在这个问题上采取与英王陛下相同的立场。”①显然英法都已认识到战争已日益逼近。4 月 6 日，英法政府在伦敦达成缔结长期性英波互助协定。

德国的反应是废除《英德海军协定》和《德波互不侵犯条约》。德国已决心在 1939 年 9 月 1 日以后任何时间向波兰发起代号为白色方案的进攻。

三、英、法、苏三国同盟谈判

慕尼黑协定后，苏联的集体安全政策发生了动摇，苏联驻英全权代表在 10 月 2 日电报中公开认为“国际联盟和集体安全已毫无希望”。1939 年 3 月10 日，斯大林发表演讲时，甚至表示“决不让那些惯于使他人为自己火中取栗的战争贩子把我国拖入到冲突中去”。德国入侵捷克使苏联面临德国对其西部边境直接威胁，苏联政府考虑到现实危机，希望能在新的形势下结成反法西斯的联合以制止战争，至少使其避免战争。

1939 年 3 月 18 日，英国政府向苏联通报罗马尼亚接到德国最后通牒，并征询苏联建议，苏联建议立即召开苏、英、法、波、罗、土六国会议，寻求防止德国进一步侵略的办法，但被英国以尚不成熟拒绝了。然而欧洲国际战略态势的变化使英国政府面临巨大压力，首先，国内要求联苏的呼声高涨，丘吉尔说：“如果没有俄国的积极协助，要组成一条反对纳粹侵略的东方战线是决不可能的。”“如果我们拒绝同苏俄的自然合作，则将是最大的愚蠢。”②艾登说：“任何时候要想把欧洲爱好和平的国家团结起来，俄国的地位总是头等重要的。”③他们要求加强苏英合作，其次法国土耳其也明白表示：“没有苏联的参加，欧洲任何一个重大的外交问题都不可能得到解决。”再次，英国政府也希望能把同苏联的谈判作为对德国的一种压力，迫使德国让步。万一战争爆发，也能使苏联迅速卷入战争，为此，英国政府开始了同苏联的谈判，同时法国政府也建议补充 1935 年苏法条约，苏联和法国一旦

① 李巨廉、王斯德著：《第二次世界大战起源历史文件资料集》，华东师范大学出版社 1985 年版，第 544 页。

② 特鲁哈诺夫斯基著：《英国对外政策》，莫斯科 1962 年版，第 356 页。

③ 艾登著：《艾登回忆录》，伦敦 1965 年版，第 53—54 页。

因为援助波兰或罗马尼亚而同德国作战，就立即互相援助和支持。4 月 16 日，苏联外长在莫斯科会见英国大使正式建议苏、英、法缔结三国互助条约，并要求缔约国签订军事协定来使互助条约具有实效，英法同意了这项要求，三方开始进入实质性谈判。

谈判大致是围绕着三个问题展开的：(1) 三方的义务问题；(2) 安全保障的范围问题；(3) 间接侵略问题。这三个问题反映了苏、英、法三国之间的利益差异，因而谈判显得步履维艰，首先，三方的义务如何安排成为一个焦点问题，英国的建议是苏联宣布它对波兰、罗马尼亚、芬兰、爱沙尼亚、拉脱维亚和立陶宛单方面承担援助而英法则只单方面承担对波兰、罗马尼亚的安全保证，这使苏联感到恼火，因为它没有明确对苏联的安全保证，而且由于英法不对波罗的海诸国承担义务，这就意味着德国如果沿波罗的海进攻苏联，英法将不予以援助，苏联对此提出自己的苏、英、法盟约，如果在欧洲发生任一缔约国被侵略，其他缔约国将立即提供一切援助，并且在最短时间内，讨论各国军事援助规模形式。英国对苏联的建议不甚积极，但是法国和英国舆论都要求尽速和苏联签订三边条约，5 月 22 日，德、意钢铁条约的签订迫使英法在 5 月 27 日向苏联提出新方案，接受互惠原则。其次，关于安全保障范围，英法不同意把波罗的海列入安全保障范围内，而苏联关心的不仅是形式，更重要的是内容，是确保苏联安全不受威胁，因此苏联要求把波罗的海诸国也包括在苏、英、法安全保障范围内，并且强调军事协定和政治条约同时生效。苏联新任外长莫洛托夫还邀请英国外交大臣哈里法克斯访问莫斯科，但英国拒绝了，苏联对英国的态度极为不满，威胁将中止和英法谈判，7 月 1 日，英法被迫同意和苏联一起对波罗的海提供安全保证。再次在英法让步以后，苏联又提出了新的要求——“间接侵略问题”，苏联解释是如果被侵略国在面临威胁时，其内部发生了迎合侵略国的政变或政策变化。苏联认为，一旦这种情况成为现实，苏联的安全将受到严重的威胁，因为法西斯德国将极有可能通过这些国家进攻苏联。英国对此极为不满，“认为这个条约的目的是要把苏联对它所厌恶的或是希望予以推翻的任何政府采取的行动也包括在内”①。这是“极其无礼而又无理”的态度，从 7 月中旬起谈判陷于僵局，8 月份政治谈判中断。

---

① C-L·莫瓦特编：《新编剑桥世界近代史》第十二卷，中国社会科学出版社 1981 年版，第 1007 页。

四、英德秘密谈判

德军占领捷克，使英国举国上下受到强烈震动，英国开始认真考虑同德国作战的问题，并对其外交政策进行调整，但是英国统治集团内部始终有一部分人对于希特勒党羽中存在着所谓温和派的迹象持有信心。因此，"英国政策追求双重目标，一方面要团结一批国家来防止今后的侵略行动。另一方面要用谈判来讨论德国的种种要求，借以同德国建立良好的关系……只要坚冰一被打破，那么英国方面就会作很大的让步以求与德国达成协议。"①英国的外交考虑是通过英德的谅解和合作来促成德国放弃进一步扩张。而德国已经决心通过武力彻底解决波兰，希望借助英德谈判来离间英、法、苏关系，破坏正在进行的英、法、苏谈判，并向苏联施压，迫使苏联以认真的姿态对待德苏谈判。从 5—8 月，英德之间先后在伦敦、柏林展开各种层次会谈，既有官方高层会谈，也有半官方的和通过民间作中介的谈判，内容涉及市场、原料、殖民地利益范围、裁减军备等。

但是在布拉格事件之后，英国国内实行绥靖政策的社会基础已经消融，而德国的目标是要彻底打破欧洲力量均势，损害和摧毁现存国际体系，这是英国不可能满足的要求，英德矛盾不可调和。问题在于，英国由于始终对德国存有幻想，这就使它在同苏联谈判中缺乏足够的诚意，从而为希特勒分化英苏关系提供了可乘之机。

五、《苏德互不侵犯条约》

1939 年 5 月 3 日，莫洛托夫取代积极主张集体安全政策的李维诺夫任职，英、苏、德三角之间的关系进入二战前最诡异多变的时期。在这个时期，英德，苏德和英、法、苏之间的谈判都在进行，苏联的外交考虑是尽一切可能确保自身的安全，鉴于德国在意识形态、地缘政治诸多方面对苏联咄咄逼人的威胁态势，苏联觉得有必要和英法缔结同盟以防备德国对苏联发动进攻。但同时苏联在慕尼黑会议以后，对英法猜忌、防范之心日益严重。英德谈判

---

① 李巨廉、王斯德著：《第二次世界大战起源历史文件资料集》，华东师范大学出版社 1985 年版，第 794 页。

被报界大事渲染，苏联倍加关注，害怕苏联又陷于孤立地位，从而让那些惯于从中渔利的战争挑拨者把苏联卷入冲突中去。逐步把谋求自保作为新的外交路线，而德国方面为了避免两线作战，集中力量打击英法，也决定先调整同苏联关系。

4 月 17 日，苏联驻德全权代表梅利卡洛夫造访德国外交部表示："苏联政府并没有利用，也不想利用德国和西方民主国家之间所存在的紧张关系。……正常关系必须发展，而且会越来越亲密。"①5 月 20 日，德国驻苏大使舒伦拜见莫洛托夫，双方都表示了改善关系的愿望。但苏联的态度十分谨慎，莫洛托夫表示，苏德政治关系紧张，只有苏德政治关系改善，苏联政府才能同意谈判。5 月 23 日，希特勒举行军事会议，决心进攻波兰。希特勒分析，届时英法有可能进行摊牌，德国可以利用日本牵制俄国，但是德国还可以通过外交努力来使苏联保持中立，里宾特洛甫给驻俄大使馆指示："以后同俄国人的谈判中应该比现在更明显地放弃沉默含蓄的态度。"但直到 7 月中旬以前，苏联的态度一直暧昧，苏联向德国试探了双方签订互不侵犯条约和德国保障苏联在波罗的海沿岸势力范围的要求，但德国并没有相应举动，苏联怀疑德国的目的纯粹是为了离间苏、英、法关系，而且德国仍然是苏联最大的威胁，因此谈判处于停滞状态。

随着德国入侵波兰日期日益临近，德国决心作出重大让步，7 月 22 日德苏贸易谈判恢复。7 月 26 日德国外交部东欧司司长施努尔会见苏联驻德临时代办，表明德国新的对苏政策，英国是德国的敌人，而苏联不是，所以德国决不会威胁苏联，德国可以保证苏联置身于可能发生的欧洲冲突之外，如果莫斯科愿意，还可以达成一项关于苏德间有关相互利益的谅解。8 月 2 日，德国向苏联表示德国与苏联从波罗的海到黑海地区，不存在不可解决的问题，德国的态度使苏联满意。8 月 12 日，苏联同意就一切问题同德国进行谈判，并以莫斯科为谈判地点。8 月 14 日，里宾特洛甫致电莫洛托夫，他准备代表希特勒来莫斯科和斯大林会谈。

不过长期以来，苏联对德的担忧不会很快消失，在同德国秘密谈判同时，苏联也在与英法紧张会谈，以求达成军事协定，英、法、苏政治谈判进入僵局后，苏联建议直接开始军事谈判得到了英法响应。苏联对这次谈判非

① 阿诺德·托因比、维罗尼卡·M·托因比：《战争前夕，1939 年》，上海译文出版社 1984 年版，第 436 页。

常重视，派以国防人民委员伏罗希洛夫为首，拥有签订条约全权的高级代表团参加谈判，而英法对谈判的重视程度则显然不够，英国代表团团长是一没有全权证书的退役海军上将，而法国代表团团长是一名兵团司令，军事谈判是与苏德谈判同天开始的(8 月 12 日)，英法代表团把谈判重点放在军事合作的“共同目标”和“一般原则”上，苏联则强调要详细讨论军事行动的详细计划。由于形势紧张，法国的态度日趋积极，从而推动英国的态度也逐步积极起来，谈判发展到一个实质性的问题，苏联与德国没有共同边界，必须过境波兰和罗马尼亚，这就要求英法对盟国施加压力，波兰政府断然拒绝了苏联的要求，因为波兰在历史上经历俄普奥三次瓜分，对苏联有着很深的不信任感。意识形态上，波兰也敌视苏联，认为“德国人来了，我们有丧失自由的危险；而俄国人来了，我们有丧失灵魂的威胁”。英、法都认识到过境问题是一个实质问题，有可能导致谈判破裂，“非常重要的是在这个问题对俄国人作出让步”，可张伯伦政府对这个问题缺乏高度重视，而只是敷衍。法国从自身利益出发，担心和苏联谈判破裂，甚至打算在波兰没有同意情况下向苏联作出单方面保证。然而法国的立场没有得到英国的支持，而这时苏德谈判却得到了重大突破，德国无条件满足了苏联的三个要求：签订互不侵犯条约，德国不再鼓励日本在远东侵略，调整双方在波罗的海地区利益。8 月 20 日希特勒亲自致电斯大林，要求里宾特洛甫在 8 月 23 日前访苏，斯大林同意了。英、法、苏谈判随之中止。

8 月 23 日，里宾特洛甫携带希特勒全权授权书飞到莫斯科，当晚和莫洛托夫签订了《苏德互不侵犯条约》。主要内容为：(1) 双方保证决不单独或联合其他国家彼此间进行任何武力行为。(2) 缔约一方成为第三方敌对对象时，缔约另一方将不给予第三国任何支持，也不加入直接或间接旨在反对另一方的任何国家集团。(3) 双方承诺只通过和平方式来解决彼此争端，并就共同利益有关问题进行协商。条约有效期十年，条约还附有秘密附属议定书，划分两国在东欧的势力范围：(1) 在波罗的海国家发生领土、政治变动时，立陶宛北部将成为德苏利益范围界线。(2) 在波兰出现领土、政治变动时，以那累河、维斯杜拉河和桑河一线划分双方利益范围。是否保持一个独立波兰，其边界如何划分由双方协商方式解决，并在进一步的政治发展过程中解决。(3) 苏联对比萨拉比亚有领土要求，德国声明它无意干涉。

签订苏德互不侵犯条约，对苏联来说是饮鸩止渴，表面上苏联通过苏德互不侵犯条约为其赢得一年半宝贵时间备战，在一定程度上实现了苏共 18

大所提出的外交目标，但从长远后果看，苏联为这个条约付出了极其惨痛的代价。诚然苏联签订这个条约，在一定程度上是英法愚昧无知、麻木不仁的结果。从这个角度说，英法应为此负一定责任，尤其是法国，在面临国家最根本的利益时，居然不能坚持己见，反而受制于人。但不管怎么说，苏联的目光短浅并不亚于英法。他们疏远了自己潜在的盟友，甚至公开谴责英法，造成了反法西斯联盟的混乱，从而在后来的德国侵苏战争初期陷于完全孤立无援的境地，其秘密条款损害了社会主义国家形象。这种肆意践踏弱小国家意志，损害弱小国家主权的行为，有悖于苏联在此之前种种声明、决议和与这些国家所签的条约。苏联的国际威望大跌，苏德互不侵犯条约使德国破坏了英、法、苏联盟，避免了两线作战，第二次世界大战已不可避免，希特勒向军事将领宣布："我已经完成了政治上的准备，以后的路要由军人来走了。"①

思考题

1. 绥靖政策的根源是什么？它对二战前的英法外交政策产生了什么影响？
2. 试述 20 世纪 30 年代英、德、苏战略三角关系是如何形成的。
3. 试论孤立主义思潮对二战前美国外交政策的影响。
4. 苏联的集体安全政策的本质是什么？

① 李巨廉、王斯德著：《第二次世界大战起源历史文件资料集》，华东师范大学出版社 1985 年版，第 544 页。

第十二章　第二次世界大战与国际秩序的重大变革

第二次世界大战是世界历史上一次规模空前、破坏剧烈、情况复杂、影响深远的世界性战争，是20世纪人类的最深重体验。第一次世界大战结束后，人们对世界历史进行了新的认识。1927年9月24日，国际联盟正式宣布"侵略战争"是一种犯罪行为，德国和日本都是这一宣言的签字国。次年8月27日在巴黎缔结的《凯洛格—白里安公约》（即"巴黎非战公约"）宣布战争为非法，禁止在任何情况下将侵略战争"作为推行国家政策的手段"。这个公约有61个国家签字参加，德国和日本也是其中之一。这些努力虽然确立了以和平方法解决国家间争端的原则，但并没有给国际社会创造真正的和平。1939年，欧洲各国进而整个世界又卷入了一场破坏程度远远超过第一次世界大战的冲突，20多年前的"以一场战争来结束所有的战争"的想法被证明是幼稚的、灾难性的。第二次世界大战历时六年多，其进程大体分为法西斯集团战略进攻、双方攻守态势战略转折、盟国战略反攻三个阶段。二战是全世界反法西斯力量与法西斯侵略集团之间的全面对抗和生死搏斗，这两条阵线界线分明，是战时国际关系的主要矛盾，决定着战争性质和人类命运。除此之外，二战期间的国际关系还存在着资本主义大国、帝国主义国家之间的关系，两种社会制度国家之间的关系，帝国主义、殖民主义国家与殖民地、半殖民地国家之间的关系。这四组关系（矛盾）相互交叉、相互渗透、相互影响、相互制约，共同构成了战时国际关系的复杂格局。第二次世界大战给人类社会带来的深重灾难和给世界历史产生的深远影响，不仅仅在于"把欧洲在世界上的优越地位彻底葬送"[①]，从而使世界秩序和国际

① 迈克尔·霍华德：《欧洲历史上的战争》，辽宁教育出版社1998年版，第120页。

格局出现了新的变化，而且还在于战争恐怖、痛苦的恶魔、惨痛教训的记忆一直笼罩在人类的心头，无论对战败国的人民还是战胜国的人民。因此，仅仅从国际关系的角度来审视第二次世界大战，那是远远不够的。当然，在这里我们依然将从学科的角度，来分析围绕这次战争所展开的外交、国际斗争、国际关系的变化等问题。

第一节　战争的欧洲阶段：大战的爆发与大国的政策调整

一、第二次世界大战的起源和性质

1. 两次世界大战比较

1919—1920 年的凡尔赛和约最后被证明不过是一个停战协定，1939 年 9 月，欧洲又濒临灾难的深渊。9 月 1 日，希特勒法西斯悍然出动 58 个师，2 500辆坦克，2 000 余架飞机，从德波边境和东普鲁士向波兰发动突然袭击。两天后，英法对德宣战，第二次世界大战终于全面爆发了。与第一次世界大战发生的情况一样，这场战争很快由欧洲战争演变为世界规模的大战。马克思主义关于战争问题的一个基本观点是，帝国主义国家发展的不平衡以及因此而发生的争夺霸权、重新分割世界的斗争是现代帝国主义战争的根源，只要有帝国主义存在，帝国主义战争就不可避免。因此，从根本上说，两次世界大战的原因是相同的。

然而，第二次世界大战并不是第一次世界大战的继续或后果。这两次大战，无论是其国际政治经济背景、战争爆发的特点、交战双方的情况，还是战争的性质、进程和结局，都有着很大的不同。第一次世界大战时，整个世界还是资本主义独霸的一统天下，而到了第二次世界大战爆发时，社会主义国家的出现和殖民地、半殖民地人民的民族解放运动的蓬勃开展，使得世界基本矛盾更加错综复杂。另一个区别表现在帝国主义争霸的态势上。一战前的两个帝国主义集团基本上是势均力敌的，它们互相进行战争威胁和挑衅，双方各不相让，大战一触即发。但在二战前，两个帝国主义列强集团的争霸态势发生了重要变化。后起的帝国主义国家德、意、日法西斯集团，它们不满于现状，强烈要求重新瓜分世界，因此采取了咄咄逼人的侵略扩张政策。但老牌帝国主义国家英法为了保持既得利益，害怕打仗，采取了节节退让的绥靖政策，甚至不惜以牺牲弱小国家的利益来满足法西斯集团的贪欲，欲以此来避免大战的爆发。显然，二战在相当长时间里是单方面进攻的战争。当然，两次大战之间还有很多差别，比如作战方式也有着很大的不同。堑壕战是一战的主要特点，而二战则以空袭轰炸和高度机动部队的闪电战为主要方式。

2. 二战的根本原因和直接原因

第二次世界大战的原因不是简单的，而是很复杂地根植于很多年前。大致而论，二战的发生有以下几个方面的原因。第一，凡尔赛和约的内在缺陷导致了和约的失效。凡尔赛和约是为了解决一战所造成的国家间、民族间的深仇大恨，但是，和约"造成的问题几乎和它要解决的问题一样多"①。战胜国所设计的战后世界新秩序存在着很多内在的无法克服的矛盾，比如：美国衡量国际秩序的标准是民主、集体安全与民族自决，但是这其中没有一个是以往欧洲解决争端的基础；凡尔赛和约后战胜国四分五裂，对重大的国际问题根本做不到协调解决；和约屈从于战胜国兼并别国领土和建立附庸国的要求，又播下了新的心酸痛苦和矛盾冲突的种子；国际联盟不是所有国家之间的联盟，欧洲两个最大的国家德国和苏俄被排除在外，这注定凡尔赛和约不会成功的，等等②。第二，传统的国际关系原则——均势遭到破坏。威尔逊与国际联盟的其他发起人想通过国际联盟的集体安全原则来代替旧的均势原则，但事实上这仅仅是一个想法而已，没有也很难付诸实施。凡尔赛和约墨迹未干，战胜国就开始建立种种新的联盟来保持它们的优势，比如建立一个由波罗的海各国、波兰、罗马尼亚组成的封锁线来抵御苏俄；建立了一个包括捷克斯洛伐克、南斯拉夫和罗马尼亚在内的小协约国来防止奥地利的复活；建立法国—比利时联盟、法国—波兰联盟来孤立德国，等等。这样，旧的强权政治体系又沿着第一次世界大战以前所遵循的本质上相同的路线而重新建立了起来。所以，引起第二次世界大战这场深重灾难的，与

① 爱德华·麦克诺尔·伯恩斯、菲利普·李·拉尔夫：《世界文明史》第四卷，商务印书馆，1995年版，第185页。

② 参见亨利·基辛格：《大外交》，第九章"外交新面貌：威尔逊与凡尔赛和约"，海南出版社，1997年版。

其说是各国抛弃旧的均势原则,不如说是各国依然追求均势原则,它不过是用一种新的、更加不稳定的均势来代替旧均势而已。第三,资本主义世界的经济危机对战后形成的国际秩序产生了巨大的冲击。可以说,经济大萧条是第二次世界大战的经济原因,首先,大萧条影响了国家的政策,它强化了西方国家经济上的民族主义。各国政府由于失业问题和商业停滞而陷入困境,采取高税率的手段,疯狂地构筑经济壁垒,为它们自己的产品保持国内市场①。其次,大萧条严重影响国家的军备政策和对外政策,法西斯国家实行了国民经济军事化的政策。大规模的扩军备战首先是德国在1935年开始的,扩充军备的政策起到了促进经济增长的作用,从而引起了其他国家的效法。同时,大萧条引起了军事扩张主义的新浪潮,征服邻国领土成为解决国内经济、政治问题的替代办法,比如日本入侵中国满洲、意大利侵略埃塞俄比亚等,英法等国在这方面采取的绥靖政策助长了法西斯国家的扩张野心。更严重的是,大萧条还引起了纳粹主义的上台。第四,引起第二次世界大战的最重要的原因,是帝国主义国家之间政治经济发展尤其是军事实力发展的不平衡空前加剧。近代以来,争权夺利的强权政治一直是国际战争的重要原因。一战后,美、英、法等国的土地、人口、资源、经济总量和海外殖民地等方面的力量远远超过德、意、日,全球性的经济危机加大了这种不平衡性。德、意、日为了打破这种不利局面,追求强权,采取了畸形的扩军备战的发展战略。

3. 二战的性质

对于第二次世界大战的性质,历史学家存在着不同的看法。从全局来看大战的性质,我们认为,一方面,就法西斯侵略势力发动的战争而言,二战是非正义的、掠夺性的帝国主义战争。战争是在资本主义经济危机的背景下爆发的,虽然导致大战爆发的根本原因是两个帝国主义集团对世界霸权的争夺,然而,大战是由帝国主义集团中最反动、最富有侵略性的德、意、日法西斯集团挑起的,这是无可否认的。但另一方面,就全世界反法西斯力量的斗争而言,二战是解放的、正义的战争。当时,无论是从欧洲还是从整个世界全局来看,国际关系的主要矛盾是德、意、日法西斯的侵略与反法西斯侵略的国家和人民之间的斗争,摆在世界各国人民面前的主要任务是反对

① 参见阿诺德·托因比、弗兰克·T·艾什顿—格沃特金编著:《1939年3月的世界》,上海译文出版社1990年版。

法西斯侵略。在苏德战争爆发前,欧亚非各国人民的反法西斯斗争早已蓬勃开展,在各个战场上为反法西斯事业、为捍卫人类的进步和尊严作出了巨大的贡献。而英法等帝国主义虽然在战前采取了绥靖政策,助纣为虐,它们对法西斯的宣战也是为了维护自己的霸权地位,从而不可避免地带有帝国主义性质,但是,它们属于非军国主义、非法西斯主义的资产阶级民主国家,也是世界反法西斯侵略的主要力量,它们同法西斯的斗争是国际反法西斯斗争的重要组成部分,而 1940 年 5 月当战火烧到英法本土后,英法已经不是同德国进行争霸的问题了,而演变为保卫祖国、恢复民主自由的性质。1941 年 6 月苏德战争爆发后,苏联参加了反法西斯的伟大斗争,苏德战场成了决定整个战争胜败全局的主要战场。总之,从全局来看,二战是全世界反法西斯力量与法西斯侵略集团之间的全面对抗和生死搏斗。

二、德国进攻波兰

1. 对波兰的闪电战

希特勒的全球战略是,以日耳曼种族优越论和生存空间论为理论基础,以称霸世界为目标,以欧洲为重点,分化瓦解、各个击破为主要策略,以闪电战为主要军事手段①。这个扩张计划大体分三个阶段推行:建立中欧“大德意志帝国”,夺取欧洲大陆霸权,向海外发展。第一个阶段已经在慕尼黑会议前后完成,到 1939 年,是需要通过战争来实现目标的时候了。

希特勒把苏联、法国和英国当作主要的敌人,把意大利和日本当作主要朋友。由于波兰在地缘政治上的重要性,德国在历史上曾多次瓜分和侵略波兰,并一直致力于要彻底消灭波兰。希特勒之所以要首先进攻波兰,主要有四个方面考虑②:(1) 剪除英法的羽翼。第一次世界大战后,波兰成为英法东欧联盟体系的主要支柱。因此,德国要进攻英法,就势必要先吞并波兰,以解除后顾之忧。(2) 进攻苏联。波兰是西欧进攻俄国的传统通道,占领波兰就可以把它作为日后侵略苏联的基地。(3) 把侵略波兰作为闪电战的试验场。(4) 为了“扩大在东方的生存空间,确保粮食供应”。

---

① 王绳祖主编:《国际关系史》第六卷,世界知识出版社 1995 年版,第 1 页。

② 参见李巨廉、王斯德主编:《第二次世界大战起源历史文件资料集》,华东师范大学出版社 1985 年版,第 637 页。

苏德互不侵犯条约签订后，希特勒认为进攻波兰的条件已经成熟了。1939年8月22日，希特勒召开最高军事会议，提出"清算"波兰、摧毁英国的霸主地位、同西方国家作战的时刻到来了①。9月1日凌晨，德国对波兰发动了全面的突然袭击。波兰500多架飞机还未起飞就被炸毁，指挥系统和交通通讯系统迅速瘫痪，位居欧洲第五的陆军被分割包围。德军很快占领了波兰走廊，在不到一周的时间里，波兰政府逃出华沙，17日又逃亡到罗马尼亚。尽管波兰的一些地方进行了极其顽强的抵抗，但德军还是在9月28日占领了华沙，波兰成为希特勒"闪电战"的第一个牺牲品。波兰地主资产阶级统治集团的腐败无能和执行错误的内外政策，英法的宣而不战、见死不救的政策，都要对波兰的迅速沦亡负责。

2. 英法对德宣战

战争爆发后，英法当局惊惶失措。9月1日上午，两国各自召开内阁会议，讨论如何应付德波战争。下午，两国向德国发出照会，要求德国停止一切侵略行动并立即从波兰撤军，否则英法将毫不迟疑地履行对波兰的义务。德国对此根本不予理睬。9月3日，英法先后向德国递交最后通牒，均遭到拒绝。于是，英法先后向德国宣战，同日，印度、澳大利亚、新西兰对德宣战。南非联邦和加拿大也分别于6日、10日对德宣战。

英法对德宣战在客观上有利于波兰人民的抗德斗争，相较于以往的绥靖政策是一个不小的进步，而且在总体上具有反法西斯侵略的正义性质。但是，英法对德宣战也有局限性，它包含拒绝德国重新瓜分世界而利用波兰的因素，具有帝国主义争霸的性质，同时还具有很大动摇性，它们对德国的宣而不战是引起波兰沦亡的重要因素。

三、西线战争和法国的沦亡

1. "静坐战"

英法对德宣战实际上是"宣而不战"。它们不仅没有派遣一兵一卒去援助波兰，以履行战前对波兰作出的提供军事援助的承诺；而且在西线也是按兵不动。结果出现了一个离奇的"西线无战事"的局面。当时，德军主力大都投入到波兰战场，西线只有23个师守卫着齐格菲防线，而英法却有110

① 参见威廉·夏伊勒：《第三帝国的兴亡——纳粹德国史》，三联书店1974年版，第739页。

个师，如果英法在西线发动进攻，它们显然拥有压倒优势，这样德国不得不面临东西两线作战的狼狈境地，波兰的局势也将大大缓和。但是，拥有欧洲最强大陆军的法国，却静静地坐在马其诺防线后面眼睁睁地看着盟国被敌人消灭。结果在法德边境上，双方都没有打算发起一场军事进攻，各自安守阵地长达 8 个月之久。这个令人难以理解的现象史称“奇怪战争”、“空头”战争、胶着战①，德国人则把西线的战争称为“静坐战”。

“静坐战”实际上反映了当时德国和英法这三大国的战略策略。德国首先要避免两线作战，同时还要把开战的责任完全推给英国和法国，所以在闪击波兰得逞后，希特勒发起了大规模的“和平”攻势，声称它对英法别无他求，从而欺骗世界舆论。而英法两国早已达成了某种共识：鉴于德国在陆空军方面拥有优势，首先应采取守势，待军事力量充分增长后再发动反攻。为了确保防御战略的成功，英法主张对德采取经济封锁政策。英法特别重视海上封锁，双方在北海和北大西洋展开了大大小小的海战。结果，封锁和反封锁成为“奇怪战争”时期的主要斗争形式。英法以防御战略和经济封锁的形式来进行静坐战，其主要原因是：战前推行绥靖政策，备战不力；战争爆发后，绥靖主义阴魂不散，对德政策充满矛盾；英法同床异梦，矛盾不少；外交上争取盟友支持的努力失败②。

2. 德军横扫欧洲

“奇怪战争”表面上的平静是靠不住的。纳粹德国占领波兰、解除了西进的后顾之忧后，希特勒就加紧准备西线战争。在进攻英法之前，希特勒决定先拿下丹麦和挪威。丹麦和挪威在欧战爆发时都声明中立，但由于其战略地位对交战双方都具有很大的重要性，德国和英法都想抢在对方前面占领该地。德国的主要目的是控制北海和波罗的海，取得重要的潜艇基地，同时有利于展开经济上的反封锁。于是，德国以防止英法入侵、保卫丹麦和挪威的中立为名，抢先于 1940 年 4 月 9 日突然采取行动横扫了丹麦，并登上了挪威海岸。丹麦没有力量进行抵抗，被迫接受“德国保护下的中立”；挪威因为有英国的支持而进行了顽强的抵抗，但最终英法盟军没能坚持下去，于 6 月撤出挪威，挪威政府流亡英国。德国在挪威建立了一个傀儡政府。北

---

① 斯塔夫里阿诺斯：《全球通史：1500 年以后德世界》，上海社会科学院出版社 1992 年版，第 751 页。

② 王绳祖主编：《国际关系史》第六卷，世界知识出版社 1995 年版，第 14—16 页。

欧战争是西线战争的序曲，至此，德国进攻英法时机已经完全成熟。

1939年10月9日，德军侵占波兰后不久，希特勒就下令德军作好穿越荷兰、比利时、卢森堡三国的攻击战准备，其目标在于尽量歼灭法国作战部队和同盟国军队，同时把这些地方作为同英国进行空战和海战的基地。德国陆军总司令部据此拟定了一项代号为“黄色方案”的西进侵略计划。与此同时，法国军方执行一条消极防御、被动挨打的军事路线，把所有希望寄托在那道耗资20亿法郎的马其诺防线上。直到1939年11月17日，英法最高军事会议才通过了法国提出的代号为“D字计划”的作战计划。这个计划以马其诺防线为依靠，断定德军的主攻方向为比利时平原，因此将主要兵力部署在法比边界的北部准备迎击德军。这种错误的估计为德军实施“黄色方案”提供了方便。德军在挪威取得决定性胜利后，兵分三路，于1940年5月10日凌晨向荷、比、卢、法发动闪击。卢森堡当天就宣布投降，荷兰抵抗了5天后投降，比利时坚持到28日也宣布投降。6月4日，北方英法部队近34万人从敦刻尔克撤退完毕，德军随即南下，占领敦刻尔克，余下的4万法军全部被俘，这就是著名的“敦刻尔克大撤退”。次日，德军开始了“法兰西战役”，6月10日，意大利趁火打劫，对法宣战。同一天，法国政府撤出巴黎，大约3/4的巴黎居民离开了巴黎。英法军队在欧陆的失败至此已成定局。

3. 法国沦亡

这一个月的战事，充分暴露了法、英、荷、比、卢同盟关系的脆弱性。荷、比、卢三国战前采取的中立自保政策，制约了盟军的相互支援；法国作为战争的主力却发挥不了核心协调作用，只能求援于英国；英国有自己的国防政策和战略考虑，指望地面作战由盟军承担，自己只承担海上封锁和战略轰炸的任务。英法的失败是必然的。

巴黎沦陷后，法国政府内部主战派与主和派的斗争更加激烈。双方争论的焦点是，要不要继续维持与英国的联盟、承诺不单独缔结停战协定的义务？政府是离开法国本土到北非继续进行战斗还是退出战争向德国投降？争论的结果，是贝当、魏刚等为首的主和派逐渐占上风，雷诺等主战派处于下风。6月16日，英国政府向法国政府提出一个英法永久“联盟”的宣言，企图阻止法国向纳粹德国投降。英国的建议被法国搁置不论，当晚，雷诺提出辞职，由主和派贝当接任总理。贝当政府一成立，立即通过西班牙向德国提出停战请求，并宣布2万人以上的城市为不设防城市。6月21日，法德进行谈判，谈判地点由德国确定为第一次世界大战德国战败后于1918年11月11日签订法德停战协定的那节车厢里。22日，双方签订了停战协定。根据协定规定，法军解除的全部武装交给德国；阿尔萨斯和洛林纳入德国版图；法国被划分为“占领区”和“自由区”两部分，德国占领区占全国领土的3/5，仅留南部给贝当政府管辖。希特勒保留法国“自由区”的目的，在于通过傀儡政府控制法国的殖民地和舰队。6月23日，贝当政府与意大利签订停战协定。不久，法国政府迁至维希，并修改宪法，改国名为“法兰西国家”。法兰西第三共和国正式宣告灭亡。

法国作为二战前的世界大国，号称欧洲最大陆军强国，却在短短的六个星期里被纳粹德国彻底击溃，这对法国自然是最为痛苦的打击。但是，法国的崩溃对国际关系产生的影响远较法国本身的衰亡要严重。因为法国的灭亡极大地改变了交战双方的力量对比，加速了法西斯集团的冒险和勾结进程。当然，法国的迅速败亡也推动了英、美、苏对外政策的调整，促使世界反法西斯力量的觉醒与逐步联合。总之，法国的败亡引起了欧洲和整个世界格局的重大变化。

考察法国如此迅速灭亡的根本原因，我们认为在于法国统治集团长期以来追随英国张伯伦政府推行“绥靖政策”。绥靖政策使得法国资产阶级对希特勒的扩军备战麻木不仁、失去戒心，导致了法国军事上的保守主义，瓦解了法国人民的斗志。绥靖政策集中体现了法国政府长期以来内外政策上的失误和无能，从这个意义上来说，法国的败亡是必然的①。

四、英、美、苏对外政策的调整

1. 丘吉尔抗德政策与英国绥靖主义的终结

德国对西线的进攻，宣告了英法政府绥靖政策的彻底破产。5月10日，英国首相张伯伦迫于举国上下一致反对的压力，被迫辞职，由丘吉尔接任首相组成了战时联合内阁。随着绥靖主义政策的终结，英国的外交政策发生了根本性的转变，其主要特征是：支持欧洲沦陷国家的反德力量，联合美国，争取苏联，坚持抗德，维护大英帝国的利益。早在希特勒上台后，丘吉尔

① 参见时殷弘：《旧欧洲的衰颓——论两战之间的英法外交与国际政治》，载《复旦学报》1996年第6期。

便尖锐地批评张伯伦的绥靖政策，主张以英法为核心，联合苏联，结成“反德大同盟”，共同遏制法西斯的侵略。为此，丘吉尔曾被希特勒列为“纳粹公敌第一号”。1940 年 5 月 13 日，丘吉尔在议会下院宣布，联合内阁的政策就是同一个“穷凶极恶的暴政进行战争”，目的就是胜利，“因为没有胜利，就不能生存”①。

概括丘吉尔的抗德政策的主要内容，一是坚决抵抗，决不妥协。6 月 4 日敦刻尔克大撤退后，丘吉尔发表了气势磅礴的演说，表示英国将继续战斗，决不投降。不久，丘吉尔谴责法德停战协定，并召回驻法大使。希特勒曾多次向英国发来软硬兼施的“议和”信息，均被丘吉尔拒绝。二是支持流亡国家和政府。法国败降后，英国不但失去了主要盟友，更主要的是失去了在欧洲大陆上的立足点。因此，英国联合内阁对欧陆沦陷国家流亡政府和团体采取一律支持的态度。1941 年 6 月 12 日，英、加、澳、新、南非联邦同波、捷、挪、荷、比、卢、希、南等流亡政府以及“自由法国”的代表，在伦敦签署了同盟国宣言。三是争取美国的帮助。丘吉尔竭力把美国引向战争，因此不断告诫罗斯福说，英国的生存与美国的生存不可分。1940 年 7—8 月，英美之间达成了一项交易协议，英国用租让西印度群岛和百慕大的 8 个岛屿为条件换取美国的 50 艘旧驱逐舰，这标志着美国已从中立国转变为非交战国。四是调整对苏政策。丘吉尔任命主张与苏联友好的工党左翼人士克里普斯为驻苏大使，力图说服苏联放弃《苏德互不侵犯条约》。但是，对苏政策调整的意图和努力没有取得成功。

2. “海狮计划”和英伦之战

欧陆国家的相继沦亡和英国孤悬海外的危局，引起了整个资本主义世界极大的恐慌。法国败亡后，很多西方人估计，希特勒打败英国也已指日可待。虽然希特勒在法国败亡后即加紧进攻英国的准备，但希特勒并没有立即入侵英国，其中主要原因是希特勒试图通过玩弄和平伎俩来压迫英国投降，显然，希特勒低估了丘吉尔政府和英国人民的坚强意志。因此，在入侵英国本土的“海狮计划”出笼后，希特勒也声称要与英国缔结和约。

希特勒对英国的一贯立场是必须摧毁大不列颠世界帝国的霸权。1940 年7 月，希特勒制定了渡海攻打英国的“海狮计划”。根据这个计划，德国打算派 25 至 40 个师的兵力，在空军支援下强行登陆，包围伦敦。德国仗

① 丘吉尔：《第二次世界大战回忆录》第 2 卷，商务印书馆 1975 年版，第 37 页。

着空中优势，决定先对英国进行“空中闪击战”。空袭的目的在于夺取制空权，为登陆创造条件，同时可以大规模破坏英国的经济军事潜力，破坏英国的管理体系，恫吓和动摇英国民心，从而迫使英国退出战争。从1940年7月初到次年5月间，德国出动飞机4.6万多架次，投掷炸弹6万吨，炸死炸伤8.6万人，摧毁英国住宅100多万栋，伦敦等重要城市全遭到严重毁坏。但英国军民英勇抵抗，以少胜多，以损失915架飞机的代价换来了摧毁德机1 500架的战绩。德国夺取制空权、迫使英国屈服、瓦解英国经济和民心的目的，都没有实现。

“空中闪击战”的失败使德军登陆英国的目标没能实现，希特勒被迫于1940年10月中旬暂时放弃“海狮”计划。根据希特勒的分析，英国之所以毫不屈服，主要是英国对苏联和美国抱有希望，击溃了苏联，就有可能使英国不战而降。因此，12月18日，希特勒制定了快速击溃苏联的“巴巴罗萨计划”。这样到次年春，海狮计划终于破产。

3.《租借法》和美国对西欧政策的变化

1935—1937年美国国会通过了三个《中立法》，这是30年代美国国内孤立主义占上风和国际上美英矛盾突出的反映，是美国牌的绥靖主义。大量的外交文件表明，罗斯福政府从来没有准备考虑在英国和法国对付德国时给予它们特别的军事或外交援助①。但随着慕尼黑协定后大战阴影笼罩整个欧洲，罗斯福总统意识到《中立法》“可能在实际上有助于侵略者而无助于受害者”②，因此他不得不打消原先的对欧洲局势的乐观主义看法，感到有必要重新修订《中立法》，使外交政策逐渐向英法倾斜。1939年3月17日，就在希特勒吞并捷克斯洛伐克后两天，罗斯福就明确提出要“修改”中立法，要求国会迅速作出行动，废除军火禁运条款③。英法对德宣战的当晚，罗斯福要求国会讨论废除《中立法》中武器禁运条款问题，并认为这些条款对美国的中立、和平与安全是致命的危险。在国会长时间的辩论中，罗斯福等人坚决认为向英法等民主国家出售武器有利于和平，而孤立主义人士则主张继续奉行不干涉政策，担心军火贸易把美国拖入战争中去。孤立派

① 保罗·约翰逊：《现代——从1919年到2000年的世界》上卷，江苏人民出版社2001年版，第416页。

② 《罗斯福选集》，商务印书馆1982年版，第230页。

③ 参见罗伯特·达莱克：《罗斯福与美国对外政策(1932—1945)》，商务印书馆1982年版，第262页。

一直占了上风。直到1939年10月，罗斯福终于说服了国会，参议院和众议院先后于10月27日和11月2日通过《新中立法》法案，解除了对交战国的武器禁运，改为“现金购货，运输自理”。《新中立法》反映了美国对欧政策的调整，政策开始向英法等国倾斜。

但是，1939年的《新中立法》依然是有限度的，因为它毕竟没有突破中立的框架，是干涉主义和孤立主义斗争妥协的结果。德军席卷西欧震撼着美国人的心，使美国国内充满着恐惧不安的情绪，美国人民也开始同情英国的处境。美国的孤立主义势力受到了重大打击。罗斯福认为，美国必须打破中立法的限制，尽快向为自由而战的人民提供援助。同时，罗斯福改组了内阁，任命积极抗德援英的史汀生和诺克斯为陆军和海军部长。

1940年12月8日，连续第三次当选总统后不久的罗斯福收到了丘吉尔的一封信，请求美国给予英国全面的援助。罗斯福意识到必须尽一切可能来援助英国，认为这是保卫美国的最好办法。经过周密的调研，罗斯福政府提出了租借法案。12月29日，罗斯福为说服国会和人民，说明租借法案的目的和作用，再次发表广播谈话，提出“我们必须成为民主国家伟大兵工厂”的口号①。次年1月10日，《租借法草案》提交国会，经过热烈辩论，众议院和参议院分别于3月8日和11日通过了《租借法》，授权总统以租借或贷款形式向某些被认为其国防对美国安全具有重大意义的国家提供武器、军用物资、粮食等。11日，罗斯福签署了法案，次日，国会为《租借法》拨款70亿美元。

《租借法》的通过，标志着美国孤立主义政策的结束，是美国走向参战道路的最有决定性意义的步骤，奠定了美英同盟的基础，从而成为世界反法西斯同盟的重要阶梯。后来，随着法西斯侵略范围的扩大，该法适用的范围由英国扩大到40余个国家，到战争结束时，美国共援助了500多亿美元，用以购买武器装备和战略物资，对反法西斯战争的胜利起了重要作用。但租借法也有美国自身的考虑和消极作用。美国此举不仅是要保证自己的安全，更主要的是为了确立其在战后世界秩序中的领导地位，因为租借法使得部分受援国的国防和财政依赖于和受控于美国。

4. 苏联的态度和“东方战线”的建立

大战初期，苏联对外政策的宗旨是避免卷入战争，特别是避免同德国发

① 参见《罗斯福选集》第266—269页。

生冲突。德国入侵波兰后，苏联的政策明显向德国倾斜，对德国的胜利一再表示祝贺。之所以采取这样的政策，一个原因是苏联对英法存有戒心，因为英法醉心于援芬反苏，在西线大搞假战争，苏联担心英法想祸水东引，把苏联拖入战争中去；二是《苏德互不侵犯条约》的直接延续和发展。苏联在自身备战工作尚未就绪的情况下，采取了迁就德国的态度，以免引火烧身，同时维持自己在欧洲三角中的地位。但是，法国快速败降后，苏联的外交出现了两难困境，既感到战争的迫近，准备对抗，又害怕刺激德国，力求推迟。但苏联最终没有作出明显的政策调整，主要是因为对英美抗德的新趋向反应迟缓，对德国进攻苏联的急迫性估计不足。结果付出了沉重代价。

从 1939 年 9 月到 1940 年 8 月间，苏联采取了一系列的行动，建立了从波罗的海到黑海的所谓的"东方战线"。其第一步骤是出兵波兰，占领西白俄罗斯和西乌克兰。波兰东部的西白俄罗斯和西乌克兰从 11 世纪起就属于波兰版图，在 18 世纪俄奥普三分波兰后被归到俄国的版图中，但一战后的巴黎和会把它们重新纳入到恢复独立的波兰版图中，1921 年的苏波和平条约、1932 年的苏波互不侵犯条约重申了这一边界线。但是，1939 年 9 月 17 日，苏联军队越过苏波边界，向波兰东部的西白俄罗斯和西乌克兰进军，从而加速了波兰的灭亡。从当天苏联政府向波兰驻苏大使递交的声明来看，苏联提出出兵波兰的理由主要是：波兰国家和政府已不复存在，在波兰出现的形势已经对苏联的安全造成了威胁；苏联不能对居住在波兰境内的西白俄罗斯和西乌克兰的同胞的安全置之不理。这样，被苏军占领的这两块面积达 20 万平方公里、人口约 1 300 万的波兰领土，到 10 月份成立了苏维埃政权并分别加入苏联的白俄罗斯和乌克兰加盟共和国。

苏联建立东方战线的第二个步骤是发动苏芬战争。从 1938 年春起，苏联担心德国从芬兰领土上向苏联发起进攻，以苏联安全防务需要为理由，几次向芬兰提出割让或租借芬兰领土的各种方案，均遭到采取中立政策的芬兰的拒绝。从 12 月起双方进行了多次谈判，都没有取得进展，苏联便向芬兰发起挑衅。1939 年 11 月 29 日，苏联中断与芬兰的外交关系，次日全线进攻芬兰。国际联盟对苏联的入侵行为进行了制裁和干预，开除了苏联的成员资格。苏联的军事进攻也不是十分顺利。这样，双方经过谈判在 1940 年3 月于莫斯科签订和约，苏联共从芬兰获得 1.6 万平方公里的领土，成为苏联的一个加盟共和国。

接下来的步骤是苏联吞并波罗的海三国。立陶宛、拉脱维亚、爱沙尼亚三国直到一战结束后才获得独立，苏联在1933年之前与它们签订了一系列条约，承认和肯定了苏联对三国的主权、独立和领土完整。1939年9月，苏联发起了挑衅行为，迫使这三国与苏联签订互助条约，使苏联获得了在三国境内驻军、建筑军港和空军基地的权利。1940年夏，当希特勒忙于进攻法国和准备进犯英国的时候，苏联趁机加紧解决波罗的海三国的问题。经过策划，苏联于6月中旬先后占领了这三个国家，并在苏联的压力下改组了政府。7月中旬，三个各自宣布成立苏维埃政府，要求加入苏联。8月初，苏联最高苏维埃分别通过接纳这三国的决定，苏联增加了17.4万平方公里的领土和586万的人口。

苏联建立东方战线的最后一个行动，是占领比萨拉比亚和北布科维那。这两块领土原属罗马尼亚。1940年6月26日，苏联政府以"罗马尼亚统治集团的政策严重威胁苏联西南边界的安全"等理由，向罗马尼亚提出割占的要求，遭到拒绝，结果苏联提出了最后通牒，并于6月30日占领了这两个地方，面积达5万多平方公里，人口达400万。

苏联建立"东方战线"的目的，主要是考虑保障自身的安全。在卫国战争初期，它的确给苏联增加了二三百公里的防御空间，但后来的事实证明，这道防线并没有能起到苏联预期的作用，因为它在德军大规模的进攻面前不堪一击。在建立东方战线的过程中苏联的行为是一种大国沙文主义，极大地伤害了其西邻小国的民族感情。

五、大战初期的远东国际关系

1. 远东慕尼黑阴谋

二次大战爆发后，远东国际关系逐渐形成的一个主要趋向是存在着远东慕尼黑的危险。二战的爆发与欧洲战局的急剧变化，对远东国际关系产生了重大影响。在远东，国际关系的中心舞台是中国。日本帝国主义在发动全面侵华战争时，扬言要在3个月到半年时间里灭亡整个中国，但中国的顽强抗战使日本侵略者的"速战速决"方针彻底破产。欧洲的战争在日本看来是一种"机会"。日本为了建立它的"大东亚新秩序"，对欧洲战争采取中立立场，同时调整对苏、美、英、法的政策。而西方列强由于同德意法西斯的矛盾日益尖锐化，欧洲是战略重点，美、英、法在远东处于守势，因此，为了集中力量在欧洲对付希特勒，它们也力求调整对日关系，认为需要缓和同日本在亚洲的矛盾，企图以牺牲中国的领土和主权来求得对日妥协。这实际上是把慕尼黑的绥靖政策照搬到亚洲来。

1939年以来，日本针对英国在中国和远东的利益展开攻势，它首先将矛头指向英国在华租界，企图排挤英国、加强自身在华独占的统治地位，同时企图迫使英国采取与日本配合、放弃援蒋的政策，从而形成远东慕尼黑局面。远东慕尼黑阴谋的最初酝酿，是召开所谓的"太平洋国际会议"。1938年冬，英国驻华大使往返于上海、重庆之间，多次同蒋介石密谈，"劝说"国民党同日本停战讲和。1939年，西方舆论界鼓吹召开所谓的"太平洋国际会议"。英国政府一再表示，承认长江以北为日本的势力范围，并示意国民党政府提出召开"九国公约会议"。毛泽东在当时就深刻地指出："所谓太平洋会议，就是东方慕尼黑，就是准备把中国变成捷克。"①

在日本的威胁和压力面前，英国在欧战爆发后的远东政策，总趋向是退守，在对日政策上是通过减少对华支持、疏远中国来实现与日本的和平相处。1939年1月，英国政府宣布禁止由香港向大陆内地运送武器弹药。接着双方就政治和经济上的协调和合作进行谈判。在处理4月9日伪北平临时政府汉奸官员被暗杀所引起的日英争执中，张伯伦政府处处妥协。7月22日，英国驻日大使克莱琪与日本外相经过会谈在东京签订了《有田—克莱琪协定》，在谈判一开始，英国便在原则上让步，牺牲中国的利益以绥靖日本。该协定2天后公布，其主要内容是：英国接受日本的要求，承认日本在中国造成的"实际局势"，承认日军在中国"有特殊的需要"，英国不妨碍日本在中国的侵略行动，等等②。这一英日协定，是一个放任侵略、纵容侵略和奴役的协定，是张伯伦政府东方慕尼黑政策发展的必然结果，表明英国已经彻底违背了其多次在国际会议上宣布的对中国承担的国际义务。协定引起了中国的强烈反对，也引起了美国的强烈不满。

协定签订后，英国继续谋求改善英日关系。1940年6月12日，英国不顾中国政府的反对，与日本签订了英日《天津协定》，在治安、天津存银及货币流通三个方面拿中国的利益与日本作交易，再次姑息日本对中国的侵略政策。1940年7月17日，有田与克莱琪又达成了《英日关于封闭滇缅公路的协定》，决定自次日起三个月间禁止武器、弹药、铁道材料通过缅甸输出到

---

① 《毛泽东选集》，人民出版社1967年版，第536页。

② 参见《英国外交政策文件(1919—1939)》第3集第9卷，伦敦1965年版，第313页。

中国。由于抗战以来中国的海上交通被日军封锁，外援物资主要是通过滇越、滇缅、苏联中亚至新疆三条陆路进行，关闭滇缅公路意味着切断中国的国际援助，孤立中国的抗战力量，导致了中国抗战以来最严重的危机，是英国助纣为虐、帮助日本胁迫中国投降的严重步骤。

法国在远东也一再做出损害中国利益、向日本步步妥协的事情。1939年9月下旬起召回了所有在华法国顾问人员。1940年6月也与日本签订了一个《天津协定》，承认日本在中国的"特殊要求"。而法属印支当局则以法国处境困难为借口，对经越南转运中国的援华物资设置障碍，以减少日本的疑虑，后来维希政府也封锁了滇越公路。

但是，由于中国人民的坚决反对和帝国主义之间的矛盾，远东慕尼黑阴谋终于还没有正式出笼就宣告破产了。

2. 日本的南进战略

二次大战爆发后在远东形成的另一个主要趋向是日本的南进战略加深了爆发太平洋战争的危险。日本坚持灭亡中国的基本方针，损害英、法、美等列强在中国的利益，它利用欧战的机会，加紧同德、意法西斯勾结，加紧向印度支那和荷属东印度渗透和扩张，将其国策的重心向南进转移，以建立它的"大东亚新秩序"。日本南进趋向的发展，威胁着英美在整个亚洲和太平洋地区的地位，使日本与英美之间的矛盾日趋尖锐化，太平洋战争的危险在日益加深。

日本帝国主义对外侵略扩张一向有所谓"大陆政策"(即"北进战略")和"海洋政策"(即"南进战略")之争。"大陆政策"论者鼓吹侵略中国后调头北攻苏联，进而称霸欧洲。"海洋政策"论者则主张侵略中国并南下进犯西方殖民国家在东南亚和太平洋上的殖民地和附属国，控制整个亚洲和太平洋地区。其实这两个政策都是日本争夺世界霸权政策的有机构成部分，只是看时间和条件而定罢了。广田内阁于1936年8月7日制定的"国策基准"就是一个南北并进的政策，只不过在二次大战爆发前的几年中，日本侵略政策所具体执行的战略重点是北进。但是，日本迅速灭亡中国的阴谋破产后，侵华战争变成了一场旷日持久的消耗战，日本陆军的大部分陷于中日战争的泥淖中，其北进战略受阻。同时，1936年的德日《反共产国际协定》和1939年的《苏德互不侵犯条约》也制约了日本北进战略。欧洲战争爆发后日本的中立声明，就是想趁势结束侵华战争、跳出对华战争的泥淖。这样，南进政策就迫不及待地提上了日程。

东南亚地区资源丰富，而日军的战略资源在长期战争中日趋枯竭，所以急需掠夺南洋的物资来支持战争。1940 年夏，荷兰、法国相继战败投降，英国本土岌岌可危，日本趁机加快南进步伐，欲夺取这些国家的殖民地，主要是法国的印度支那、英国的印度和缅甸、荷兰的东印度、美国的菲律宾。1940 年 6 月 29 日，日本外相有田发表"建设大东亚新秩序"的演说，7 月 26 日的近卫内阁《基本国策纲要》宣称日本政府的根本方针是"建立以日本皇国为中心，以日满华的牢固结合为主干的大东亚新秩序"①。8 月 1 日，外相松冈洋右在上台后的第一次演说中正式提出了建立"大东亚共荣圈"的口号，其划定的范围包括日本本土、中国、泰国、印度支那、马来亚、印度尼西亚、菲律宾、澳大利亚、新西兰、缅甸、西伯利亚、东部美国、南美洲、伊朗、印度、阿拉伯、南非等广大地区②。

日本南进战略迈出的第一步是占领法属印度支那。印度支那不仅是日本急需的原料和粮食的重要产地，而且它的战略地位十分重要，可以作为日本进一步侵略东南亚的军事基地。1940 年 8 月，日本向维希政府提出了最后通牒式的要求，双方签订了《松冈—亨利协定》，使日本取得了在印度支那建立海空军基地、军队过境可使用海防机场以及海防—昆明铁路的权利。9 月 22 日，日本占领了印度支那北部。

3.《苏日中立条约》

日本北上战略的受挫、《苏德互不侵犯条约》的签订和第二次世界大战爆发后国际形势的剧变，迫使日本调整其对苏政策。1939 年 12 月 28 日，《对外政策的方针纲要》提出设法使日苏两国关系保持平静无事、设法用和平谈判解决国界纠纷的方针。1940 年 7 月初，日本向苏联政府提出了签订中立条约的建议。随后日本把"建设大东亚新秩序"作为主要目标后，提出在外交方针上要迅速调整日苏关系。

对于苏联来说，其面临的主要危险来自德国。为了能全力以赴进行反纳粹侵略的准备，苏联在东方的策略是要尽力捆住日本的手脚，从而一旦在德国侵略苏联的情况下得以避免两线作战。为此，苏联一方面积极支持中国抗战，阻止日蒋媾和，使日本帝国主义陷于中日战争的泥淖而无法脱身，另一方面想通过和日本签订条约来稳住日本，以保障东部边境的安全。11

① 参见信夫清三郎：《日本外交史》，商务印书馆 1980 年版，第 648 页。
② 参见服部卓四郎：《大东亚战争全史》第一卷，商务印书馆 1984 年版，第 44 页。

月 18 日，苏联针对日本提出的中立条约草案，提出了自己的中立条约草案，遭到日本的拒绝。从 1941 年 2 月起，日本外相松冈两度访苏，经过长时间的讨价还价，最后与莫洛托夫于 4 月 13 日在莫斯科签订了《苏日中立条约》。条约规定：双方承担义务，维护彼此之间的和平友好关系，相互尊重对方的领土完整和不可侵犯。当缔约一方成为一个或几个其他强国的军事对象时，缔约另一方须在整个过程中严守中立。此外，双方还声明按中立条约的精神，苏联须尊重伪满洲国领土完整不可侵犯性，日本须尊重蒙古人民共和国领土完整与不可侵犯性。

中立条约的签订有利于保障苏联东部的安全，使苏联避免了两线作战，以便集中力量抗击德国法西斯。但双方相互保证在中国的势力范围，苏联的声明严重损害了中国的主权。另外，中立条约使日本在政治上和外交上暂时稳定了北方和取得了对美的均势，消除了其南进的后顾之忧，但在军事上日本并没能摆脱苏联远东军的沉重压力。

第二节　战争的全球性阶段：第二次世界大战的新阶段

一、苏德战争的爆发

1. “巴巴罗萨”计划

大战初期的苏德关系表面上是平静的，实际上蕴含着深刻的危机，因为从根本上来说，苏德之间的矛盾是不可调和的。1941 年 6 月 22 日，法西斯德国入侵苏联，苏联开始了卫国战争。这一事件对第二次世界大战产生了重大影响，因为苏联以主力军的身份出现于抗德战场，终于让希特勒陷入到两线作战的致命套索中去，从而决定性地改变了欧洲战场的战略态势。苏德战争和太平洋战争的爆发，推动了世界反法西斯同盟的建立，为最终获得战争胜利奠定了基础。正是从这个意义上说，从苏德战争爆发开始，第二次世界大战进入了全球性新阶段。

到 1940 年夏，法西斯德国已经占领了奥地利、捷克斯洛伐克、波兰、丹麦、挪威、荷兰、比利时、卢森堡和法国等 9 个欧洲国家，这些地区拥有 1 亿多人口，是欧洲的心脏，也是欧洲工业集中的地区。这大大加强了德国法西斯的经济和军事实力。从秋天开始，德国的整个政治、经济、外交和军事活动都是围绕着入侵苏联这一重要目标进行的。12 月 5 日，希特勒批准了总参谋部制定的作战计划，并于 18 日发布第 21 号作战令，正式下达了代号为“巴巴罗萨”的侵苏计划。计划规定：德国武装部队应在对英国战争结束之前“以一次快速的战役击溃苏联”，为此，德国必须动用一切可以调动的陆军部队，而海军则仍以英国为主要作战对象，这一准备工作必须在 1941 年 5 月 15 日之前完成。总的战略企图是以装甲部队纵深楔入，大胆作战，摧毁苏联西部的陆军主力，尔后快速追击，建立一道从伏尔加河到阿尔汉格尔的防线以对付苏联的亚洲部分。

1941 年夏，苏德之间的综合国力和军事力量对比关系，从总体上是法西斯德国处在优势地位。在这样的条件下，德国把主要兵力投入侵苏战争，在军队人数上占两倍于苏联的优势，而坦克和飞机都接近苏联的三倍。

2. 希特勒突袭苏联

1941 年 6 月 22 日凌晨 4 时，法西斯德国撕毁了《苏德互不侵犯条约》，背信弃义，未经宣战就向苏联发起了全线进攻。希特勒秘密调动了 190 个师，3 500 多辆坦克，5 000 多架飞机，在从波罗的海到黑海的 1 800 公里长的战线上，同时发起了进攻。进攻开始一个半小时后，德国驻苏大使才向苏联递交一份开战声明。同日，意大利也向苏联宣战，匈牙利、罗马尼亚、西班牙、荷兰等国也参加了侵苏战争。按照“巴巴罗萨”计划，德军兵分三路，“北方”集团军群进攻的主要方向是列宁格勒；“中央”集团军群是侵苏的主攻方向，目标是莫斯科；“南方”集团军群的主要方向是基辅和顿巴斯。

战争初期，苏联损失惨重，形势十分严峻。战争第一天，德军对苏联西部边境地区进行了大规模的轰炸，66 个机场被炸毁，半天之内 1 200 架飞机被损坏（其中 800 架飞机未及起飞即被炸毁），苏联边防军当即陷于既不防御又不撤退的混乱状态。在第一天，德军就推进了 60 公里，18 天后，深入苏联腹地 500 多公里，入侵后 1 个月，即占领苏联相当于法国两倍的土地。在头 5 个月的期间，德军深入苏联境内 850—1 200 公里，封锁了列宁格勒，进逼莫斯科，占领苏联土地 150 万平方公里，沦陷区人民7 450万（占 40％），苏军损失达 380 万人①。苏联之所以遭受如此严重的损失，究其原因，

① 参见黄玉章：《第二次世界大战》，世界知识出版社 1984 年版，第 178 页。

主要是，首先，入侵苏联之前德国掌握着主动权，综合国力强大，有作战经验。这是客观原因。其次，从主观上分析，主要是苏联对法西斯缺乏必要的警惕，导致了一系列估计、政策和备战措施上的错误。具体表现在：(1) 对形势估计错误。苏联对德国进攻的时间判断不准，对战争的急迫性和突发性估计不足，对拖延战争的可能性估计过高。斯大林虽然感到战争一定会打起来，但他相信苏联“还能赢得6个月或6个月左右的时间”①。(2) 战备不足和军事失误。苏联虽然作了不少备战措施，但缺乏应付突袭的思想准备，缺乏早打的准备，武器的生产、战场的建设都很迟缓。战前对德军主攻方向判断错误，军事理论和战略思想上对坦克和空军在战争中的作用认识不足。

但是，尽管苏联当时处境极其艰难，苏联还是迅速采取了坚定措施，有效地动员和组织一切力量投入战争。6月30日，苏联成立了以斯大林为首的国防委员会，8月8日又设立了以斯大林为最高统帅的武装部队最高统帅部，加强和改善了对战争的高度集中的一元化领导。同时，按战争需要对国民经济实施了改组，建立巩固的大后方。再次，立即实行征兵动员，一个月内组建了96个新的兵团，加上战前的兵力，总动员兵力达到1 055万人；同时，被占领区开展了广泛的游击战。1941年7月3日，斯大林向全国发表了广播演说，号召苏联全国各族人民动员一切力量来粉碎敌人。这样，苏联逐步摆脱了被动局面，稳住了阵脚。苏联军民的顽强抵抗使德军遭到了沉重打击和重大损失。战争头三周，德军一昼夜平均推进20—30公里，从7月中旬到8月7日，推进速度下降为3.5—8.5公里，8月8日到9月中旬，推进速度更为缓慢，到10—11月，德军向莫斯科进攻时一昼夜平均推进2.5—3公里，到12月初，德军完全停止了进攻②。经过战争初期的战略防御，苏军终于把德军阻止在列宁格勒、莫斯科、顿巴斯一线。德军的北路进攻在列宁格勒受阻，苏联的列宁格勒保卫战坚持了90天，使德军损失30万人。在中路进攻中，斯摩棱斯克大会战又使德军损失25万人。南路进攻中，苏军的基辅保卫战和敖得萨保卫战又消耗了德军大量有生力量。正是在这样的形势下苏联开始了稳定战局的关键战役——莫斯科保卫战。

3. 莫斯科保卫战

1941年秋，德军尽管深入苏联腹地800—1 200公里，但是“巴巴罗萨”

① 转见丘吉尔：《第二次世界大战回忆录》第4卷，伦敦1968年版，第443页。

② 安德罗尼科夫：《第二次世界大战史》第4卷上册，上海译文出版社1981年版，第229页。

计划所规定的以速战速决的形式击溃苏联的目标没有实现。希特勒的闪电战彻底破产了。于是希特勒改变战略，变全面进攻为重点进攻，集中力量进击莫斯科。希特勒认为，斯大林一定会以苏联主力来保卫首都，如果能打败苏军主力，攻占全苏政治、经济中心，就能取得对苏战争的胜利。为此，德军共调动 75 个师，集中了 1 500 架飞机来攻击莫斯科。但是，中路德军在 7 月 15 日攻占斯摩棱斯克后，未能集中兵力直取莫斯科，从而失去了战机；而苏联则立即加强了对莫斯科的防御。直到 9 月 6 日，希特勒才发布第 35 号训令，把攻打莫斯科的战役取名为“台风”。

1941 年 9 月 30 日到次年 4 月 20 日，苏德军队进行了举世瞩目的莫斯科会战。按苏军行动性质可分为防御、反攻、总反攻三个阶段。12 月 5 日之前是苏军防御阶段。9 月 30 日，德军发动局部进攻，当天即推进 15—30 公里。10 月 2 日，德军发动总攻，德军沿着拿破仑进攻莫斯科的老路向前推进，苏军未能阻止德军的前进。到 10 月 20 日，德军推进近 250 公里，其前锋装甲部队直抵距莫斯科只有 40 英里的地方。希特勒认为在严冬到来之前攻占莫斯科是十拿九稳的了，因此下令禁止接受莫斯科投降。10 月下旬，苏联除作战组织留在莫斯科外，其他所有机关都撤出莫斯科。在苏联人民的支持下，苏军进行了一个多月的浴血奋战，挫败了德军占领莫斯科的战略企图，并使德军遭受重大损失。11 月中旬，德国又以 51 个师的兵力向莫斯科发起第二次大规模进攻，从北南西三面进逼莫斯科，最近的地方只距莫斯科 30 英里。12 月 1 日，德军发起总攻，德军侦察营到达莫斯科城下，可以望见克里姆林宫的尖顶了。但德军的进攻遭到了苏军意外的顽强反抗，死伤近 16 万人，损失飞机 1 500 架，加上冬装准备不足，士气下降，使得中路军已失去进攻能力。12 月 5 日，在环绕莫斯科周围 200 公里的半圆形阵地上，德军全线攻势被迫停顿。从 1941 年 12 月 5 日到次年 1 月 7 日，战争进入了苏军的战略反攻阶段，苏军将德军击退 100—250 公里，重创 38 个德军师，从而解除了德军对莫斯科的直接威胁。希特勒撤掉了陆军总司令并亲自接任，但未能挽回败局。从 1 月 8 日开始到 4 月 20 日，苏军进入了总攻阶段，苏军共向西推进 80—250 公里，击溃德军 16 个师。这两个阶段的反攻和总攻，苏军共推进 350 公里，使德军损失 50 余万人，坦克 1 300 辆，火炮 2 500 门，汽车 1.5 万辆，取得了莫斯科保卫战的重大胜利。

莫斯科保卫战的胜利具有重大的军事、政治和国际意义，深刻地影响着第二次世界大战的进程。这是希特勒法西斯第一次遭到如此惨重的失败，从而粉碎了德军不可战胜的神话。前法军副总参谋长夏森将军说,“莫斯科会战标志着第二次世界大战一个重要转折点”①。莫斯科会战增强了苏联人民战胜德国法西斯的信念,有力地促进了世界尤其是欧洲各国人民的反法西斯斗争。更为重要的是,莫斯科保卫战的胜利大大提高了苏联的国际威望,向英美显示了苏联的强大力量,促进了世界反法西斯统一战线的形成和发展。英国首相丘吉尔、美国总统罗斯福致信斯大林和发表广播讲话,高度评价了莫斯科保卫战胜利的意义和苏联的贡献。

二、国际反法西斯同盟的建立

1. 反法西斯同盟建立的前提

全世界反法西斯力量联合起来,形成最广泛的国际反法西斯统一战线,是第二次世界大战取得胜利的重要保证。但是这一统一战线的形成不是一帆风顺的,从提出到最后形成经历了一个长期曲折的过程。建立反法西斯统一战线的努力,可以追溯到30年代大战爆发前。当时,面对德、意、日三个法西斯国家加快侵略步伐、严重威胁世界和平的严峻形势,各国有远见的政治家,比如丘吉尔、艾登等人士,认识到只有建立反法西斯联盟,才能拯救世界和平。1934年苏联应英法之邀加入国际联盟,意味着不同社会制度国家之间摒弃意识形态的差异、共同御敌的可能性是存在的。但大战爆发前最终没能建立这一统一战线,其主要原因是英国张伯伦政府和法国达拉第政府顽固地推行绥靖政策。希特勒之所以能实现重振军备、侵占欧洲战略要地这两个战略部署,正是由于英法助纣为虐政策使然。而希特勒能够完成其避免两线作战的战略部署,则是苏德签订条约的结果。总之是欧洲爱好和平的力量没能联合起来。

苏德战争爆发后,世界战局和国际政治格局发生了巨大的根本性的变化,建立国际反法西斯统一战线具备了现实的可能性。就苏联而言,要战胜强大而凶恶的敌人,就必须摆脱孤立无援的处境,争取最广泛的同盟者。苏德战争爆发后,德国对苏联的野蛮入侵在世界上引起了强烈反响,各国共产党和进步力量纷纷起来声援苏联卫国战争,比如中国共产党发表了毛泽东

① 夏森:《第二次世界大战军事史(1939—1945)》,巴黎1951年版,第128页。转引自安德罗尼科夫:《第二次世界大战史》第4卷下册,上海译文出版社1981年版,第525页。

起草的《关于反法西斯国际统一战线》的党内指示①。英美两国领导人立即明确表示了援苏态度。就英国而言，狭窄的英吉利海峡暂时挡住了德军的进攻，德军侵苏暂时解除了法西斯入侵的直接威胁。但是，一旦德国取得对苏联的胜利，英吉利海峡是挡不住德国的进攻的。因此明智的政策是支持苏联对德作战，同苏联结盟，共同反对法西斯。就美国而言，战争逐渐逼近西半球使美国加重了危机感，美国打赢这场战争的最合算办法是支持别国拼杀在反法西斯战争的第一线。因此，罗斯福政府认为支持苏联打下去符合美国的利益。在德国进攻苏联前一周，丘吉尔打电报给罗斯福，声称要给苏联提供任何援助，罗斯福答复时称美国将支持英国的行动②。

苏德战争爆发的当晚，丘吉尔发表广播演说，支持苏联反对德国的侵略，提出英国的政策和宣言就是“任何对纳粹帝国作战的个人或国家，都将得到我们的援助”，对苏联也不例外，因为“俄国的危难就是我们的危难，也是美国的危难”③。这篇演说对于促进反法西斯同盟的建立具有重大的影响。6 月 24 日，美国总统罗斯福宣布，考虑到希特勒是美洲的主要危险，美国准备向苏联提供援助。美国接连宣布停止冻结苏联在美国的存款、取消对苏联采取的“中立”态度的法律、立即向苏联运送大量物资的决定。苏联政府的积极推动加速了反法西斯统一战线的形成，7 月 3 日，斯大林发表广播演说时指出苏联将同欧洲和美洲各国人民建立争取自由、反对希特勒的统一战线④。当然，国际反法西斯统一战线的形成不仅仅是这些大国的作用的结果，法西斯的残暴侵略激起了各国人民的强烈反抗，使国际反法西斯统一战线拥有空前广泛的群众基础。

2.《大西洋宪章》

7 月 12 日，苏、英两国在莫斯科缔结了为对德采取联合行动的协定，规定两国政府相互承允对希特勒战争中彼此给予各种援助和支持，不得同敌方单独媾和。这为同盟的建立迈出了第一步。7 月 30 日，美国总统罗斯福派遣其私人代表哈里·霍普金斯访问莫斯科，同斯大林进行了多次会谈，虽然最终此行没有签署有关条约，但此次访苏意义重大，因为霍普金斯亲眼看

① 参见《毛泽东选集》第 3 卷，人民出版社 1991 年第 2 版。

② 参见丘吉尔：《第二次世界大战回忆录》第 3 卷，伦敦 1964 年版，第 330 页。

③ 同上书，第 331—333 页。

④ 参见《斯大林文选(1934—1952)》，人民出版社 1962 年版，第 267 页。

到苏联强大的军事潜力以及抵抗法西斯德国的坚强决心和信心，使美、英对苏联的局势有更深入的了解，有助于美国援苏方针的最后确定。

鉴于事态的快速发展，1941 年 8 月 9 日至 12 日，罗斯福与丘吉尔在大西洋北部纽芬兰的阿根夏海湾的军舰上，举行了有两国政治和军事顾问参加的会议。会议就当时国际形势、调整两国关系、安排战略部署、确定对德对苏政策等问题进行了讨论。8 月 13 日签署了一项《美国总统和英国首相的联合宣言》，即著名的《大西洋宣言》，次日正式公布。宣言的主要内容是：宣称英美两国不追求领土和其他方面的扩张；不承认法西斯通过侵略所造成的领土变更；尊重各国人民选择其政府形式的权利，同时两国将努力设法恢复各民族中被剥夺的主权和自治权；保证一切国家在平等的基础进行贸易和经济方面的合作；赞同摧毁纳粹德国暴政后重建和平，使各国能安居乐业；保证公海上的航行自由；世界各国必须放弃使用武力，在永久的普遍安全制度建立之前，有必要解除侵略国的武装，以减轻爱好和平的各国人民在军备方面的沉重负担①。

在会谈和宪章的制定过程，美英两国虽然存在着共同的利益，但同时又为各自的利益发生激烈的争执。美国趁英国衰落之际，力图把“机会均等”、“贸易自由”、“航海自由”等原则写入宪章，遭到丘吉尔的反对。但因为深深地依赖于美国，英国最后不得不在“尊重现有义务”的前提下同意实现这些原则。同时，对苏联政策是大西洋会晤中的一个重要内容。8 月 15 日，罗斯福和丘吉尔联名给斯大林打了一份电报，建议在莫斯科举行三国会议，讨论对苏联军事援助问题。苏联接受了这个建议。在 9 月份于伦敦召开的反轴心国的同盟国会议上，苏联为了推动反法西斯同盟的形成，发表了同意《大西洋宪章》基本原则的声明，但提出这些原则的“实际运用必须与各国的状况、需要和历史特点相适应”②，也就是说苏联作了重要保留。其他与会各国也先后表示支持宪章。

总之，尽管《大西洋宪章》制定过程中充满着矛盾和争执，但它提出了对德战争的目的，以及战后世界的结构所赖以建立的一系列进步的和民主的原则，这是战时国际关系中一个积极因素，有力地促进了国际反法西斯统一

---

① 参见《国际条约集(1934—1944)》，世界知识出版社 1961 年版，第 337—338 页。

② 基里林主编：《国际关系和苏联对外政策史(1917—1945)》，中国社会科学出版社 1990 年版，第 314 页。

战线的形成，并成为后来《联合国宪章》的基础。

3.《联合国家宣言》

1941年9月29日至10月1日，苏、美、英三国代表在莫斯科召开了相互提供军需供应会议。会议达成一项《对俄供应第一号议定书》，规定自1941年10月1日起到1942年6月30日，英美每月向苏联提供400架飞机、500辆坦克和其他各种原料、武器及军用物资，并承担其运输任务。莫斯科三国会议显示了苏、美、英三大国打击法西斯德国的决心和政治、经济、军事合作的加强，对协调三国关系和促进反法西斯联盟的建立起着积极作用。

1941年11月25日，德、意、日、西、匈和伪满代表在柏林签订了《延长反共产国际协定的议定书》，12月11日，德、意、日又在柏林签署《联合作战协定》。这两个协定的签署意味着法西斯侵略国家勾结的加深。1941年12月7日，日本侵略者发动了太平洋战争，美英在远东太平洋的利益蒙受重大损失，遂于12月8日对日宣战。随着战争范围的进一步扩大和美国、澳大利亚等20余国正式加入反法西斯战争的行列，国际关系进一步发生深刻变化，国际反法西斯统一战线犹如一轮朝日跃出了地平线。正如当时中国共产党所指出的："全世界一切国家一切民族划分为举行侵略战争的法西斯阵线与举行解放战争的反法西斯阵线，已经最后明朗化了。"①在丘吉尔建议下，英、美两国首脑及三军参谋长于1941年12月22日至次年1月14日在华盛顿举行会议，即代号为"阿卡迪亚"的会议。这个美国参战后的首次两国会晤全面商讨了两国联合作战的共同战略。会议确认德国是最主要的敌人，击溃德国是胜利的关键，坚持"大西洋第一"、"欧洲优先"的战略原则。

会议期间，美国倡议由所有对轴心国作战的同盟国家签署一项共同宣言，即《联合国家宣言》。经与中国等其他反法西斯国家磋商，美国起草了宣言草案，并与英、苏两国磋商修改后以急电发给各盟国政府，得到积极响应。1942年元旦，美、英、苏、中、澳大利亚、加拿大、印度等26个国家的代表在华盛顿签署《26国宣言》，即《联合国家宣言》。宣言签字国表示赞成《大西洋宪章》的宗旨与原则，深信完全战胜敌国对于保卫生命、自由、独立和宗教自由以及各国人权、正义非常重要。宣言庄严宣告：(1) 每一政府各自保证运用军事与经济之全部资源，以对抗与其作战的三国同盟成员国及其附从国；(2) 每一政府各自保证与本宣言签字国政府的合作，不与敌国缔结单

① 《中国共产党为太平洋战争的宣言》，载延安《解放日报》1941年12月10日。

独的停战协定及和约①。

《联合国家宣言》的发表标志着不同社会制度和不同意识形态的国家为了反对法西斯侵略的共同目标，承担了共同对敌、不单独媾和的政治军事同盟最基本的庄严义务，从而形成了反法西斯国家政治军事和经济的大联合，为创立联合国奠定了基础。它使国际反法西斯统一战线空前扩大，这一阵线包括了北美和大洋洲国家在内，因而具有了全世界范围的性质，至此，国际反法西斯统一战线终于正式形成。

三、太平洋战争的爆发及其影响

1. 1941年的日美谈判

1939年12月由日本外相、陆相、海相联合签署的一项《对外政策的方针纲要》认为，美国是当前日本对外扩张、建立“东亚新秩序”的主要障碍，日本必须阻止美国以经济手段来阻挠日本的做法，要努力使美国专心于欧洲战争。美国总统罗斯福密切注视着日本对美国利益所构成的越来越大的威胁，经过权衡，美国决定对日本咄咄逼人的进攻态势采取守势，即通过外交谈判和经济制裁，对日本施加压力，以避免在欧洲战场的局势好转之前与日本发生战争。

正是在这样的背景下，美日两国从1941年3月到12月进行了50多次秘密谈判。美国一再想在中日“和谈”、中日“经济合作”、承认伪满洲国、日美关系等问题上妥协，主要是牺牲中国的部分主权来换取日本从中国部分地区撤军、停止南进。这种政策带有浓烈的绥靖色彩。

从3月8日到7月24日，谈判处于双方相互摸底、讨价还价阶段，美国在谈判中要起了牺牲中国利益的“远东慕尼黑”新阴谋，妄图以出卖中国利益来满足日本的部分贪欲，以达到保全美国在亚太地区权益的目的。最初的会谈是通过私人渠道进行的，是所谓的“民间代表”在官方的授意下进行秘密接触。3月8日，日本驻美大使野村吉三郎和美国国务卿科德尔·赫尔开始非正式会谈，双方就调整日美关系问题交换了意见。从4月16日的谈判开始，民间外交升格为政府间外交，开始了正式的日美谈判。赫尔提出了谈判的重要前提条件，即“赫尔四原则”：尊重所有国家的领土完整和主

① 参见《国际条约集(1934—1944)》，第342—343页。

权；不干涉别国内政；维护平等包括贸易机会平等原则；不以武力改变太平洋地区的现状。在讨价还价的基础上，双方拟定了一个新的《日美谅解方案》，主要内容是：日本承认三国同盟是防御性组织；日军撤出中国，“尊重中国独立”，在中国实行门户开放原则，汪蒋政权合并，承认伪满洲国。日本统治集团认为方案有利于解决中日战争，原则上同意美国居中调停。但日本看出美国的目的是在避免战争，因此乘机抬高要价。松冈外相反对日本让步，于5月12日提出修正案，全部删去了谅解方案中“尊重中国独立”等八项条件，强硬地要求美国承认1938年日本首相近卫提出的“善邻友好”、“共同防共”、“经济提携”三原则。美国作出了妥协，同意以此为基础进行谈判。

5月16日、31日，美国相继提出了自己的新方案，基本上接受了“近卫三原则”，以牺牲中国的利益对日本作出了重大让步。日本得寸进尺，提出的新修正案要进一步删改有关条款。这使得美国的态度有所强硬。6月21日，美国提出了最后一个妥协方案，表示三国同盟的义务不适用于美国参加欧洲战争的行动，反对日本在经济上独占中国，但愿意讨论承认“满洲国”问题，同意讨论菲律宾中立化问题。苏德战争的爆发给日美谈判以巨大的冲击。日本统治集团内部就北进侵苏还是南进扩张问题引起了激烈的争论，结果是南进的军部实力派占上风。7月2日召开的御前会议是一次非常重要的会议，因为它通过的陆海军制订的国策纲要宣布下决心建立“东亚共荣圈”、“加速南进”，并作出了发动太平洋战争的决定。

为了掩饰其南进的战略意图，日本关东军在中国东北进行了大规模的军事演习，带给国际社会一种北上反苏的假象，在此烟幕掩护下，日本加紧南进步伐，入侵印度支那、柬埔寨、泰国等地。罗斯福于7月18日召开紧急内阁会议研究对策，并于24日向日本提出严重警告，要求日本撤出印度支那，并作出了冻结日本在美国的全部财产，向中国派遣军事顾问团等措施。日美谈判宣告中断。

8月1日，美国宣布对日本实行全面禁运，这对严重依赖进口的日本侵略者是一个沉重打击。为了缓和紧张局面，近卫于8月7日指示野村大使，决定与罗斯福直接会谈，由此开始了第二阶段的谈判(8月7日—10月2日)。美国为了避免过早卷入战争，一直没有抛弃使日本改弦易辙的幻想。8月17日，罗斯福与丘吉尔举行了大西洋首脑会晤，讨论远东和太平洋问题。英国想说服美国以军事行动阻止日本南进，但美国想尽可能避免与日本的战争。回国后，罗斯福向野村大使宣读了经赫尔修改过的对日声明，一个是措辞强硬的警告性的声明，另一个是和解性的声明。第二个语气温和的声明抵消了第一个声明的强硬性，美国此举意在向日本表达愿意寻找一个和睦相处的道路的愿望，日本心领神会，认为罗斯福是友好的，他的主要意图是恢复谈判和举行首脑会议。近卫赞同进行首脑会晤，但拒不接受美国提出的以“赫尔四原则”为谈判基础的条件，结果首脑会晤不了了之，第二阶段谈判结束。

谈判陷入僵局使日本军部内的主战派强硬起来。9 月 6 日御前会议批准了陆海军制定的《帝国国策施行纲要》，提出如果谈判在 10 月上旬达不到日本的要求，日本就下决心对美英荷开战。这表明日本已经进入了对美英的战争准备阶段。9 月 16 日，偷袭珍珠港的计划正式被批准，同时制定了进攻南洋的作战方案。但到 10 月中旬，谈判依然毫无进展。迫于压力，近卫内阁于 10 月 16 日被迫总辞职。

10 月 18 日，主战派东条英机组成新内阁。由此开始的第三阶段谈判(到 12 月 7 日)变成了日本利用谈判来掩护偷袭。东条上台后，加紧完成战争准备，从 10 月 23 日到 11 月 2 日连续召开政府与军部联席会议，围绕欧战战局、日美谈判期限、对美开战日期等问题展开了激烈的争论。11 月 5 日，御前会议通过的《帝国国策实施要领》规定：(1) 决心于 12 月初对美、英、荷开战；(2) 如果 12 月 1 日上午零时前对美谈判取得成功，即中止武装进攻。这次会议制定了甲乙两个与美谈判的最后方案。甲方案规定，日本根据自己的决定解释和履行三国同盟条约；日本同意在中日和平实现后两年内撤兵中国，但在华北、蒙疆和海南岛驻军 25 年；在解决中日战争、实现远东和平后，日本撤出驻守印度支那的日军。乙方案是在甲方案谈不成时的替代方案。它完全抛开三国同盟、从中国撤军、自由贸易这三个日美谈判的核心问题，只是提出日美两国不向法属印度支那以外的东南亚和南太平洋地区实行军事扩张，但以美国解除对日经济封锁、不阻挠日在中国的“和平”努力为条件。

此时，日本已经完成了偷袭珍珠港的准备工作。为了进一步迷惑美国，日本政府于 11 月 4 日特地加派前驻德大使来栖三郎作为“和平特使”赴美，协助野村进行谈判。11 月 5 日，日本外相电告野村，此次谈判是最后努力，如若失败，除了战争别无他法。这个密电被美国情报部门截获破译，但直到此时，美国还依然自欺欺人，认为美英的主要敌人是德国，应避免日美战争的爆发。恰在这一天，日本陆海军分别下达了对美作战的命令。11 月 17 日，罗斯福与赫尔都接见了来栖三郎，开始了新的谈判，但就在这一天，偷袭珍珠港的日本舰艇已经秘密地集中到千岛群岛的基地待命。美国拒绝了野村 11 月 7 日递交给美国的甲方案，11 月 20 日，野村把乙方案递交给美国，赫尔认为这个方案等于是把控制整个西太平洋的主导权让给了日本，因此加以拒绝。11 月 25 日，美国获得日本可能发动突然袭击的情报，罗斯福立即召开国防会议。会后，由国务卿赫尔起草了《美日协定大纲》(即《赫尔备忘录》)，将之交给了来栖和野村。备忘录重申以"赫尔四原则"为两国关系的基础，不承认"满洲国"和汪伪政权。日本认为这是对日本的"最后通牒"，拒绝了美国的方案。12 月 1 日的御前会议以谈判破裂为由，决定对美英荷开战。次日发布作战命令，确定进攻珍珠港的日期为 12 月 8 日。至此，日美谈判彻底破裂。

2. 珍珠港事件

美国在日本谈判的烟幕弹下一直蒙在鼓里。12 月 7 日上午，马歇尔从破译的电报中获悉日本即将提出最后通牒式的备忘录，立即向海军各基地下达紧急戒备令，但命令的下达被延误了。1941 年 12 月 8 日凌晨 3 时 20 分(华盛顿时间为 12 月 7 日下午 7 时 50 分)，日本特遣舰队 183 架飞机向美国太平洋中最大的海军基地珍珠港发动突然袭击。日本的轰炸机和鱼雷攻击机，向毫无戒备的珍珠港内美军大型军舰、陆上飞机场狂轰滥炸，港内、岛上顿时一片火海。轰炸大约持续了一个多小时，结果，美军太平洋舰队受到毁灭性的打击，共被击沉战舰 6 艘、重巡洋舰 1 艘、油船 2 艘，重创战舰 2 艘、重巡洋舰 1 艘、轻巡洋舰 6 艘、驱逐舰等 6 艘，大约 300 架飞机被炸毁，4 500名美军伤亡。袭击事件发生后，日本才向美国宣战。

珍珠港是美国在太平洋上最大的海军基地和交通枢纽，也是日本实现其南进战略的最主要威胁。如果不在战争一开始就打掉美太平洋舰队主力，日本是不敢贸然南进的，甚至连日本本土都有受美国空袭的危险。偷袭珍珠港是日本精心策划、长时间准备的，从战争的角度来说，日本取得了出奇制胜的效果。偷袭的成功大大改变了太平洋上日美海军力量的对比，使美国在战争初期失去了在西南太平洋的制海权和制空权，从而为日本大举进攻南洋创造了有利条件。但从美国方面来说，珍珠港事件也是美国绥靖政策的必然结果。政治上的绥靖必然导致军事上的麻痹大意和判断失误，结果是美国自食其果。

珍珠港事件对国际关系产生的影响是多方面的、深远的。日本偷袭珍珠港拉开了太平洋战争的序幕。12 月 8 日，日本与美英同日相互宣战，随后，澳大利亚、新西兰、加拿大、古巴等 20 多个国家也对日宣战。9 日，中国国民党政府也在抗日战争进行了 4 年 5 个月后正式对日、德、意宣战。11 日，德意两个法西斯国家及德国的附从国保加利亚、罗马尼亚、匈牙利等国也对美宣战。这样，第二次世界大战全面展开。美国的直接参战，标志着第二次世界大战进入了一个新的阶段，世界各大国都卷入了这次战争，大战真正成为世界规模的战争。随着战争范围和规模的扩大，世界反法西斯力量也在迅速增长，促成了国际反法西斯统一战线的最终形成。另外，珍珠港事件对美国产生的影响也是巨大而深远的。美国国内的孤立主义势力、和平主义运动顿时偃旗息鼓，罗斯福深感棘手的许多问题迅速迎刃而解，举国上下一致赞同对法西斯作战。珍珠港事件和美国的参战使美国外交政策开始发生重大转折。

第三节　大战的战略转折阶段：军事战略的转折和大国间的外交斗争

一、斯大林格勒战役

1. 斯大林格勒大会战

从 1941 年末到 1942 年初的苏联冬季反攻，使希特勒“以一次快速的战役击溃苏联”的“巴巴罗萨”计划彻底破产。在整个冬季战役中，德军共损失 116 万人，东线全部 162 个作战师中只剩下 80 个师还有进攻能力，德军全线向西败退了 100—350 公里。这样，希特勒被迫放弃在苏德战场发动全线进攻的战略，将兵力集中于战线的南翼，以发动局部攻势。在 1942 年 4 月 5 日发布的第 41 号指令中，希特勒明确指出其战略目标是占领斯大林格勒。之所以如此看重斯大林格勒，是由于斯大林格勒地处伏尔加河运输线的枢纽位置上，是苏联重要的军事工业中心。占领斯大林格勒，就切断了伏尔加河一线的南北交通，为德军重新北上进攻莫斯科和列宁格勒、东进夺取高加索油田开创了有利的局面。

希特勒为1942年的夏季攻势集结起了619万作战部队，3 229辆坦克，3 395架作战飞机和近57 000门迫击炮①。尽管从双方的力量对比上几乎是势均力敌，但当时苏联对德作战的总的战略依然是积极防御。6月28日，希特勒出动了100多个师的陆军，在近2 000架飞机和2 000辆坦克的配合下，从北起库尔斯克、南至塔甘罗格德600多公里的战线上，开始了大规模的夏季进攻，从而揭开了斯大林格勒战役的序幕。

斯大林格勒战役是第二次世界大战中规模空前的战役。它从7月17日德军进入顿河大河湾开始，到1943年2月2日苏军全歼斯大林格勒地区的德军为止，历时200天，战场总面积近10万平方公里，在战役的某些阶段，双方同时参加战斗的兵力达200万人以上。战役的进程大致可分为苏军防御阶段和反攻阶段，其中防御阶段又可以分为外围防御战、近郊防御战、市区争夺战。

7月17日外围防御战开始后，德军以优势兵力猛攻苏军的前沿阵地。斯大林格勒军民经过一个月的艰苦战斗，于8月17日在斯大林格勒城下暂时阻止了德军的进攻，使希特勒尽速轻取斯大林格勒的计划落空。8月18日近郊防御战开始，德军以25个师的兵力从北西南三面包围斯大林格勒，发起了全面的进攻。德军对斯大林格勒狂轰滥炸，城内一片火海，成千上万的和平居民惨遭杀害，战局日益严重。5万民兵和7.5万市民被动员起来，与红军并肩抗敌。8月27日，苏联国防委员会任命朱可夫大将为最高副统帅，亲自到前线视察、指挥战斗。9月初，德军从西南方向发起猛攻，迫使苏军陆续撤退到市区防御区。从9月13日起，双方展开了更为残酷的市区争夺战，几乎是逐街逐屋地进行争夺，每一街区、每一街道、每一幢房屋甚至每一间房间，都成为激烈的战场。后来就为争夺废墟而战。第1火车站在一周之内曾13次易手，战斗的激烈程度可见一斑。德军直接投入了13个师参与市区的战斗，而防御市区的苏军只有9万人。但苏军士气高昂，浴血奋战，一直牢牢地守卫着伏尔加河西岸的狭长地带。到10月底，德军占领了26个区中的22个，但始终不能完全占领整个斯大林格勒。在战役的防御阶段，德军损失了近70万人和大量武器装备。

在市区争夺战期间，苏军已于9月中旬制定出战役的反攻计划，并开始积极准备，到11月13日，苏军完成反攻的全部准备工作。11月19日凌

① 格列奇科主编：《第二次世界大战史》第5卷，莫斯科1975年版，第121—122页。

晨，苏军以 100 万兵力、1 400 架飞机、13 500 门大炮、900 辆坦克的强大战斗力，分别在顿河前线和斯大林格勒前线发动了进攻，战役的反攻阶段开始了。3 天之内，苏军的 34 个师渡过了顿河。23 日，两支苏军在卡拉奇会师，从而把斯大林格勒地区的德军 22 个师约 30 万人合围了起来。希特勒急忙将在列宁格勒前线的曼斯坦因元帅调来担任新组建的顿河方面军司令，企图解救被围德军。曼斯坦因部队北上后，苏军插入其后方。到 12 月 13 日，曼斯坦因停止北上，开始后撤。被围德军成为瓮中之鳖，无奈地等待着灭亡的命运，但希特勒严令他们不准投降。1943 年 1 月 8 日，苏联顿河方面军向德军发出最后通牒，令其投降。10 日，苏军发起最后的攻击，德军全线退却，包围圈越来越小。1 月 31 日，苏军全歼市中心的德军，司令保卢斯被迫投降。2 月 2 日，北部德军也被全歼。震惊世界的斯大林格勒战役以苏联的辉煌胜利和德国的彻底失败而告终。

2. 大会战胜利的国际意义

斯大林格勒战役的胜利产生了巨大的国际影响。许多西方学者把这一战役比作“红色凡尔登”，认为它是整个第二次世界大战中最惊心动魄的转折点。罗斯福总统在给斯大林的贺信中指出，斯大林格勒保卫战的胜利“成了盟军反侵略战争的转折点”。从战争对第二次世界大战进程的实际影响来看，斯大林格勒战役的确与阿拉曼战役、英美北非登陆战一道，标志着二次大战出现了伟大的转折。

从苏德战场和整个反法西斯战争来说，斯大林格勒战役致命地打击了德军，迫使其转入战略防御，从而扭转了苏德战场的战略态势，改变了反法西斯战争的力量对比。在这次战役中，法西斯军队总共损失了 150 万人、3 500辆坦克、3 000 架飞机，法西斯的整个战争机器动摇了，被迫转入战略防御。相反，苏联则获得了战场上的战略主动权，从战略防御转入了战略进攻，苏军乘势追击，取得了库尔斯克大会战的胜利，到 1943 年 7 月收复了大约 2/3 的失地。同时，战役的胜利产生了深远的国际影响，苏德战场战略态势的转变，加快了反法西斯战争的总进程，为美英军队在中东和北非的进攻创造了有利局面，从而使整个反法西斯战争开始由防御转入进攻。

斯大林格勒战役的胜利动摇了法西斯阵营的军心，使得该阵营内部的危机日益深化。在德国国内，人们对整个法西斯当局的不满情绪更加强烈，国家出现了严重的政治危机。在同盟内部，德国的附从国出现了分崩离析的征兆，墨索里尼建议希特勒与苏联媾和，罗马尼亚总统表示再也不能忍受战争的紧张状态了，匈牙利在 1943 年 9 月与英美达成协议，要向英美无条件投降，芬兰要求退出战争。

斯大林格勒战役的胜利，极大地鼓舞了全世界人民夺取反法西斯战争最后胜利的信心，大大提高了苏联的国际威望，进一步巩固了世界反法西斯大同盟。欧战、亚洲各国人民在战争胜利的鼓舞下，反法西斯的人民抵抗运动有了进一步的发展。战役胜利提高了苏联的国际地位，向英美展示了苏联的强大力量，在 1943 年召开的卡萨布兰卡会议上，美英研究了开辟第二战场的问题，世界反法西斯统一战线得到进一步巩固。

二、盟军北非战役的胜利

1. 第二战场问题

苏德战争爆发后，苏、美、英三国就如何在西欧对德国开辟新的战场进行了长达三年的交涉和争论，从而形成所谓的第二战场问题。第二战场是指在一定地区（西欧德军后方心脏地区）、具有相当规模（吸引 30—60 个师的敌军）和特定战略效果（造成德国腹背受敌、两线作战的局面）的大规模军事行动。第二战场的开辟意味着盟国之间实行真正有效的军事合作，对早日结束战争具有重大意义①。因此它既是重大的军事战略问题，也是重大的政治外交问题。

苏联要求尽早开辟第二战场，以减轻苏军所承受的巨大压力。但英国是想通过控制北非、地中海和中东地区来维护其海上运输线，从而保卫大不列颠的安全。1941 年 7 月 18 日，斯大林致丘吉尔第一封信函，首次正式提出开辟欧洲第二战场问题，要求英国在法国北部开辟反对希特勒的新战场，丘吉尔在回信中认为这是不现实的②。11 月 6 日，苏联首次公开向全世界提出第二战场问题，苏联此举意在促使英美承担国际义务。而到 1942 年，全世界展开了要求援助苏联、加快开辟第二战场的群众运动。这样，英美政府很难回避第二战场问题。1942 年 4 月 1 日，美国陆军参谋部拟定了一个西欧作战计划，这是战时第一个西欧作战计划的雏形，体现了战略上“欧战优先”和在西欧开辟第二战场的基本思想，在打击目标、登陆地点、战斗规

---

① 参见石磊、鲁毅主编：《现代国际关系史辞典》，河南人民出版社 1988 年版，第 645 页。

② 参见《通信集》第 1 卷，世界知识出版社 1961 年版，第 7、8 页。

模、战略效果等方面都与苏联的要求基本符合。英国作了有保留的同意。

5月20日,莫洛托夫飞抵伦敦。21—22日,苏英代表就第二战场问题进行了三次会谈,由于英国拒绝承担义务,会谈没有取得成果。5月29日至6月9日,莫洛托夫访问美国,与罗斯福、马歇尔、赫尔、霍普金斯等进行了四次艰难的会谈,罗斯福最后答复苏联美国"期望开辟第二战场",并表示"将同英国达成一项关于第二战场的协议"①。带着美国的承诺,莫洛托夫于6月9日重返伦敦。6月12日同时发表了内容相同的美苏、英苏共同声明,明确宣布"双方对于1942年在欧洲开辟第二战场的迫切任务已达成完全的协议"。尽管英美对声明及其明确规定的国际义务作了保留,使得协议未能如期实现,但作为一项庄严的国际协议依然有着积极的作用的。但对于英国来说,开辟第二战场来支援苏联是次要意义的事情,英国最主要的是保卫其自身的利益。因此,丘吉尔于6月18—26日访问华盛顿,主要目的是力图说服美国,用北非登陆来代替第二战场。

2. 北非登陆战役

丘吉尔的访问最终说服了罗斯福,苏英美关于第二战场的协议没能实行。经过多次的商讨,美英于1942年7月达成协议,决定在秋季开展代号为"火炬"的北非登陆行动。该计划任命艾森豪威尔为登陆联军的总司令,登陆时间定在1942年11月8日,地点选在摩洛哥的卡萨布兰卡、阿尔及利亚的奥兰和阿尔及尔。美国作出这样的决定是有其自身的考虑的。美国担心德国控制北非和西非将威胁南大西洋的航线,这势必直接威胁到美国的利益和安全,同时,罗斯福也试图乘法国危亡、英国衰弱之际插足这一地区,进而扩大美国在该地区的影响力②。

北非的地缘政治地位极为重要。谁控制了北非、苏伊士运河和直布罗陀海峡,谁就掌握了地中海这条重要的海上航运线。战前,埃及处于英国的控制之下,利比亚是意大利的殖民地,摩洛哥、阿尔及利亚和突尼斯这些战略要地是法国的殖民地。法国迅速战败后,墨索里尼要实现其建立"新罗马帝国"的梦想,就必须把英国势力赶出北非和地中海。这样,北非地区就成为第二次世界大战中同盟国与轴心国展开激烈争夺的重要战场。1941年

① 关于谈判的过程,参见舍伍德:《罗斯福与霍普金斯》下册,商务印书馆1980年版,第163—170页。

② 同上书,第603—604页。

初，德国加入到英意战争，局势有利于意大利。1942年5—6月间，隆美尔元帅指挥德军发动新的进攻，大败英军。在危急关头，丘吉尔任命蒙哥马利为第8集团军司令，调整战略部署，于10月23日发动了著名的阿拉曼战役。在10多天时间里，双方在北非沙漠上展开了激烈的坦克大战，隆美尔被迫于11月4日率残部向西撤退。这一战役中，轴心国军队损失6万人，英军仅伤亡1.3万人。阿拉曼战役是北非战争的转折点，也是二战中英国抗德战争的转折点，为盟军登陆北非创造了良好的条件。

根据“火炬”计划，11月8日，正当隆美尔军队败退之际，英美联军11万多人在大批飞机的掩护下，兵分三路陆续在阿尔及利亚、奥兰、卡萨布兰卡等处实施登陆，在大部分地区未遇严重抵抗。当时的法属北非属于法国维希政府管辖，而美国与维希政府建立了外交关系。为减少登陆行动的风险和损失，美国事先对北非的法军做了大量疏通工作。在整个登陆行动的筹划过程中，戴高乐的“自由法国”被撇在一边，他只是在登陆成功后才正式获知“火炬”计划。11月10日，维希政府法军总司令达尔朗与盟军达成停战协定，命令法军停止抵抗。11月中旬，盟军占领阿尔及利亚和摩洛哥，并进入突尼斯境内。

盟军北非登陆成功出乎希特勒的意料，为了实施报复，希特勒命令德军占领了法国南部，维希政府随之垮台。意军也占领了法国的科西嘉岛。德军还试图夺取土伦港的法国舰队，但法国海军已把73艘军舰全部凿沉。为挽回北非败局，希特勒与墨索里尼拼凑起25万兵力进集突尼斯，作最后的一搏。1943年4月20日，英美联军与“自由法国”军队对德军发起总攻，25万德意军队于5月13日全部投降，盟军占领了整个北非，北非战役就此结束。

在整个北非战役中，轴心国军队损失95万人、8 000架飞机和240万吨舰艇，实力大伤，最后被赶出了北非和中东。这次战役是英美军队从失败走向胜利的转折，也是从防御转入进攻的转折点。战役的胜利不但振奋了盟国军队的士气，还积累了登陆作战的经验，为后来的诺曼底登陆作了一次演习。盟军控制北非和地中海南岸，为下一步进攻西西里和意大利本土提供了基地和跳板。斯大林给予战役的胜利以很高的评价，认为北非战役的胜利“为在更靠近德国的要害地区开辟欧洲第二战场创造前提，而这对战胜希特勒暴政将具有决定性的意义”①。

---

① 《斯大林文选(1934—1952)》，人民出版社1962年版，第326页。

三、会议外交：从卡萨布兰卡到德黑兰

1. 卡萨布兰卡会议

到 1942 年底，整个反法西斯战争呈现出根本性转折的明显趋势。为了讨论有关战争进程和战后世界的安排问题，盟国召开了一系列重要会议。这些会议对进一步巩固国际反法西斯阵线的团结，加速法西斯的灭亡，起了重大作用。

卡萨布兰卡会议是为了商讨北非战役后的盟国作战计划和处理法属北非等问题而召开的重要会议。1943 年 1 月 14—24 日，罗斯福总统与丘吉尔首相在摩洛哥的卡萨布兰卡举行最高级会议，协调两国的欧洲和太平洋战略，并就下一步行动作出决定。斯大林事先也接到邀请，但因斯大林格勒保卫战正处于反攻阶段而未能与会。

卡萨布兰卡会议讨论了法国问题，竭力劝说戴高乐与吉罗的和解。美国想趁法国危亡之际扩张自己在北非的影响，取代英法战前的国际地位，因此在法国败降后，很快与德国控制的维希政府建立了外交关系，希图利用维希政府为美国的战略目的服务。卡萨布兰卡会议前夕，英美联军总司令艾森豪威尔承认了在法属北非声望很低的法国旧军人吉罗为北非法军总司令。罗斯福不支持戴高乐领导的“自由法国”运动，其主要原因不仅是因为对戴高乐本人有偏见，而且还在于戴高乐恢复法国地位的努力是与美国利益相左的。但是“自由法国”运动却得到了英国的大力支持，丘吉尔对戴高乐的人品十分敬佩，认为他体现了法兰西民族的性格。随着德意军队的失利和维希政府的倒台，戴高乐的政治影响力日益扩大，美国才被迫作出妥协，努力促成戴高乐与吉罗合作，以便英美联军稳住北非的政局。在罗斯福与丘吉尔的周旋和劝说下，戴高乐与吉罗参加了卡萨布兰卡会议，两人同意合作，并于 1 月 26 日发表了简短的联合公报。这为不久成立由戴高乐与吉罗共同领导的法国民族解放委员会起了推动作用。

会议讨论了对德意军事行动问题。在这个问题上，英美双方产生了分歧。美国认为直接在欧洲发动进攻的时机已到，极力主张从不列颠群岛发起进攻，在法国北部登陆，以便尽早从军事上击败德国。而英国则力主进攻意大利，认为对轴心国采取一次类似一战那样的边缘行动，从南面进攻，戳一下欧洲“柔软的下腹部”（即地中海中部、东部，主要是巴尔干地区），具有

同等重大的意义。经过一番争论，罗斯福同意在地中海展开军事行动，但同时要求在有利时机在西欧开辟第二战场。会议达成以下协议：(1) 由艾森豪威尔率领联军在北非战争结束后攻占西西里，迫使意大利投降；(2) 加强对德国的战略轰炸；(3) 为开辟第二战场准备力量，在法国登陆的行动推迟到 1943 年 8、9 月份进行。

卡萨布兰卡会议首次提出了要德、意、日无条件投降的原则。在会议上，丘吉尔反对向意大利提出无条件投降的要求，因此在发布的联合声明中没有提出这一原则。但在会议结束当天的记者招待会上，罗斯福提出战争的目标是要让德、意、日无条件投降，并说明了无条件投降的含义①。这极大地鼓舞了世界反法西斯国家军民的斗志。

2. 意大利投降

根据卡萨布兰卡会议的决定，盟军于 1943 年 7 月 10 日突袭西西里岛，意大利军队未经认真抵抗就投降了。8 月 18 日，盟军肃清全岛。这预示着盟国将进入意大利本土作战。

意大利军队在苏德战场、北非战场和西西里战场的接连失败引发了国内严重的政治危机。广大人民群众对法西斯政权日益不满，反战情绪普遍增长。意大利国王也对墨索里尼失去了信心。法西斯党内希望意大利退出轴心国同盟。7 月 16 日，罗斯福和丘吉尔联合对意大利发布文告，要求它"光荣投降"。7 月 24 日，法西斯大委员会召开特别会议，以压倒多数通过决议，要求墨索里尼辞去总理职务，恢复宪制。次日，巴多里奥元帅组建了新政府，并逮捕了墨索里尼。

为了对巴多里奥政府施加压力，促其尽快投降，英美联军在 8 月对意大利的各个城市进行了多次轰炸。巴多里奥政府请求停火。经过讨价还价，巴多里奥政府于 1943 年 9 月 3 日在西西里与盟军代表秘密签署了停火协议，规定：意大利军队立即停止一切敌对行动，其海军和空军立即撤往盟军指定的地点解除武装；立即撤回在国外各个战场参战的意大利军队；盟军有权自由使用意大利国内的一切机场和海军港。同日，盟军在意大利南部登陆。9 月 8 日，英国政府广播了停战协定，巴多里奥政府也随之作了宣布，命令意军停止行动。意大利退出战争标志着法西斯集团开始瓦解。

意大利的正式投降书是在 1943 年 9 月 29 日在马耳他岛签署的。该投

---

① 参见舍伍德：《罗斯福与霍普金斯》下册，商务印书馆 1980 年版，第 322 页。

降书详细规定了盟军在意大利的权利和“意大利陆、海、空军不论在何处应立即无条件投降”①。10月13日，巴多里奥政府对德宣战，英、美、苏发表联合声明，承认意大利是对德作战的一方。也正因为这样，盟国随后就将投降书改为“停战的补充条件”，删去“无条件”字样。为了对付德国法西斯，尽早结束战争，盟国对意大利新政府采取了比较宽大的态度。

意大利的投降是反法西斯同盟国在政治上和道义上的胜利，也是意大利人民反法西斯斗争的重大胜利，它表明法西斯阵营已经开始土崩瓦解，这对轴心国是一个沉重的打击。希特勒为了保住意大利法西斯，不得不抽调大批军队进军意大利，分散了兵力，延长了战线，这为苏德战场和盟军在法国的登陆创造了有利条件。

3. 魁北克会议

1943年5月份的英美首脑华盛顿会议商定于1944年春在法国北部开辟第二战场，这引起了苏联的强烈不满。意大利法西斯政权的迅速倒台，使丘吉尔不惜再次拖延第二战场的开辟，认为应该扩大战果，向巴尔干进发。这遭到罗斯福的反对。为了解决英美之间的分歧，两国首脑于1943年8月14—24日在加拿大的魁北克举行会议。中国的国民党政府代表宋子文也参加了会议。会议的主要议题是“霸王”战役问题。

在这次会议上，英美两国的分歧如故。美国认为，在苏德战场上，即使没有欧洲的第二战场，德国的败局已定。战后世界的和平与稳定有赖于苏联的作用，处理好与苏联的关系符合美国的利益，尤其是在远东和太平洋对日本的作战需要苏联军队的参与才可能尽早结束。丘吉尔的巴尔干方案只会推迟第二战场的开辟，从而激怒苏联，因此，美国希望尽早开辟第二战场。在美国的坚持下，联合参谋长委员会批准了“霸王”计划，并给予优先地位，但日期被推延到1944年5月1日。会议决定由美国将领指挥“霸王”战役，地中海地区的最高指挥权交给英国将领。

本次会议还具体规定了在意大利的军事行动步骤，作出了在对德战争胜利后一年内击败日本的决议，英国接受了美国的太平洋作战计划。总之，魁北克会议关于第二战场的协议对第二次世界大战的总进程具有重大意义，为后来的德黑兰会议的召开打下了基础。

---

① 参见《国际条约集(1934—1944)》，世界知识出版社1961年版，第338页。

4. 开罗会议

1943年，欧洲战场和太平洋战场形势都出现了转折。从国际关系看，双方主要国家美、英、苏与德日之间的力量对比发生了根本的变化，德日法西斯力量已明显处于劣势。但法西斯力量实力犹存，随着战局的推进，同盟国急需加强团结，开辟第二战场，协调政治问题和战后安排上的重大分歧。在这样的背景下，为尽早结束战争，并商讨战后安排问题，盟国之间酝酿着举行首脑会议。特别是罗斯福，从美国的全球战略出发，急于想同斯大林会晤，并希望举行美、英、苏、中四国首脑会议。斯大林要求在德黑兰举行首脑会议，罗斯福邀请蒋介石与会的建议遭到斯大林的拒绝，而丘吉尔则希望在德黑兰会议之前同罗斯福先进行个别会谈。因此，美国同意先召开美英中三国首脑会议，即开罗会议。

1943年11月22—26日，中国国民党政府主席蒋介石、美国总统罗斯福、英国首相丘吉尔在开罗附近的美纳饭店开会。这是二战期间盟国多次首脑会议中唯一的一次有中国参加的会议。会议讨论的主要问题是反攻缅甸问题、中国问题、战后处置日本问题、亚洲各被压迫民族问题。关于反攻缅甸问题，东南亚盟军最高司令蒙巴顿提出了一项作战计划。美国答应中国将在缅甸实施印度洋两栖作战，即南北水陆夹击反攻缅甸。但丘吉尔认为英国海军没有承担海上反攻缅甸的义务，美国收回了成命。中国对此非常失望。反攻缅甸的计划落空。

会议期间，中国代表团就加强战时盟国同中国的合作问题提出了三点要求，由于丘吉尔对中国问题十分冷淡，结果都未得到满足。有关中国战后问题的讨论，进行得较为顺利。战后日本应给中国赔偿，日本以武力夺取的中国领土必须归还中国。在战后中国的国际地位上，中国应取得它作为四强之一的地位。

就如何处置战后日本问题，罗斯福与蒋介石进行了会谈。会谈后，罗斯福委托霍普金斯起草了《开罗宣言》，草稿先送交王宠惠和蒋介石过目，然后于11月26日交中英美三国官员讨论。讨论中，中英之间的争论非常激烈。当天，宣言草稿经中、美、英三国首脑一致同意后，正式定稿，并送交斯大林，斯大林完全同意它的全部内容。12月1日，《开罗宣言》在重庆、华盛顿、伦敦三地同时发表，宣称中、美、英三国进行战争的目的在于惩罚日本的侵略，三国将“坚决进行为获得日本无条件投降所必要之重大的长期作战”①。根

① 参见《国际条约集(1934—1944)》，世界知识出版社1961年版，第407页。

据宣言规定，日本窃取的中国满洲、台湾、澎湖列岛归还中国，朝鲜将获得独立，太平洋上的马里亚纳、加罗林、马绍尔群岛将结束日本的委任统治。

开罗会议是国际反法西斯力量在远东的一次积极合作，对团结一致打败日本的进程起了促进作用。会议表明，中国在国际上的大国地位开始确立起来，收复失地的神圣权利获得了国际社会的承认，这也是中国人民长期以来斗争、为反法西斯作出贡献的结果，当然也是罗斯福正视现实、采取明智政策的结果。但同时必须指出，这一切并不意味着中国已经与其他大国处于平等的位置上。

5. 德黑兰会议

1943 年 10 月 19 日至 30 日，美、英、苏三国在莫斯科举行外长会议，为三国首脑会议做准备。三国外长赫尔、艾登和莫洛托夫共召开了 12 次会议，通过了一个公报和四个宣言，为首脑会议铺平了道路。

开罗会议一结束，罗斯福、丘吉尔就前往德黑兰会晤斯大林，举行了三国首脑会议。会议从 1943 年 11 月 28 日开始，共进行了 4 天，史称德黑兰会议。这是第二次世界大战期间三大国首脑讨论盟国战略及战后和平问题的第一次会议。在当时的形势下，优先讨论军事战略问题还是空谈战后和平问题，是德黑兰会议面临的重大考验。会议主要讨论的问题是：

(1) 关于在欧洲开辟第二战场问题。在这个问题上，盟国之间存在着很严重的分歧。丘吉尔政策的重点依然是他的地中海战略，认为现在讨论“霸王”计划还为时尚早。罗斯福不想把法国登陆战的时间推迟到 5、6 月以后，斯大林认为从法国西部或西北部是攻入德国心脏的最直接途径，并力求战役在 5 月之前进行。在要不要进行霸王战役，在何时实施战役，在何处登陆等问题上，英国与苏美之间经过多次讨论、争论与妥协，最终决定“霸王”战役将和进攻法国南部战役一起于 1944 年 5 月进行。至此，关于第二战场问题的长久争论和斗争最终得到解决，这是德黑兰会议取得的最令人鼓舞的成果，是全世界人民的胜利，也是苏联长期耐心斗争争取的结果，同时也是美英之间分歧的必然产物。

(2) 关于苏联对日参战问题。在三国首脑会议第一次会议上，斯大林首次公开表示，一旦德国垮台，苏联将参加对日本作战。11 月 30 日，美英方面试探了苏联对日作战的政治条件。斯大林希望归还整个库页岛，并得到千岛群岛。同时，斯大林渴望在远东得到一个不冻港。美英一致要求苏联参加对日作战，为此不惜牺牲中国的利益以满足苏联的要求。罗斯福利用他在开罗会议上与蒋介石达成的默契，提出大连港可以作为国际自由港。这样，斯大林宣布将在对德作战结束后半年内参加对日作战。

(3) 关于战后处置德国问题。德黑兰会议初步讨论了战后如何处置德国问题，其主要内容是使德国永不能发动新的战争所必须采取的措施。罗斯福从称霸全球的战略考虑出发，提出了一个削弱德国、分割德国的方案；丘吉尔的考虑是既削弱德国、分割德国，又在欧洲建立某种联邦，以扩大英国势力并抗衡苏联。斯大林坚决反对丘吉尔的方案，强烈主张即将成立的国际组织在战后应当占领最重要的战略据点，以防德国再次走上侵略的道路。如何分割德国的方针最终没有定下来，德黑兰会议决定把它提交给欧洲咨询委员会进行研究。

(4) 关于未来的国际组织问题。罗斯福的一个重要目的是要与斯大林探讨他对于建立世界组织的设想，让斯大林接受其计划。罗斯福建议战后在联合国家的原则基础上成立一个世界性组织，它由三个独立机构组成：一是由大约 35 个国家组成的庞大机构；二是由苏、美、英、中加上两个欧洲国家、一个南美洲国家、一个近东国家、一个远东国家和一个英帝国自治领，共 10 个国家组成的执行委员会来处理所有非军事问题；三是由苏、美、英、中四大国组成"四警察"机构，负责世界和平。罗斯福方案表明美国希望在维持世界和平中起领导作用。通过建立世界性组织来防止战争、维持和平的设想，但没有得到苏英的赞成，它们更倾向于建立地区委员会的设想。但德黑兰会议临近最后，它们都同意了罗斯福的建议。

(5) 关于波兰的疆界问题。斯大林明确表示，苏联坚持德国侵苏前现存的苏德边界，波兰西界应是奥德河，这就是说，苏联应继续保有西白俄罗斯、西乌克兰。波兰流亡政府则拒不承认这条边界线。丘吉尔原则上同意波兰疆界西移，波兰国家应定在寇松线和奥德线之间。英国此举是想换取苏联尊重英国在巴尔干地区的传统利益，恢复对波兰流亡政府的承认。

德黑兰会议最后通过了三个文件，即《苏、美、英三国德黑兰宣言》、《苏、美、英三国关于伊朗的宣言》和《苏、美、英三国德黑兰总协定》。宣言声称三国对军事行动问题已经达成一致协议，三国将同心协力"导致一种永久的和平"。德黑兰会议是战时以军事问题为中心的唯一一次三国首脑会议，它的意义首先在于在反法西斯同盟内确立了击溃希特勒的军事计划，最终解决了第二战场的开辟问题。其次，会议还就战后某些重大的政治问题和秩序与和平问题交换了意见，确定了解决战后重大问题的民主原则，加强了盟国之间的团结，加快了第二次世界大战的进程。但是，德黑兰会议也暴露出严重的问题，暴露了大国主宰世界的愿望。为了实现自己的私利，三大国私下进行的交易损害了别国利益，特别是社会主义的苏联与西方大国的妥协，深深地留下了西方殖民主义和强权政治的烙印。

四、"霸王计划"与第二战场的开辟

"霸王计划"是第二次世界大战后期英美盟军横渡英吉利海峡、在法国北部登陆的军事行动计划，代号为"霸王"。在卡萨布兰卡会议上成立了一个联合计划参谋部负责指定作战计划。德黑兰会议一结束，罗斯福和丘吉尔立即举行第二次开罗会议，确认1944年的主要战役是在法国开辟第二战场，决定任命艾森豪威尔为盟国远征军最高统帅，负责霸王战役的准备和指挥工作。远征军在英国集中了39个师，共有5 000辆坦克，10 859架作战飞机，近6 000艘作战艇。参加霸王战役的盟军共有36个师，总兵力287.6万人①。

德国在莫斯科战役失败后，担心盟军在西欧登陆，即下令从挪威到西班牙沿岸构筑称作"大西洋壁垒"的防线，但没有完成。由于盟军的迷惑和伪装，给德国造成了盟军将在加来地区登陆的错觉，因此，德军在诺曼底地区防御最为薄弱，守军只有6个多师，不超过9万人。盟军在英国集结完毕后，兵力几乎超过了德军一倍，并且控制了制空和制海权，因此盟军是在力量对比和条件非常有利的情况下实施西欧登陆的。

诺曼底大陆战役分为两个阶段，第一阶段从6月6日到7月25日，是争夺滩头阵地和集结后备部队。第二阶段从7月25日到8月25日，是盟军发动大规模进攻直至巴黎解放。

1944年6月6日凌晨，盟军3个伞兵师在德军防线后方空降着陆后，远征军首批5个师在空军的掩护下，利用涨潮时机和刚出现的短暂好天气，开始在诺曼底地区5个滩头阵地登陆。盟军首批登陆17万人，出动了舰只5 000艘，飞机10 000架，战车20 000辆。登陆部队未遇到德军的重大抵抗，很快在欧洲大陆建立了立足点。到6月12日，各滩头阵地已连成一片，不久便开始扩大登陆场。7月2日，盟军在诺曼底登陆的士兵已经达到100万人。到7月24日，盟军胜利结束滩头阵地战，完成了诺曼底登陆，将登陆

① 艾森豪威尔：《远征欧陆》，三联书店1975年版，第59页。

场扩大到正面宽 100 公里、纵深 30—50 公里的范围，建立了稳固的战线，具备了收复西欧大陆的条件。

7 月 25 日后的一个月时间是诺曼底战役的第二阶段。盟军以 30 个师的兵力，向德军发起大规模的进攻。同时，法国国内的各种抵抗力量也配合盟军行动开始反攻，它们结成了统一战线，在解放法国的战斗中起了重大作用。到 8 月下旬，盟军几乎占领了整个法国西北部，进抵塞纳河，直逼巴黎。同时，巴黎人民在 8 月 19 日举行了武装起义，8 月 25 日，法国第 2 装甲师受命进入巴黎，并接受了德国守军的投降。戴高乐作为法国抵抗运动领导人进入巴黎，诺曼底登陆战役胜利结束。

诺曼底登陆战役的胜利是欧洲反法西斯战争的又一个重大转折点。这是第二次世界大战中最大一次两栖战役。德军损失 40 多万人，飞机3 500架。诺曼底登陆标志着第二战场的开辟。根据德黑兰会议的协议，苏军同时发起了大规模的进攻战役。盟国之间终于实现了从东西两方协同作战，对德军实施共同打击。此役的战略作用就在这里。从此，欧洲反法西斯联盟的武装力量从东、西、南三面围攻德国法西斯，对德战争进入了最后阶段。第二战场的开辟对被占领的欧洲各国人民是极大的鼓舞，他们掀起了武装斗争的高潮，经过艰苦的斗争，西欧大陆的比利时、荷兰、卢森堡、挪威和丹麦等相继获得解放，从而加速了德国法西斯末日的来临。

当然，我们也不能过分夸大诺曼底战役的作用。因为战役一再被推迟，而且是在苏德战场上德军失败时才实施的；即使如此，德军也没有从苏德战场上西调兵力。

第四节　法西斯集团的崩溃与第二次世界大战的全面胜利

一、雅尔塔会议

1. 复杂的盟国关系

1945 年是第二次世界大战胜利结束和法西斯集团最后崩溃的一年。

这一年经历了20世纪少有的剧烈而持久的变化，出现了一些与前几年黑暗岁月相关的有代表性的世界性事件，“人们的命运捉摸不定，世界各国人民都处在混乱和崩溃的边缘”①。从欧洲战场全局来看，最后击溃德国的日子已经在望。随着对德军的东西夹击形势的形成，解决对战败后德国的处置、筹建新的国际组织等问题迫在眉睫。同时，苏军在1944年夏季全部收复了失土，执行了战略追击的方针，开始越出国界作战。但是，希特勒集团仍在负隅顽抗，并寄希望于挑拨盟国关系，企图卷土重来。从美、英、苏主要盟国关系来看，德黑兰会议后的主流依然是军事协作、政治合作的进一步加强，但随着苏军的迅猛西进，英美尤其是英国急于调整大国在东欧和巴尔干的势力范围，盟国之间产生了许多新的问题和矛盾。为此，美、英、苏三国在1944年秋天召开了3次重要的会议。

1944年8月21日到10月7日，美、英、苏三国和中、美、英三国在华盛顿附近的敦巴顿橡树园先后举行会议，讨论与拟订新的国际组织章程。在会议的第一阶段(8月21日—9月28日)，美、英、苏三国就国际组织的组成问题很快达成了共识，认识到保持大国间的合作是使新的国际组织避免重蹈覆辙的关键。三国同意：维护世界和平与安全的主要权力归安理会，大国在安理会拥有永久代表权和否决权，安理会决议对所有会员国都有约束力；联合国大会的重要决议只要有会员国三分之二的多数票就可以通过。但是，三国关于创始会员国的资格问题没有获得解决。美国企图把6个没有参加同轴心国作战的拉美国家拉进创始国，苏联则提出把它的16个加盟共和国也当作创始国。这样，创始国问题被暂时搁置。关于安理会的表决程序也引起了激烈争论。英国提出作为争端当事国的常任理事国不应该参加投票，但苏联拒绝任何限制，坚持大国一致原则应是采取任何行动的一项绝对必要的条件。争执的结果也是搁置问题，留待以后讨论。在会议的第二阶段，中国代表团提出了三点意见，提出要在调整或解决国际争端时，应对正义及国际法原则加以应有的注意。“建议案”补充了中国提出的意见，作为“四强”一致同意的提案提交旧金山会议审查。

1944年夏秋之际，一心想捍卫大英帝国地位的丘吉尔对美苏两个强国的崛起感到特别焦虑，他既想拉拢美国，又想弄清苏联的企图并以某些义务约束苏联。这种倾向在第二次英美魁北克会议和丘吉尔访问莫斯科的谈判

① 马丁·吉尔伯特：《20世纪世界史》第二卷(下)，陕西师范大学出版社2001年版，第706页。

中有着明显体现。第二次魁北克首脑会议于9月11日至16日召开。会议决定扩大西欧第二战场战果，突击鲁尔和萨尔，以期插入德国心脏。会议还讨论了对日作战问题，决定在德国崩溃后迅速把军队调往远东太平洋战场。对于德国的前途问题，会议决定德国西南部为美占区，德国西北部为英占区，东部为苏占区。会议结束后，丘吉尔决定亲赴莫斯科与斯大林进一步会晤。10月9日到17日，丘吉尔访问莫斯科，与斯大林进行了多次会谈。会谈的重点问题是巴尔干和波兰问题。丘吉尔向斯大林建议瓜分巴尔干的势力范围，提出苏联可以在罗马尼亚占有90%的优势，英国在希腊也相应占有同等优势，而在匈牙利和南斯拉夫，则英苏各占相等的利益。这个秘密的、非正式的协议，使得苏联对东欧国家的支配权获得了英国的承认，而英国也达到了保存英帝国遗产的目的。但在波兰新政府的组成和波兰边界问题上，斯大林坚持反对波兰“流亡政府”参加新政府，拒绝修改“寇松线”，因此未能就此问题达成协议。

上述三次会议消除了美、英、苏之间一些容易引起摩擦的歧见，搁置了若干有争议的问题，有助于三国关系的融洽。但是，随着胜利曙光的出现，三国间的矛盾日益暴露，斗争日益尖锐，如不及时解决之，就有可能危及反法西斯大同盟。正是在这样的背景下，三大国领导人进行了雅尔塔会晤。

2. 雅尔塔会议

雅尔塔会议于1945年2月4—11日在苏联克里米亚半岛南端的雅尔塔召开，故又称“克里米亚会议”。它是在希特勒德国即将崩溃、美、英、苏三国之间的矛盾日趋尖锐化而彼此仍感到需要继续合作并有求于对方的情况下召开的。出席会议的有三国首脑罗斯福、丘吉尔和斯大林，三国外长斯退丁纽斯、艾登和莫洛托夫，三国军事部门领导人及其他顾问。会议共开了8次首脑全体会议，4次工作午餐或晚餐会，多次双边会谈，多次外长会议和军官会议①。

三国领导人都是带着各自的目的前来参加会议的。美国的主要目的是就联合国的原则问题达成协议，尽快成立联合国，以便战时大同盟能在战后继续合作；同时，要尽快解决处置德国和对日作战问题以便结束战争。英国的目的是要确保大英帝国的传统势力和利益，建立战后的欧洲均势。至于苏联，其目的也十分明确。它一方面希望保持和平环境，谋求三大国战后的

① 参见埃尔默·普利斯科：《首脑外交》，世界知识出版社1990年版，第242页。

继续合作，以便为国内经济重建提供有利的国际环境；另一方面，它想利用英美迫切希望苏军出兵对日作战的心情，恢复1905年日俄战争中丧失的权益。显然，这三大国之间存在着很多矛盾和冲突。但是，在消灭法西斯这一问题上存在共同利益，因此它们还能就有关问题达成协议。

雅尔塔会议上讨论的主要问题和主要斗争有以下四个方面。

(1) 德国问题。雅尔塔会议首先讨论了如何处置德国的问题。会议就德国必须无条件投降、彻底拆除德国的一切军事设施、取缔纳粹党等问题达成了协议。三国首脑原则上同意分割德国，认为在现今条件下对德国除了分割之外别无他策，并决定在向德国提出投降条款时向它宣布德国将被分割。罗斯福提出了让法国参加占领德国，丘吉尔从传统的大陆均势政策出发，赞同这一建议。而斯大林则反对，认为法国在战争中贡献很小。后因罗斯福的说服，苏联也终于同意。这样，会议达成了把德国分为4个占领区的协议：苏联占领东部，英国占领西北部，美国占领西南部，法国占领西部。关于德国赔偿问题，斯大林提出的建议遭到丘吉尔的反对，而罗斯福表示支持苏联的赔偿要求，但认为要以德国人不至于受饥挨饿为限度。经过妥协，《克里米亚议定书》最后达成赔偿决定，提出德国必须以实物偿付它在战争中给盟国造成的损失，偿付形式是一次性没收德国国民财富、每年交付当年产品、使用德国劳动力等三种，赔偿按战胜德国的贡献大小和损失大小加以分配，苏联占200亿赔偿总额中的一半①。

(2) 波兰问题。这是会上争论最激烈和最棘手的问题。一个主要焦点是波兰国界问题。罗斯福提出波兰的东部边界以“寇松线”为界，但希望苏联作出些让步以给波兰人一些面子。丘吉尔赞成罗斯福的主张。但是斯大林反对作出让步，认为“寇松线”不是俄国人而是法国人寇松和克里孟梭想出来的。不过，为了补偿波兰在东部失去的土地，苏联希望波兰西部边界能延伸到西尼斯河，这一建议遭到丘吉尔和罗斯福的反对。会议最后达成协议，波兰的东部边界依然以“寇松线”为界，在若干区域可以作出对波兰有利的5—8公里的逸出。波兰必须在北方和西方获得广大领土上的让予。另一个争论焦点是波兰政府的组成问题。苏联始终支持波兰临时政府，但英美长期只承认流亡政府。德军被苏军赶出波兰后，英美事实上已不可能把流亡政府并入临时政府，因此希望建立一个更有代表性的临时政府，早日举

① 参见《会议文件集》，三联书店1978年版，第254页。

行自由选举，但斯大林不同意。最后，英美作出让步，三国共同签署了关于波兰问题的宣言，规定临时政府应在更广泛的基础上实行改组，以容纳波兰国内外的民主领袖；改组后的政府应尽速根据普遍选举和秘密投票方式举行选举。

(3) 关于建立联合国问题。雅尔塔会议顺利解决了敦巴顿橡树园会议上没有解决的两个问题。一个是联合国安理会否决权的使用问题。1944 年 12 月 5 日，罗斯福曾向斯大林和丘吉尔提出一个关于安理会表决程序的方案，在雅尔塔 2 月 6 日的全体会议上，美国国务卿斯退丁纽斯对这一方案作了详尽说明，最后为丘吉尔和斯大林所接受。罗斯福提出的这一建议案实质上就是"大国一致原则"，即大国在实质性问题上拥有否决权，这一原则被称作"雅尔塔公式"，其内容是："安全理事会每一理事国应有一个投票权。安全理事会关于程序事项之决议，应以 7 理事国之可决票表决之。安全理事会对于其他一切事项之决议，应以 7 理事国之可决票包括全体常任理事国之同意票表决之；但对于第八章第一节和第八章第三节第一款内各事项之决议，争端当事国不得投票。"①第二个是关于乌克兰和白俄罗斯列为创始会员国问题。在雅尔塔 2 月 7 日的会议上，莫洛托夫表示苏联不再坚持其 16 个加盟共和国作为创始会员国的要求，但其中的至少 2 个加盟共和国应该成为会员国。丘吉尔想把英帝国的自治领作为联合国的创始国，因而支持了苏联的要求。罗斯福最后也被迫同意苏联的这一要求。此外，雅尔塔会议决定于 1945 年 4 月 25 日在美国旧金山召开联合国会议，并决定中国、法国同美、英、苏一起成为旧金山会议的发起国。被邀请参加会议的国家是所有在 2 月 8 日之前于《联合国家宣言》上签字的国家和 3 月 1 日前向共同敌人宣战的国家。

(4) 苏联参加对日作战的政治条件和《雅尔塔协定》。早在 1944 年 12 月，美驻苏大使哈里曼曾与斯大林就苏联对日参战的条件问题进行商谈，斯大林那时提出的条件没有在雅尔塔会议上作正式讨论，但美苏私下秘密进行的商谈中，罗斯福同意了斯大林的要求。罗斯福参加雅尔塔会议的一个主要目的，是想把斯大林在德黑兰会议上的承诺以条约形式确定下来，因为对德战争结束后，美国据估计大约还要牺牲 100 万美军才能打败日本，所以迫切需要苏联参战。由莫洛托夫起草的草案经修改后，三方首脑共同签字

① 《通信集》第 2 卷，世界知识出版社 1963 年版，第 175 页。

正式成立。这个三国首脑关于日本的协定(《雅尔塔协定》)的主要内容是:苏、美、英三大国领袖同意在德国投降及欧洲战争结束后3个月内,苏联将参加对日作战。其条件是外蒙古的现状予以维持;恢复1904年前俄国的权益;千岛群岛须交给苏联。这是美苏背着中国签署的秘密协定,是罗斯福以牺牲中国利益的办法来换取苏联早日对日作战,因此是大国强权政治的体现。

雅尔塔会议是战时三大国首脑最重要的一次会议,是世界从战争向和平过渡的关键时刻适时召开的会议。会议对于协调盟国最后消灭法西斯起了重大作用。会上三大国作出的妥协和让步、达成的协议为联合国的诞生奠定了基础,这是符合全世界人民的共同利益和对战后和平的强烈愿望的。因此,从总体上说,雅尔塔会议是世界反法西斯人民和民主力量的胜利。“人们普遍地对雅尔塔会议表示欢迎,认为它是大同盟的顶峰”①。但会议也带有明显的大国强权政治的倾向,严重损害了一些国家的主权,也正因为这样,会议不能从根本上消除三大国之间的矛盾和分歧,相反,它为战后世界播下了冲突的种子。

二、德国的无条件投降

1. 德国的投降

雅尔塔会议后,盟军围剿法西斯德国的总攻开始了。盟军从东西南三个方面发动了进攻,战火席卷了德国大部分领土。1月中旬,苏军在东线战场上以150多个师的兵力,在从波罗的海到喀尔巴阡山长达1 200公里的战线上向德国发起猛攻。苏军先后发起了4次战役,歼灭了柏林方向的德军重兵集团,并于4月13日占领了维也纳,从东南两个方面包围了柏林,距离柏林只有70公里。在西线战场上,盟军于3月底以87个师的兵力强渡莱茵河,进抵易北河,向汉堡、莱比锡和布拉格方向进攻,距离柏林只有100多公里。

德国法西斯面临最后崩溃的命运,但它企图通过分化盟国团结来拖延战争,以便寻找出路。在外交上,希特勒于3月间派沃尔夫与盟军代表在伯尔尼秘密进行片面投降谈判。希特勒的这种单独媾和手法意在集中兵力重点对付东线苏军,甚至达到联合对付苏联的目的。此举引起苏联的强烈抗

① 斯塔夫里阿诺斯:《全球通史:1500年以后的世界》,第790页。

议，英美害怕引起盟国的分裂而中止了秘密谈判。这是所谓的“伯尔尼事件”。在军事上，希特勒采取“东拼西让”的方针，敞开西线让美英联军迅速前进，在西线对付英美联军的只有 60 个师，而在东线投入的兵力则达 214 个师以及大批飞机坦克，以阻挡苏军推进①。当时纳粹德国提出的口号是“宁可将柏林交给盎格鲁撒克逊人，也不让外国人进入柏林”。纳粹德国玩弄东线抵抗西线投降的把戏，显然是想在英美与苏联之间制造纠纷，按杜鲁门的话说，这是“一出邪恶的把戏”，“以求免于一死”②。

柏林是法西斯集团的最后巢穴，攻占柏林必然意味着法西斯德国的灭亡和欧洲战争的结束。但就是在进军柏林问题上，盟国内部发生了分歧。苏联认为，根据《雅尔塔协定》，柏林划为苏占区，因此应该由苏军负责攻打。但丘吉尔则力主在苏军攻克之前抢先占领柏林，以便建立一条新的东方阵线阻挡苏联对自由世界的威胁。但艾森豪威尔在美国新总统杜鲁门的支持下，坚持遵守盟国达成的协议，主张与苏军在易北河会师。他与苏军取得联系，派遣大军从南面包抄柏林，并实现了易北河会师(4 月 25 日)。

德军在柏林方向集中了百万兵力、三千多架飞机、上万门大炮，并在通往柏林的要道上构筑了 3 道防线。4 月 16 日凌晨，苏军在东线对柏林发起了总攻。数千门大炮同时轰击，第一天出动飞机 6 000 多架次，炮弹发射 123.6 万发③。苏军迅速突破了 3 道防线，4 月 21 日，苏军突入柏林市郊。27 日，苏军攻入柏林市中心，并很快把被围德军分割为三。29 日，墨索里尼被处决的消息传到柏林，希特勒写下遗嘱，任命海军上将邓尼兹为其“继承人”。4 月 30 日，苏军将胜利的红旗插上德国国会大厦的圆顶，希特勒自杀身死。5 月 2 日，苏军攻克柏林，欧洲战争已接近尾声。5 月 8 日夜，邓尼兹授权 3 名德国将领到柏林城郊的苏军司令部中，在苏、美、英、法四国代表面前签署了德国无条件投降书。

柏林战役是第二次世界大战期间欧洲战场最后一次重大战役。在整个战役中，苏军共消灭德军 93 个师，俘虏德官兵 48 万人。这个统治了 12 年 4 个月零 8 天的“第三帝国”终于寿终正寝，宣告了德国历史上最黑暗时代的结束。德国的无条件投降，也宣告欧洲战争的结束。在过去 5 年 8 个月

① 舍霍夫佐夫：《第二次世界大战史》第 10 卷，上海译文出版社 1987 年版，第 531 页。

② 《杜鲁门回忆录》第 1 卷，世界知识出版社 1964 年版，第 100 页。

③ 参见朱可夫：《回忆与思考》(下)，三联书店 1972 年版，第 1088—1090 页。

零7天中，欧洲民主与法西斯、进步与反动、文明与野蛮、光明与黑暗进行了空前规模、无比艰巨的大搏斗，最后世界反法西斯力量获得了战争的胜利。

2. 波茨坦会议

随着反法西斯战争的即将最终结束，美、英、苏三国赖以结盟的基础逐渐消失，军事问题逐渐让位于政治问题，三国逐步从合作走向冲突。同时，三大国对欧洲被解放国家的政策发生了重大分歧。尽管如此，战时大同盟还不至于马上瓦解，因为德国虽然战败，但法西斯势力有待进一步肃清，处置德国的原则急需具体落实。而在远东地区，日本军国主义仍在负隅顽抗，最后击溃日本尚需盟国军事合作。这就是说，使大同盟得以维持的共同利益基础依然存在。正是在这样的背景下，三国首脑召开了波茨坦会议。当然，三国参加会议的意图是有区别的。苏联的主要考虑是巩固欧洲反法西斯战争的胜利成果，确定对德处置的基本政治和经济原则，解决对苏的赔偿数额，促使美英承认东欧各国民主政权和领土变更。英国的主要目的是同苏联争夺胜利果实，遏制苏联在欧洲扩大势力和影响，维护大英帝国的传统势力。美国的主要意图则是促使苏联早日对日作战，确立美国战后的世界霸主地位。

波茨坦会议是战时最后一次美、英、苏三国首脑会议，于1945年7月17日在柏林附近的波茨坦开幕，到8月2日结束，故又称柏林会议。参加的三国首脑是苏联人民委员会主席斯大林、美国新任总统杜鲁门、英国首相丘吉尔以及三国外长、军事领导人及其他顾问。7月28日之前为会议的第一阶段，因丘吉尔回国参加大选而休会两天。28日之后为第二阶段，英国新任首相工党领袖艾德礼和外交大臣贝文率团继续与会。整个会议共召开大小120多次会议，最后签署了《柏林会议公报》、《柏林会议议定书》，统称《波茨坦协定》。会议期间，7月26日发表了美国起草并邀请中国参加的中、美、英三国促令日本投降的《波茨坦公告》。

波茨坦会议讨论了占领德国的基本原则，德国赔偿，波兰西部边界，对意、罗、保、匈、芬的政策，苏联对日作战等等一系列问题。

关于德国问题，首先遇到的是“德国”的概念问题，因为现在的德国是一个没有政府和边界的破碎国家。讨论的出发点是战前的还是1937年的或者是1945年的德国？三大国发生了争论。最终确定以1937年的德国为讨论的出发点。其次，在这次会议上，讨论并解决了对德国的管制方针。原先，三国首脑在雅尔塔会议上已原则决定同意分割德国。但是，随着形势的变化，三国对分割的政策开始有了调整。无论是美国和英国，还是苏联，都意识到分割德国未必对自己很有利。这样，在波茨坦会议上，各国都放弃了分割的打算。1945 年 7 月 1 日，美、英、法、苏四国军队各自撤回到自己的占领区，并进驻柏林。再次，在对德国管制的政治和经济原则方面，三国也很快达成协议。对德管制的主要政治原则是非军国主义化、民主化和肃清纳粹主义。对德管制的主要经济原则为禁止军事生产、经济分散化等。最后，在德国赔偿问题上，三国发生了激烈的争论。苏联坚持要按照雅尔塔协议，苏联将得到 200 亿美元中的一半。但美英企图以减少赔偿迫使苏联在波兰西部疆界问题上让步，认为已经被摧毁的德国因为其有些领土已被割占或转让而不能执行雅尔塔的原则。经过讨论，会议最终基本上按照苏联方案达成了德国赔偿问题的协议。

关于波兰问题，会议讨论了波兰政府和西部疆界问题。6 月 28 日，波兰民族统一临时政府成立。根据雅尔塔协议，苏、美、英先后予以承认，美英与临时政府建立了外交关系，断绝了与波兰在伦敦的原流亡政府的关系。波兰西部边界问题的讨论要激烈得多。该问题在雅尔塔会议上已达成了原则协议。但苏军在追击德军过程中，大批波兰居民也西进，在那些地方居住和耕种，并建立了行政机构。美英认为，这实际上在边界问题未解决前给了波兰一个在德国的占领区，这是不合适的。美英认为，要弥补波兰东部领土的损失，在西部得到的领土也应该与其失去的相等。苏联在这一问题上宁愿减少赔偿也不作让步，并建议波兰政府与会讨论此问题。最后于 7 月 31 日达成了协议：波兰西部边界的划定应由和约解决，在未最后决定以前，前德国之东段领土由波兰政府管辖，但不得视为苏联在德国占领区的一部分。

会议多次讨论了对待战败的意大利，以及法西斯德国的附庸国罗马尼亚、保加利亚、匈牙利、芬兰等国的地位问题。经过激烈的争论后，三国达成了这样的协议：意、保、罗、匈、芬等国目前之畸形状态，必须由缔结和约加以终结；对意和约将由外长会议讨论，在缔结和约后支持意加入联合国；对这几个东欧国家的和约，也将由外长会议加以讨论，缔结和约后也支持它们加入联合国的申请。

会议决定尽速组织国际法庭，对战犯进行审判和惩罚；苏联在会上重申将按时对日作战；会议还讨论了国际内水航线和黑海海峡问题、原子弹问题等一系列问题。

波茨坦会议于 8 月 2 日结束，三国首脑签署了《苏、美、英三国柏林（波茨坦)会议议定书》,及时调整了大国间的关系和矛盾,战时大同盟暂时得以维持。这次会议巩固了欧洲反法西斯战争的胜利成果,也有利于加快结束对日战争。由于政治问题支配了整个波茨坦会议,三国更多地在考虑本国在战后的利益,因此美英与苏联之间的关系比起前几次重要会议来有进一步恶化的趋势,这种趋势对战后国际关系产生了重大的影响。

三、联合国的成立

1. 旧金山制宪会议

建立联合国虽然是战时同盟国在同法西斯轴心国进行艰苦战斗的岁月中孕育出来的,但实际上是由来已久的人类追求和平理想的一次伟大尝试。在四分之一个世纪里的两次世界大战的经验,使建立世界政府的思想具有空前的急迫性。把第二次世界大战的爆发归咎于国际联盟的失败是不客观的。"国联的失败只是一次实验的失败,而不是人类希望通过国际组织实现和平理想的破灭,联合国又在国联的基础上进行了前所未有和更高水平的实验。"[①]但是,联合国的诞生经历了一段较长的酝酿和筹建的历史过程。1941 年的《大西洋宪章》最初提出了这一设想。1942 年的《联合国家宣言》第一次使用"联合国家"一词。大战期间,美苏英等大国从各自的立场出发,对规划未来和战后国际安全机构都十分重视。1943 年 10 月在莫斯科召开的苏、美、英三国外长会议所签署的《关于普遍安全的宣言》,勾画出了新国际组织的大致轮廓。在随后的开罗会议和德黑兰会议上,各国首脑就这个国际组织的总体设想和结构原则交换了意见。1944 年的敦巴顿橡胶园会议是一次筹建这个新组织的重要会议,正式提出这个组织的名称为"联合国",并解决了大部分的问题,遗留下来的两个问题也在雅尔塔会议上得到解决。正是在雅尔塔会议上,三国首脑决定召开旧金山制宪会议。

1945 年 4 月 25 日,旧金山制宪会议隆重召开,这是国际关系史上一次著名的盛会。那天适逢苏美部队会师易北河,为会议增添了胜利与和平在望的喜悦。最初参加会议的有 46 个国家,会议期间又接纳了 4 个国家,共达到 50 个,出席会议的代表 282 名,但采访的记者达到 2 636 名。五大国代表团的首席代表,美国是国务卿斯退丁纽斯,英国是外交大臣艾登,苏联

① 李铁城主编:《联合国的历程》,序言,北京语言学院出版社 1993 年版,第 2 页。

是外长莫洛托夫，中国是外长宋子文（中国共产党的代表董必武也是中国代表团成员之一），法国是外长皮杜尔。

制宪会议从4月25日开幕到6月26日结束，整个过程分为三个阶段。5月2日之前是大会一般性辩论阶段，研究和讨论了大会组织工作，并批准了苏联的加盟共和国白俄罗斯和乌克兰参加会议。5月3日到6月20日，是会议最长最重要的“委员会阶段”，大会的四个专门委员会专门讨论和制订宪章，历时6周，各委员会的审查工作全部按时完成。6月21日至26日是制宪会议的最后阶段。25日晚，全体大会一致通过了联合国宪章及国际法院规约。次日晨，在旧金山退伍军人礼堂举行了历时8个小时的隆重签字仪式，全体代表均有签字权。中国代表第一个签字，领先签字的是接替宋子文的顾维钧，董必武也签了字。接着是苏、英、法的代表签字，然后是其他国家按照英文字母顺序签字，最后是东道国美国的代表签字。当日晚，制宪会议举行了盛大的闭幕式，中、美、英、法、苏等10个国家的代表在闭幕式上讲了话。这一天，被后来联合国定为“宪章日”。

2. 联合国的诞生及其历史意义

按照6月26日会议参加国签署的《参加联合国国际组织会议各政府所议定之过渡办法》的规定，设立联合国筹备委员会，以在宪章尚未生效及宪章规定之联合国尚未成立之前执行规定职务，拟订临时办法，筹备大会、安理会、经社理事会及托管理事会之首次会议，并筹备秘书处之设立及国际法院之召开。筹委会在制宪会议结束后在旧金山举行了第一届会议。筹委会下设执行委员会，由澳大利亚、中国、法国、苏联、美国、英国等14国代表组成，会址设在伦敦。中国代表为顾维钧，并被推选为执委会轮流担任的五主席之一。过渡办法规定，待联合国秘书长选定后，筹委会即行解散。

1945年10月24日，美国政府发表公告称，联合国宪章业经中、法、苏、英、美以及其他签字国政府批准，已于是日起正式生效。至此，联合国宣告正式成立。这一天后来被定为“联合国日”。1946年1月10日至2月14日，第一届联合国大会第一阶段会议在伦敦举行，所有的创始国参加了会议。这是联合国的成立大会。从此，联合国组织系统正式开始运作。

联合国的产生是建立在一系列政治设想之上的，由于“战后世界的政治现实与宪章的体制构想大不相同”①，从而使得它的大国一致行动很难实

① 汉斯·摩根索：《国际纵横策论——争强权、求和平》，上海译文出版社1995年版，第593页。

现。但是，在评价制宪会议和联合国时，我们不能因此而否定它的积极意义。毕竟，联合国的成立是符合人类向往和平的愿望因而是符合历史发展潮流的。其意义，大体上说表现在这样三个方面：第一，建立联合国这一新的国际和平机构是战时盟国集体智慧的产物。它是盟国认真总结两次世界大战和国际联盟的教训、怀着对未来和平与安全体制的追求而提出来的，是一项伟大的政治实验。它的出现，不是单个国家或单个人的主观意志的产物，把它简单地与美国称霸世界划等号是不客观的①。第二，联合国的诞生是第二次世界大战的胜利成果，是反法西斯联盟合作的结晶。没有第二次世界大战的胜利，就不会有联合国，没有战时大同盟的合作同样也不会有联合国，就像没有这种合作就没有战争的最终胜利一样。第三，任何国际制度和规则都是妥协和合作的产物，联合国的建立是战时同盟实行平等协商、克制容忍原则的胜利，它体现了各国之间"以善邻之道，和睦相处"的精神。尽管存在着各国之间利益上的矛盾甚至冲突，尽管存在着各种意识形态和社会制度的差异，各盟国尤其是几个大国还是能把分歧和矛盾搁置一边，通过反复协商和相互妥协，最后能达成一致。盟国为筹建联合国所作的共同努力给后来解决复杂繁难的国际问题提供了可资借鉴的经验和教训。

当然，联合国的筹建并不是一帆风顺，也不是十全十美的，要通过国际组织来完全解决冲突、根除国家间的分歧，也是不可能的。毕竟，在强权政治依然的情况下，联合国作为一个国际组织所能起的作用是有限的，而不能寄望它是万能的。

四、世界反法西斯战争的胜利

1. 盟军在亚太的全面反攻与远东国际关系

盟军在亚洲和太平洋的反攻计划，美英两国经过一年的反复争论，最终以1943年12月开罗会议通过的联合参谋委员会的决议作依据部署实施的。由于制订反攻计划不仅仅是个军事问题，更是涉及参与国家的利害和多方面的国际关系问题，因此盟国之间也存在着很多分歧，从国际关系的角度来看，主要是美、英、中、苏四大国之间的分歧。首先，美英之间的分歧最大，是影响制定反攻战略的主要因素。美国在这个地区占有压倒优势，英国

① 李铁城主编：《联合国的历程》，第71页。

担心美国谋取在亚洲霸权而不顾英国的殖民利益。不过，经过两国首脑1943年一年中的四次首脑会议，即卡萨布兰卡会议、华盛顿"三叉戟"会议、魁北克会议和开罗会议，在战略反攻问题上还是取得了基本协调一致。其次，美、英、中三方的关系是制定反攻战略的另一个重要因素。中国是反法西斯同盟中的重要一员，抗日战争在国际上有着很大影响。美国很重视中国的地位，希望把中国当作对日行动的基地。而从政治上讲，美国企图利用战争之际、以援华为手段，在亚洲扶持起一个亲美"强国"，以利于美国称霸亚洲。但英国虽然同意把中国当作进攻日本的基地，但不同意把中国当作大国。在丘吉尔看来，"把中国说成同英国、美国或苏联同等的世界大国是完全不真实的"①。英国实际上是担心美国的亚洲霸权。美英显然有拉拢中国、利用中国战场拖住大量日军、减轻对美英军事压力的目的，但它们与中国的矛盾依然存在，中国只是美国的一个仆从性的小伙伴。再次，反攻期间国际关系另一个侧面是美英同苏联的关系。它们需要协调的问题是在欧洲开辟第二战场和苏联对日作战问题。这两个问题也是经过多次首脑会议后才达成某种协议的。

盟军在亚洲和太平洋战场的反攻有三个战区和四条战线，它们是太平洋、中国和缅甸战区，其中太平洋战区分为中太平洋和西南太平洋两条进攻路线。反攻是在1943年11月20日由切斯特·尼米兹任总司令的中太平洋盟军在吉尔伯特群岛的塔拉瓦岛和马金岛登陆揭开序幕的。这条战线上的进攻颇为顺利，1944年1月，盟军控制整个马绍尔群岛。10月20日，盟军发起了进攻菲律宾的战役，经过著名的莱特海战，重创日军。1945年2月盟军占领马尼拉，5月份结束菲律宾战事。与此同时，盟军于1945年2月开始进攻日本的前沿琉璜列岛，4月开始在冲绳大举登陆，激战三个月，全歼日本守军。至此，盟军全部摧毁了日本本土的外围防线，加紧对日本本土的轰炸。

盟军在东南亚的反攻主要战场在缅甸。早在1942年12月，中、美、英三国制定的反攻作战计划"安纳吉姆"定于次年春发动攻势，以打开滇缅公路。由于三国一直在争吵，在开罗会议上达成的协议取消了两栖作战计划，缩小成只在缅北打通中缅印公路。1945年1月，中国驻印军和远征军全线打通了中缅印公路。

---

① 罗伯特·达莱克：《罗斯福与美国对外政策(1932—1945)》，商务印书馆1984年版，第556页。

在中国战场，中国的抗日武装力量于1944年进行了局部反攻，次年展开了大规模的反攻，日伪军完全处于广大抗日根据地的包围之中。

在盟军展开反攻的同时，远东国际关系的矛盾与斗争也出现了一些新的变化。其中《中苏友好同盟条约》的签订是一个重大事件。国民党政府与苏联签订友好同盟条约，是美国积极策划促成的。美国之所以这样做，是与其对华政策联系在一起的。美国认为苏联的影响将支配中国共产党的行动，因此，美国为了实现它独霸中国的野心，除了扶蒋反共外，还要积极争取苏联对它的对华政策的支持。经过一系列外交活动，1945年2月，美国在雅尔塔会议上同苏联达成秘密协议，以牺牲中国的领土主权、恢复沙俄的在华权益为代价，换取了苏联答应在对德战争结束后对日作战。在对中国方面，美国又力促蒋介石对苏联采取主动，迫使国民党政府承认雅尔塔秘密协定。蒋介石为了取得苏联对他的支持，也愿意与苏联谈判，并无力拒绝美苏已经达成的秘密协定。尽管中苏谈判的讨价还价很为激烈，但最终苏联实现了大部分利益。1945年8月14日，中国外交部长王世杰与苏联外长莫洛托夫在莫斯科签订了《中苏友好同盟条约》，规定双方将协同其他盟国对日作战，到获得最后胜利为止。战后双方将共同采取措施以防止日本再次侵略。一方如遇日本攻击，另一方应对之提供军事及其他援助。条约有效期30年。

同日，中苏还缔结了《中国长春铁路之协定》、《关于中国大连之协定》和《关于中国旅顺之协定》。苏联对日作战，加速了日本的投降，这对中国、苏联和世界人民都是有利的。条约对战后远东的和平也是有利的。但苏联以牺牲中国的权益作为其参战的条件，暴露出了大国沙文主义。中国战场上形势的迅速发展打破了美蒋以蒋介石统一中国的幻想。斯大林在1948年也坦率承认他当时对中国形势的估计是错误的。

2.《波茨坦公告》与日本的投降

雅尔塔协定虽然确定了苏联参加对日作战的具体义务和政治条件，但世界和远东局势的发展要求尽快具体实现这一诺言。在7月24日苏、美、英三方军事会议上，苏联代表表示将在8月下旬发动对日进攻。为了对日本发动一次强大的政治攻势，中、美、英三国(当时苏联还没有与日本处于战争状态)于7月26日发布了《促令日本投降之波茨坦公告》，共13条，包括结束对日战争的条件及战后处置日本的基本方针，包括日本武装力量必须立即无条件投降和完全解除；严惩战争罪犯；在日本实行民主化，确保人民的选举自由；盟国占领日本等等内容①。

《波茨坦公告》的发表，在日本统治集团内部引起了一片混乱。7月27日，日本召开了最高战争指导会议，讨论日本对公告应持之立场。东乡外相主张不从正面拒绝公告，而应当先看看苏联的态度后再作决定。但军方采取强硬态度，认为不能因议和而影响日军作战的士气，故不主张公布《波茨坦公告》。争论的结果，铃木首相屈服于军部的压力，宣布要将战争进行到底。

盟国认为日本已经拒绝了《波茨坦公告》，因此，美国决定赶在苏联即将对日出兵之前，在日本投掷原子弹。1945年7月16日，美国刚刚成功地试爆了世界上第一颗原子弹。使用原子弹是杜鲁门政府强硬外交的组成部分，轰炸日本既是要威慑日本，又是要恐吓苏联。8月6日，两架B—29型轰炸机飞临广岛上空，投下了第一颗原子弹，把一个36万人口的城市顿时夷为平地，13万人死于非命。在日本还没有来得及作出反应时，美国于8月9日在长崎又投下了第二颗原子弹，造成了10多万居民的伤亡。事后，美国政府反复声明，投掷原子弹是为了迫使日本无条件投降，以便迅速结束战争。但事实上，日本军国主义的军事失败已成定局，投掷原子弹对于促使日本投降已经没有决定性的作用，何况两颗原子弹主要杀伤的是无辜平民。因此，连丘吉尔也认为："认为原子弹决定了日本的命运是错误的。"②艾森豪威尔、麦克阿瑟等人都认为投掷原子弹是不必要的。原子弹只是一种技术因素，不能扩大它的作用。日本的投降，主要是中国人民8年艰苦卓绝的抗战、其他亚洲国家长期的斗争、苏联出兵、盟军在太平洋上摧毁日本海空军等综合因素的结果。

根据波茨坦会议确定的日期，苏联于8月8日对日宣战，并宣布参加《波茨坦公告》。苏联远东军拥有150万兵力、3 900架飞机、5 500多辆坦克和自动炮车、26 000门大炮和迫击炮以及阿穆尔舰队。8月9日零时，远东军分东、西、北三路，突破日军在中国东北的防线，以长春、沈阳为目标实施向心突击，迅猛向前推进。号称70万的日本关东军在不到1周的时间内被迅速击溃。接着，苏军进入朝鲜作战，同时在千岛群岛和库页岛上歼灭了日军。8月9日，毛泽东发表声明，认为对日战争已处于最后阶段。8月18

① 具体内容参见《国际条约集(1945—1947)》，世界知识出版社1959年版，第77—78页。

② 小查尔斯·米：《在波茨坦的会晤》，三联书店1978年版，第243页。

日,关东军总司令下令要求日军全线停止一切军事行动,就地向苏军投降。苏军各方面军立即组成精干的快速部队,空降长春、沈阳、吉林、哈尔滨等地接受日军投降。在空降沈阳时,伪满洲国"皇帝"溥仪在机场被俘。苏联对日作战,是在履行盟国国际协议,旨在加速日本投降,尽早结束战争。

美国投掷原子弹和苏联宣布对日作战,使形势发生了重大变化。日本统治集团慌了手脚,急忙商讨应付的对策。8月9日上午,铃木政府召开最高军事会议,讨论接受《波茨坦公告》问题。铃木首相和东乡外相等人认为,日本已接近崩溃边缘,除了求和别无他法。但军部首脑却坚持只有在美国接受日本的附加条件下才能接受《波茨坦公告》。争论到深夜,由天皇裕仁最后作出决断,提出以保护日本国体为条件的投降意见,并于次日晨通过瑞士和瑞典政府向中、美、英、苏发出乞降照会。中、美、英、苏通过瑞典政府作出了答复,声明:"从投降时刻起,日皇和日本政府作为统治国家的权力机构即须听从盟国最高统帅之命令","按照《波茨坦公告》,日本政府的最终形式将由日本人民自由表达的意志确定之"①。14日举行的最后一次御前会议,裕仁作出投降决定,次日向全国广播"投降诏书"。一小撮陆军"少壮派"以发动政变阻止投降的企图失败。8月28日,美军在日本本土登陆,开始对日本实行军事占领。

1945年9月2日,在东京湾的美国"密苏里"号战列舰上举行了日本投降的签字仪式。在中、美、英、苏等九国代表面前,日本外相和参谋总长分别代表日本政府和日本大本营签署了无条件投降书。9月9日,驻华日军派遣军总司令冈村宁次在南京向国民党政府投降。至此,第二次世界大战以反法西斯同盟的彻底胜利而宣告结束。

3. 二战胜利的历史意义

第二次世界大战是人类文明史的大灾难。卷入这次战争的有61个国家和地区,战场和战火遍及欧、亚、非、大洋洲四大洲和大西洋、太平洋、印度洋和北冰洋四大洋,卷入的人口达20多亿,占世界人口的80%。战争造成了近1亿人的伤亡,其中死亡6 500万人以上,其中中国在八年抗战中伤亡的军民达3 500万人。大战造成的损失难以用数字作精确统计,且永远无法弥补。

战争期间国际关系的主要矛盾是侵略与反侵略、法西斯与反法西斯两

① 服部卓四郎:《大东亚战争全史》第4卷,商务印书馆1984年版,第1657页。

大阵营之间的斗争。这两条阵线营垒分明，界线明朗。全世界反法西斯力量联合起来，为了战胜共同的敌人，结成了广泛的统一战线，这是第二次世界大战取得胜利的决定性因素，是人类历史上一次伟大的创举。二战虽然给人类带来了灾难，但人民最终赢得了战争和进步。因此，二战的胜利对世界历史进程产生了深远的影响。

从国际关系的角度来看，二战引起了世界范围内政治力量的重大变化，从而使国际关系出现了新的格局。苏联的大国地位得到了确立。美国取代了英国成为世界新霸主。意识形态成为国际关系中的重要因素，美苏之间的对抗开始主导战后的国际关系。二战使传统的西欧大国沦为二三等国家，从而宣告"欧洲中心"时代的结束。二战催生出一大批新兴的独立国家，它们成为国际关系中具有举足轻重作用的力量。

二战的经验教训是极其丰富深刻的。从根本上看，二战最主要的历史经验是如何防止和制止新的世界大战灾难降临人类以及一旦爆发大规模侵略战争，如何尽快战胜侵略者，重建世界和平。世界和平必须根除帝国主义，同时，以往那种向侵略者乞求和平的绥靖主义政策只能助长战争。只有全世界人民团结起来，结成广泛的统一战线，相互支持，才能防止侵略和战争。主宰人类命运的不是什么超级大国，而是全世界人民。

思考题

1. 试比较分析第一次世界大战与第二次世界大战之间的区别。
2. 什么叫总体战？试从国际关系的角度分析第二次世界大战的起因。
3. 苏联卫国战争对国际关系产生了什么样的影响？
4. 试评析国际反法西斯统一战线的历史意义。
5. 第二次世界大战对人类文明和国际关系产生了什么样的影响？

后　　记

本书的写作开始于2000年9月，是在复旦大学国际政治系（现在国际关系与公共事务学院的前身）的朱明权教授和颜声毅教授直接推动下进行的。为适应当时国际政治系基础课程的调整和设置，两位教授建议要编写出一本适合本科生教学用的“近现代国际关系史”教材。在朱明权教授和颜声毅教授的关心和指导下，由唐贤兴同志拟定了第一份写作提纲。10月份，两位教授召集拟参与写作的同志，分别就写作提纲中的近代部分和现代部分进行了认真的讨论，并提出了系统的指导性修改意见。随后，六位参与写作的作者进行了认真的修改，并进行了写作分工。于迎丽撰写第一和第七章，张爽撰写第二和第十一章，卜翔国撰写第三和第九章，钟振明撰写第四和第八章，何莺莺撰写第五和第十章，唐贤兴撰写前言、第六和第十二章。其中，第二、第三、第四、第五、第八和第十章的一些节和目的内容，由唐贤兴作了必要的补充和调整。张爽参与了初统工作，全书最后由唐贤兴统稿，并统一了全书的格式。

本书的写作，自始至终是在朱明权教授和颜声毅教授的指导、关心和督促下进行的，他们长期从事国际关系史和国际关系理论的教学与研究。为我们撰写这本书，他们不但提出了很多宝贵的建设性意见，还无私地贡献了他们多年来的研究成果，在此表示衷心的感谢。当然，本书中因作者自身能力问题而难免出现的错误，自然应由编写者和主编来承担。本书在很多方面引用和反映了国际关系史研究中比较公认的研究成果，在此一并表示感谢。

本书涉及的国际关系时间跨度大，写作篇幅又小，因此难免挂一漏万，只能突出重点进行素描。另外，尽管编写者力求从主观上尊重史实，但在评论和分析中难免有一些主观成分，因此肯定存在一些疏漏和错误。恳请学术界前辈、同行和读者朋友进行批评指正。

唐贤兴

2001年12月

图书在版编目(CIP)数据

近现代国际关系史/唐贤兴主编. —上海：复旦大学出版社，2002. 7(2023. 12 重印)
高等学校国际关系系列教材
ISBN 978-7-309-03206-2

Ⅰ. 近…　Ⅱ. 唐…　Ⅲ. 国际关系史—1648～1945-高等学校-教材　Ⅳ. D819

中国版本图书馆 CIP 数据核字(2002)第 030795 号

近现代国际关系史
唐贤兴　主编
责任编辑/邬红伟

复旦大学出版社有限公司出版发行
上海市国权路 579 号　邮编：200433
网址：fupnet@fudanpress.com　http://www.fudanpress.com
门市零售：86-21-65102580　团体订购：86-21-65104505
出版部电话：86-21-65642845
浙江临安曙光印务有限公司

开本 787 毫米×960 毫米　1/16　印张 27　插页 2　字数 484 千字
2023 年 12 月第 1 版第 19 次印刷
印数 52 701—54 300

ISBN 978-7-309-03206-2/D · 198
定价：48.00 元

复旦大学出版社出版

复旦博学·MPA 系列

1. 当代中国公共政策(第二版) 刘伯龙、竺乾威主编 定价:31.00 元
2. 公共行政学(第三版) 竺乾威主编 定价:34.00 元
3. 公共行政学经典文选(英文版) 竺乾威、〔美〕马国泉编 定价:48.00 元
4. 行政法学(第二版) 张世信、周帆主编 定价:33.00 元
5. 公共经济学(第二版) 樊勇明、杜莉编著 定价:35.00 元
6. 领导学原理——科学与艺术(第三版) 刘建军编著 定价:40.00 元
7. 政治学(第二版) 孙关宏、胡雨春主编 定价:30.00 元
8. 组织行为学 竺乾威、邱柏生、顾丽梅主编 定价:33.00 元
9. 定量分析方法 张霭珠、陈力君编著 定价:29.00 元
10. 公共政策分析 张国庆主编 定价:35.00 元
11. 土地资源管理学 刘卫东、彭俊编著 定价:30.00 元
12. 比较公务员制度 周敏凯著 定价:28.00 元
13. 行政伦理:美国的理论与实践 〔美〕马国泉著 定价:34.00 元
14. 公共管理学 庄序莹主编 定价:35.00 元
15. 公共行政理论 竺乾威主编 定价:45.00 元
16. 公共部门人力资源管理 吴志华、刘晓苏主编 定价:39.00 元
17. 政府绩效评估与管理 范柏乃著 定价:35.00 元

复旦博学·政治学系列

1. 当代中国政治制度　浦兴祖主编　定价:19.00元
2. 政治学概论(第二版)　孙关宏、胡雨春、任军锋主编　定价:42.00元
3. 新政治学概要(第二版)　王邦佐、王沪宁等主编　定价:38.00元
4. 政治营销学导论　赵可金、孙鸿著　定价:32.00元
5. 选举政治学　何俊志编著　定价:27.00元
6. 西方政治学说史　浦兴祖、洪涛主编　定价:20.00元

复旦博学·国际政治与国际关系系列

1. 当代西方国际关系理论(第二版)　倪世雄著　定价:66.00元
2. 近现代国际关系史　唐贤兴主编　定价:40.00元
3. 当代中国外交(第二版)　颜声毅著　定价:38.00元
4. 国际政治学新论　周敏凯著　定价:25.00元
5. 全球化时代的国际关系(第三版)　俞正樑等著　定价:59.00元
6. 中国国际关系理论研究　赵可金、倪世雄著　定价:39.00元
7. 国际关系与全球政治——21世纪国际关系学导论　俞正樑著　定价:30.00元
8. 中国先秦国家间政治思想选读　阎学通、徐进编　定价:30.00元
9. 国际关系:理论、历史与现实　刑悦、詹奕嘉著　定价:47.00元

其 他 教 材

1. 行政学原理　孙荣、徐红编著　定价:28.00元
2. 政府经济学　孙荣、许洁编著　定价:24.00元
3. 秘书写作　杨元华、孟金蓉等编著　定价:36.00元
4. 社会心理学　孙时进编著　定价:29.00元
5. 办公室管理　孙荣主编　定价:20.00元
6. 土地资源学　刘卫东等编著　定价:50.00元